IA & Big Data

PARA EMPRESAS

DEEP ATHENA

Toda la información, procedimientos y representaciones incluidos en este libro se han compilado y probado con el mayor conocimiento y cuidado posible. Sin embargo, no se puede descartar por completo la posibilidad de errores. Por esta razón, la información contenida en este libro no esta asociada con ninguna obligación o garantía de ningún tipo. El autor no asume ninguna responsabilidad legal ni derivada del uso de esta información, ya sea en su totalidad o en parte.

Asimismo, el autor no garantiza que los procedimientos descritos estén libres de derechos de terceros. La mención de nombres comerciales, nombres de productos, etc., en este libro también no implica la aceptación de que estos nombres estén exentos de las leyes de propiedad intelectual y marca registrada y que puedan ser utilizados por cualquier persona.

Por razones de mejor legibilidad, se prescinde del uso simultáneo de las formas de lenguaje masculino, femenino y diverso (m/f/d) o hombre, mujer y diverso (h/m/d). Todas las denominaciones de personas se aplican igualmente a todos los géneros.

Publicado por DEEP ATHENA
(un sello editorial de SMART &PRO AI Juan García)

https://deepathena.com
https://smartandpro.de
Corrector versión ES: Juan García
Corrector versión DE: Juan García / Lisa García
Corrector versión EN: Juan García / Lisa García
Diseño de la cubierta: Juan García
Gráfico de la cubierta: © GarryKillian, 1952, www.freepik.com
Fuentes consultadas:
- Reglamento General de Protección de Datos (GPDR) European Union.
- Ley de Privacidad del Consumidor de California (CCPA) United States.
- IA-Manager: El manual del gestor de proyectos de IA.

ISBN impreso tapa blanda: 9783912099096

DEEP ATHENA

the Artificial Intelligence Publishing House

www.deepathena.com

Todos nuestros libros están traducidos al inglés, alemán y español.
Puedes encontrar toda la información en nuestra página web.

Índice

Prólogo

Nos encontramos en la cúspide de una revolución sin precedentes, una era en la que la Inteligencia Artificial (IA) y el Big Data se han convertido en fuerzas transformadoras que están redefiniendo todos los aspectos de nuestra sociedad. Desde la forma en que tomamos decisiones hasta cómo interactuamos con el mundo que nos rodea, estas tecnologías están cambiando radicalmente la estructura de los negocios, la investigación científica, la salud, el entretenimiento y prácticamente todo. Este proceso no solo altera la manera en que entendemos el mundo e interactuamos con él, sino que nos invita a replantearnos nuestro papel en él. Estamos siendo testigos de una transformación que no distingue fronteras geográficas, sectores económicos, color de piel ni niveles educativos.

Este libro, IA & Big Data, no es solo un compendio técnico, sino también una exploración profunda del impacto que estas dos disciplinas tienen cuando trabajan juntas. Aunque bien este libro intenta no ser un libro técnico, algo difícil de evitar en este campo, si te muestra todo el potencial y te proporciona todo el conocimiento para dominar estas tecnologías. La Inteligencia Artificial, con su capacidad de aprender, razonar y tomar decisiones, necesita datos para alimentar sus modelos y algoritmos. Por su parte, el Big Data, con su vasto mar de información generado a una velocidad vertiginosa, necesita herramientas avanzadas como la IA para procesar, analizar y convertir esos datos en conocimiento práctico. Juntas, estas tecnologías crean un ecosistema de innovación y descubrimiento que no tiene paralelo en la historia humana. No hablamos simplemente de avances aislados, sino de un nuevo motor de cambio que impulsa la economía global, define estrategias gubernamentales y modela el futuro de nuestras interacciones cotidianas.

El propósito de este prólogo no es saturarte con términos técnicos o descripciones complejas, sino invitarte a reflexionar sobre cómo estas herramientas han dejado de ser conceptos futuristas y de ser ignoradas por la sociedad para convertirse en realidades tangibles. Son realidades que ya están resolviendo problemas complejos, optimizando procesos y, en algunos casos, redefiniendo la naturaleza misma de nuestra existencia. Imagínate, por ejemplo, cómo la Inteligencia Artificial y el Big Data se están utilizando para predecir brotes de enfermedades antes de que ocurran, mejorar la eficiencia de las cadenas de suministro globales o incluso personalizar la educación de millones de estudiantes alrededor del mundo. El impacto de estas tecnologías va más allá de lo meramente técnico; toca aspectos fundamentales de nuestras vidas, desde la salud y la seguridad hasta el ocio y la cultura.

IA & Big Data es una invitación a explorar, no solo las bases técnicas y teóricas de estas disciplinas, sino también su aplicación práctica y los desafíos éticos que plantean. Este libro pretende ser una guía tanto para aquellos que buscan entender estas tecnologías desde cero como para los profesionales que desean profundizar en su integración y uso estratégico. En estas páginas encontrarás un recorrido completo por los conceptos esenciales, pero también una mirada crítica a las implicaciones sociales, culturales y éticas de su adopción. Porque, aunque estas herramientas ofrecen oportunidades extraordinarias, también plantean preguntas fundamentales sobre privacidad, seguridad y equidad que debemos abordar como sociedad, ya que el Big Data no es únicamente un tema de empresas; la forma que tenemos de almacenar y gestionar datos nos afecta a todos.

La Inteligencia Artificial y el Big Data no son meros avances tecnológicos; son un cambio de paradigma. Representan una nueva forma de entender el mundo, una en la que los datos y los algoritmos se convierten en lenguajes universales capaces de cruzar barreras idiomáticas y culturales. A medida que avances en las páginas de este libro, descubrirás cómo las empresas están utilizando estas herramientas para predecir tendencias, mejorar la experiencia del cliente y, en general, revolucionar sectores enteros. Este es un libro lleno de ideas y casos de uso, pero también encontrarás discusiones sobre los límites de estas tecnologías, los riesgos de su mal uso y la responsabilidad compartida que tenemos para garantizar que su impacto sea positivo para la humanidad. Este no es un viaje exento de riesgos, pero sí lleno de posibilidades.

Este prólogo marca el inicio de un viaje hacia el entendimiento de cómo dos conceptos que alguna vez fueron ciencia ficción están remodelando nuestra realidad. Así que, ya seas un profesional curioso, un estudiante apasionado o simplemente alguien interesado en el impacto de la tecnología, te invito a adentrarte en este fascinante mundo. Porque en este nuevo capítulo de la historia, todos somos protagonistas. No importa cuál sea tu campo o tu nivel de conocimiento, la Inteligencia Artificial y el Big Data están moldeando un futuro que nos involucra a todos. Y tú, como lector, tienes el poder de entender, cuestionar y participar en esta transformación.

Introducción

En el transcurso de las últimas décadas, hemos sido testigos de una transformación que ha redefinido los límites de la innovación y del conocimiento humano. La Inteligencia Artificial y el Big Data no son simplemente herramientas tecnológicas; representan un cambio de paradigma que está remodelando nuestra sociedad, nuestras industrias y nuestra forma de comprender el mundo. Estos avances han dejado de ser conceptos futuristas para convertirse en pilares fundamentales de nuestra realidad cotidiana. Sin embargo, su impacto y su potencial apenas comienzan a vislumbrarse en toda su magnitud, a pesar de que llegan a una velocidad vertiginosa.

La era digital en la que vivimos ha generado una cantidad de datos sin precedentes. Cada interacción, cada transacción y cada clic en el mundo virtual genera información valiosa que, en manos adecuadas, puede desvelar patrones, tendencias y soluciones a problemas complejos. Pero para extraer valor de estos datos es necesaria la intervención de la Inteligencia Artificial, una disciplina que, apoyada por algoritmos sofisticados y una capacidad de cálculo inimaginable y desde hace unas décadas, está revolucionando la forma en que procesamos, analizamos y utilizamos esta información.

El propósito de este libro es ofrecer una exploración profunda y accesible de estos conceptos, destacando su impacto en diversas áreas y su relevancia para el presente y el futuro. En estas páginas, desentrañaremos cómo la IA y el Big Data se complementan y potencian mutuamente, analizando casos prácticos, ejemplos concretos y las oportunidades y desafíos que plantean para profesionales, empresas y la sociedad en general.

Es crucial entender que este no es un libro exclusivamente para técnicos o especialistas, ya que no pretende ser técnico, sino informativo. Sin embargo, como bien indica el prólogo, en estas áreas es difícil evitarlo. He estado trabajando en este libro desde 2023 con el objetivo de complementar mi libro "IA-Manager: El manual del gestor de proyectos de IA" en el campo del Big Data, lamentablemente y debido a otros proyectos, no me ha sido posible terminarlo antes, ya que además lo he reeditado 3 veces debido a todos los acontecimientos sucedidos en el campo de la Inteligencia Artificial entre 2023 y 2024, para finalmente decidirme por enfocar el libro hacia el Big Data, ya que tomé la decisión de desarrollar mis libros de forma que se complementen entre sí los unos a los otros. Si bien profundizaremos en algunos aspectos técnicos necesarios para comprender el funcionamiento de estas tecnologías, la IA y el Big Data, también nos enfocaremos en el impacto práctico y en las implicaciones éticas, económicas y sociales de su implementación. Con este enfoque amplio busco inspirar y empoderar tanto a líderes empresariales como a estudiantes, emprendedores y cualquier persona interesada en comprender los motores de cambio que definirán el futuro. Es muy importante comprender que este libro está diseñado y pensado como complemento de mi libro "IA-Manager", el cual es un libro técnico diseñado para aprender todo sobre Inteligencia Artificial completamente desde cero y de una forma fácil, tanto para nuevos en el campo, como para los profesionales en estas áreas. Por lo que es importante que comprendas que cada tema y cada página de IA & Big Data están escritas y diseñadas para complementar el conocimiento de IA-Manager. Además, también como complemento, en una parte más ética y tal vez filosófica, tienes a tu disposición "IA el *Homo digitalis*", libro que, no solo te explica que es la Inteligencia Artificial y las diferencias entre IA, AGI y ASI, sino que te guía por un camino reflexivo mostrándote todas las ventajas y riesgos que esta tecnología trae consigo; incluyendo multitud de ejemplos en sus casos de uso, así como también cientos de situaciones reales que han tenido lugar por la implementación de la IA en empresas y en general en nuestra sociedad. Esto quiere decir que, si extrañas algunos temas aquí, o crees que deberían haber sido tratados más en profundidad, esto se debe a que encontrarás todo lo que necesitas en mis otros libros, ya que estos han sido diseñados para complementarse los unos a los otros. Este libro tiene como objetivo aportar una visión más profunda en el campo de los datos y el Big Data, ya que estos son el alimento de toda Inteligencia Artificial, y por lo tanto busco aquí profundizar más en este campo, aportando conocimiento buscando complementar el conocimiento de los demás libros. En conjunto, estos libros son la combinación perfecta, tanto para dominar la IA de forma profesional, como para comprenderla y aprender a usarla y a aplicarla de la mejor forma; y te ofrecen todo el conocimiento necesario tanto para convertirte en un gran profesional de la Inteligencia Artificial, como para ser un buen usuario de Inteligencia Artificial.

La metodología de este libro, así como de cualquier otro de mis libros, está pensada y diseñada para apoyar la curva de aprendizaje y así también la comprensión de los demás temas. No desesperes con los ejemplos y los casos de uso, porque, aunque a menudo usemos los mismos, por ejemplo, marketing, medicina, finanzas, vehículos autónomos, etc., esto se debe a su repercusión en nuestra sociedad y en general en nuestras vidas. Además, los vamos a usar siempre en diferentes contextos y desglosaremos por lo tanto cada vez sus deferentes aspectos, tanto técnicos, como en ética y privacidad. Como ya te darás cuenta, estas áreas se van a repetir bastante a lo largo del libro. De todas formas, yo siempre intento ofrecer ejemplos diversos introduciendo áreas que, bien son poco comentadas, pero muy conocidas por todos. El objetivo es comprender todos sus aspectos, posibilidades y riesgos.

La Inteligencia Artificial y el Big Data tienen la capacidad de transformar sectores tan diversos como la medicina, la educación, el transporte, el medioambiente, el entretenimiento, la bioquímica y la física, entre muchos otros. Sin embargo, también presentan retos significativos, desde el almacenamiento y gestión de los datos, hasta su uso, cuestiones de privacidad y seguridad, llevando a debates éticos interminables sobre el uso responsable de estas tecnologías. En este contexto, comprender sus fundamentos, aplicaciones y limitaciones se convierte en una necesidad apremiante.

A medida que avancemos, exploraremos no solo el "qué" y el "cómo" de la IA y el Big Data, sino también el "por qué". Este libro no pretende ofrecer respuestas definitivas, sino servir como una guía que provoque reflexión, fomente el aprendizaje y la comprensión y anime a sus lectores a explorar más allá de los límites convencionales. Este libro tiene el objetivo de poner el conocimiento de estas tecnologías al alcance de todos de forma clara y sencilla, aunque es inevitable entrar en tecnicismos, para que todos puedan aprender a usar estas tecnologías lo mejor posible e implementarlas de la forma más ética posible. En un mundo donde los datos y la Inteligencia Artificial se han convertido definitivamente en el nuevo lenguaje del poder y la influencia, el conocimiento y la comprensión de estas herramientas se tornan esenciales.

Abordaremos los temas poco a poco, y los iremos profundizando a medida que avancemos a lo largo del libro. Veremos conceptos y tecnologías varias veces y cada vez en diferentes contextos o por diferentes motivos, según el contexto que se esté tratando o su importancia en un área, así como dependiendo de la relación que se esté tratando. Esto quiere decir, por ejemplo, que, si tratamos un tema y en este tema hay que mencionar algunas tecnologías o aspectos, estos serán mencionados y tratados según sea necesario; más tarde se tratarán estas tecnologías en profundidad. Todo a su debido tiempo. Esto debe, además, apoyar tu curva de aprendizaje, de forma que te vallas familiarizando con los términos, las tecnologías y conceptos, y sus relaciones.

Te invito a recorrer este viaje conmigo. A medida que explores las ideas, los descubrimientos y las narrativas contenidas en estas páginas, mi esperanza es que encuentres no solo información, sino también inspiración para imaginar y construir un futuro donde la tecnología y la humanidad trabajen de la mano para alcanzar nuevos horizontes.

PARTE I

Fundamentos de la IA

Parte I: Fundamentos de la IA

1. Introducción a la Inteligencia Artificial

La Inteligencia Artificial ha dejado de ser un concepto exclusivo de la ciencia ficción para convertirse en una de las tecnologías más disruptivas de nuestra era. Desde sus inicios como un campo de estudio teórico hasta su aplicación en la vida cotidiana, la IA ha transformado radicalmente la manera en que interactuamos con la tecnología y procesamos la información. Su impacto abarca numerosos sectores y me atrevería a decir, que practicamente cualquier sector que uno se pueda imaginar, desde la medicina hasta la industria manufacturera, pasando por el transporte, la atención al cliente, la seguridad, la música y el cine como muchos otros.

En términos generales, la IA se refiere a la capacidad de las máquinas para imitar la inteligencia humana en la resolución de problemas, el aprendizaje y la toma de decisiones. A lo largo de los años, este campo ha evolucionado desde sistemas de reglas explícitas hasta modelos complejos basados en el aprendizaje automático y el aprendizaje profundo, lo que ha permitido desarrollar sistemas capaces de reconocer patrones, procesar lenguaje natural y tomar decisiones autónomas. Además, la combinación de la IA con otras tecnologías, como el Internet de las cosas (IoT), el Big Data, la realidad aumentada (AR) y la realidad virtual (VR), ha potenciado aún más sus capacidades, generando aplicaciones innovadoras en múltiples ámbitos.

El auge de la IA se ha visto impulsado por el crecimiento exponencial de los datos y el avance de la capacidad de procesamiento de los ordenadores. Gracias a estos factores, la Inteligencia Artificial ha dejado de ser un experimento en laboratorios académicos para integrarse en el día a día de las personas y las empresas. Actualmente, y desde hace ya años, asistentes virtuales como Siri, Alexa y Google Assistant, sistemas de recomendación utilizados en plataformas como Netflix y Amazon, chatbots para la atención al cliente y vehículos autónomos son solo algunos de los ejemplos más conocidos de cómo la IA está modelando el futuro ahora.

Uno de los mayores hitos en la historia de la Inteligencia Artificial ha sido el desarrollo de modelos de aprendizaje profundo, los cuales imitan la estructura del cerebro humano a través de redes neuronales artificiales, el Deep Learning. Estas redes han permitido avances significativos en áreas como el reconocimiento de imágenes, el procesamiento de lenguaje natural y la toma de decisiones automatizadas. Un ejemplo emblemático de estos avances es AlphaGo, el sistema de Inteligencia Artificial de DeepMind que logró vencer a campeones mundiales en el juego de Go, un hito que demostró la capacidad de la IA para superar a los humanos en tareas altamente complejas. Recuerdo que cuando AlphaGo se enfrentó al jugador profesional de Go surcoreano Lee Sedol, si mal no recuerdo en marzo de 2016, había momentos en los que este se veía entre las cuerdas y en muchos momentos no era capaz de tomar una decisión. AlphaGo derrotó a Lee Sedol con un resultado de 4 partidas ganadas por la IA frente a 1 sola victoria de Lee. Este enfrentamiento marcó un hito en la historia de la Inteligencia Artificial, ya que Go es un juego considerablemente más complejo que el ajedrez debido a su inmenso número de combinaciones posibles, lo que hacía que se considerara un desafío casi insuperable para las máquinas hasta ese momento.

Lee Sedol, una leyenda surcoreana del Go, quién fue en su momento también campeón del mundo de Go, es reconocido por ser el único jugador humano que ha logrado ganar una partida contra esta avanzada I; aunque posteriormente decidió retirarse del juego profesional en 2019, citando la invencibilidad de la Inteligencia Artificial como una de las razones de su retiro. Por ponerte un ejemplo que tal vez comprendas, imáginate que Magnus Carlsen se retira del ajedrez porque no puede ganar a Stockfish.

Sin embargo, la IA no solo representa una revolución tecnológica, sino también un desafío en términos de ética, regulación y privacidad. A medida que estas tecnologías avanzan, surgen cuestiones fundamentales y muy importantes sobre su impacto en la sociedad, el empleo y la toma de decisiones automatizadas. Uno de los principales debates gira en torno al uso de la IA en la toma de decisiones críticas, como el diagnóstico médico, la selección de candidatos para empleos o la concesión de créditos. Si bien la automatización de estos procesos puede mejorar la eficiencia y reducir sesgos humanos, también plantea preocupaciones sobre la transparencia, la equidad y la rendición de cuentas. Sin olvidar la tan importante calidad de los datos con los que se entrenan los modelos que más tarde deberán tomar estas decisiones, y algo muy inportante a recordar es que la IA está creada por humanos para imitar a los humanos. De esto podríamos charlar largo y tendido, y si aún no te has percatado del potencial de estas tecnologías, de sus ventajas y riesgos, te aseguro que no tardarás mucho en darte cuenta.

Otro aspecto clave a considerar es la seguridad en el desarrollo y la implementación de la Inteligencia Artificial. La IA puede ser utilizada con fines malintencionados, como la creación de deepfakes, la automatización de ciberataques y la manipulación de la opinión pública mediante algoritmos diseñados para difundir desinformación. Por esta razón, es crucial establecer marcos regulatorios y principios éticos que guíen el desarrollo y uso responsable de estas tecnologías.

A medida que avancemos en el siglo XXI, la Inteligencia Artificial seguirá evolucionando y desempeñando un papel fundamental en la transformación digital de nuestra sociedad. La investigación en IA continúa expandiéndose, explorando áreas como la Inteligencia Artificial General (AGI), la Super Inteligencia Artificial (ASI), la computación cuántica y la fusión de la IA con biotecnología. Estas innovaciones no solo redefinirán la forma en que vivimos y trabajamos, sino que también generarán nuevos desafíos y oportunidades para el futuro. Cada generación deberá enfrentarse a estos avances y las generaciones anteriores no tendrán relevancia ninguna en el futuro, sin embargo, si que lo tienen en el presente, y mucho. Dejame en este punto recomendarte mi libro "IA el *Homo digitalis*", ya que aquí hablo detalladamente sobre estos temas; es una lectura que no tiene desperdicio.

Entender los fundamentos de la IA es crucial no solo para aquellos que trabajan en el desarrollo de estas tecnologías, sino también para quienes buscan comprender sus implicaciones y oportunidades en el mundo moderno. La mayoría solo ve en la IA una herramienta o un juguete, y no se les puede culpar, pues se lo están vendiendo así, pero realmente la IA es mucho más que eso y es algo que el ser humano debe tomarse mucho más enserio. Es por estos motivos donde entran en juego los verdaderos profesionales de la IA. Gente bien formada, que han profundizado tanto en lo técnico como en lo ético de estas tecnologías; y no me refiero a los autodenominados "expertos" ni a los asesores de IA que de pronto hay hoy día por todos lados, me refiero a profesionales bien formados, con estudios y experiencia en el campo, y, sobre todo, con un conocimiento profundo de lo que estas tecnologías implican para nuestra sociedad. En los siguientes apartados, exploraremos la naturaleza de la Inteligencia Artificial, su evolución histórica y los conceptos clave que la conectan con el Big Data, proporcionando una visión clara y estructurada de este fascinante campo.

1.1. ¿Qué es la IA?

La Inteligencia Artificial es un campo de la informática que busca desarrollar sistemas capaces de realizar tareas que normalmente requieren inteligencia humana. Estas tareas incluyen el aprendizaje, el razonamiento, la resolución de problemas, la percepción, la comprensión del lenguaje y la toma de decisiones. En términos sencillos, la IA es la capacidad de una máquina para imitar procesos cognitivos humanos y ejecutar funciones complejas de manera autónoma o asistida.

El concepto de Inteligencia Artificial no es nuevo, sus fundamentos se remontan a mediados del siglo XX, cuando los primeros científicos y matemáticos comenzaron a teorizar sobre la posibilidad de crear máquinas que pudieran aprender y adaptarse. A lo largo de las décadas, la IA ha evolucionado desde sistemas basados en reglas simples hasta sofisticados modelos de aprendizaje automático y aprendizaje profundo, que pueden analizar grandes volúmenes de datos y mejorar su rendimiento con el tiempo.

La IA se puede clasificar en diferentes tipos según su capacidad y aplicación. En términos generales, se distingue entre la IA débil y la IA fuerte. La IA débil, también conocida como IA estrecha, está diseñada para realizar tareas específicas, como el reconocimiento de voz, la traducción automática o la detección de fraudes en transacciones financieras. Estos sistemas no poseen conciencia ni comprensión real, sino que operan dentro de un conjunto predefinido de parámetros. Por otro lado, la IA fuerte, que no es la "AGI", es una idea de carácter filosófico que fue planteada por primera vez por John Searle durante la década de los ochenta. Este concepto no hace referencia al nivel de capacidad operativa o cognitiva que una Inteligencia Artificial pueda alcanzar, sino a la idea de que una IA realmente posea conciencia, mente, intenciones y comprensión genuina, en lugar de simplemente imitar o simular estos procesos. Según la tesis de la IA fuerte, es posible que un sistema computacional experimente verdaderos estados mentales, de forma comparable a los que tiene un ser humano.

Continuamente escucho a profesionales del campo de la IA, a "nuevos expertos", como yo los llamo, y a YouTubers entre otros, hablar de la "IA-fuerte" como la "AGI", algo que es totalmente y erróneo. Una cosa es la IA-fuerte, y otra cosa la AGI. Si quieres comprender debidamente estos conceptos te recomiendo que leas mi libro "IA el *Homo digitalis*", ya que este libro está dedicado, entre otros temas, a aclarar estos conceptos y además te da multitud de ejemplos y casos reales para su mejor comprensión.

Los avances en el aprendizaje profundo y en las redes neuronales han permitido la creación de modelos de IA capaces de diagnosticar enfermedades, optimizar procesos industriales, mejorar la seguridad en la conducción autónoma y desarrollar asistentes virtuales cada vez más sofisticados, y esto entre miles de aplicaciones diferentes.

A pesar de sus beneficios, la IA también plantea desafíos y preocupaciones éticas. La automatización de tareas, el sesgo en los algoritmos, la privacidad de los datos y el impacto en el empleo son solo algunos de los temas que deben ser abordados a medida que la tecnología avanza. Es fundamental que el desarrollo de la IA se realice de manera responsable y transparente, garantizando su uso en beneficio de la sociedad; y como siempre digo, la educación empieza en casa, y con uno mismo.

La Inteligencia Artificial es una disciplina en constante evolución que busca dotar a las máquinas de capacidades que antes eran exclusivas de los humanos. Su impacto ya es evidente en múltiples áreas y seguirá transformando la manera en que vivimos y trabajamos en los próximos años y además a corto plazo. Comprender qué es la IA y cómo funciona es esencial para aprovechar sus ventajas y mitigar sus posibles riesgos, y esto implica tanto a profesionales, como a usuarios y políticos; sin importar la edad, la étnia, el poder económico ni la nacionalidad.

1.2. Evolución de la IA y su impacto en la sociedad

La Inteligencia Artificial ha recorrido un largo camino desde sus primeras conceptualizaciones hasta su implementación moderna en diversos sectores de la sociedad. Su evolución ha estado marcada por hitos significativos que han redefinido la manera en que interactuamos con la tecnología y la utilizamos para resolver problemas complejos. Ya que he hablado de esto en otros libros, y como expliqué al principio del libro, este libro está diseñado para complementar estos otros libros, te expongo aquí brevemente, y a modo de resumen, los puntos más importantes en el camino de la Inteligencia Artificial.

Como ya sabemos, los cimientos de la Inteligencia Artificial se remontan a mediados del siglo XX, cuando matemáticos y lógicos comenzaron a explorar la posibilidad de crear máquinas capaces de imitar el pensamiento humano. Alan Turing, con su famoso "test de Turing", fue uno de los pioneros en proponer que una máquina podría considerarse inteligente si su comportamiento no pudiera distinguirse del de un humano en una conversación. En la década de 1950, John McCarthy acuñó el término "Inteligencia Artificial" y estableció las bases para la investigación en el campo, organizando la Conferencia de Dartmouth en 1956, considerada el punto de partida formal de la IA.

Durante los años 60 y 70, los investigadores desarrollaron los primeros sistemas basados en reglas, como los sistemas expertos, que simulaban el conocimiento humano en dominios específicos. Sin embargo, la falta de capacidad computacional y el exceso de expectativas llevaron a un declive en la financiación y el interés por la IA, un período conocido como el "invierno de la IA".

En las décadas de 1980 y 1990, el avance en el aprendizaje automático (Machine Learning - ML) revitalizó la investigación en IA. Nuevos algoritmos y en especial las redes neuronales artificiales comenzaron a demostrar su capacidad para aprender a partir de datos, y aquí entra el juego el Big Data, lo que permitió superar muchas de las limitaciones de los sistemas basados en reglas. Sin embargo, la falta de poder computacional seguía siendo un obstáculo.

El verdadero auge de la IA llegó con el desarrollo del Deep Learning en la década de 2010, impulsado por el incremento en la potencia de los procesadores (especialmente GPUs y TPUs), la disponibilidad de grandes volúmenes de datos y mejoras en los algoritmos. Las redes neuronales profundas han permitido avances espectaculares en reconocimiento de imágenes, procesamiento del lenguaje natural y toma de decisiones automatizada, lo que llevó a que empresas tecnológicas comenzaran a implementar Inteligencia Artificial en productos comerciales, desde asistentes virtuales hasta sistemas de recomendación; como ejemplos, desde el teclado Query de tu Smartphone hasta Siri de Apple.

El impacto de la IA en la sociedad ha sido profundo y se extiende a diversas áreas, como, por ejemplo:

- **Economía y empleo:** La automatización ha optimizado procesos industriales, aumentado la eficiencia en diversos sectores y, al mismo tiempo, ha generado preocupaciones sobre la pérdida de empleos en tareas repetitivas.
- **Salud:** La IA ha revolucionado el diagnóstico médico, el descubrimiento de fármacos y la atención personalizada, mejorando significativamente los tratamientos y la atención al paciente.
- **Transporte:** Con el desarrollo de vehículos autónomos y sistemas de optimización del tráfico, la IA está redefiniendo la movilidad urbana.
- **Educación:** Sistemas de aprendizaje adaptativo han permitido personalizar la enseñanza y mejorar la experiencia de los estudiantes.
- **Seguridad y vigilancia:** La IA se utiliza en el reconocimiento facial, ciberseguridad y prevención de delitos, aunque también plantea retos muy importantes en cuanto a privacidad y ética.
- **Música:** La IA ha transformado la composición musical, la mezcla y masterización de audio, e incluso la generación de nuevas piezas artísticas, facilitando la producción y explorando nuevos géneros y sonidos.
- **Cine:** La IA ha optimizado la edición de videos, la generación de efectos visuales realistas y la personalización de contenido, además de mejorar las recomendaciones de plataformas de streaming.
- **Programación:** Los sistemas de IA han revolucionado completamente el desarrollo de software mediante herramientas de autocompletado, depuración automática y generación de código, acelerando los ciclos de desarrollo.
- **Salvamento:** La IA se emplea en sistemas de búsqueda y rescate, drones autónomos para localizar personas en situaciones de emergencia y algoritmos de predicción de desastres naturales, agilizando las respuestas y mejorando las probabilidades de éxito.
- **Producción en industria:** La automatización impulsada por IA ha optimizado las cadenas de suministro, el mantenimiento predictivo de maquinaria y la gestión de calidad, incrementando la productividad y reduciendo costes.
- **Marketing:** Los algoritmos de IA han permitido una segmentación precisa de audiencias, la personalización de campañas publicitarias y el análisis de grandes volúmenes de datos para predecir tendencias y comportamientos de los consumidores.

- **Atención al cliente:** Los chatbots y asistentes virtuales basados en IA han mejorado la disponibilidad y eficiencia del servicio al cliente, proporcionando respuestas rápidas y personalizadas, además de automatizar tareas repetitivas. La IA siempre te pone buena cara y te responde amablemente.

A pesar de los avances, la IA enfrenta desafíos como la interpretabilidad de los modelos, el sesgo algorítmico y las implicaciones éticas de su uso. La regulación y el desarrollo de IA responsable son aspectos clave para garantizar que esta tecnología beneficie a la humanidad sin comprometer la privacidad y los derechos individuales. Como podrás comprobar, estos aspectos nos van a acompañar a lo largo del libro, ya que además de ser muy importantes en el ámbito de la Inteligencia Artificial, lo son especialmente cuando a datos nos referimos; por eso, si crees que se te repiten mucho, es porque realmente debes tomártelos en serio y no ignorarlos.

La evolución de la Inteligencia Artificial es un reflejo del potencial humano para innovar y transformar el mundo. Su impacto en la sociedad seguirá expandiéndose, y su desarrollo plantea preguntas fundamentales sobre el futuro del trabajo, la educación y la relación entre humanos y máquinas, e incluso la relacion misma entre humanos.

1.3. Factores clave en IA relevantes para el Big Data

La Inteligencia Artificial y el Big Data están estrechamente interrelacionados, ya que el éxito de los sistemas de IA depende en gran medida de la calidad, volumen y diversidad de los datos utilizados para su entrenamiento y funcionamiento. A continuación, te presento los principales conceptos de Inteligencia Artificial que son fundamentales en el contexto del Big Data. Ya que los vamos a ver a lo largo de todo el libro te los voy a exponer lo más resumidamente posible, para no entrar en tecnicismos tan pronto, solo como introducción.

Algoritmos de aprendizaje automático

El aprendizaje automático es un subconjunto de la IA que permite a los sistemas aprender patrones a partir de los datos sin necesidad de una programación explícita. Existen tres tipos principales de aprendizaje automático que se aplican en el ámbito del Big Data:

- **Aprendizaje supervisado:** Utiliza datos etiquetados para entrenar modelos que pueden hacer predicciones o clasificaciones.
- **Aprendizaje no supervisado:** Analiza datos no etiquetados para identificar patrones ocultos y estructuras subyacentes.

- **Aprendizaje por refuerzo:** Se basa en la interacción con un entorno y la obtención de recompensas para optimizar el comportamiento de un agente.

Redes neuronales artificiales y Deep Learning

Las redes neuronales artificiales son modelos inspirados en el cerebro humano que procesan datos de manera jerárquica. En el contexto del Big Data, el aprendizaje profundo se ha convertido en una técnica esencial debido a su capacidad para manejar grandes volúmenes de datos y extraer características automáticamente.

- **Redes neuronales convolucionales (CNNs):** Utilizadas principalmente en visión por computadora.
- **Redes neuronales recurrentes (RNNs):** Aplicadas en procesamiento de lenguaje natural y análisis de series temporales.
- **Transformers:** Modelos avanzados como BERT y GPT, que han transformado y revolucionado el procesamiento de datos en texto y lenguaje natural.

Modelos generativos

Los modelos generativos, como los modelos de difusión y las GANs (Generative Adversarial Networks), han cobrado gran importancia en el ámbito del Big Data, ya que pueden generar datos sintéticos para mejorar la calidad y diversidad de los conjuntos de datos existentes.

Procesamiento del lenguaje natural (NLP)

El NLP permite a los sistemas de IA entender, procesar y generar lenguaje humano. Dentro del Big Data, el NLP se utiliza para analizar grandes volúmenes de texto, extraer información relevante y mejorar la toma de decisiones.
- **Análisis de sentimientos:** Evaluación de opiniones en redes sociales, encuestas y comentarios.
- **Modelado de tópicos:** Identificación de temas en grandes corpus de texto.
- **Traducción automática:** Herramientas de traducción impulsadas por IA como Google Translate y DeepL entre otras muchas.

Visión por computadora

La visión por computadora permite el análisis y la interpretación de imágenes y videos en grandes volúmenes de datos visuales. Se integra y por lo tanto se utiliza con diversas técnicas y aplicaciones de Big Data, como:

- **Reconocimiento facial:** Identificación de personas en imágenes y videos.
- **Detección de objetos:** Localización de elementos en escenas visuales.

- **Análisis de imágenes médicas:** Diagnóstico asistido por IA en radiografías y resonancias magnéticas.

Optimización y reducción de dimensionalidad

En el contexto del Big Data, es fundamental reducir la cantidad de datos sin perder información relevante. Algunas técnicas clave incluyen:

- **Análisis de Componentes Principales (PCA):** Reducción de dimensionalidad para mejorar la eficiencia del procesamiento de datos.
- **T-SNE y UMAP:** Métodos utilizados para visualizar datos de alta dimensionalidad.
- **Feature Selection:** Identificación de las características más relevantes para los modelos de IA.

Sesgo y explicabilidad en la IA

A medida que los sistemas de IA dependen cada vez más de grandes volúmenes de datos, es crucial abordar cuestiones de sesgo y explicabilidad:

- **Mitigación del sesgo:** Identificación y corrección de sesgos en los conjuntos de datos y modelos de IA.
- **IA explicable (XAI):** Métodos para hacer que los modelos sean interpretables y comprensibles por los humanos.

Como te puedes imaginar, estos conceptos son clave en el contexto del Big Data y son esenciales para la construcción de modelos de Machine Learning robustos, eficientes y éticos. El aprendizaje automático, el aprendizaje profundo, el procesamiento del lenguaje natural y la visión por computadora son pilares fundamentales en la explotación de grandes volúmenes de datos. No te quede duda de que a medida que las tecnologías avanzan, la interacción entre IA y Big Data seguirá evolucionando, proporcionando nuevas oportunidades y desafíos para la ciencia de datos y la Inteligencia Artificial aplicada.

2. Conceptos clave de la IA

Los conceptos clave de la Inteligencia Artificial representan la base fundamental sobre la que se construyen todas las aplicaciones, modelos y tecnologías derivadas de esta disciplina. Sin un conocimiento sólido de estos conceptos, es difícil comprender el funcionamiento de los sistemas de IA, su alcance y sus limitaciones. Antes de adentrarnos en detalles específicos, es importante establecer una visión general de los principios esenciales que definen a la Inteligencia Artificial en el contexto moderno.

Dejemos claro que la IA no es una tecnología única, sino un conjunto de metodologías, algoritmos y enfoques que permiten a las máquinas realizar tareas que normalmente requerirían inteligencia humana. Entre estas capacidades se encuentran el reconocimiento de patrones, la toma de decisiones, el aprendizaje a partir de datos, la comprensión del lenguaje natural y la percepción visual, entre otras; y como hemos visto, la combinación de estos elementos ha permitido el desarrollo de sistemas capaces de mejorar procesos en una amplia variedad de sectores, esto último lo vamos a profundizar a medida que avancemos en el libro.

Un aspecto clave a tener en cuenta es la relación entre Inteligencia Artificial, aprendizaje automático y aprendizaje profundo. Mientras que la IA es el campo general que abarca cualquier intento de dotar a las máquinas de inteligencia, el Machine Learning representa un subconjunto de la IA que se basa en el uso de datos para entrenar modelos sin necesidad de programación explícita. A su vez, el Deep Learning es un enfoque dentro del Machine Learning que emplea redes neuronales profundas para extraer características y patrones de datos complejos.

Los modelos de IA dependen en gran medida de los datos para su entrenamiento y evolución. La calidad y cantidad de los datos utilizados pueden determinar la efectividad y precisión de un modelo. Por esta razón, la gestión de datos es un pilar esencial en el desarrollo de soluciones de Inteligencia Artificial. Sin datos adecuados, los modelos carecen de la información necesaria para aprender y mejorar su rendimiento. Si ya has leído alguno de mis libros entonces ya sabrás que siempre hago incapié en la importancia de los datos, y si no los has leído entonces deberías leerlos antes de continuar con este libro; al menos IA-Manager e IA el *Homo digitalis*.

Otro concepto central es el ajuste y optimización de los modelos de IA. A través de técnicas como el ajuste de hiperparámetros, la normalización de datos y la selección de características relevantes, los modelos pueden mejorar su precisión y reducir el margen de error en sus predicciones. Este proceso requiere no solo conocimientos técnicos, sino también un entendimiento profundo del problema a resolver y de las limitaciones del modelo utilizado.

Además, es fundamental considerar la importancia de la interpretabilidad y la ética en la Inteligencia Artificial. La explicabilidad de los modelos de IA es un factor determinante en su adopción en sectores críticos como la salud y la justicia. Un modelo que ofrece predicciones precisas, pero cuya lógica interna es opaca, puede generar desconfianza y dificultar su implementación en contextos sensibles. Por ello, cada vez más esfuerzos se centran en desarrollar técnicas que permitan explicar cómo y por qué un modelo ha llegado a una determinada conclusión. Aquí he de añadir, que incluso los más expertos y renombrados en el campo de la IA dicen que "*nadie sabe realmente como los modelos toman sus decisiones*".

2.1. Machine Learning vs. Deep Learning

Es muy importante comprender y saber diferenciar estás dos áreas, ya que muy a menudo lleva a confusiones, algo muy grave cuando hablamos de proyectos de Inteligencia Artificial. Bien, en el contexto de la Inteligencia Artificial y el Big Data, Machine Learning y Deep Learning son dos enfoques esenciales para el procesamiento de datos y la toma de decisiones automatizada. Estos ya los he mencionado antes, pero si bien ambos pertenecen al campo general del aprendizaje automático, presentan diferencias clave en su estructura y capacidades.

Machine Learning es el campo global y se basa en algoritmos que pueden aprender patrones a partir de datos sin ser programados explícitamente para cada tarea. Estos algoritmos incluyen modelos como árboles de decisión, máquinas de soporte vectorial (SVM) y redes neuronales artificiales de pocas capas. El rendimiento de ML depende en gran medida de la calidad y cantidad de los datos proporcionados, así como de la selección de características relevantes para el análisis. Esto lo veremos más adelante en profundidad.

Deep Learning, por otro lado, es una subcategoría de Machine Learning que utiliza redes neuronales profundas con múltiples capas para analizar datos de manera más compleja y abstracta. Gracias a su capacidad para procesar grandes volúmenes de información de forma autónoma, DL ha demostrado ser altamente eficiente en tareas como el reconocimiento de imágenes, el procesamiento de lenguaje natural y la predicción de patrones en grandes conjuntos de datos.

En relación con el Big Data, tanto ML como DL se benefician de la gran disponibilidad de datos para mejorar sus modelos y generar predicciones más precisas. Mientras que ML suele requerir preprocesamiento y selección manual de características, DL es capaz de extraer representaciones complejas directamente a partir de datos sin procesar, lo que lo hace particularmente útil en entornos con grandes volúmenes de información no estructurada. Sobre la estructura de los datos tienes toda la información necesaria en mi libro "IA-Manager", por eso aquí solo vamos a complementar ese conocimiento profundizando en la tecnología del Big Data.

Ambos, ML y DL, son fundamentales en el ecosistema del Big Data. La elección entre uno u otro depende no solo del objetivo del proyecto, sino de la cantidad de datos disponibles, la complejidad del problema y los recursos computacionales necesarios para su implementación.

2.2. Modelos de IA y su dependencia de los datos

Como ya he mencionado y hemos visto, la Inteligencia Artificial, en su forma moderna, depende en gran medida de los datos. Sin datos, los modelos de IA carecen de la materia prima esencial para su entrenamiento, validación y mejora continua. Por ponerte un ejemplo, es lo mismo que el ser humano sin libros. Vamos a explorar de forma breve cómo los modelos de IA dependen de los datos y por qué esta relación es clave en el contexto del Big Data. Recuerda que el objetivo de este libro es explorar el Big Data y su relación con la IA, y no la IA en sí.

¿Qué es un modelo de IA?

Un modelo de IA es una representación matemática de un proceso cognitivo o una tarea específica que la Inteligencia Artificial intenta resolver. Puede ser un algoritmo de aprendizaje supervisado, no supervisado o por refuerzo, dependiendo del tipo de problema que se quiera abordar. Estos modelos pueden adoptar diversas formas, como redes neuronales, árboles de decisión, máquinas de soporte vectorial o modelos probabilísticos.

Independientemente del tipo de modelo, todos tienen en común la necesidad de datos para aprender patrones, hacer predicciones y mejorar su desempeño a lo largo del tiempo.

Aquí hay que destacar que un modelo no es lo mismo que un sistema de IA. Mientras que un modelo de IA es una representación matemática de un proceso cognitivo o una tarea específica, un sistema de IA se basa en datos, modelos de IA y hardware, esto último viene siendo el poder computacional e infraestructura, incluyendo la interfaz de usuario. Un modelo es solo una parte del sistema completo, que requiere otros componentes para funcionar de manera efectiva. Esto debes tenerlo muy claro a partir de aquí.

La importancia de los datos en el aprendizaje automático

El aprendizaje automático, como vengo explicando, se basa en la extracción de patrones y relaciones a partir de grandes volúmenes de datos. Sin datos de calidad, los modelos de aprendizaje automático simplemente no pueden funcionar correctamente. La relación entre modelos de IA y datos se puede entender en varios niveles:

- **Entrenamiento del modelo:** Los modelos de IA requieren datos etiquetados o no etiquetados para aprender a tomar decisiones. Un modelo de reconocimiento facial, por ejemplo, necesita miles o millones de imágenes para identificar con precisión rostros humanos.
- **Generalización:** Para que un modelo pueda hacer predicciones precisas en datos nunca antes vistos, es fundamental que los datos de entrenamiento sean diversos y representativos de los casos de uso reales.
- **Ajuste de hiperparámetros:** Muchos modelos de IA dependen de la optimización de sus parámetros internos, y este ajuste solo es efectivo si se cuenta con datos adecuados. Además, por supuesto, de la correcta comprensión de los hiperparámetros.
- **Evaluación y mejora continua:** Los modelos de IA necesitan datos de prueba y validación para medir su precisión y corregir posibles sesgos o errores sistemáticos. Esto quiere decir que se necesitan datos para el entrenamiento, para el test de prueba y para la validación, y todos deben ser diferentes. No puedes usar los mismos datos que usaste en el entrenamiento para realizar el test una vez finalizado el entrenamiento. Esos datos ya los conoce.

Datos y Big Data: una simbiosis esencial

El término Big Data se refiere a grandes volúmenes de datos generados a alta velocidad y con gran variedad. Estos datos pueden provenir de múltiples fuentes, como sensores IoT, redes sociales, transacciones bancarias y registros médicos. La relación entre IA y Big Data es crucial porque los modelos de IA modernos requieren grandes volúmenes de datos para alcanzar un rendimiento óptimo. Algunas de las razones principales por las que Big Data es esencial para la IA son:

- **Mayor precisión:** Cuantos más datos tenga un modelo, mejor podrá aprender patrones complejos y realizar predicciones más precisas.
- **Reducción de sesgos:** Una base de datos amplia y bien equilibrada ayuda a reducir los sesgos algorítmicos y mejora la equidad de los modelos.
- **Automatización de la toma de decisiones:** Gracias al Big Data, los modelos de IA pueden adaptarse y mejorar en tiempo real sin intervención humana constante.
- **Capacidad de procesamiento eficiente:** Herramientas de Big Data, como Hadoop y Spark, permiten manejar volúmenes masivos de datos para alimentar modelos de IA de manera escalable.

Retos en la gestión de datos para IA

Si bien la disponibilidad de datos masivos ha impulsado el desarrollo de la IA, esta también presenta desafíos significativos, como espero que ya tengas claro:

- **Calidad de los datos**: Datos incorrectos, incompletos o sesgados pueden llevar a modelos ineficientes y decisiones erróneas.
- **Privacidad y seguridad:** La recopilación y el procesamiento de grandes volúmenes de datos plantean preocupaciones éticas y regulatorias.
- **Almacenamiento y procesamiento:** Manejar grandes volúmenes de datos requiere infraestructuras robustas y tecnologías especializadas.
- **Actualización y mantenimiento:** Los modelos de IA necesitan datos actualizados para mantenerse relevantes y efectivos en entornos cambiantes.

La dependencia de los modelos de IA respecto a los datos es innegable. Sin datos, la IA no puede aprender, mejorar ni ofrecer predicciones útiles. La sinergia entre IA y Big Data ha permitido avances significativos en múltiples industrias, sin embargo, la gestión de datos sigue siendo un reto clave para garantizar la calidad, la seguridad y la eficiencia de los modelos y sistemas de IA. Por lo tanto, comprender la relación entre modelos de IA y datos es fundamental para cualquier persona interesada en el desarrollo y aplicación de la Inteligencia Artificial, y no solo a nivel empresarial. No te preocupes, porque iremos profundizando en cada tema a medida que avancemos en el libro, y varias veces se van a "repetir" muchos temas, pero como podrás comprobar, siempre en diferentes contextos; todos muy importantes para que aprendas el Big Data y comprendas su relación con la IA. Lo veremos todo poco a poco para asegurar la asimilación y comprensión de estos temas.

2.3. Importancia de los datos en el entrenamiento de modelos

Por decirlo así, los datos son el combustible esencial para el desarrollo y entrenamiento de modelos de Inteligencia Artificial. Como ya hemos mencionado, sin datos de calidad, incluso los algoritmos más avanzados fallarán en proporcionar resultados precisos y confiables. La dependencia de la IA respecto a los datos es absoluta, ya que la eficacia de los modelos de aprendizaje automático y aprendizaje profundo depende de la cantidad, variedad y calidad de los datos utilizados durante su entrenamiento.

Hemos visto que los modelos de Inteligencia Artificial aprenden patrones y tendencias a partir de conjuntos de datos, pero ahora observamos que, si estos datos contienen información errónea, sesgada o insuficiente, el modelo aprenderá patrones incorrectos o incompletos, lo que afectará negativamente su rendimiento en la fase de inferencia. Por ejemplo, un modelo de reconocimiento facial entrenado con un conjunto de datos que carece de diversidad étnica tendrá dificultades para identificar con precisión rostros de ciertos grupos demográficos. Si le pides a un modelo generativo que te genere imágenes de una persona de étnia africana, modelo que ha sido entrenado únicamente con imágenes de personas europeas, pues el modelo va a generar imágenes de personas de étnia europea, porque básicamente entenderá que una "persona" es "blanca"; ya que así fue entrenado. Por otro lado, si sobre entrenamos el modelo o no lo hacemos correctamente, este podría generar imágenes solo de personas de étnia africana, porque le da prioridad a esta étnia por temas de sesgos, básicamente intentando evitar el racismo a la hora de la generación de la imagen. Como ves, es lo mismo que educar a un niño. Si eres racista tu hijo será racista, si el niño no ve una persona de color nunca, pues cuando le digas "describe a una persona" el la describirá con piel blanca; sin embargo, si haces mucha enfasis en evitar el racismo, puede dar lugar a sesgos y generar imágenes solo de personas de color u otras étnias. Como bien ha sucedido con muchos modelos.

La relación entre datos y modelos de IA puede explicarse a través de los siguientes factores:

1. Cantidad de datos: En términos generales, cuantos más datos tenga un modelo para entrenarse, mejor será su capacidad de generalización. Sin embargo, en algunos casos, una gran cantidad de datos ruidosos o irrelevantes puede afectar negativamente el rendimiento. Por esto es muy importante el siguiente punto.
2. Calidad de los datos: Un conjunto de datos bien estructurado, sin errores y sin sesgos, permitirá un entrenamiento más efectivo. La calidad se mide en función de la precisión, integridad, consistencia y representatividad de los datos.
3. Variedad de datos: La diversidad en los datos es clave para que un modelo pueda enfrentar múltiples escenarios en el mundo real. Los datos deben incluir diferentes contextos, condiciones y variaciones dentro del dominio del problema.
4. Etiquetado y anotación de datos: En el aprendizaje supervisado, los datos deben estar correctamente etiquetados para que el modelo pueda aprender de manera precisa. Datos mal etiquetados pueden llevar a errores sistemáticos en la predicción. ¿Qué quiere decir esto? Pues que no se puede etiquetar una imagen de un perro como gato, al igual que no se puede etiquetar una persona blanca como de color. Por ejemplo, una radiografía para el análisis de enfermedades debe estar correctamente etiquetada: "enfermedad" o "no enfermedad", "viral" o "bacterial", "neumonía" o "cáncer". Imaginate aquí que tienes un profesor de contabilidad que no entiende la regla del tres, pues es lo mismo. Y ojo, yo tuve un profesor en contabilidad de empresas industriales que no la comprendia, si que los hay. Y ¿Qué quiere decir esto? Pues que él, mi profesor de contabilidad de empresas industriales, la vió (la regla de tres), la memorizó y así mismo, la repite. Es lo que hace un modelo de IA si no se entrena correctamente. Esto puede llevar a "Overfitting" (sobreajuste) o a "Underfitting" (subajuste) del modelo.

5. Balance de clases: En problemas de clasificación, un conjunto de datos con una distribución desbalanceada de clases puede hacer que el modelo favorezca la clase mayoritaria, reduciendo su capacidad de generalización.

Problemas comunes en los datos y su impacto en la IA

- **Sesgo en los datos:** Un conjunto de datos sesgado puede generar modelos con resultados injustos o erróneos. Esto es especialmente crítico en aplicaciones sensibles como la contratación de personal o la concesión de créditos.
- **Datos insuficientes:** Cuando el volumen de datos es muy pequeño, el modelo no logra aprender patrones significativos y puede caer en el sobreajuste, donde memoriza los datos en lugar de generalizar.
- **Datos ruidosos o erróneos:** La presencia de datos incorrectos, duplicados o inconsistentes puede afectar el rendimiento del modelo.
- **Falta de representatividad:** Si los datos de entrenamiento no reflejan la realidad del problema que se quiere resolver, el modelo será poco útil en escenarios reales.

Estrategias para mejorar la calidad de los datos

Dado que los datos son la base del éxito de un modelo de IA, es fundamental aplicar estrategias para mejorar su calidad y garantizar su adecuación para el entrenamiento. Algunas prácticas recomendadas incluyen:

1. Preprocesamiento de datos: Aplicar técnicas de limpieza, normalización y transformación para mejorar la calidad de los datos.
2. Aumentación de datos: Generar nuevas muestras a partir de datos existentes para mejorar la representatividad y reducir el sobreajuste.
3. Filtrado y eliminación de ruido: Identificar y eliminar valores atípicos o inconsistentes dentro del conjunto de datos.
4. Corrección de sesgos: Equilibrar las clases y asegurar la inclusión de datos representativos de todas las posibles situaciones.
5. Uso de técnicas de imputación: Para gestionar valores faltantes en los datos sin introducir errores significativos.

Una estrategia de datos bien estructurada es esencial para obtener modelos precisos, confiables y justos. La implementación de buenas prácticas en la recopilación, limpieza y procesamiento de datos es un requisito indispensable para garantizar el rendimiento óptimo de cualquier solución basada en IA. La preparación de los datos es un trabajo que a nadie le gusta hacer, pero sin embargo es el aspecto más importante en lo que a Inteligencia Artificial se refiere. Las grandes empresas dejan esta tarea en manos de empresas "especializadas" algo que no recomiendo para nada, ya que siempre lleva a sesgos en los datos. Por otro lado, si trabajas en una empresa mediana o pequeña, que dios se apiade de ti. Es por todo esto que debes conocer muy bien el campo de los datos y el Big Data y muy especialmente el análisis de estos, ya que es primordial saber leer los datos para comprender, no solo la información que nos ofrecen, sino para saber encontrar y mitigar todos los errores que puedan contener.

2.4. La IA sin datos ¿Es posible?

La Inteligencia Artificial, tal como la conocemos hoy en día, está intrínsecamente, como ya ves, ligada a los datos. La mayoría de los modelos de IA, ya sean algoritmos de aprendizaje supervisado, no supervisado o incluso de refuerzo, dependen de grandes cantidades de datos para su entrenamiento y funcionamiento. Sin datos, la IA simplemente no podría aprender, razonar ni tomar decisiones informadas.

Los modelos de IA aprenden patrones y estructuras a partir de los datos. En el caso del Machine Learning, los datos de entrenamiento son fundamentales para que el modelo pueda generalizar y hacer predicciones sobre datos nuevos. En el Deep Learning, los datos alimentan redes neuronales profundas que ajustan sus pesos y sesgos para mejorar su rendimiento. Incluso en los modelos generativos, como las redes neuronales generativas adversarias (GANs) o los modelos de lenguaje como GPT, la calidad y cantidad de los datos de entrenamiento determinan la precisión y relevancia de sus respuestas.

Los datos también son esenciales en la validación y evaluación de modelos. Sin un conjunto de datos para evaluar su rendimiento, no habría forma de determinar la eficacia de un modelo en la práctica.

En teoría, podría concebirse un sistema de Inteligencia Artificial que no dependa de datos preexistentes, sino que funcione exclusivamente a través de reglas programadas manualmente. Este enfoque, conocido como sistemas expertos, fue muy popular en los primeros días de la IA y se basaba en reglas lógicas definidas por expertos humanos. Sin embargo, estos sistemas tienen limitaciones considerables, ya que no pueden aprender ni adaptarse a nuevas situaciones sin intervención humana.

Otra alternativa sería el uso de algoritmos evolutivos o sistemas que generen conocimiento a partir de simulaciones. Sin embargo, estos enfoques, aunque pueden reducir la dependencia de datos externos, siguen requiriendo información inicial o entornos simulados que actúan como una fuente de datos. Así que básicamente es lo mismo, se trata de disponibilidad de información, en cualquiera de sus formatos, para aprender.

En la actualidad, todos los avances significativos en IA están impulsados por el acceso y procesamiento de grandes volúmenes de datos. Desde el reconocimiento de voz y visión por computadora hasta la generación de contenido y la toma de decisiones automatizada, la IA requiere información para operar con eficacia. Incluso en los intentos de reducir la cantidad de datos necesarios mediante técnicas como el aprendizaje por refuerzo o el few-shot learning, sigue siendo imprescindible contar con datos base.

Si bien podría imaginarse un concepto de IA que funcione con reglas predefinidas o que genere su propio conocimiento a través de simulaciones, en la práctica, la IA sin datos no es viable con la tecnología actual. El aprendizaje, la adaptación y la mejora continua de los modelos dependen de los datos. Sin ellos, la Inteligencia Artificial no podría evolucionar ni ofrecer soluciones precisas y útiles en el mundo real. Es aquí donde entra en juego el Big Data.

PARTE II

Fundamentos de Big Data

Parte II: Fundamentos de Big Data

3. Introducción al Big Data

El término "Big Data" se refiere a conjuntos de datos que son tan grandes, rápidos o complejos que es difícil o imposible manejarlos con las herramientas tradicionales de procesamiento de datos como son por ejemplo Acces, Excel y PowerBI, por nombrar algunas. Este último, Power BI, aunque si que puede manejar volúmenes más grandes de datos, especialmente si se conecta a fuentes de datos externas optimizadas, como bases de datos en la nube o tecnologías de Big Data (como Hadoop o Spark). Sin embargo, su capacidad también tiene límites en comparación con soluciones específicas de Big Data. El fenómeno del Big Data ha transformado la manera en que las organizaciones gestionan, analizan y utilizan los datos, permitiendo obtener insights valiosos y tomar decisiones informadas.

La era del Big Data comenzó con la explosión del volumen de datos generados por la proliferación de dispositivos digitales, redes sociales, sensores IoT y muchas otras fuentes. Se estima que el 90% de los datos en el mundo fueron creados en los últimos dos años (aproximadamente entre 2022 y 2024), y esta tendencia continúa acelerándose. Las características clave que definen el Big Data son comúnmente descritas mediante las "3 Vs": Volumen, Velocidad y Variedad. Algunas veces, se añaden otras dos dimensiones: Veracidad y Valor (pasando a ser las 5 Vs), y esto se puede ampliar en algunos casos.

A pesar de sus enormes beneficios, el Big Data también presenta desafíos significativos. El almacenamiento y la gestión de grandes volúmenes de datos requieren infraestructuras avanzadas. El procesamiento y análisis de estos datos demanda nuevas herramientas y tecnologías, como Hadoop y Spark. Además, la privacidad y la seguridad de los datos son preocupaciones críticas, y garantizar la calidad y veracidad de los datos es esencial para obtener resultados fiables.

Las tecnologías que sustentan el Big Data incluyen Hadoop, un marco de procesamiento distribuido; Spark, que facilita el procesamiento de datos en memoria; y bases de datos NoSQL, como MongoDB y Cassandra, que manejan datos no estructurados de manera eficiente. Las herramientas de visualización como Tableau y Power BI también juegan un papel crucial al hacer que los datos sean comprensibles y útiles para la toma de decisiones; además, se pueden analizar datos con Python usando librerías como Pandas para conjuntos medianos, o Dask y PySpark para datos a escala Big Data.

El futuro del Big Data está marcado por la integración con tecnologías emergentes como la Inteligencia Artificial y el Internet de las Cosas, así como por el creciente uso de la computación en la nube y los Data Lakes, que permiten el almacenamiento flexible y el acceso a grandes volúmenes de datos en su formato original.

A continuación, voy a desarrollar las 5 Vs una a una, aunque todas van de la mano, es importante hacerlo así para comprender cada una, su importancia y su potencial en lo que a Big Data se refiere, así como también en el desarrollo de modelos de Machine Learning y por lo tanto su relación y relevancia con la IA.

3.1. Definición y características de Big Data (las 5Vs)

3.1.1. Volumen

El volumen es una de las características fundamentales que define el concepto de Big Data. Se refiere a la cantidad masiva de datos que se generan y almacenan diariamente a nivel global. Esta enorme cantidad de datos proviene de diversas fuentes y se acumula a un ritmo sin precedentes, desafiando las capacidades tradicionales de almacenamiento, procesamiento y análisis de datos. Ahora vamos a explorar los aspectos más relevantes del volumen en el contexto del Big Data, incluyendo su origen, impacto, desafíos y las tecnologías utilizadas para gestionarlo.

Origen y crecimiento del volumen de datos

El volumen de datos ha crecido exponencialmente debido a varias tendencias tecnológicas y sociales. Entre las fuentes más significativas de datos se encuentran:

1. Redes sociales: Plataformas como Facebook, Twitter, Instagram y LinkedIn generan cantidades masivas de datos diariamente. Cada interacción, como un "me gusta", un comentario o una publicación, contribuye al volumen total de datos.

2. Dispositivos móviles: Los teléfonos inteligentes y otros dispositivos móviles son responsables de generar una enorme cantidad de datos, incluyendo mensajes de texto, correos electrónicos, ubicaciones GPS, fotos y videos.

3. Internet de las cosas (IoT): Los dispositivos conectados, como sensores en hogares inteligentes, vehículos, fábricas y ciudades, generan datos constantemente. Estos dispositivos recopilan información sobre temperatura, humedad, consumo de energía, movimiento y muchos otros parámetros.

4. Transacciones financieras: El sector financiero produce un alto volumen de datos a través de transacciones bancarias, compras con tarjetas de crédito, operaciones bursátiles y otras actividades económicas.

5. Medios digitales: La transmisión de videos, música y otros contenidos digitales a través de plataformas como YouTube, Netflix y Spotify también contribuye significativamente al volumen de datos.

6. Salud y medicina: La digitalización de los registros médicos, imágenes de diagnóstico, datos de ensayos clínicos y la monitorización de pacientes a través de dispositivos portátiles generan enormes cantidades de datos.

El crecimiento del volumen de datos se ha visto impulsado por la reducción de los costos de almacenamiento y el aumento de la capacidad de los dispositivos de almacenamiento. Se estima que el volumen de datos globales se duplica aproximadamente cada dos años, lo que plantea enormes desafíos y oportunidades para las organizaciones.

Impacto del volumen en las organizaciones

El gran volumen de datos tiene un impacto significativo en las organizaciones, tanto en términos de oportunidades como de desafíos. Las organizaciones que pueden gestionar y analizar eficazmente grandes volúmenes de datos pueden obtener ventajas competitivas, tales como:

Mejora en la toma de decisiones: El análisis de grandes volúmenes de datos permite a las organizaciones tomar decisiones más informadas basadas en evidencias concretas y no en suposiciones.

Personalización: Con grandes volúmenes de datos, las empresas pueden ofrecer productos y servicios más personalizados, adaptados a las necesidades y preferencias individuales de los clientes.

Innovación: Los datos pueden ser una fuente de innovación, permitiendo a las organizaciones desarrollar nuevos productos, servicios y modelos de negocio basados en los insights obtenidos del análisis de datos.

Eficiencia Operacional: El análisis de grandes volúmenes de datos puede ayudar a optimizar procesos operativos, reducir costes y mejorar la eficiencia general de la organización.

Sin embargo, gestionar grandes volúmenes de datos también presenta varios desafíos:

Almacenamiento: Los volúmenes masivos de datos requieren soluciones de almacenamiento escalables y rentables. Las infraestructuras de almacenamiento tradicionales a menudo no son adecuadas para manejar el tamaño y la complejidad de los datos actuales.

Procesamiento: Procesar grandes volúmenes de datos de manera eficiente requiere potentes recursos de computación y técnicas avanzadas de procesamiento de datos. El procesamiento en paralelo y las arquitecturas distribuidas son esenciales para gestionar el volumen de datos.

Calidad de los datos: Con grandes volúmenes de datos, garantizar la calidad y la precisión de los datos es un desafío continuo. Los datos pueden ser incompletos, duplicados o inconsistentes, lo que afecta la fiabilidad de los análisis.

Seguridad y privacidad: La gestión de grandes volúmenes de datos plantea importantes cuestiones de seguridad y privacidad. Las organizaciones deben implementar medidas robustas para proteger los datos y cumplir con las regulaciones de privacidad.

Tecnologías para gestionar el volumen de datos

Para enfrentar los desafíos asociados con el volumen de datos, se han desarrollado diversas tecnologías y enfoques. Algunas de las tecnologías más importantes incluyen:

(Sobre los siguientes puntos os hablaré más adelante mucho más extenso).

- **Hadoop:** Hadoop es un marco de código abierto que permite el procesamiento distribuido de grandes conjuntos de datos a través de clusters de computadoras. Utiliza el sistema de archivos distribuido de Hadoop (HDFS) para almacenar datos de manera distribuida y el modelo de programación MapReduce para procesar los datos en paralelo.

- **Spark:** Apache Spark es un motor de procesamiento de datos que permite el procesamiento rápido y en memoria de grandes volúmenes de datos. Spark es conocido por su velocidad y capacidad de realizar análisis avanzados, como Machine Learning y procesamiento de gráficos.

- **NoSQL:** Las bases de datos NoSQL, como MongoDB, Cassandra y HBase, están diseñadas para manejar grandes volúmenes de datos no estructurados y semi-estructurados. Ofrecen alta escalabilidad y flexibilidad en la gestión de datos.

- **Data Lakes:** Los Data Lakes son repositorios de almacenamiento que permiten almacenar grandes volúmenes de datos en su formato nativo, ya sean estructurados, semi-estructurados o no estructurados. Proporcionan una manera flexible y escalable de gestionar grandes volúmenes de datos.

- **Data Warehouse:** Los Data Warehouses son sistemas de almacenamiento optimizados para datos estructurados, diseñados específicamente para análisis y generación de informes. A través de procesos ETL (Extract, Transform, Load), los datos se limpian, transforman y almacenan en un formato estructurado, lo que permite realizar consultas complejas y obtener insights estratégicos. Ofrecen alto rendimiento en la consulta de grandes volúmenes de datos y son ideales para aplicaciones de inteligencia empresarial y toma de decisiones.

- **Data Lakehouse:** Los Data Lakehouses combinan las capacidades de los Data Lakes y los Data Warehouses en una sola plataforma. Permiten almacenar datos en su formato bruto, como un Data Lake, pero con estructuras optimizadas para análisis, similar a un Data Warehouse. Esta arquitectura híbrida facilita el análisis avanzado de datos estructurados y no estructurados, reduciendo costos y simplificando la gestión al eliminar la necesidad de mantener sistemas separados para almacenamiento y análisis.

- **Google File System (GFS):** Los sistemas de archivos distribuidos (DFS), como Google File System (GFS), permiten almacenar y gestionar grandes volúmenes de datos distribuyéndolos entre múltiples nodos. Estos sistemas ofrecen escalabilidad, tolerancia a fallos y alto rendimiento al procesar datos masivos. Son fundamentales en entornos de Big Data y se utilizan junto a frameworks como Hadoop y Spark para realizar procesamiento distribuido de datos.

- **Object Storage:** El almacenamiento por objetos es una solución escalable y flexible diseñada para almacenar datos no estructurados. En lugar de seguir una estructura jerárquica de archivos, los datos se almacenan como objetos independientes con metadatos y un identificador único. Este enfoque facilita el acceso y gestión de grandes volúmenes de archivos como imágenes, videos, copias de seguridad y archivos de registro. Ejemplos populares incluyen Amazon S3, Google Cloud Storage y Azure Blob Storage.

- **In-Memory:** El almacenamiento In-Memory utiliza la memoria RAM para almacenar y procesar datos, ofreciendo acceso ultrarrápido y reduciendo significativamente la latencia. Este tipo de almacenamiento es ideal para aplicaciones que requieren análisis en tiempo real, como sistemas financieros, juegos en línea o plataformas de comercio electrónico. Herramientas como Redis, Memcached o Apache Ignite son ejemplos de soluciones In-Memory utilizadas para acelerar consultas y mejorar el rendimiento general.

- **Computación en la Nube:** La computación en la nube es un concepto amplio que abarca la entrega de diferentes servicios a través de internet, incluyendo almacenamiento, procesamiento, bases de datos, redes y software. Proporciona escalabilidad, flexibilidad y rentabilidad al permitir que las organizaciones utilicen recursos bajo demanda sin necesidad de mantener infraestructuras locales. Existen diferentes modelos de servicio en la nube:

▪ **IaaS (Infrastructure as a Service):** Infraestructura virtualizada (servidores, redes, almacenamiento) como Amazon EC2 o Google Compute Engine.
▪ **PaaS (Platform as a Service):** Plataformas completas para desarrollar y ejecutar aplicaciones, como Google App Engine o Heroku.
▪ **SaaS (Software as a Service):** Aplicaciones listas para usar a través de la web, como Google Drive o Microsoft 365.

Servicios como Amazon S3, Google Cloud Storage y Azure Blob Storage permiten a las organizaciones almacenar y procesar datos sin necesidad de infraestructuras costosas.

Casos de estudio y aplicaciones

El volumen de datos ha llevado a aplicaciones innovadoras en diversos sectores. Algunos casos de estudio destacados incluyen:

- **Netflix:** Netflix utiliza grandes volúmenes de datos de visualización para personalizar recomendaciones de contenido para sus usuarios, mejorar la experiencia del usuario y optimizar la producción de nuevos contenidos.

- **Tesla:** Tesla recopila datos de sus vehículos en tiempo real para mejorar la seguridad, el rendimiento y la eficiencia de sus automóviles. Los datos también se utilizan para desarrollar y perfeccionar la tecnología de conducción autónoma.

- **Amazon:** Amazon utiliza grandes volúmenes de datos de transacciones, comportamiento del usuario y feedback de clientes para optimizar su cadena de suministro, personalizar recomendaciones de productos y mejorar la experiencia del cliente.

Futuro del volumen de datos

El volumen de datos seguirá creciendo a medida que más dispositivos se conecten a Internet y se generen más datos en tiempo real. Según datos de la ONU, en 2022 se registraron aproximadamente 134 millones de nacimientos a nivel mundial. Esto equivale a una tasa bruta de natalidad de alrededor de 17 nacimientos por cada 1.000 personas, considerando una población mundial de aproximadamente 8.000 millones en ese año. Es importante destacar que estas cifras son estimaciones, ya que no todos los nacimientos se registran oficialmente; la Organización Mundial de la Salud estima que cada año nacen 36 millones de bebés cuyos nacimientos no se registran. Aunque esto se puede profundizar y matizar más, dejemoslo aquí y transforma ahora esto en datos.

Según datos recientes, en 2024 se vendieron aproximadamente 1.220 millones de teléfonos inteligentes a nivel mundial, lo que representa un crecimiento del 7% respecto al año anterior. En términos de participación de mercado, Apple y Samsung continúan liderando las ventas globales. Según datos de forbesargentina.com, en 2024, Apple logró posicionarse como el principal vendedor de smartphones, con 234,6 millones de unidades enviadas y una cuota de mercado del 20,1%. Por su parte, Samsung registró ventas de 226,6 millones de unidades, representando el 19,4% del mercado.

Ahora convierte toda esta información en datos. En transacciones, en fotos, en vídeos, en likes, en comentarios, en precios, en fechas, en cantidades, en localizaciones, en grupos.

Imaginate ahora lo que esto supone, en el contexto de datos, para estas empresas. ¿Ves a donde quiero llegar?

¡Los datos son oro, y tu los estás regalando! Pero esto ya es otra historia.

El desarrollo de nuevas tecnologías y enfoques será crucial para gestionar y extraer valor de estos volúmenes masivos de datos. La integración de Big Data con tecnologías emergentes como la Inteligencia Artificial, el Machine Learning y el Internet de las Cosas abrirá nuevas oportunidades y desafíos, transformando aún más la manera en que las organizaciones operan y toman decisiones.

El volumen es una dimensión crítica del Big Data que plantea tanto oportunidades como desafíos. Gestionar eficazmente grandes volúmenes de datos requiere tecnologías avanzadas, infraestructuras escalables y una comprensión profunda de los datos. A medida que el volumen de datos continúa creciendo, las organizaciones que puedan adaptarse y aprovechar estos datos estarán mejor posicionadas para obtener ventajas competitivas y liderar en sus respectivos sectores. Por todos estos motivos es que intento hacerte comprender que el conocimiento y control de los datos te abrirá muchas puertas profesionalmente y marcará, sin duda alguna, un antes y un después en tu carrera.

3.1.2. Velocidad

Una dimensión crucial del Big Data es la Velocidad, que se refiere a la rapidez con la que se generan, procesan y analizan los datos. En el contexto del Big Data, no solo es importante la gran cantidad de datos, sino también la velocidad a la que estos datos están disponibles y pueden ser utilizados para tomar decisiones. La velocidad de los datos plantea desafíos únicos y requiere soluciones tecnológicas específicas para manejar el flujo continuo de información. Entremos en detalle con los aspectos más relevantes de la velocidad en el Big Data, incluyendo su origen, impacto, desafíos y las tecnologías utilizadas para gestionarla. Como verás, todo está muy estrechamente relacionado, y así mismo interconectado.

Origen y crecimiento de la velocidad de los datos

La velocidad a la que se generan y recopilan los datos ha aumentado drásticamente en las últimas décadas debido a varios factores tecnológicos y sociales:

1. Internet de las cosas (IoT): Los dispositivos conectados, como sensores, cámaras y otros dispositivos IoT, generan datos en tiempo real. Estos dispositivos están presentes en hogares, fábricas, vehículos y ciudades inteligentes, produciendo un flujo constante de datos que necesita ser procesado rápidamente.

2. Redes sociales: Plataformas como X (Twitter), Meta (Facebook) e Instagram generan datos a una velocidad impresionante, con millones de publicaciones, comentarios y "me gusta" cada minuto. La rapidez con la que se generan estos datos requiere soluciones capaces de procesarlos casi en tiempo real.

3. Transacciones financieras: Las transacciones en tiempo real en bancos, mercados bursátiles y plataformas de comercio electrónico contribuyen significativamente a la velocidad de los datos. Cada transacción necesita ser registrada y analizada instantáneamente para detectar fraudes y tomar decisiones comerciales.

4. Medios digitales: La transmisión de contenido multimedia, como videos en YouTube, streaming en Netflix y música en Spotify también genera grandes volúmenes de datos continuamente. Estos datos deben ser procesados rápidamente para asegurar una experiencia de usuario fluida.

5. Sistemas de monitoreo en tiempo real: Los sistemas que monitorean infraestructuras críticas, como redes eléctricas, plantas industriales y sistemas de transporte, generan datos a alta velocidad que deben ser analizados en tiempo real para garantizar su funcionamiento seguro y eficiente.

Impacto de la velocidad en las organizaciones

La capacidad de procesar y analizar datos rápidamente tiene un impacto significativo en las organizaciones, permitiéndoles responder de manera más ágil y efectiva a los cambios y oportunidades. Algunos de los beneficios más importantes incluyen:

Toma de decisiones en tiempo real: La capacidad de analizar datos en tiempo real permite a las organizaciones tomar decisiones instantáneas basadas en información actualizada. Esto es crucial en sectores como el financiero, donde las decisiones rápidas pueden significar la diferencia entre ganancias y pérdidas.

Mejora de la experiencia del cliente: En el comercio electrónico y los servicios digitales, la velocidad en el procesamiento de datos permite personalizar la experiencia del usuario en tiempo real, recomendando productos o contenidos relevantes y mejorando la satisfacción del cliente.

Optimización de procesos operacionales: En la manufactura y la logística, el análisis en tiempo real de los datos operacionales puede ayudar a identificar y resolver problemas rápidamente, optimizar la producción y mejorar la eficiencia general. Esto incluye departamentos como compras y ventas, influyendo así mismo a otros como marketing y por supuesto a management.

Detección y prevención de fraudes: En el sector financiero y de seguros, la velocidad en el análisis de datos es crucial para detectar actividades fraudulentas casi instantáneamente, minimizando pérdidas y mejorando la seguridad.

Desafíos de la velocidad de los datos

La velocidad de los datos presenta varios desafíos que deben ser abordados para aprovechar plenamente sus beneficios:

Procesamiento en tiempo real: Procesar grandes volúmenes de datos a alta velocidad requiere infraestructuras y tecnologías avanzadas. Los sistemas deben ser capaces de manejar el flujo continuo de datos sin retrasos significativos.

Almacenamiento y gestión: La gestión de datos en tiempo real también implica almacenar datos rápidamente y asegurarse de que estén disponibles para el análisis inmediato. Esto requiere soluciones de almacenamiento escalables y eficientes, y sobre todo, fiables.

Integridad y calidad de los datos: A medida que los datos se generan y procesan rápidamente, es muy importante garantizar su calidad y precisión. Los errores y la inconsistencia en los datos pueden afectar negativamente los análisis y las decisiones basadas en ellos.

Seguridad y privacidad: La gestión de datos en tiempo real aumenta la complejidad de garantizar la seguridad y la privacidad de los datos. Las organizaciones deben implementar medidas robustas para proteger los datos sensibles a medida que se recopilan y procesan, evitando además ataques maliciosos. Aquí recuerdo que en 2024 Amazon experimentó un notable incremento en los intentos de ciberataques diarios, pasando de 100 millones a 750 millones en un período de seis a siete meses. Este aumento se atribuye en parte al uso de Inteligencia Artificial por parte de los atacantes, quienes emplean herramientas de IA generativa para crear correos electrónicos de phishing más convincentes y desarrollar malware avanzado. Para contrarrestar estas amenazas, Amazon ha implementado defensas basadas en IA, como bases de datos gráficas para monitorear interacciones y detectar comportamientos maliciosos, así como "honeypots" que atraen a los atacantes para estudiar sus métodos. Además, la compañía ha colaborado con el Departamento de Justicia de EE. UU. para desmantelar plataformas utilizadas por grupos cibercriminales como Anonymous Sudan. Además, en noviembre de 2024, Amazon confirmó el robo de más de 2,8 millones de datos de empleados debido a una vulnerabilidad en MOVEit Transfer, un proveedor externo. Aunque la información comprometida incluía correos electrónicos corporativos y extensiones telefónicas, no se accedió a datos confidenciales o personales. Este incidente subraya la creciente sofisticación de los ciberataques y la necesidad de medidas de seguridad robustas.

Tecnologías para gestionar la velocidad de los datos

Para enfrentar los desafíos de la velocidad de los datos, se han desarrollado varias tecnologías y enfoques que permiten el procesamiento rápido y eficiente de grandes volúmenes de datos:

- **Stream processing:** Las plataformas de procesamiento de flujo, como Apache Kafka, Apache Flink y Apache Storm, permiten procesar y analizar datos en tiempo real. Estas plataformas manejan flujos continuos de datos y realizan operaciones como filtrado, agregación y análisis a medida que los datos se generan.

- **Base de datos en tiempo real:** Las bases de datos diseñadas para el procesamiento en tiempo real, como Redis y Amazon DynamoDB, permiten un acceso rápido y eficiente a los datos, soportando aplicaciones que requieren baja latencia.

- **Edge computing:** La computación en el borde (Edge Computing) lleva el procesamiento de datos más cerca de la fuente de generación, como dispositivos IoT. Esto reduce la latencia y permite la toma de decisiones rápida, sin necesidad de enviar todos los datos a un centro de datos centralizado.

- **Tecnologías de almacenamiento en memoria:** Las tecnologías de almacenamiento en memoria, como Apache Ignite y Memcached, permiten un acceso y procesamiento de datos extremadamente rápidos, ya que los datos se almacenan en la memoria RAM en lugar de en discos.

Casos de estudio y aplicaciones

La velocidad de los datos ha permitido aplicaciones innovadoras en varios sectores. Algunos ejemplos destacados son:

- **Uber:** Uber utiliza tecnologías de procesamiento de flujo para analizar datos en tiempo real de sus conductores y pasajeros, optimizando la asignación de vehículos, calculando tarifas dinámicas y mejorando la experiencia del usuario.

- **Alibaba:** Alibaba utiliza procesamiento en tiempo real para gestionar millones de transacciones durante eventos de ventas masivas, como el Día del Soltero, asegurando que su plataforma pueda manejar el enorme volumen de tráfico y transacciones sin interrupciones.

- **Walmart:** Walmart emplea tecnologías de procesamiento de flujo para monitorear y analizar datos de ventas en tiempo real, permitiendo ajustar inventarios y precios dinámicamente para maximizar las ventas y minimizar las pérdidas.

Futuro de la velocidad de los datos

El futuro de la velocidad de los datos está marcado por la integración de tecnologías emergentes y el desarrollo de nuevas arquitecturas de procesamiento. Algunas tendencias emergentes que podemos observar son:

5G y conectividad de alta velocidad: La implementación de redes 5G permitirá una transmisión de datos aún más rápida, habilitando nuevas aplicaciones en tiempo real en áreas como vehículos autónomos, ciudades inteligentes y realidad aumentada.

Machine Learning en tiempo real: La combinación de Big Data con Machine Learning en tiempo real permite desarrollar sistemas autónomos que pueden aprender y adaptarse instantáneamente a nuevos datos y situaciones.

Automatización de procesos: La velocidad en el procesamiento de datos permite una mayor automatización de procesos empresariales, optimizando operaciones y mejorando la eficiencia en tiempo real.

3.1.3. Variedad

La variedad es una de las características fundamentales del Big Data y se refiere a los diferentes tipos de datos que se generan y recopilan. En la era del Big Data, no solo es importante manejar grandes volúmenes de datos o procesarlos rápidamente, sino también ser capaz de gestionar y analizar datos que provienen de diversas fuentes y tienen diferentes formatos y estructuras. La variedad de datos presenta tanto oportunidades como desafíos únicos para las organizaciones, tanto en su valor como en la infraestructura necesaria para su almacenamiento y gestión. Trabajar con variedad de datos ahace que el proyecto sea mucho más complejo y por lo tanto mucho más delicado para conseguir los mejores resultados.

Origen y tipos de datos

La variedad de datos se debe a la multitud de fuentes de datos que existen en el entorno actual. Estos datos pueden ser clasificados en tres categorías principales: datos estructurados, datos no estructurados y datos semi-estructurados. Este punto lo tienes perfectamente explicado, con todo detalle y cantidad de ejemplos en mi libro IA-Manager. Veamoslos resumidamente.

1. Datos estructurados: Son datos organizados en un formato definido, como bases de datos relacionales, hojas de cálculo y tablas. Estos datos son fáciles de almacenar, procesar y analizar utilizando herramientas tradicionales. Ejemplos comunes incluyen registros de transacciones, datos financieros y datos de sensores que se registran en formatos tabulares.

2. Datos no estructurados: Son datos que no tienen una estructura predefinida y son más difíciles de procesar y analizar. Incluyen texto libre, imágenes, videos, archivos de audio, correos electrónicos y publicaciones en redes sociales. Estos datos requieren técnicas avanzadas para ser procesados y extraer información significativa de ellos.

3. Datos semi-estructurados: Son datos que no están completamente estructurados, pero tienen algún tipo de organización interna, como XML, JSON y documentos HTML. Estos datos contienen etiquetas y otros marcadores que permiten identificar distintos elementos dentro de los datos, facilitando su procesamiento en comparación con los datos no estructurados.

Impacto de la variedad en las organizaciones

La capacidad de manejar y analizar una variedad de datos ofrece múltiples beneficios a las organizaciones, permitiéndoles obtener insights más completos y detallados. Algunos de los impactos más significativos son:

Visión holística del negocio: Al integrar y analizar diferentes tipos de datos, las empresas y organizaciones pueden obtener una visión más completa y precisa de sus operaciones, clientes y mercados. Esto permite tomar decisiones más informadas y estratégicas.

Mejora de la experiencia del cliente: La variedad de datos permite a las organizaciones entender mejor las necesidades y preferencias de sus clientes, personalizando productos y servicios para mejorar la satisfacción y fidelización del cliente.

Innovación y desarrollo de productos: Al analizar datos variados, las organizaciones pueden identificar nuevas oportunidades de mercado y tendencias emergentes, impulsando la innovación y el desarrollo de nuevos productos y servicios.

Optimización de procesos: La integración de datos de diferentes fuentes permite optimizar procesos operativos, mejorando la eficiencia y reduciendo costes. Por ejemplo, el análisis de datos de sensores en tiempo real puede optimizar el mantenimiento predictivo en la manufactura.

Desafíos de la variedad de los datos

Aunque la variedad de datos ofrece grandes oportunidades, también presenta desafíos significativos que deben ser abordados para aprovechar plenamente sus beneficios:

Integración de datos: Integrar datos de diversas fuentes y formatos es un desafío complejo. Requiere herramientas y técnicas avanzadas para consolidar y armonizar datos estructurados, no estructurados y semi-estructurados en un único repositorio.

Calidad de los datos: Garantizar la calidad y coherencia de datos variados es crucial para obtener insights precisos. Los datos provenientes de diferentes fuentes pueden ser inconsistentes, incompletos o duplicados y de origen muy dudoso, lo que requiere procesos robustos de limpieza y validación de datos.

Almacenamiento y gestión: Almacenar y gestionar grandes volúmenes de datos variados requiere soluciones de almacenamiento flexibles y escalables que puedan manejar diferentes tipos de datos de manera eficiente.

Análisis y procesamiento: Los datos no estructurados y semi-estructurados requieren técnicas avanzadas de análisis y procesamiento, como procesamiento de lenguaje natural, reconocimiento de imágenes y análisis de video. Esto implica el uso de herramientas y tecnologías especializadas que puedan manejar la complejidad de estos datos.

Tecnologías para gestionar la variedad de los datos

Para enfrentar los desafíos de la variedad de datos, se han desarrollado diversas tecnologías y enfoques que permiten gestionar y analizar datos de diferentes tipos y formatos:

(Sobre los siguientes puntos os hablaré más adelante mucho más extenso. Recuerda que vamos introduciendonos paso a paso).

- **Bases de datos NoSQL:** Las bases de datos NoSQL, como MongoDB, Cassandra y Couchbase, están diseñadas para manejar datos no estructurados y semi-estructurados. Ofrecen flexibilidad y escalabilidad, permitiendo almacenar y consultar grandes volúmenes de datos de manera eficiente.

- **Data Lakes:** Los Data Lakes, como ya hemos visto anteriormente, son repositorios de almacenamiento que permiten almacenar grandes volúmenes de datos en su formato nativo. En este contexto también proporcionan una manera flexible de gestionar datos estructurados, no estructurados y semi-estructurados, facilitando el acceso y el análisis de estos datos.

- **Herramientas de ETL:** Las herramientas de extracción, transformación y carga (ETL), como Apache Nifi, Talend e Informatica, facilitan la integración y transformación de datos provenientes de diversas fuentes. Estas herramientas permiten limpiar, consolidar y preparar datos para el análisis

- **Plataformas de procesamiento de datos:** Las plataformas como Apache Hadoop y Apache Spark también permiten el procesamiento distribuido de grandes volúmenes de datos variados. Estas plataformas soportan el análisis de datos estructurados, no estructurados y semi-estructurados utilizando técnicas avanzadas de procesamiento en paralelo.

- **Tecnologías de análisis avanzado:** Tecnologías como el procesamiento de lenguaje natural, el aprendizaje automático y el análisis de imágenes y videos permiten extraer insights valiosos de datos no estructurados y semiestructurados. Estas tecnologías se integran con plataformas de procesamiento de datos para realizar análisis complejos.

Casos de estudio y aplicaciones

La variedad de datos ha permitido aplicaciones innovadoras en diversos sectores. Como ejemplos podemos destacar:

- **Amazon:** Amazon utiliza datos variados, incluyendo transacciones de compras, reseñas de productos, y datos de navegación web, para personalizar recomendaciones de productos y mejorar la experiencia del cliente.

- **Netflix:** Netflix analiza datos estructurados de suscriptores, junto con datos no estructurados como historial de visualización y preferencias de contenido, para personalizar recomendaciones y optimizar la producción de nuevos contenidos.

- **Ford:** Ford integra datos de sensores de vehículos, datos de comportamiento del conductor y datos de redes sociales para mejorar el diseño de vehículos, personalizar servicios y optimizar la seguridad y el rendimiento.

Futuro de la variedad de los datos

El futuro de la variedad de los datos está marcado por la integración de tecnologías emergentes y el desarrollo de nuevas arquitecturas de gestión y análisis. Algunas tendencias emergentes incluyen:

Inteligencia Artificial y Machine Learning: La combinación de Big Data con Inteligencia Artificial y así mismo el Machine Learning nos permite desarrollar sistemas avanzados de análisis que pueden manejar y extraer insights de datos variados de manera autónoma.

Internet de las cosas (IoT): La proliferación de dispositivos IoT generará una mayor variedad de datos en tiempo real, impulsando la necesidad de soluciones avanzadas para gestionar y analizar estos datos.

Computación en la nube (Cloud Computing): La computación en la nube proporciona soluciones de almacenamiento y procesamiento flexibles y escalables para gestionar grandes volúmenes de datos variados, facilitando el acceso y el análisis desde cualquier lugar.

Data fabric: El concepto de data fabric, que integra datos y aplicaciones en una arquitectura unificada, permite gestionar y analizar datos variados de manera más eficiente y coherente.

La variedad es una dimensión crítica del Big Data, ya que permite a las organizaciones obtener insights más completos y detallados al integrar y analizar diferentes tipos de datos.

3.1.4. Veracidad

La veracidad también es una dimensión crítica, y además mucho, del Big Data, la cual se refiere a la calidad y la confiabilidad de los datos. En un entorno donde los datos se generan y se acumulan a una velocidad y volumen sin precedentes, la veracidad se convierte en un desafío central para las organizaciones. Los datos de baja calidad pueden llevar a conclusiones erróneas y decisiones equivocadas, lo que subraya la importancia de garantizar la integridad y la precisión de los datos utilizados en los análisis.

Origen y naturaleza de la veracidad de los datos

La veracidad de los datos se ve influenciada por múltiples factores, incluyendo la fuente de los datos, la manera en que se recopilan y los procesos de limpieza y validación aplicados. Los datos pueden ser inconsistentes, incompletos, inexactos o duplicados debido a varias razones:

1. Fuente de datos: Los datos pueden provenir de múltiples fuentes, cada una con diferentes niveles de confiabilidad. Las redes sociales, por ejemplo, pueden generar grandes volúmenes de datos que no siempre son precisos o verificables.

2. Métodos de recopilación: Los datos pueden ser recolectados a través de sensores, dispositivos IoT, encuestas, registros transaccionales y otras metodologías, cada una susceptible a errores y sesgos. Los errores en la configuración de los dispositivos o en el diseño de las encuestas pueden introducir inexactitudes.

3. Calidad de los datos: La calidad de los datos se ve afectada por factores como la duplicación, la falta de datos, errores tipográficos y la obsolescencia. Los datos desactualizados pueden no reflejar la realidad actual y, por lo tanto, pueden ser engañosos.

4. Integración de datos: Al combinar datos de diferentes fuentes, pueden surgir problemas de consistencia y coherencia. La falta de estandarización en los formatos y la nomenclatura puede dificultar la integración precisa de los datos.

Impacto de la veracidad en las organizaciones

La veracidad de los datos tiene un impacto significativo en las organizaciones, influenciando la calidad de las decisiones y la efectividad de las estrategias basadas en datos. Algunos de los impactos más importantes incluyen:

Toma de decisiones: Las decisiones basadas en datos inexactos o poco fiables pueden llevar a resultados adversos. La veracidad de los datos es crucial para asegurar que las decisiones sean informadas y precisas.

Confianza del cliente: Los datos de baja calidad pueden afectar la confianza del cliente en una organización. Por ejemplo, errores en los datos de facturación o en la personalización de servicios pueden disminuir la satisfacción y la lealtad del cliente.

Cumplimiento normativo: En sectores regulados, como la salud y las finanzas, la precisión de los datos es esencial para cumplir con las normativas y evitar sanciones. Los datos incorrectos pueden llevar a incumplimientos legales y regulatorios.

Eficiencia operacional: La gestión de datos incorrectos puede llevar a ineficiencias operacionales, ya que se necesita tiempo y recursos adicionales para corregir errores y validar la información.

Desafíos de la veracidad de los datos

Garantizar la veracidad de los datos en el contexto del Big Data presenta varios desafíos que deben ser abordados para asegurar que los datos sean precisos y fiables. Usando ejemplos os hablaré de esto más adelante, ahora solo vamos a familiarizarnos con estos puntos.

Validación y limpieza de datos: Los procesos de validación y limpieza son esenciales para identificar y corregir errores en los datos. Esto puede incluir la eliminación de duplicados, la corrección de errores tipográficos y la verificación de la consistencia de los datos.

Integridad de los datos: Mantener la integridad de los datos a lo largo de todo su ciclo de vida, desde la recolección hasta el análisis, es un desafío crítico. Esto incluye asegurar que los datos no sean alterados o corrompidos durante su almacenamiento y procesamiento.

Estándares y gobernanza de datos: La implementación de estándares y políticas de gobernanza de datos es fundamental para asegurar la calidad y la consistencia de los datos. Esto incluye la definición de estándares de calidad, procedimientos de auditoría y roles y responsabilidades claras para la gestión de los datos.

Fuente de los datos: La confiabilidad de la fuente de datos es un factor clave para asegurar la veracidad. Las organizaciones deben evaluar y seleccionar cuidadosamente las fuentes de datos, prefiriendo aquellas que sean reconocidas por su precisión y confiabilidad.

Tecnologías y enfoques para gestionar la veracidad de los datos

Para enfrentar los desafíos de la veracidad de los datos, se han desarrollado diversas tecnologías y enfoques que permiten mejorar la calidad y la confiabilidad de los datos:

- **Herramientas de limpieza de datos**: Herramientas como Talend, Informatica y OpenRefine permiten realizar tareas de limpieza de datos, incluyendo la eliminación de duplicados, la corrección de errores y la estandarización de formatos.

- **Plataformas de calidad de datos:** Plataformas como IBM InfoSphere QualityStage y Microsoft Azure Data Catalog proporcionan soluciones integrales para la gestión de la calidad de los datos, incluyendo la validación, el monitoreo y la mejora continua de la calidad de los datos.

- **Tecnologías de blockchain:** La tecnología blockchain ofrece un enfoque novedoso para asegurar la integridad y la trazabilidad de los datos. Los registros en una blockchain son inmutables y verificables, lo que ayuda a garantizar la precisión y la autenticidad de los datos.

- **Enfoques de Machine Learning:** Los algoritmos de Machine Learning pueden ser utilizados para detectar anomalías y patrones en los datos que indiquen errores o inconsistencias. Estos algoritmos pueden ayudar a identificar y corregir problemas de calidad de datos de manera proactiva.

- **Gobernanza de datos:** Implementar una gobernanza de datos robusta es crucial para asegurar la calidad de los datos. Esto incluye la definición de políticas y procedimientos, la creación de roles y responsabilidades claras, y la implementación de estándares de calidad y auditoría.

Casos de estudio y aplicaciones

La veracidad de los datos ha permitido aplicaciones innovadoras en diversos sectores. Algunos ejemplos son:

- **Healthcare:** En el sector salud, la precisión de los datos es fundamental para el diagnóstico y el tratamiento de enfermedades. Los sistemas de información de salud (HIS) y los registros médicos electrónicos (EMR) utilizan herramientas avanzadas de limpieza y validación de datos para asegurar la calidad de los datos de los pacientes.

- **Banca y finanzas:** Las instituciones financieras utilizan plataformas de calidad de datos para asegurar la precisión de los datos transaccionales y regulatorios. Esto es crucial para la detección de fraudes, la gestión de riesgos y el cumplimiento normativo.

- **Retail:** En el sector minorista, la calidad de los datos de inventario y ventas es esencial para la gestión eficiente de la cadena de suministro y la optimización de precios. Los minoristas utilizan herramientas de calidad de datos para asegurar que la información de productos y ventas sea precisa y actualizada.

Futuro de la veracidad de los datos

El futuro de la veracidad de los datos está marcado por la integración de nuevas tecnologías y enfoques innovadores para mejorar la calidad y la confiabilidad de los datos. Algunas tendencias emergentes incluyen:

Inteligencia Artificial y Machine Learning: La integración de AI y Machine Learning en los procesos de calidad de datos permitirá una detección y corrección de errores más rápida y precisa. Los algoritmos avanzados podrán identificar patrones y anomalías en los datos que indiquen problemas de calidad.

Blockchain y trazabilidad de datos: La adopción de tecnologías blockchain permitirá una mayor trazabilidad y transparencia en los datos, asegurando que los registros sean inmutables y verificables. Esto será especialmente importante en sectores donde la autenticidad y la integridad de los datos son críticas.

Automatización de la calidad de los datos: La automatización de los procesos de limpieza y validación de datos reducirá la carga manual y mejorará la eficiencia. Herramientas avanzadas permitirán una gestión continua y proactiva de la calidad de los datos.

Gobernanza de datos mejorada: Las organizaciones adoptarán enfoques más robustos y estructurados para la gobernanza de datos, asegurando que los datos sean gestionados de acuerdo con estándares de calidad estrictos y cumplan con las regulaciones.

La veracidad en el Big Data influye directamente en la calidad de las decisiones y la confianza en los datos. Garantizar la veracidad de los datos requiere un enfoque multidimensional que incluye herramientas tecnológicas avanzadas, estándares de calidad robustos y una gobernanza de datos efectiva. Hay que conocer el campo de los datos muy bien, saber leerlos y comprenderlos perfectamente.

3.1.5. Valor

El valor es quizás la dimensión más crucial del Big Data, ya que se refiere al potencial de los datos para generar beneficios significativos para las organizaciones. Mientras que otras dimensiones como volumen, velocidad, variedad y veracidad son importantes para la gestión y el procesamiento de datos, el valor se centra en el objetivo final: convertir los datos en información útil que pueda mejorar la toma de decisiones, optimizar operaciones, generar nuevas oportunidades de negocio y, en última instancia, aumentar la rentabilidad.

Definición y naturaleza del valor en el Big Data

El valor del Big Data no reside en los datos en sí mismos, sino en los insights y conocimientos que se pueden extraer de ellos. Para que los datos tengan valor, deben ser analizados y transformados en información accionable. Esta información debe ser relevante, precisa y oportuna, y debe apoyar directamente los objetivos estratégicos de la organización.

El valor del Big Data se puede manifestar de varias maneras:

1. Toma de decisiones mejorada: Los datos pueden proporcionar una base sólida para la toma de decisiones informadas, reduciendo la incertidumbre y permitiendo a los líderes empresariales actuar con mayor confianza y precisión.

2. Eficiencia operacional: El análisis de datos puede identificar ineficiencias en los procesos, sugerir mejoras y optimizar recursos, lo que puede resultar en ahorros de costos significativos y una mayor productividad.

3. Personalización y mejora de la experiencia del cliente: Al analizar datos de clientes, las empresas pueden personalizar productos, servicios y campañas de marketing para satisfacer mejor las necesidades y preferencias individuales, mejorando la satisfacción y la fidelidad del cliente.

4. Innovación y desarrollo de nuevos productos: Los datos pueden revelar nuevas oportunidades de mercado y tendencias emergentes, impulsando la innovación y el desarrollo de productos y servicios que satisfagan las demandas cambiantes de los consumidores.

5. Gestión de riesgos y cumplimiento: El análisis de datos puede ayudar a identificar y mitigar riesgos, asegurar el cumplimiento normativo y proteger a la organización de fraudes, ciberataques y otras amenazas.

Impacto del valor del Big Data en las organizaciones

El valor del Big Data tiene un impacto profundo en cómo las organizaciones operan y compiten en sus respectivos mercados. Las empresas que pueden extraer valor de sus datos están mejor posicionadas para liderar en sus industrias, mientras que aquellas que no logran hacerlo pueden quedarse atrás. Veamo algunos ejemplos:

Ventaja competitiva: Las organizaciones que utilizan Big Data para mejorar la toma de decisiones y optimizar operaciones pueden obtener una ventaja competitiva significativa. Esto se debe a su capacidad para reaccionar más rápidamente a los cambios en el mercado y para aprovechar nuevas oportunidades antes que sus competidores.

Innovación continua: El valor del Big Data permite a las empresas mantener una cultura de innovación continua, utilizando datos para identificar áreas de mejora y desarrollo de productos. Esto es particularmente importante en industrias altamente dinámicas donde la capacidad de innovar rápidamente es clave para el éxito.

Mejora en la satisfacción del cliente: Al aprovechar los datos para entender mejor a los clientes y personalizar la experiencia del usuario, las organizaciones pueden aumentar la satisfacción y la lealtad del cliente. Esto se traduce en mayores tasas de retención de clientes y un aumento en el valor de vida del cliente.

Optimización de costos: Al analizar grandes volúmenes de datos operativos, las organizaciones pueden identificar áreas donde se pueden reducir costos sin comprometer la calidad. Esto puede incluir la optimización de la cadena de suministro, la mejora de la eficiencia energética y la reducción de desperdicios.

Desafíos para maximizar el valor del Big Data

Aunque el potencial de valor del Big Data es enorme, su realización efectiva no está exenta de desafíos. Algunos de los desafíos más comunes que enfrentan las organizaciones al intentar extraer valor de sus datos son:

Sobrecarga de información: Con la gran cantidad de datos disponibles, uno de los mayores desafíos es evitar la sobrecarga de información y centrarse en los datos que realmente importan. Filtrar los datos relevantes de aquellos que no lo son es crucial para no perderse en un mar de información.

Falta de habilidades analíticas: Extraer valor del Big Data requiere habilidades analíticas avanzadas, incluyendo el conocimiento de técnicas de estadística, Machine Learning y análisis predictivo. La falta de talento en estas áreas puede limitar la capacidad de una organización para aprovechar sus datos.

Integración de datos: Los datos a menudo provienen de múltiples fuentes y en diferentes formatos, lo que puede dificultar su integración y análisis. La capacidad de consolidar y armonizar datos de diversas fuentes es esencial para obtener una visión completa y precisa.

Seguridad y privacidad: A medida que las organizaciones recopilan y analizan grandes volúmenes de datos, deben asegurarse de que estos datos estén protegidos contra el acceso no autorizado y cumplan con las normativas de privacidad. Las brechas de seguridad pueden no solo poner en riesgo la información confidencial, sino también dañar la reputación de la organización.

Costo y complejidad: Implementar y mantener una infraestructura de Big Data puede ser costoso y complejo. Esto incluye el costo de las tecnologías, el almacenamiento de datos y la contratación de personal capacitado.

Estrategias para maximizar el valor del Big Data

Para maximizar el valor del Big Data, las organizaciones deben adoptar una serie de estrategias y enfoques:

- **Enfoque en la calidad de los datos:** Asegurarse de que los datos sean precisos, completos y actualizados es fundamental para extraer valor de ellos. Esto incluye la implementación de procesos de limpieza y validación de datos, así como la gobernanza de datos para mantener estándares de calidad consistentes.

- **Inversión en tecnología y talento:** Las organizaciones deben invertir en tecnologías de análisis avanzadas y en la formación y contratación de personal con habilidades en ciencia de datos, análisis de datos y Machine Learning. Estas inversiones son esenciales para desarrollar la capacidad interna de extraer valor del Big Data.

- **Cultura basada en datos:** Fomentar una cultura en la que las decisiones se basen en datos y no en suposiciones es clave para maximizar el valor del Big Data. Esto implica educar a todos los niveles de la organización sobre la importancia del uso de datos y proporcionar las herramientas necesarias para hacerlo.

- **Análisis predictivo y prescriptivo:** Además del análisis descriptivo, las organizaciones deben aprovechar el análisis predictivo y prescriptivo para anticipar tendencias futuras y tomar decisiones proactivas. Esto incluye el uso de algoritmos de Machine Learning para predecir el comportamiento del cliente, identificar riesgos y optimizar operaciones.

- **Alianzas y colaboraciones:** En algunos casos, colaborar con otras organizaciones o proveedores de tecnología puede ser una manera efectiva de maximizar el valor del Big Data. Esto puede incluir compartir datos, tecnologías y conocimientos para lograr objetivos comunes.

Casos de estudio y aplicaciones del valor del Big Data

El valor del Big Data se ha demostrado en una variedad de industrias y aplicaciones.

- **Walmart:** Walmart utiliza Big Data para optimizar su cadena de suministro, personalizar la experiencia de compra de sus clientes y mejorar la eficiencia operativa. Al analizar datos de ventas y comportamiento del cliente en tiempo real, Walmart puede ajustar su inventario y precios dinámicamente para maximizar las ventas y minimizar los costos.

- **UPS:** La compañía de logística UPS ha implementado un sistema avanzado de análisis de datos llamado ORION (On-Road Integrated Optimization and Navigation) que optimiza las rutas de entrega en tiempo real. Esto ha permitido a UPS ahorrar millones de litros de combustible y reducir significativamente sus costos operativos.

- **Netflix:** Netflix utiliza Big Data para personalizar las recomendaciones de contenido para cada uno de sus usuarios, mejorar la retención de suscriptores y optimizar la producción de nuevos contenidos. Al analizar datos de visualización y preferencias de los usuarios, Netflix puede predecir qué programas serán exitosos y tomar decisiones informadas sobre la creación de contenido original.

Futuro del valor del Big Data

El futuro del valor del Big Data está marcado por la continua integración de tecnologías emergentes y el desarrollo de nuevas aplicaciones.

Inteligencia Artificial y Machine Learning: A medida que la Inteligencia Artificial y el Machine Learning se integran más profundamente en el Big Data, las organizaciones podrán automatizar el análisis de datos y descubrir patrones y insights que antes eran imposibles de detectar.

IoT y análisis en tiempo real: La proliferación de dispositivos conectados generará un flujo constante de datos en tiempo real, lo que permitirá a las organizaciones tomar decisiones más rápidas y precisas basadas en información actualizada.

Economía de datos: A medida que los datos se convierten en un activo cada vez más valioso, las organizaciones explorarán nuevas formas de monetizar sus datos, ya sea a través de la venta de datos, la creación de nuevos productos basados en datos o la participación en economías de datos colaborativas.

El valor es la dimensión del Big Data que justifica la inversión en tecnologías de datos y análisis. Extraer valor de los datos requiere una combinación de estrategias bien definidas, inversiones en tecnología y talento, y una cultura organizacional que valore y utilice los datos en todos los niveles.

Como has podido comprobar en lo que a las "5Vs" se refiere, estan muy estrechamente relacionadas, así como con las técnicas y tecnologías usadas para su gestión. Ten muy en cuenta que aunque por este motivo todo te suene igual, tienen diferentes contextos y esto es un motivo muy imporante por el que debes dominarlas perfectamente para asegurar el éxito de cada proyecto.

3.2. Historia del almacenamiento y procesamiento de datos

La historia del almacenamiento y procesamiento de datos es una crónica de la evolución tecnológica que ha permitido a la humanidad manejar información de manera cada vez más eficiente y efectiva. Desde los primeros métodos de registro de información hasta las avanzadas tecnologías actuales de almacenamiento masivo y procesamiento distribuido, este recorrido histórico refleja el progreso continuo en nuestra capacidad para gestionar datos.

Los primeros métodos de almacenamiento de datos pueden rastrearse hasta las antiguas civilizaciones que usaban formas rudimentarias de registro, como el uso de tablillas de arcilla, papiros y pergaminos. Estos medios eran limitados en su capacidad y durabilidad, pero marcaron el inicio de la documentación y preservación de información crítica, como registros comerciales, leyes y tratados. La invención del papel por los chinos en el siglo II a.C. y su posterior difusión a otras culturas representó un avance significativo en el almacenamiento de datos, ya que permitió un método más accesible y duradero para registrar información.

El verdadero cambio en el almacenamiento de datos comenzó con la invención de la imprenta por Johannes Gutenberg en el siglo XV. La imprenta no solo revolucionó la producción y distribución de información, sino que también permitió la preservación de grandes cantidades de datos en forma de libros y documentos. Bendita sea la imprenta. Este avance estableció las bases para el almacenamiento masivo de información, un concepto que se desarrollaría mucho más con la llegada de la era digital.

El siglo XIX fue testigo de los primeros desarrollos en el almacenamiento y procesamiento mecánico de datos. Uno de los hitos más importantes de esta época fue la invención de las tarjetas perforadas por Herman Hollerith en 1889. Estas tarjetas, utilizadas inicialmente para tabular el censo de Estados Unidos, permitieron almacenar datos de manera mecánica y automatizar procesos de cálculo. La tecnología de tarjetas perforadas se convirtió en un estándar durante muchas décadas, siendo utilizada en computadoras tempranas y sistemas de procesamiento de datos en grandes organizaciones.

El advenimiento de las computadoras electrónicas a mediados del siglo XX marcó el inicio de una nueva era en el almacenamiento y procesamiento de datos. Este punto marcó el antes y el después. La primera generación de computadoras, como la ENIAC y la UNIVAC, utilizaba válvulas de vacío y cintas magnéticas para almacenar datos y realizar cálculos. Las cintas magnéticas permitieron el almacenamiento secuencial de grandes cantidades de datos, pero su acceso era relativamente lento en comparación con los estándares actuales.

El desarrollo de los discos duros en la década de 1950 fue un avance crucial en la historia del almacenamiento de datos. El IBM 305 RAMAC, introducido en 1956, fue la primera computadora comercial que utilizó un disco duro para almacenamiento de datos. Este dispositivo podía almacenar aproximadamente 5 megabytes de datos, un logro significativo para la época. Los discos duros permitieron un acceso aleatorio a los datos, lo que mejoró considerablemente la velocidad de lectura y escritura en comparación con las cintas magnéticas.

La década de 1960 vio la introducción de las primeras bases de datos relacionales, un concepto desarrollado por Edgar F. Codd en IBM. Las bases de datos relacionales permitieron organizar datos en tablas interrelacionadas, facilitando la recuperación de información a través del uso de consultas estructuradas en un lenguaje estándar, como SQL. Esta estructura se convirtió en el pilar de los sistemas de gestión de bases de datos (DBMS) que se utilizan hasta hoy.

Durante la década de 1970 y 1980, el almacenamiento de datos experimentó avances significativos con la introducción de discos de mayor capacidad, como los disquetes, y la aparición de unidades de estado sólido (SSD), que ofrecían una mayor velocidad y fiabilidad en comparación con los discos duros tradicionales. Al mismo tiempo, el procesamiento de datos se volvió más sofisticado con el desarrollo de microprocesadores más potentes y la introducción de sistemas operativos más avanzados que permitían la multitarea y la gestión eficiente de recursos.

Cuando hablo de almacenamiento de datos, no puedo evitar recordar mi infancia, cuando mi madre nos compró un ZX Spectrum +2 de Sinclair, que contaba con apenas 128K de memoria. En aquel ordenador, escribíamos código que se almacenaba en cintas de casete, acompañadas por los característicos sonidos que marcaban el proceso de carga. Una época en la que el almacenamiento era limitado a nivel usuario, pero la imaginación no tenía fronteras.

La década de 1990 marcó el comienzo de la era de la computación en red y la explosión del almacenamiento en línea. El desarrollo de la World Wide Web y la expansión de la Internet impulsaron la demanda de almacenamiento y procesamiento de datos a gran escala. Las organizaciones comenzaron a utilizar servidores dedicados y centros de datos para manejar grandes volúmenes de datos generados por aplicaciones web y transacciones en línea. Esta era también vio la popularización de bases de datos distribuidas, que permitían a las organizaciones almacenar y acceder a datos en múltiples ubicaciones geográficas, mejorando la redundancia y la accesibilidad.

A medida que la cantidad de datos continuó creciendo exponencialmente, la primera década del siglo XXI trajo consigo la necesidad de nuevas arquitecturas de almacenamiento y procesamiento. Las tecnologías como el almacenamiento en la nube y los sistemas de archivos distribuidos, como Hadoop Distributed File System, permitieron a las organizaciones almacenar petabytes de datos de manera escalable y económica. Al mismo tiempo, el procesamiento de datos se benefició de la introducción de paradigmas de programación como MapReduce, que permitieron el procesamiento paralelo de grandes conjuntos de datos distribuidos en múltiples nodos de cómputo.

El desarrollo de tecnologías de almacenamiento en la nube, como Amazon S3, Google Cloud Storage y Microsoft Azure, transformó radicalmente la forma en que las organizaciones almacenan y acceden a sus datos. Estas plataformas ofrecen una escalabilidad casi ilimitada, lo que permite a las organizaciones almacenar grandes volúmenes de datos sin la necesidad de invertir en infraestructuras físicas. Además, la computación en la nube facilitó el procesamiento de datos en tiempo real, lo que permitió a las organizaciones tomar decisiones más rápidas y basadas en datos actualizados.

El avance más reciente en la historia del almacenamiento y procesamiento de datos es la introducción de tecnologías como el almacenamiento en memoria (in-memory storage) y las bases de datos NoSQL. Estas tecnologías están diseñadas para manejar las necesidades específicas del Big Data, como la alta velocidad de acceso a datos y la capacidad de manejar datos no estructurados y semi-estructurados. El almacenamiento en memoria, utilizado en sistemas como SAP HANA, permite a las organizaciones acceder a datos a velocidades extremadamente altas al almacenar toda la base de datos en la memoria RAM en lugar de en discos tradicionales.

Las bases de datos NoSQL, como MongoDB, Cassandra y Couchbase, las cuales ya hemos mencionado anteriormente, han ganado popularidad debido a su capacidad para manejar grandes volúmenes de datos distribuidos y su flexibilidad para almacenar diferentes tipos de datos. Estas bases de datos no dependen de un esquema fijo, lo que las hace ideales para aplicaciones modernas que requieren una alta flexibilidad y escalabilidad.

En la actualidad, la tendencia hacia la Inteligencia Artificial y el Machine Learning está impulsando aún más la evolución del almacenamiento y procesamiento de datos. Los sistemas de aprendizaje automático requieren enormes cantidades de datos para entrenar modelos, y estos datos deben ser procesados rápidamente para generar insights útiles. Esta necesidad ha llevado al desarrollo de arquitecturas especializadas, como los Data Lakes, que permiten almacenar datos en su forma nativa y realizar análisis avanzados sin la necesidad de transformaciones previas.

La historia del almacenamiento y procesamiento de datos es una narración de constante evolución tecnológica, impulsada por la necesidad de manejar cantidades cada vez mayores de información de manera más eficiente y efectiva. Desde los primeros métodos manuales de registro hasta las avanzadas tecnologías actuales de almacenamiento en la nube y procesamiento distribuido, cada etapa ha contribuido al desarrollo de la capacidad humana para almacenar, procesar y aprovechar datos de manera que impulse la innovación, mejore la eficiencia operativa y facilite la toma de decisiones informada. A medida que la tecnología continúa avanzando, sin duda alguna veremos nuevas revoluciones en la manera en que los datos son almacenados y procesados, lo que continuará transformando la economía global y la sociedad en general.

3.3. Evolución de las tecnologías de Big Data

La evolución de las tecnologías de Big Data es un reflejo de cómo la creciente necesidad de gestionar, procesar y analizar grandes volúmenes de datos ha impulsado el desarrollo de nuevas herramientas, arquitecturas y enfoques. A medida que la cantidad de datos generados por la humanidad ha aumentado exponencialmente, las tecnologías de Big Data han evolucionado para satisfacer las demandas de almacenamiento, procesamiento y análisis en tiempo real. Esta evolución ha permitido a las organizaciones transformar datos en información valiosa, mejorando la toma de decisiones, optimizando operaciones y descubriendo nuevas oportunidades de negocio.

El concepto de Big Data comenzó a ganar atención en la década de 1990, cuando las organizaciones empezaron a enfrentarse a desafíos sin precedentes relacionados con el volumen, la velocidad y la variedad de los datos. En ese momento, las tecnologías tradicionales de bases de datos relacionales (RDBMS) ya no podían manejar eficazmente las crecientes cantidades de datos no estructurados y semi-estructurados. Esto llevó al desarrollo de nuevas arquitecturas y tecnologías diseñadas específicamente para abordar los desafíos únicos del Big Data.

Una de las primeras tecnologías clave en la evolución del Big Data fue el sistema de procesamiento distribuido. En lugar de depender de un único servidor centralizado para almacenar y procesar datos, los sistemas distribuidos permiten dividir los datos en partes más pequeñas y distribuirlas a través de múltiples nodos de computación. Este enfoque no solo mejora la escalabilidad, sino que también permite un procesamiento paralelo más eficiente. Un hito importante en esta área fue el desarrollo de MapReduce, un modelo de programación introducido por Google en 2004.

MapReduce se diseñó para procesar grandes cantidades de datos distribuidos en clústeres de computadoras. El modelo consta de dos fases principales: la fase "Map", donde se dividen los datos en fragmentos más pequeños y se procesan en paralelo, y la fase "Reduce", donde los resultados parciales se combinan para producir el resultado final. MapReduce permitió a las organizaciones procesar grandes conjuntos de datos de manera eficiente y a gran escala, lo que impulsó el desarrollo de plataformas de procesamiento de datos como Apache Hadoop.

Hadoop, que fue desarrollado por Doug Cutting y Mike Cafarella en 2006, se convirtió rápidamente en una de las tecnologías de Big Data más influyentes. Hadoop es un marco de código abierto que utiliza el modelo de programación MapReduce y el Hadoop Distributed File System para almacenar y procesar grandes volúmenes de datos. HDFS permite almacenar datos distribuidos en múltiples nodos de computación, proporcionando alta disponibilidad y redundancia. Hadoop fue adoptado por numerosas organizaciones debido a su capacidad para manejar grandes cantidades de datos no estructurados a bajo costo y con una alta escalabilidad.

A medida que Hadoop ganaba popularidad, surgieron nuevas tecnologías y herramientas que se integraban con su ecosistema para mejorar las capacidades de procesamiento de datos. Entre estas tecnologías se encuentran Pig y Hive, que proporcionan lenguajes de programación de alto nivel para la manipulación de datos en Hadoop, y HBase, una base de datos NoSQL que permite el almacenamiento y acceso a grandes volúmenes de datos de manera eficiente. Además, Sqoop y Flume se desarrollaron para facilitar la transferencia de datos entre Hadoop y otras fuentes de datos, como bases de datos relacionales y sistemas de almacenamiento en la nube.

Sin embargo, a medida que el volumen y la complejidad de los datos continuaron creciendo, las limitaciones de MapReduce comenzaron a hacerse evidentes. El modelo de procesamiento en lotes de MapReduce no era adecuado para aplicaciones que requerían análisis en tiempo real o procesamiento de datos en streaming. Esto llevó al desarrollo de nuevas tecnologías de procesamiento de datos que podían manejar flujos de datos en tiempo real.

Una de las tecnologías más influyentes en esta área es Apache Spark, que fue desarrollado en 2009 en la Universidad de California, Berkeley. Spark se diseñó como una alternativa más rápida y flexible a Hadoop, capaz de realizar análisis de datos en memoria y manejar flujos de datos en tiempo real. A diferencia de Hadoop, que escribe y lee datos en disco entre cada operación de MapReduce, Spark mantiene los datos en memoria, lo que permite realizar operaciones iterativas de manera mucho más rápida. Spark también es compatible con una amplia gama de cargas de trabajo, incluyendo procesamiento en lotes, procesamiento de flujos, Machine Learning y análisis de gráficos, lo que lo convierte en una herramienta versátil para el análisis de Big Data.

Otra evolución importante en las tecnologías de Big Data fue la introducción de las bases de datos NoSQL. A diferencia de las bases de datos relacionales tradicionales, que requieren un esquema fijo y se basan en el lenguaje SQL para consultas, las bases de datos NoSQL están diseñadas para manejar grandes volúmenes de datos no estructurados y semi-estructurados con mayor flexibilidad y escalabilidad. Existen varios tipos de bases de datos NoSQL, incluyendo bases de datos clave-valor, como Redis y DynamoDB, bases de datos de documentos, como MongoDB, bases de datos de columnas, como Cassandra, y bases de datos de gráficos, como Neo4j. Estas bases de datos han sido adoptadas ampliamente por organizaciones que necesitan manejar grandes cantidades de datos en tiempo real y a gran escala.

El desarrollo de la computación en la nube también ha tenido un impacto significativo en la evolución de las tecnologías de Big Data. Con la computación en la nube, las organizaciones pueden almacenar y procesar grandes volúmenes de datos sin la necesidad de invertir en infraestructura física. Proveedores de servicios en la nube como Amazon Web Services (AWS), Google Cloud Platform (GCP) y Microsoft Azure ofrecen una amplia gama de servicios de almacenamiento y procesamiento de datos que son escalables, flexibles y rentables. Estos servicios incluyen almacenamiento en la nube, como Amazon S3, servicios de procesamiento en la nube, como Amazon EMR y Google BigQuery, y servicios de análisis de datos, como AWS Redshift y Azure Data Lake.

La combinación de Big Data con tecnologías emergentes como la Inteligencia Artificial y el Machine Learning ha llevado a la creación de nuevas arquitecturas y plataformas de análisis de datos. Las plataformas de Machine Learning, como TensorFlow, PyTorch y Scikit-learn, permiten a las organizaciones desarrollar modelos predictivos y de clasificación basados en grandes volúmenes de datos. Estas plataformas se integran con tecnologías de Big Data para realizar análisis avanzados y en tiempo real, lo que permite a las organizaciones tomar decisiones basadas en datos y mejorar sus operaciones.

Además, la evolución del Big Data ha dado lugar al desarrollo de arquitecturas modernas como los Data Lakes. Un Data Lake es un repositorio de almacenamiento que permite a las organizaciones almacenar grandes volúmenes de datos en su formato nativo, sin necesidad de transformarlos o estructurarlos previamente. Esto contrasta con los almacenes de datos tradicionales, que requieren que los datos sean estructurados y transformados antes de ser almacenados. Los Data Lakes permiten realizar análisis exploratorios y experimentales en datos crudos, lo que es especialmente útil en aplicaciones de Machine Learning y análisis avanzado.

A medida que el volumen y la variedad de datos continúan creciendo, las tecnologías de Big Data han seguido evolucionando para abordar nuevos desafíos y aprovechar nuevas oportunidades. En los últimos años, ha habido un creciente interés en el edge computing, una arquitectura en la que el procesamiento de datos se realiza cerca de la fuente de datos, en lugar de en un centro de datos centralizado. Esto es particularmente relevante en aplicaciones de IoT, donde los dispositivos generan grandes volúmenes de datos en tiempo real que necesitan ser procesados rápidamente para tomar decisiones inmediatas.

Otra tendencia emergente en la evolución de las tecnologías de Big Data es el uso de la Inteligencia Artificial y el Machine Learning para automatizar la gestión y el procesamiento de datos. Las plataformas de análisis de datos están comenzando a incorporar capacidades de IA y Machine Learning para automatizar tareas como la limpieza de datos, la detección de anomalías y la optimización de modelos. Esto no solo mejora la eficiencia del procesamiento de datos, sino que también permite a las organizaciones obtener insights más rápidamente y con mayor precisión.

La evolución de las tecnologías de Big Data ha sido impulsada por la necesidad de manejar cantidades cada vez mayores de datos con mayor velocidad, flexibilidad y eficiencia. Desde los primeros sistemas distribuidos y el desarrollo de Hadoop, hasta la introducción de Spark, bases de datos NoSQL, y la computación en la nube, cada etapa de esta evolución ha contribuido a la creación de una infraestructura de datos moderna que permite a las organizaciones extraer valor de sus datos.

3.4. Importancia de Big Data en la toma de decisiones

La importancia de Big Data en la toma de decisiones ha crecido exponencialmente en los últimos años, transformando la manera en que las organizaciones, gobiernos e individuos abordan la resolución de problemas y la planificación estratégica. Básicamente, hoy día sin Big Data no se toma una decisión. Big Data proporciona una base sólida para la toma de decisiones informadas al ofrecer un análisis detallado y profundo de grandes volúmenes de datos que anteriormente eran difíciles de procesar y analizar.

Hagamos un repaso y veamos algunos aspectos nuevos para comprender la importancia del Big Data en la toma de decisiones.

Como ya sabemos, en esta era digital que vivimos, las organizaciones generan y recopilan datos a un ritmo sin precedentes, provenientes de diversas fuentes, incluyendo transacciones comerciales, redes sociales, sensores IoT, dispositivos móviles, y más. Estos datos abarcan desde información estructurada en bases de datos hasta datos no estructurados, como texto, imágenes y videos. Sin embargo, el verdadero valor de estos datos no radica en su mera acumulación, sino en la capacidad de analizarlos y extraer insights significativos que puedan guiar la toma de decisiones. Y aquí es donde Big Data juega verdaderamente un papel crucial.

La toma de decisiones basada en datos, o "data-driven decision-making", es un enfoque que se ha vuelto cada vez más predominante en las organizaciones de todo tipo. Este enfoque implica el uso de datos y análisis para guiar las decisiones estratégicas, operativas y tácticas, en lugar de basarse únicamente en la intuición o la experiencia previa. Big Data facilita este enfoque al proporcionar una visión más completa y precisa de la situación actual, permitiendo a los líderes tomar decisiones más informadas y reducir la incertidumbre.

Una de las formas en que Big Data ha transformado la toma de decisiones es a través del análisis predictivo. El análisis predictivo utiliza técnicas estadísticas y algoritmos de Machine Learning para identificar patrones en los datos históricos y hacer predicciones sobre eventos futuros. Por ejemplo, en el sector minorista, las empresas pueden utilizar Big Data para predecir la demanda de productos en función de patrones de compra anteriores, tendencias del mercado y factores externos como el clima o eventos sociales. Esto permite a las empresas optimizar sus inventarios, reducir el desperdicio y maximizar las ventas.

Además del análisis predictivo, Big Data también es fundamental para el análisis prescriptivo, que no solo predice lo que podría suceder, sino que también sugiere acciones específicas que deben tomarse para alcanzar un resultado deseado. En la logística, por ejemplo, las empresas pueden utilizar Big Data para optimizar las rutas de entrega, teniendo en cuenta variables como el tráfico, las condiciones meteorológicas y las restricciones de carga. Esto no solo mejora la eficiencia operativa, sino que también reduce los costos y mejora la satisfacción del cliente.

Otra área donde Big Data ha demostrado ser crucial en la toma de decisiones es en la personalización y mejora de la experiencia del cliente. Las organizaciones pueden analizar grandes volúmenes de datos de comportamiento del cliente, como historial de compras, interacciones en línea y comentarios en redes sociales, para crear perfiles detallados de sus clientes. Estos perfiles permiten a las empresas personalizar ofertas, productos y servicios para satisfacer mejor las necesidades y preferencias individuales de los clientes. Esto no solo mejora la lealtad del cliente, sino que también aumenta las tasas de conversión y los ingresos.

El sector financiero es otro ejemplo donde Big Data ha revolucionado la toma de decisiones. Las instituciones financieras utilizan Big Data para gestionar riesgos, detectar fraudes y cumplir con las normativas. Por ejemplo, los algoritmos de análisis de Big Data pueden identificar patrones inusuales en las transacciones que podrían indicar actividades fraudulentas, permitiendo a los bancos tomar medidas preventivas antes de que se produzcan pérdidas significativas. Además, Big Data ayuda a las instituciones financieras a evaluar la solvencia crediticia de los clientes, proporcionando una visión más precisa y completa de su historial financiero.

En el ámbito gubernamental, Big Data también desempeña un papel esencial en la toma de decisiones relacionadas con la política pública, la gestión de recursos y la respuesta a emergencias. Los gobiernos pueden utilizar Big Data para monitorear el bienestar de la población, predecir y mitigar desastres naturales, y optimizar la asignación de recursos en áreas como la salud, la educación y la seguridad. Por ejemplo, durante la pandemia de COVID-19, los gobiernos utilizaron análisis de Big Data para rastrear la propagación del virus, predecir puntos críticos y tomar decisiones informadas sobre cuarentenas, vacunación y otros esfuerzos de mitigación.

A pesar de las numerosas ventajas que ofrece Big Data en la toma de decisiones, también existen desafíos importantes que deben ser considerados. Uno de los desafíos más significativos es la calidad de los datos. Para que las decisiones basadas en Big Data sean efectivas, los datos deben ser precisos, completos y actualizados. Los datos de baja calidad pueden llevar a conclusiones erróneas y decisiones equivocadas, lo que subraya la importancia de implementar procesos robustos de limpieza, validación y gobernanza de datos.

Otro desafío es la complejidad del análisis de Big Data. Los conjuntos de datos grandes y variados pueden ser difíciles de analizar, requiriendo habilidades avanzadas en ciencia de datos, estadística y Machine Learning. Además, las organizaciones deben contar con la infraestructura tecnológica adecuada para procesar y analizar estos datos de manera eficiente. Esto puede implicar una inversión significativa en tecnologías de Big Data, como plataformas de procesamiento distribuido, bases de datos NoSQL y herramientas de visualización de datos.

La seguridad y la privacidad de los datos también son preocupaciones clave en la toma de decisiones basada en Big Data. A medida que las organizaciones recopilan y analizan grandes volúmenes de datos, deben asegurarse de que estos datos estén protegidos contra accesos no autorizados y cumplan con las normativas de privacidad. Las violaciones de seguridad pueden no solo poner en riesgo la información sensible, sino también dañar la reputación de la organización y resultar en sanciones legales.

Es importante destacar la necesidad de una cultura organizacional que valore la toma de decisiones basada en datos. Aunque Big Data ofrece herramientas poderosas para mejorar la toma de decisiones, su efectividad depende en gran medida de la disposición de los líderes y empleados a adoptar un enfoque basado en datos. Esto puede requerir cambios en la cultura organizacional, incluida la capacitación en el uso de herramientas de análisis de datos, la promoción de la colaboración entre equipos de datos y el liderazgo, y el fomento de una mentalidad de aprendizaje continuo y mejora.

La importancia de Big Data en la toma de decisiones no puede ser subestimada. Al proporcionar una base sólida para el análisis predictivo, prescriptivo y descriptivo, Big Data permite a las organizaciones tomar decisiones más informadas, reducir la incertidumbre y aprovechar nuevas oportunidades. Sin embargo, para maximizar el valor de Big Data, es esencial trabajar en los desafíos relacionados con la calidad de los datos, la complejidad del análisis, la seguridad y privacidad, y la cultura organizacional.

3.5. Impacto en diferentes industrias

El impacto de Big Data en diferentes industrias ha sido profundo, transformando la forma en que las empresas operan, toman decisiones y crean valor. Cada industria ha adoptado Big Data de manera única, aprovechando sus capacidades para enfrentar desafíos específicos y descubrir nuevas oportunidades. Veamos cómo el Big Data ha influido en diversas industrias, incluyendo la salud, el comercio minorista, la manufactura, las finanzas, la agricultura, y los medios de comunicación y entretenimiento.

En la industria de la salud, Big Data ha revolucionado la atención al paciente y la investigación médica. Los hospitales y clínicas ahora recopilan y analizan grandes volúmenes de datos de los pacientes, incluidos historiales médicos electrónicos (EMR), imágenes de diagnóstico, resultados de pruebas de laboratorio y datos de dispositivos de monitoreo en tiempo real. Estos datos se utilizan para personalizar tratamientos, mejorar los diagnósticos y predecir brotes de enfermedades. Los algoritmos de Machine Learning aplicados a Big Data han permitido a los médicos identificar patrones que no serían visibles de otra manera, lo que mejora la precisión del diagnóstico y la eficacia del tratamiento. Además, Big Data ha facilitado la investigación de enfermedades complejas, como el cáncer, al analizar grandes conjuntos de datos genómicos y clínicos, acelerando el descubrimiento de nuevas terapias.

En el comercio minorista, Big Data ha transformado la experiencia del cliente y la gestión de la cadena de suministro. Las empresas minoristas utilizan análisis de Big Data para comprender mejor el comportamiento de compra de los consumidores, permitiendo una personalización masiva de ofertas y promociones. Los datos de ventas, combinados con datos de redes sociales y transacciones en línea, permiten a las empresas predecir tendencias de consumo y ajustar sus estrategias de marketing en tiempo real. El Big Data ha optimizado la gestión de inventarios y la logística, permitiendo a los minoristas mantener niveles óptimos de inventario, reducir el desperdicio y mejorar la eficiencia operativa. El análisis predictivo también ayuda a los minoristas a anticipar la demanda estacional y planificar en consecuencia, lo que reduce los costos y mejora la satisfacción del cliente.

La industria manufacturera ha adoptado Big Data para mejorar la eficiencia operativa, reducir el tiempo de inactividad y aumentar la calidad del producto. Las fábricas inteligentes, equipadas con sensores IoT y sistemas de monitoreo en tiempo real, generan grandes volúmenes de datos sobre el estado de las máquinas, el rendimiento de los procesos y la calidad de los productos. Estos datos se analizan para identificar patrones de falla y predecir el mantenimiento necesario antes de que ocurra una avería, lo que reduce significativamente el tiempo de inactividad y los costos de reparación. El análisis de Big Data permite a los fabricantes optimizar los procesos de producción, identificar cuellos de botella y mejorar la calidad del producto mediante la detección temprana de defectos.

En la industria financiera, Big Data ha sido clave para la gestión de riesgos, la detección de fraudes y la personalización de servicios financieros. Los bancos y otras instituciones financieras analizan grandes volúmenes de datos de transacciones, comportamiento del cliente y mercados financieros para gestionar el riesgo de crédito, detectar actividades fraudulentas y cumplir con las regulaciones. Los algoritmos de Big Data permiten identificar patrones de comportamiento que pueden indicar fraude, como transacciones inusuales o intentos de phishing, y activar alertas para una intervención inmediata. Las instituciones financieras utilizan Big Data para personalizar ofertas de productos, como préstamos y seguros, basándose en el perfil de riesgo y las necesidades individuales de los clientes.

En la agricultura, Big Data ha dado lugar a la agricultura de precisión, una práctica que optimiza la producción agrícola mediante el uso de datos para tomar decisiones más informadas sobre la siembra, el riego, la fertilización y la cosecha. Los agricultores ahora utilizan datos de satélites, drones, sensores de suelo y estaciones meteorológicas para monitorear el crecimiento de los cultivos, predecir el rendimiento y mejorar la eficiencia del uso de recursos como el agua y los fertilizantes. El análisis de Big Data permite a los agricultores identificar las mejores prácticas para diferentes tipos de suelo y condiciones climáticas, lo que aumenta la productividad y reduce el impacto ambiental. El Big Data se utiliza para monitorear y prever plagas y enfermedades, permitiendo una intervención temprana y minimizando las pérdidas.

En los medios de comunicación y el entretenimiento, Big Data ha transformado la creación, distribución y consumo de contenido. Las plataformas de streaming como Netflix y Spotify utilizan Big Data para analizar el comportamiento de los usuarios y personalizar recomendaciones de contenido, lo que mejora la retención de suscriptores y aumenta el tiempo de visualización o escucha. El análisis de datos también permite a las empresas de medios optimizar la programación y distribución de contenido en función de las preferencias de la audiencia y las tendencias de consumo en tiempo real. Aquí el Big Data se utiliza para medir el impacto de las campañas publicitarias, permitiendo a las marcas ajustar sus estrategias de marketing para maximizar el retorno de la inversión.

En la educación, Big Data ha permitido el desarrollo de sistemas de aprendizaje adaptativo que personalizan la experiencia educativa para cada estudiante. Las plataformas de aprendizaje en línea recopilan datos sobre el rendimiento, las interacciones y el comportamiento de los estudiantes, y utilizan estos datos para ajustar el contenido, la dificultad y el ritmo de las lecciones. Esto permite a los educadores identificar áreas donde los estudiantes necesitan más apoyo y proporcionar recursos personalizados para mejorar el aprendizaje. Big Data se utiliza para analizar las tasas de abandono escolar, identificar factores que contribuyen al éxito académico y desarrollar políticas educativas más efectivas.

La logística y la cadena de suministro también se han beneficiado enormemente de Big Data. Las empresas de logística utilizan Big Data para optimizar rutas de transporte, gestionar inventarios y mejorar la previsión de la demanda. Los datos en tiempo real sobre el tráfico, las condiciones climáticas y los tiempos de entrega permiten a las empresas ajustar las rutas de los vehículos para reducir los costos de transporte y mejorar la puntualidad de las entregas. Aquí se implementa el Big Data para mejorar la visibilidad de la cadena de suministro, permitiendo a las empresas rastrear productos desde la producción hasta la entrega final, lo que mejora la eficiencia y la transparencia en toda la cadena de suministro.

En el sector energético, Big Data ha facilitado la transición hacia fuentes de energía renovable y la optimización del uso de energía. Las compañías energéticas utilizan Big Data para analizar el consumo de energía en tiempo real, predecir la demanda y ajustar la producción para equilibrar la oferta y la demanda. Los datos de sensores inteligentes y medidores de energía permiten a las compañías optimizar el funcionamiento de las redes eléctricas y reducir el desperdicio de energía. Big Data se utiliza para mejorar la eficiencia de las energías renovables, como la solar y la eólica, mediante la predicción de la generación de energía y la optimización del almacenamiento en baterías.

La industria del transporte también ha experimentado cambios significativos gracias a Big Data. Las compañías de transporte público utilizan datos en tiempo real sobre la ubicación de los vehículos, los patrones de tráfico y la demanda de los pasajeros para optimizar las rutas y mejorar la eficiencia del servicio. Además, Big Data ha sido fundamental para el desarrollo de vehículos autónomos, que dependen de la recopilación y el análisis de grandes volúmenes de datos para navegar de manera segura en entornos complejos. El análisis de Big Data también permite a las empresas de transporte gestionar mejor sus flotas, reducir los costos de mantenimiento y mejorar la seguridad en las carreteras.

En el ámbito de la seguridad, Big Data ha mejorado la capacidad de las organizaciones para detectar y responder a amenazas cibernéticas. Los sistemas de seguridad cibernética basados en Big Data analizan grandes volúmenes de datos en tiempo real para identificar comportamientos anómalos que podrían indicar un ataque. Estos sistemas utilizan Machine Learning para mejorar continuamente la precisión de la detección de amenazas, permitiendo a las organizaciones responder de manera más rápida y efectiva a los incidentes de seguridad. El Big Data también se utiliza para prevenir el crimen, analizando datos de incidentes anteriores para identificar patrones y predecir posibles delitos en el futuro, lo que permite a las fuerzas del orden público tomar medidas proactivas para proteger a las comunidades.

El impacto de Big Data en diferentes industrias es amplio y profundo, transformando la manera en que las organizaciones operan, toman decisiones y crean valor. Las aplicaciones de Big Data en la salud, el comercio minorista, la manufactura, las finanzas, la agricultura, los medios de comunicación, la educación, la logística, la energía, el transporte y la seguridad están impulsando innovaciones que mejoran la eficiencia, reducen costos y ofrecen experiencias más personalizadas y seguras para los clientes y ciudadanos.

3.6. Ejemplos de éxito con Big Data

Los ejemplos de éxito con Big Data son abundantes y abarcan diversas industrias, demostrando cómo las organizaciones han utilizado datos masivos para transformar sus operaciones, mejorar la experiencia del cliente, innovar en productos y servicios, y tomar decisiones más informadas. Estos casos ilustran el poder de Big Data para generar valor tangible y ofrecer una ventaja competitiva significativa.

En el sector del comercio electrónico, Amazon es uno de los ejemplos más destacados de éxito con Big Data. La empresa ha desarrollado un sofisticado sistema de recomendaciones basado en el análisis de grandes volúmenes de datos sobre el comportamiento de los usuarios. Este sistema sugiere productos a los clientes basándose en su historial de compras, búsquedas anteriores y patrones de navegación, lo que ha aumentado significativamente las tasas de conversión y el valor promedio de los pedidos. Además, Amazon utiliza Big Data para optimizar su cadena de suministro y logística, asegurando que los productos estén disponibles en el lugar correcto y en el momento adecuado. La empresa también aplica análisis predictivo para anticipar la demanda de productos y ajustar su inventario en tiempo real, minimizando costos y mejorando la eficiencia operativa.

Otro caso de éxito en la industria del entretenimiento es Netflix. La plataforma de streaming ha utilizado Big Data para revolucionar la forma en que los contenidos se crean, distribuyen y consumen. Netflix recopila y analiza datos sobre las preferencias de visualización de sus usuarios, incluyendo el tipo de contenido que ven, a qué hora lo ven, si completan una serie o película, y cuánto tiempo pasan buscando contenido. Esta información permite a Netflix personalizar las recomendaciones de contenido para cada usuario, lo que ha mejorado significativamente la retención de suscriptores. Además, Netflix utiliza estos datos para tomar decisiones informadas sobre la producción de contenido original. Un ejemplo notable es la serie "House of Cards", que fue desarrollada en gran parte basada en el análisis de datos que indicaban que los usuarios preferían dramas políticos protagonizados por Kevin Spacey. La serie fue un éxito rotundo, validando el enfoque basado en datos de Netflix para la producción de contenido.

En la industria de la salud, el caso de IBM Watson es un ejemplo destacado de cómo Big Data puede ser utilizado para mejorar la atención médica. IBM Watson es una plataforma de Inteligencia Artificial que analiza grandes volúmenes de datos médicos, incluyendo investigaciones científicas, historiales médicos electrónicos y datos genómicos, para ayudar a los médicos a tomar decisiones informadas sobre el tratamiento de los pacientes. Por ejemplo, Watson ha sido utilizado en oncología para analizar los datos de pacientes con cáncer y sugerir opciones de tratamiento personalizadas basadas en la genética del tumor y la literatura médica más reciente. Este enfoque ha permitido a los médicos ofrecer tratamientos más efectivos y personalizados, mejorando los resultados para los pacientes. Watson también se ha utilizado para acelerar la investigación médica, ayudando a los investigadores a identificar nuevas conexiones entre genes y enfermedades que pueden conducir al desarrollo de nuevas terapias.

En el sector financiero, JP Morgan Chase ha implementado Big Data para mejorar la detección de fraudes y la gestión de riesgos. La empresa utiliza algoritmos avanzados de análisis de datos para monitorear millones de transacciones en tiempo real y detectar patrones de comportamiento que podrían indicar actividades fraudulentas. Estos algoritmos pueden identificar rápidamente transacciones sospechosas, como intentos de acceso no autorizados o transferencias de dinero inusuales, y activar alertas automáticas para la intervención de los equipos de seguridad. Además, JP Morgan Chase utiliza Big Data para evaluar el riesgo crediticio de los clientes, analizando datos históricos y patrones de comportamiento financiero para predecir la probabilidad de incumplimiento. Esto ha permitido a la empresa reducir las pérdidas por fraude y mejorar la precisión en la evaluación de riesgos, lo que a su vez ha fortalecido su posición en el mercado financiero.

En el ámbito de la agricultura, el caso de John Deere es un ejemplo sobresaliente de cómo Big Data puede transformar la agricultura tradicional en una agricultura de precisión. John Deere ha desarrollado una plataforma de Big Data llamada FarmSight, que recopila datos en tiempo real de los equipos agrícolas, sensores en los campos y datos meteorológicos. Estos datos se analizan para proporcionar a los agricultores información detallada sobre las condiciones del suelo, el crecimiento de los cultivos y las necesidades de riego y fertilización. Con esta información, los agricultores pueden tomar decisiones más informadas sobre la gestión de sus cultivos, lo que ha resultado en un aumento de la productividad y una reducción en el uso de recursos como el agua y los fertilizantes. FarmSight también permite a los agricultores monitorear el rendimiento de sus equipos en tiempo real y planificar el mantenimiento predictivo, lo que reduce el tiempo de inactividad y los costos de operación.

En el sector de la energía, General Electric (GE) ha utilizado Big Data para optimizar el rendimiento de sus turbinas eólicas. GE ha desarrollado una plataforma de análisis llamada Predix, que recopila datos en tiempo real de sensores instalados en las turbinas eólicas. Estos datos incluyen información sobre la velocidad del viento, la vibración de las palas, la temperatura y la producción de energía. Predix analiza estos datos para optimizar el rendimiento de cada turbina, ajustando automáticamente la orientación de las palas y la velocidad de rotación para maximizar la generación de energía. Además, la plataforma predice cuándo es probable que se produzcan fallos en los componentes de la turbina, lo que permite realizar el mantenimiento antes de que se produzca una avería, reduciendo así los costos de mantenimiento y aumentando la eficiencia operativa. El uso de Big Data ha permitido a GE mejorar la eficiencia y la rentabilidad de sus parques eólicos, posicionando a la empresa como un líder en la industria de las energías renovables.

Walmart, el gigante del comercio minorista, es otro ejemplo de éxito con Big Data. La empresa utiliza Big Data para optimizar sus operaciones de manera integral, desde la cadena de suministro hasta la experiencia del cliente. Walmart analiza grandes volúmenes de datos de ventas, inventarios y comportamiento del cliente para predecir la demanda de productos y ajustar sus inventarios en tiempo real. Esto ha permitido a Walmart reducir los costos de almacenamiento y minimizar las roturas de stock, asegurando que los productos estén disponibles para los clientes cuando los necesitan. Además, Walmart utiliza Big Data para personalizar las promociones y las ofertas en línea, basándose en las preferencias y el comportamiento de compra de cada cliente. Este enfoque ha mejorado significativamente la lealtad del cliente y ha aumentado las ventas tanto en línea como en las tiendas físicas.

En el sector del transporte, UPS ha logrado un notable éxito con Big Data a través de su sistema ORION (On-Road Integrated Optimization and Navigation). ORION es una plataforma de optimización de rutas que utiliza Big Data para analizar millones de puntos de datos, como las direcciones de entrega, las condiciones del tráfico y las restricciones de tiempo, para diseñar las rutas de entrega más eficientes para los conductores de UPS. El sistema se actualiza en tiempo real, permitiendo a los conductores ajustar sus rutas sobre la marcha en respuesta a cambios en las condiciones de tráfico o nuevas solicitudes de entrega. Desde la implementación de ORION, UPS ha logrado reducir significativamente el consumo de combustible, los costos operativos y las emisiones de carbono, al mismo tiempo que mejora la puntualidad de las entregas y la satisfacción del cliente.

En el ámbito de las telecomunicaciones, Verizon ha utilizado Big Data para mejorar la calidad de su red y la experiencia del cliente. La empresa recopila y analiza grandes volúmenes de datos sobre el rendimiento de la red, el uso de los dispositivos y el comportamiento del cliente para identificar y resolver problemas de manera proactiva. Por ejemplo, Verizon puede detectar áreas donde la cobertura de la red es deficiente y tomar medidas para mejorarla, como la instalación de nuevas torres de telecomunicaciones o la optimización de las antenas existentes. Además, Verizon utiliza Big Data para personalizar las ofertas de servicios y planes tarifarios, basándose en el uso y las preferencias de cada cliente, lo que ha mejorado la retención de clientes y ha incrementado los ingresos por usuario.

Toyota, en la industria automotriz, ha adoptado Big Data para desarrollar vehículos conectados que ofrecen una mejor experiencia al conductor y mejoran la seguridad en la carretera. Los vehículos conectados de Toyota recopilan datos en tiempo real sobre el comportamiento del conductor, las condiciones de la carretera y el rendimiento del vehículo. Estos datos se analizan para ofrecer recomendaciones al conductor, como alertas de mantenimiento o sugerencias de rutas alternativas en caso de tráfico. Toyota también utiliza Big Data para mejorar el diseño y la producción de vehículos, identificando patrones de uso y rendimiento que pueden ser utilizados para optimizar los próximos modelos. El análisis de Big Data también permite a Toyota desarrollar tecnologías de conducción autónoma más avanzadas, aumentando la seguridad y la eficiencia en la conducción.

Estos ejemplos demuestran cómo el Big Data ha sido implementado con éxito en una variedad de industrias, mejorando la eficiencia operativa, personalizando la experiencia del cliente, optimizando productos y servicios, y proporcionando una ventaja competitiva. Las empresas que han adoptado Big Data han podido transformar sus operaciones y descubrir nuevas oportunidades de crecimiento, destacándose en un mercado cada vez más competitivo y orientado a los datos.

3.7. Futuro de Big Data

El futuro de Big Data se perfila como un terreno fértil para la innovación y la transformación, con desarrollos tecnológicos y metodológicos que prometen redefinir cómo las organizaciones recopilan, almacenan, procesan y utilizan datos. A medida que vemos como la cantidad de datos generados continúa creciendo a un ritmo exponencial, el enfoque futuro de Big Data se centrará en la capacidad de gestionar esta explosión de información de manera más eficiente, segura y efectiva, al tiempo que se maximiza el valor derivado de los datos. Existen varias tendencias emergentes las cuales están configurando lo que podemos esperar en el ámbito del Big Data en los próximos años.

El auge de la computación cuántica también promete tener un impacto profundo en el futuro de Big Data. Aunque todavía en sus primeras etapas de desarrollo, la computación cuántica ofrece la posibilidad de realizar cálculos y análisis de datos a velocidades que serían imposibles de alcanzar con las computadoras clásicas. Esto permitiría resolver problemas extremadamente complejos, como la simulación de moléculas para el descubrimiento de medicamentos o la optimización de cadenas de suministro globales, en un tiempo significativamente reducido. A medida que la tecnología de la computación cuántica madure, es probable que veamos su integración en sistemas de Big Data para abordar desafíos que actualmente están más allá de nuestras capacidades computacionales.

La privacidad y la seguridad de los datos seguirán siendo un tema crítico en el futuro de Big Data. A medida que las organizaciones recopilan y almacenan cantidades cada vez mayores de datos, la protección de esta información contra el acceso no autorizado y las brechas de seguridad será una prioridad. Tecnologías emergentes como el cifrado homomórfico y las técnicas de preservación de la privacidad, como el differential privacy, permitirán a las organizaciones analizar datos sensibles sin comprometer la privacidad de los individuos. Estas técnicas se están desarrollando para permitir el procesamiento y el análisis de datos cifrados, lo que asegurará que la información personal se mantenga segura incluso mientras se utiliza para generar insights valiosos.

El aumento del uso de plataformas de Big Data basadas en la nube es otra tendencia que continuará moldeando el futuro. La flexibilidad, escalabilidad y costos reducidos de las soluciones en la nube han hecho que cada vez más organizaciones migren sus operaciones de datos a plataformas en la nube. Los proveedores de servicios en la nube están mejorando continuamente sus ofertas de Big Data, incluyendo capacidades avanzadas de análisis, integración de IA y Machine Learning, y servicios de almacenamiento masivo.

Otro de los puntos de los que vamos a hablar mucho es, por su importancia, el concepto de Data Lakes, que ya ha ganado tracción y seguirá evolucionando y adaptándose a las necesidades cambiantes del análisis de Big Data. Los Data Lakes permiten almacenar grandes volúmenes de datos en su formato original y no estructurado, facilitando un análisis más flexible y accesible.

En paralelo, la gobernanza de datos se convertirá en una preocupación central a medida que las organizaciones naveguen por un entorno regulatorio cada vez más complejo. La necesidad de cumplir con normativas de protección de datos como el Reglamento General de Protección de Datos (GDPR) en Europa y la Ley de Privacidad del Consumidor de California (CCPA) en Estados Unidos impulsará la adopción de políticas de gobernanza de datos más estrictas. Las organizaciones deberán implementar frameworks robustos de gobernanza de datos que no solo aseguren el cumplimiento normativo, sino que también optimicen la calidad, integridad y disponibilidad de los datos en toda la organización.

Otra tendencia emergente es la monetización de datos. A medida que las organizaciones acumulan grandes volúmenes de datos, se están dando cuenta de que los datos en sí mismos son un activo valioso que puede ser comercializado. La monetización de datos puede tomar muchas formas, desde la venta directa de datos a terceros, hasta la creación de nuevos productos y servicios basados en el análisis de datos. Las plataformas de intercambio de datos están surgiendo como un nuevo mercado, donde las empresas pueden comprar, vender o intercambiar datos de manera segura y controlada, generando nuevas fuentes de ingresos.

Además, la colaboración entre industrias en torno al uso de Big Data es una tendencia que probablemente ganará fuerza. Las industrias están comenzando a reconocer el valor de compartir datos entre sí para obtener insights más completos y precisos. Esta colaboración puede llevar a innovaciones que beneficien a múltiples sectores. Por ejemplo, los datos de movilidad generados por la industria automotriz pueden ser valiosos para los sectores de transporte, urbanismo y medio ambiente, ayudando a desarrollar ciudades más inteligentes y sostenibles.

La automatización avanzada impulsada por Big Data es una dirección en la que muchas organizaciones están invirtiendo. La automatización no solo se limita a la manufactura o las operaciones de TI, sino que se extiende a la toma de decisiones en áreas como el marketing, las finanzas y la gestión del talento, básicamente recursos humanos. Esta tendencia hacia la automatización avanzada está creando un entorno empresarial más ágil y dinámico, donde las decisiones se pueden tomar rápidamente basadas en datos precisos y actualizados.

4. Tecnologías y herramientas de Big Data

Desde el comienzo del libro vengo hablando de técnicas, herramientas y tecnologías relacionadas con el Big Data, pero ahora vamos a verlas más en profundidad. Como bien dije al principio, vamos a ir viendo cada cosa poco a poco para que te vallas "aclimatando" a ellas. Las tecnologías y herramientas del Big Data han sido fundamentales para permitir a las empresas y organizaciones manejar, analizar y extraer valor de la gran cantidad de datos generados en la era digital. Como ya bien espero puedas comprobar, estas tecnologías abarcan un amplio espectro, desde el almacenamiento y procesamiento de datos hasta su análisis y visualización, cada una con características específicas que las hacen adecuadas para distintos tipos de aplicaciones. Este punto sirve como una ventana a los componentes clave del ecosistema tecnológico del Big Data.

En los últimos años, el crecimiento exponencial de los datos ha impulsado la necesidad de soluciones tecnológicas capaces de manejar volúmenes masivos de información. A medida que las empresas y organizaciones de todo tipo buscan aprovechar sus datos para obtener ventajas competitivas, la demanda de tecnologías que puedan almacenar, procesar y analizar estos datos de manera eficiente ha aumentado dramáticamente. La competencia aquí es muy amplia.

Uno de los pilares de las tecnologías de Big Data es la infraestructura de almacenamiento. A medida que los volúmenes de datos han crecido, las tecnologías de almacenamiento han tenido que adaptarse para ofrecer soluciones escalables, duraderas y accesibles. Inicialmente, los datos se almacenaban en servidores físicos ubicados en las instalaciones de las organizaciones, pero con el tiempo, las arquitecturas distribuidas, como los sistemas de archivos distribuidos y las soluciones de almacenamiento en la nube, se han vuelto predominantes. Estas tecnologías permiten a las organizaciones almacenar grandes cantidades de datos en múltiples ubicaciones geográficas, garantizando la redundancia y la disponibilidad, mientras optimizan los costos y la capacidad de escalar en función de las necesidades.

El procesamiento de datos es otro componente dentro del ecosistema de Big Data. La velocidad con la que los datos deben ser procesados es un factor crítico, especialmente cuando se trabaja con flujos de datos en tiempo real. Las tecnologías tradicionales de bases de datos y procesamiento de datos no podían escalar adecuadamente para satisfacer estas nuevas demandas, lo que llevó al desarrollo de nuevos paradigmas de procesamiento. El procesamiento distribuido, impulsado por tecnologías como Apache Hadoop y Apache Spark, ha permitido que grandes conjuntos de datos se procesen en paralelo a través de clústeres de computadoras. Estas herramientas se han convertido en la columna vertebral del procesamiento de Big Data, ofreciendo la capacidad de manejar tareas de procesamiento a gran escala de manera más rápida y eficiente.

Además del almacenamiento y el procesamiento, las herramientas de análisis de datos desempeñan un papel crucial en el ecosistema de Big Data. Estas herramientas están diseñadas para descubrir patrones, tendencias e insights ocultos dentro de grandes volúmenes de datos. El análisis puede variar desde análisis descriptivos, que ofrecen una visión general de los datos históricos, hasta análisis predictivos y prescriptivos, que ayudan a prever futuros eventos y recomendar acciones. Las herramientas de análisis de Big Data, como Tableau, QlikView y Power BI, permiten a los usuarios visualizar datos de manera intuitiva, facilitando la interpretación de resultados complejos y la toma de decisiones basada en datos.

Otra categoría importante dentro de las tecnologías de Big Data es la de las bases de datos NoSQL. A diferencia de las bases de datos relacionales tradicionales, que están estructuradas en tablas y dependen del lenguaje SQL para las consultas, las bases de datos NoSQL están diseñadas para manejar datos no estructurados y semi-estructurados, como texto, imágenes y documentos. Estas bases de datos son altamente escalables y flexibles, lo que las hace ideales para aplicaciones modernas que requieren la gestión de grandes volúmenes de datos diversificados. Algunos ejemplos de bases de datos NoSQL incluyen MongoDB, Cassandra y Couchbase, cada una optimizada para diferentes tipos de cargas de trabajo y necesidades de almacenamiento de datos.

La integración de datos es otra área crítica dentro del ecosistema de Big Data. Con datos provenientes de múltiples fuentes, formatos y sistemas la capacidad de integrar estos datos de manera eficiente es esencial para obtener una visión unificada y coherente. Las herramientas de integración de datos, como Apache Kafka y Apache NiFi, permiten a las organizaciones mover y transformar datos entre sistemas de manera fluida, asegurando que los datos estén disponibles para su análisis en el momento adecuado. Estas herramientas son fundamentales para construir pipelines de datos que soporten el análisis en tiempo real y la toma de decisiones informadas.

A medida que las organizaciones recopilan y almacenan volúmenes crecientes de datos, la protección de estos datos contra accesos no autorizados, pérdida o corrupción se vuelve crítica. Las tecnologías de seguridad de datos, como el cifrado, la tokenización y el control de acceso, se implementan para asegurar que los datos estén protegidos en todas las etapas de su ciclo de vida. La gobernanza de datos asegura que los datos sean precisos, consistentes y accesibles para aquellos que los necesitan, mientras se cumplen con las regulaciones y políticas internas.

La evolución de las tecnologías de Big Data también ha dado lugar a la aparición de plataformas integradas que combinan múltiples capacidades en una solución unificada. Estas plataformas, como AWS Big Data, Google Cloud Big Data, y Azure Synapse Analytics, ofrecen un conjunto completo de herramientas para el almacenamiento, procesamiento, análisis y gestión de datos. Al centralizar estas capacidades en una plataforma, las organizaciones pueden simplificar sus operaciones de datos, reducir la complejidad y acelerar el tiempo de obtención de valor a partir de sus datos.

Este panorama general de las tecnologías y herramientas de Big Data establece la base para explorar con mayor profundidad las categorías específicas que conforman este ecosistema. En los subpuntos siguientes, se examinarán en detalle las soluciones de almacenamiento, las herramientas de procesamiento de datos, las plataformas de análisis, las bases de datos NoSQL, las tecnologías de integración de datos, y las consideraciones de seguridad y gobernanza, entre otros aspectos críticos que permiten a las organizaciones aprovechar todo el potencial de sus datos en la era digital.

4.1. Hadoop y su ecosistema

4.1.1. Arquitectura de Hadoop

La arquitectura de Hadoop es una de las piedras angulares del ecosistema de Big Data, diseñada para manejar grandes volúmenes de datos distribuidos a través de múltiples servidores. Hadoop fue creado para superar las limitaciones de los sistemas de procesamiento de datos tradicionales, que no podían escalar de manera eficiente para gestionar el tamaño y la complejidad de los datos generados en la era digital. La arquitectura de Hadoop está compuesta por varios componentes clave que trabajan juntos para proporcionar una plataforma escalable, flexible y resiliente para el almacenamiento y procesamiento de datos.

En su núcleo, Hadoop se basa en una arquitectura distribuida que permite almacenar y procesar datos a través de un clúster de servidores, conocidos como nodos. Esta arquitectura está diseñada para manejar fallos de hardware comunes en entornos de computación a gran escala, asegurando que el sistema continúe funcionando incluso si algunos nodos fallan. Esto se logra mediante la replicación de datos y la distribución del procesamiento de tareas, lo que permite a Hadoop mantener la disponibilidad y la integridad de los datos en todo momento.

El primer componente fundamental de la arquitectura de Hadoop es el Hadoop Distributed File System (HDFS). HDFS es el sistema de archivos distribuido que permite almacenar grandes volúmenes de datos de manera redundante en varios nodos del clúster. HDFS divide los archivos grandes en bloques más pequeños y los distribuye a través de los nodos, con cada bloque replicado en múltiples nodos para garantizar la fiabilidad y la disponibilidad de los datos. De manera predeterminada, HDFS crea tres copias de cada bloque, almacenándolas en nodos diferentes para minimizar el riesgo de pérdida de datos debido a fallos de hardware.

HDFS está compuesto por dos tipos de nodos principales: el NameNode y los DataNodes. El NameNode es el nodo maestro que gestiona la estructura del sistema de archivos, manteniendo un registro de dónde se almacenan los bloques de cada archivo en los DataNodes. Actúa como un directorio centralizado que permite a los usuarios y aplicaciones localizar y acceder a los datos en el clúster. Dado que el NameNode es un punto único de fallo, Hadoop implementa un NameNode secundario que periódicamente realiza copias de seguridad del estado del sistema de archivos para minimizar el impacto de un fallo del NameNode principal.

Los DataNodes, por otro lado, son los nodos de trabajo que almacenan físicamente los bloques de datos y ejecutan las operaciones de lectura y escritura en ellos. Cada DataNode se comunica periódicamente con el NameNode, informando sobre el estado de los bloques que almacena y recibiendo instrucciones sobre las operaciones que debe realizar. Los DataNodes también son responsables de replicar los bloques de datos cuando un nodo falla, asegurando que siempre haya un número suficiente de copias disponibles en el clúster.

El segundo componente clave de la arquitectura de Hadoop es el motor de procesamiento MapReduce. MapReduce es el modelo de programación que permite procesar grandes conjuntos de datos distribuidos de manera paralela en un clúster de nodos. El modelo se basa en dos fases principales: la fase Map y la fase Reduce. En la fase Map, los datos de entrada se dividen en fragmentos más pequeños que se procesan en paralelo en los nodos del clúster. Cada nodo aplica una función de mapeo a sus fragmentos de datos, generando pares clave-valor como resultado intermedio. En la fase Reduce, los pares clave-valor generados se agrupan y se procesan para producir el resultado final, que se escribe de nuevo en HDFS.

El motor de procesamiento MapReduce está gestionado por dos tipos de nodos principales: el JobTracker y los TaskTrackers. El JobTracker es el nodo maestro que coordina la ejecución de las tareas de MapReduce en todo el clúster. Recibe las solicitudes de trabajo (jobs) de los usuarios, divide el trabajo en tareas más pequeñas y las asigna a los TaskTrackers, que son los nodos de trabajo que ejecutan las tareas de mapeo y reducción en los datos. El JobTracker también se encarga de monitorear el progreso de cada tarea y reasignar tareas en caso de que un TaskTracker falle o se vuelva inaccesible.

Los TaskTrackers, al igual que los DataNodes en HDFS, son responsables de ejecutar las tareas asignadas y reportar su progreso al JobTracker. Cada TaskTracker gestiona un conjunto de tareas en paralelo, utilizando los recursos del nodo en el que se ejecuta para procesar los datos de manera eficiente. Al final de la fase de mapeo, los TaskTrackers almacenan temporalmente los resultados intermedios en sus discos locales antes de enviarlos a los nodos que ejecutan las tareas de reducción. Este enfoque distribuido y paralelo permite a Hadoop procesar grandes volúmenes de datos de manera rápida y eficiente, incluso en clústeres de miles de nodos.

Además de HDFS y MapReduce, la arquitectura de Hadoop incluye varios otros componentes que amplían sus capacidades y permiten un procesamiento de datos más flexible y avanzado. Entre estos componentes se encuentran Apache Pig y Apache Hive, que proporcionan lenguajes de alto nivel para la manipulación y consulta de datos en Hadoop. Pig utiliza un lenguaje llamado Pig Latin, que permite a los usuarios definir flujos de procesamiento de datos complejos de manera declarativa, sin necesidad de escribir código MapReduce detallado. Hive, por su parte, ofrece una capa de abstracción sobre Hadoop que permite a los usuarios realizar consultas SQL en los datos almacenados en HDFS, facilitando el acceso a los datos para aquellos que están familiarizados con el lenguaje SQL.

Otro componente importante es Apache HBase, una base de datos NoSQL distribuida que se ejecuta sobre HDFS y está diseñada para manejar grandes volúmenes de datos estructurados y semi-estructurados. HBase permite un acceso rápido y en tiempo real a grandes conjuntos de datos, lo que la hace ideal para aplicaciones que requieren lecturas y escrituras frecuentes en grandes tablas de datos. HBase complementa la arquitectura de Hadoop al proporcionar una solución de almacenamiento de datos que es altamente escalable y eficiente para datos que no encajan bien en el modelo de archivos de HDFS.

También vale la pena mencionar YARN (Yet Another Resource Negotiator), que es un componente clave de Hadoop responsable de la gestión de recursos y la programación de tareas en el clúster. YARN permite a Hadoop soportar múltiples motores de procesamiento, como MapReduce y Spark, en el mismo clúster, mejorando la flexibilidad y la utilización de recursos. YARN gestiona la asignación de recursos como CPU y memoria a las diferentes aplicaciones que se ejecutan en el clúster, asegurando que las tareas se completen de manera eficiente y sin interferencias.

La arquitectura de Hadoop está diseñada para ser altamente extensible, lo que ha permitido la integración de una amplia gama de herramientas y tecnologías en su ecosistema. Esta extensibilidad ha hecho de Hadoop una plataforma central en el mundo del Big Data, capaz de soportar una gran variedad de casos de uso y aplicaciones en diversas industrias. La capacidad de Hadoop para escalar horizontalmente, manejar fallos y procesar grandes volúmenes de datos de manera eficiente lo ha convertido en una herramienta indispensable para las organizaciones que buscan aprovechar el poder de Big Data para mejorar sus operaciones y tomar decisiones más informadas.

La combinación de HDFS para el almacenamiento distribuido, MapReduce para el procesamiento paralelo y una serie de herramientas adicionales para la manipulación y consulta de datos hace de la arquitectura de Hadoop una solución poderosa y versátil para abordar los desafíos del Big Data.

4.1.2. HDFS (Hadoop Distributed File System)

Ahora vamos a ver HDFS en profundidad. Este está diseñado específicamente para gestionar grandes volúmenes de datos en un entorno distribuido. HDFS está inspirado en el Google File System y se ha convertido en una de las tecnologías más importantes para el almacenamiento y gestión de datos en la era del Big Data. Su diseño se centra en ofrecer alta disponibilidad, escalabilidad y tolerancia a fallos, aspectos cruciales cuando se trata de manejar datos a gran escala en clústeres de computadoras.

El diseño de HDFS se basa en la idea de que los datos deben almacenarse en bloques distribuidos a través de múltiples nodos en un clúster. Esta distribución permite que los datos sean accesibles de manera eficiente y que el sistema sea capaz de soportar fallos de hardware comunes sin perder datos ni interrumpir las operaciones. La capacidad de HDFS para manejar fallos es una de sus características más distintivas, y es posible gracias a la replicación de bloques de datos en diferentes nodos del clúster.

En HDFS, los archivos grandes se dividen en bloques de un tamaño predeterminado, que por defecto es de 128 megabytes, aunque este tamaño puede configurarse según las necesidades específicas de la aplicación. Estos bloques se distribuyen en los diferentes nodos del clúster, conocidos como DataNodes. Cada bloque se replica en varios DataNodes (normalmente tres), lo que asegura que los datos sigan estando disponibles incluso si uno o más nodos fallan. Esta replicación es crucial para la resiliencia del sistema, ya que garantiza que no se pierdan datos en caso de fallos de hardware.

El sistema HDFS está organizado en una arquitectura maestro-esclavo, donde el nodo maestro, recordemos NameNode, gestiona la metadata del sistema de archivos, mientras que los DataNodes son responsables del almacenamiento físico de los datos. El NameNode mantiene un registro de la ubicación de cada bloque de datos dentro del sistema, además de información crucial sobre la estructura de los archivos y directorios almacenados en HDFS. Este registro se almacena en la memoria del NameNode, lo que permite acceder a la información rápidamente cuando se realiza una operación de lectura o escritura en HDFS.

El NameNode es un componente crítico en la arquitectura de HDFS, ya que sin él el sistema no podría funcionar. Sin embargo, este diseño presenta un desafío: el NameNode es un punto único de fallo. Para mitigar este riesgo, Hadoop, como ya hemos visto, permite la implementación de un NameNode secundario (Secondary NameNode), que periódicamente realiza copias de seguridad de la metadata del NameNode principal. Aunque el Secondary NameNode no puede reemplazar directamente al NameNode en caso de fallo, su función es crucial para la recuperación del sistema, ya que permite restaurar la metadata en caso de un reinicio del sistema.

Los DataNodes, por su parte, almacenan los bloques de datos y son responsables de las operaciones de lectura y escritura. Cada DataNode se comunica regularmente con el NameNode, informando sobre los bloques que almacena y su estado de salud. Si el NameNode detecta que un DataNode ha fallado, instruirá a otros DataNodes para que repliquen los bloques almacenados en el nodo caído, asegurando así que el número de réplicas se mantenga en el nivel deseado.

Una característica clave de HDFS es su capacidad para gestionar operaciones de lectura y escritura de manera eficiente en un entorno distribuido. Cuando un cliente desea leer un archivo de HDFS, primero se comunica con el NameNode para obtener la ubicación de los bloques del archivo. Una vez que el cliente tiene esta información, se conecta directamente a los DataNodes correspondientes para leer los bloques de datos. Este enfoque permite que la lectura de datos se realice en paralelo, lo que mejora considerablemente la velocidad y eficiencia de las operaciones de lectura.

En cuanto a las operaciones de escritura, cuando un cliente desea escribir un archivo en HDFS, el archivo se divide en bloques y se envían a los DataNodes para su almacenamiento. El cliente primero solicita al NameNode una lista de DataNodes donde se almacenará cada bloque. Luego, el cliente envía el bloque de datos al primer DataNode de la lista, que lo almacena y lo envía al siguiente DataNode, y así sucesivamente, hasta que se completen todas las réplicas. Esta operación en cadena garantiza que los datos se distribuyan de manera eficiente y que se mantenga la consistencia de las réplicas.

HDFS también incluye un mecanismo para la recuperación automática de fallos conocido como heartbeats. Los DataNodes envían periódicamente señales de heartbeat al NameNode para indicar que están funcionando correctamente. Si un DataNode no envía un heartbeat dentro de un tiempo especificado, el NameNode lo marca como caído y activa la replicación de los bloques almacenados en ese nodo a otros DataNodes disponibles. Este proceso automático de recuperación de fallos es fundamental para mantener la disponibilidad y la integridad de los datos en un clúster de Hadoop.

Otra característica importante de HDFS es su capacidad para manejar grandes conjuntos de datos y archivos de manera eficiente. Dado que HDFS está diseñado para almacenar archivos grandes, es particularmente adecuado para aplicaciones que generan o consumen grandes volúmenes de datos, como los análisis de Big Data, la minería de datos y el aprendizaje automático. Además, HDFS está optimizado para operaciones de lectura y escritura secuenciales, lo que lo hace ideal para cargas de trabajo donde los datos se procesan en grandes bloques, como el procesamiento de registros de servidor o la agregación de datos.

La escalabilidad de HDFS es otro de sus puntos fuertes. A medida que aumentan las necesidades de almacenamiento y procesamiento de datos, se pueden añadir más nodos al clúster para aumentar la capacidad de almacenamiento y el rendimiento del sistema. Este escalado horizontal es fundamental para manejar el crecimiento exponencial de los datos en las organizaciones modernas. Además, HDFS está diseñado para funcionar en hardware común y no especializado, lo que permite a las organizaciones implementar soluciones de almacenamiento escalables y rentables sin necesidad de invertir en infraestructura de hardware costosa.

HDFS también se integra bien con otras herramientas y tecnologías en el ecosistema de Hadoop, como MapReduce para el procesamiento de datos distribuido, YARN para la gestión de recursos y programación de tareas, y Apache HBase para el almacenamiento de datos en tiempo real. Esta integración permite a las organizaciones construir pipelines de datos completos y eficientes que van desde la ingesta de datos hasta su procesamiento y análisis.

A pesar de sus numerosas ventajas, HDFS también tiene algunas limitaciones. Por ejemplo, no está diseñado para manejar una gran cantidad de pequeños archivos, ya que esto puede sobrecargar el NameNode, que debe mantener un registro de cada archivo en el sistema. Además, debido a su enfoque en la escritura una vez y lectura muchas veces, HDFS no es ideal para aplicaciones que requieren escrituras frecuentes o actualizaciones de archivos existentes. Sin embargo, estas limitaciones son generalmente superadas por las capacidades únicas de HDFS para manejar grandes volúmenes de datos distribuidos de manera eficiente y confiable.

4.1.3. MapReduce

Veamos ahora que es exactamente MapReduce. MapReduce es un modelo de programación y un motor de procesamiento de datos distribuido que permite a las organizaciones manejar y analizar grandes volúmenes de datos de manera paralela en un clúster de servidores. Este modelo fue desarrollado por Google y presentado en un artículo de investigación en 2004, y desde entonces ha sido adoptado ampliamente en el ecosistema de Hadoop, convirtiéndose en uno de los componentes fundamentales para el procesamiento de datos a gran escala. MapReduce está diseñado para ser altamente escalable, tolerante a fallos y eficiente en términos de recursos, lo que lo hace ideal para el procesamiento de grandes conjuntos de datos en entornos distribuidos.

El modelo de programación MapReduce se basa en dos funciones principales: Map y Reduce. Estas funciones se utilizan para dividir una tarea de procesamiento compleja en operaciones más simples que se pueden ejecutar en paralelo en diferentes nodos de un clúster. El enfoque distribuido de MapReduce permite que grandes conjuntos de datos sean procesados simultáneamente por múltiples nodos, lo que resulta en una reducción significativa del tiempo de procesamiento en comparación con los métodos tradicionales de procesamiento secuencial.

La función Map es la primera fase en el modelo de MapReduce. Su principal objetivo es tomar un conjunto de datos de entrada, dividirlo en fragmentos más pequeños (normalmente en forma de pares clave-valor), y aplicar una función de mapeo a cada fragmento. Esta función de mapeo genera un conjunto intermedio de pares clave-valor que luego se agrupan y pasan a la fase de reducción. El proceso de mapeo se ejecuta de manera paralela en todos los nodos disponibles del clúster, lo que permite manejar grandes volúmenes de datos de manera eficiente.

La fase de mapeo comienza cuando el sistema MapReduce toma el conjunto de datos de entrada y lo divide en bloques de tamaño manejable. Estos bloques se distribuyen a los nodos de procesamiento (también llamados Map Task Trackers) dentro del clúster. Cada nodo de procesamiento aplica la función de mapeo a su bloque de datos asignado, produciendo pares clave-valor como salida. Por ejemplo, en un proceso de conteo de palabras, la función de mapeo tomaría un bloque de texto como entrada y produciría pares clave-valor donde la clave es la palabra y el valor es el número uno (indicando una aparición de la palabra).

Una vez que se han procesado todos los bloques de datos por los nodos de mapeo, los pares clave-valor generados se agrupan por clave en una fase conocida como shuffle and sort. Durante esta fase, el sistema organiza los pares clave-valor de manera que todas las instancias de una misma clave se agrupen juntas. Este proceso es crucial para la eficiencia de la siguiente fase, ya que garantiza que los valores asociados con la misma clave se presenten juntos para ser procesados por la función de reducción.

La función Reduce es la segunda fase del modelo MapReduce y se encarga de procesar los pares clave-valor agrupados generados en la fase de mapeo. El propósito de la función de reducción es tomar todos los valores asociados con una clave específica y combinarlos para producir un resultado final. Este resultado puede ser un resumen, una agregación o cualquier otra operación que combine los valores de manera significativa. La fase de reducción también se ejecuta en paralelo en varios nodos del clúster, lo que permite procesar grandes volúmenes de datos de manera eficiente.

En la práctica, la fase de reducción toma los pares clave-valor agrupados y los asigna a nodos de procesamiento (también conocidos como Reduce Task Trackers). Cada nodo de reducción aplica la función de reducción a su grupo de datos asignado. Continuando con el ejemplo del conteo de palabras, la función de reducción tomaría todos los valores asociados con una palabra específica (por ejemplo, todas las instancias de la clave "palabraX") y los sumaría para determinar el número total de veces que esa palabra aparece en el conjunto de datos. El resultado final sería un par clave-valor en el que la clave es la palabra y el valor es su frecuencia total en el conjunto de datos.

Una de las características clave de MapReduce es su tolerancia a fallos. Dado que los datos se procesan en paralelo a través de múltiples nodos, es posible que uno o más nodos experimenten fallos durante la ejecución de una tarea. MapReduce maneja estos fallos mediante la reprogramación de las tareas fallidas en otros nodos disponibles del clúster. Esta capacidad de recuperación permite que el sistema continúe funcionando sin interrupciones significativas, lo que es esencial en entornos de producción donde la fiabilidad es crítica.

Otra ventaja importante de MapReduce es su escalabilidad. A medida que aumentan los volúmenes de datos, se pueden agregar más nodos al clúster para distribuir la carga de trabajo y mantener tiempos de procesamiento razonables. Esta escalabilidad horizontal es fundamental en aplicaciones de

Big Data, donde los conjuntos de datos pueden crecer de manera exponencial y las necesidades de procesamiento pueden variar considerablemente.

MapReduce también es altamente flexible y puede aplicarse a una amplia variedad de problemas de procesamiento de datos. Aunque originalmente fue diseñado para tareas como el procesamiento de texto, su modelo generalizado de mapeo y reducción puede adaptarse para manejar una variedad de operaciones, como filtrado de datos, clasificación, agregación, análisis de gráficos, y más. Esto lo convierte en una herramienta versátil dentro del ecosistema de Big Data, adecuada para una amplia gama de aplicaciones.

A pesar de sus muchas ventajas, MapReduce también tiene algunas limitaciones. Una de las críticas más comunes es su ineficiencia para tareas que requieren múltiples etapas de procesamiento. Dado que cada fase de mapeo y reducción en MapReduce es independiente, las tareas que requieren múltiples pasos de procesamiento pueden volverse ineficientes debido a la necesidad de leer y escribir datos intermedios en HDFS entre cada etapa. Esto puede resultar en una sobrecarga significativa de I/O y un aumento del tiempo de procesamiento.

Para abordar estas limitaciones, se han desarrollado otros motores de procesamiento que pueden complementar o incluso reemplazar a MapReduce en ciertos contextos. Por ejemplo, Apache Spark es una tecnología más reciente que ofrece un modelo de procesamiento en memoria, lo que permite manejar múltiples etapas de procesamiento de datos de manera más eficiente que MapReduce. Sin embargo, MapReduce sigue siendo una herramienta valiosa en muchas aplicaciones, especialmente aquellas que involucran procesamiento de datos a gran escala que se puede dividir fácilmente en tareas de mapeo y reducción independientes.

En términos de implementación, MapReduce es fácil de integrar en el ecosistema de Hadoop, lo que lo convierte en una opción natural para las organizaciones que ya utilizan Hadoop para el almacenamiento y procesamiento de datos. La combinación de HDFS para el almacenamiento de datos y MapReduce para el procesamiento permite a las organizaciones construir pipelines de datos robustos y escalables que pueden manejar grandes volúmenes de datos de manera eficiente y confiable.

MapReduce ha sido fundamental en la evolución del Big Data y sigue siendo una tecnología clave en muchos entornos de procesamiento de datos. Aunque las tecnologías continúan evolucionando y nuevas herramientas emergen, el impacto de MapReduce en la forma en que procesamos grandes volúmenes de datos es innegable. Su modelo de programación simple pero poderoso ha permitido a las organizaciones de todo el mundo aprovechar el poder de los datos distribuidos y escalar sus operaciones para enfrentar los desafíos del Big Data.

4.2. Apache Spark

4.2.1. Introducción a Apache Spark

Apache Spark es una plataforma de procesamiento de datos distribuido que ha revolucionado la forma en que se manejan grandes volúmenes de datos en la era del Big Data. Desarrollado en la Universidad de California, Berkeley, y lanzado por primera vez en 2014, Spark se diseñó para superar las limitaciones de su predecesor, Hadoop MapReduce, ofreciendo un rendimiento significativamente más rápido gracias a su capacidad para procesar datos en memoria. Esta mejora en la velocidad y eficiencia ha hecho que Spark sea ampliamente adoptado en diversas industrias, convirtiéndose en una herramienta esencial para el procesamiento de datos masivos.

Una de las características más destacadas de Apache Spark es su capacidad para realizar operaciones de procesamiento de datos en memoria. A diferencia de Hadoop MapReduce, que escribe datos intermedios en el disco entre cada etapa de procesamiento, Spark permite que los datos se mantengan en la memoria durante todo el proceso, lo que reduce drásticamente el tiempo de lectura y escritura en el disco y mejora significativamente la velocidad de ejecución. Esta capacidad es especialmente beneficiosa para aplicaciones que requieren múltiples etapas de procesamiento, como algoritmos iterativos y análisis en tiempo real.

El núcleo de Apache Spark está construido sobre un modelo de programación distribuido llamado Resilient Distributed Dataset (RDD). Los RDDs son colecciones de objetos que pueden ser distribuidas a través de un clúster y procesadas en paralelo. Los RDDs son inmutables, lo que significa que no se pueden cambiar una vez creados, y cualquier transformación que se les aplique genera un nuevo RDD. Esta inmutabilidad proporciona una serie de ventajas, como la tolerancia a fallos, ya que los RDDs pueden ser reconstruidos a partir de sus datos originales en caso de que un nodo falle durante el procesamiento.

Otra característica clave de Apache Spark es su modelo de procesamiento en paralelo. Los RDDs se pueden particionar automáticamente en varios nodos del clúster, permitiendo que las operaciones se realicen en paralelo en múltiples máquinas. Esto no solo mejora la eficiencia del procesamiento, sino que también facilita el escalado horizontal, lo que significa que se pueden agregar más nodos al clúster para manejar volúmenes de datos crecientes sin sacrificar el rendimiento.

Spark también es altamente flexible y soporta múltiples lenguajes de programación, incluidos Scala, Java, Python y R. Esta compatibilidad con varios lenguajes lo hace accesible a un amplio espectro de desarrolladores y científicos de datos, permitiéndoles aprovechar el poder de Spark sin necesidad de aprender un nuevo lenguaje. La API de Spark está diseñada para ser intuitiva y fácil de usar, facilitando la implementación de aplicaciones de procesamiento de datos complejas.

Además de su capacidad para el procesamiento en memoria y el soporte para múltiples lenguajes, Apache Spark incluye varios componentes integrados que extienden su funcionalidad más allá del procesamiento de datos básico. Uno de estos componentes es Spark SQL, que permite a los usuarios realizar consultas estructuradas en datos distribuidos utilizando un lenguaje similar a SQL. Spark SQL es especialmente útil para integrar datos estructurados y no estructurados, y permite que las aplicaciones de Spark se integren fácilmente con bases de datos y herramientas de business intelligence existentes.

Otro componente importante de Apache Spark es Spark Streaming, que proporciona capacidades para procesar flujos de datos en tiempo real. Spark Streaming permite que los datos en flujo sean procesados y analizados a medida que llegan, lo que es crucial para aplicaciones que requieren una respuesta en tiempo real, como la detección de fraudes, la monitorización de redes y las recomendaciones en tiempo real. Spark Streaming se construye sobre el mismo núcleo de Spark, lo que permite a las aplicaciones de streaming aprovechar la misma infraestructura y API que las aplicaciones de batch processing, facilitando la implementación de soluciones híbridas que combinen procesamiento en tiempo real y en batch.

Spark también incluye MLlib, una librería de Machine Learning que proporciona un conjunto de algoritmos y herramientas para construir modelos de Machine Learning en grandes conjuntos de datos. MLlib está diseñado para ser escalable y eficiente, permitiendo que los algoritmos de Machine Learning sean aplicados a datos distribuidos en un clúster sin necesidad de mover los datos a una máquina central. Esto reduce significativamente el tiempo de entrenamiento y permite que los modelos sean aplicados a conjuntos de datos mucho más grandes de lo que sería posible con las librerías tradicionales de Machine Learning.

GraphX es otro componente de Apache Spark que está diseñado para el procesamiento y análisis de gráficos distribuidos. GraphX permite representar y manipular datos en forma de gráficos, lo que es útil para una amplia gama de aplicaciones, desde análisis de redes sociales hasta optimización de rutas y análisis de relaciones complejas. Al igual que los otros componentes de

Spark, GraphX se integra completamente con el núcleo de Spark y puede trabajar en conjunto con RDDs y otras estructuras de datos de Spark.

Una de las razones por las que Apache Spark ha sido tan ampliamente adoptado es su capacidad para integrarse con otras tecnologías en el ecosistema de Big Data. Spark se puede ejecutar sobre Hadoop YARN, lo que permite a las organizaciones aprovechar la infraestructura existente de Hadoop para gestionar recursos y ejecutar aplicaciones de Spark junto con aplicaciones de Hadoop. Además, Spark es compatible con HDFS, lo que significa que puede leer y escribir datos directamente desde el sistema de archivos distribuido de Hadoop, facilitando la migración y la coexistencia de aplicaciones de Hadoop y Spark en la misma infraestructura.

Otra integración clave de Apache Spark es con Apache Mesos, un sistema de gestión de clústeres que permite que múltiples aplicaciones compartan un clúster de manera eficiente. Al ejecutarse sobre Mesos, Spark puede compartir recursos con otras aplicaciones distribuidas, lo que mejora la utilización del clúster y facilita la implementación de soluciones multitenant en entornos de producción.

Spark también puede integrarse con sistemas de bases de datos y almacenamiento de datos modernos, como Apache Cassandra, HBase y Amazon S3. Esta capacidad de conectarse a diferentes fuentes de datos y sistemas de almacenamiento permite que Spark sea utilizado en una amplia gama de aplicaciones, desde análisis de Big Data en la nube hasta procesamiento en tiempo real en bases de datos distribuidas.

A pesar de sus numerosas ventajas, Apache Spark también tiene algunas consideraciones que deben tenerse en cuenta. Por ejemplo, aunque el procesamiento en memoria de Spark ofrece ventajas significativas en términos de velocidad, también requiere una gran cantidad de memoria RAM en el clúster. Esto puede ser un factor limitante en entornos donde los recursos de hardware son escasos o costosos. Además, Spark es más adecuado para aplicaciones que pueden beneficiarse de la paralelización en memoria; para trabajos más simples o donde el procesamiento distribuido no es necesario, las soluciones más ligeras pueden ser más eficientes.

La evolución continua de Apache Spark también ha llevado al desarrollo de una comunidad activa y un ecosistema de herramientas y librerías que se extienden sobre Spark. Esto incluye herramientas para la gestión de trabajos, la depuración de aplicaciones y la monitorización del rendimiento, así como librerías adicionales para tareas específicas, como el procesamiento de datos geoespaciales o el análisis de texto.

Como puedes concluir tú mismo, Apache Spark es una plataforma de procesamiento de datos extremadamente potente que ha cambiado la forma en que se manejan y analizan grandes volúmenes de datos. Su capacidad para procesar datos en memoria, junto con su flexibilidad, escalabilidad y soporte para múltiples lenguajes y aplicaciones, lo ha convertido en una herramienta esencial en el arsenal de cualquier profesional de Big Data. Mientras las demandas de procesamiento de datos continúan creciendo, Apache Spark está bien posicionado para seguir siendo una tecnología líder en el ámbito del procesamiento distribuido de datos.

4.2.2. Componentes principales de Spark

Apache Spark es una plataforma de procesamiento de datos que se ha destacado por su arquitectura modular, la cual está compuesta por varios componentes principales que trabajan en conjunto para ofrecer una solución integral para el procesamiento de grandes volúmenes de datos. Cada uno de estos componentes tiene un papel específico dentro del ecosistema de Spark, proporcionando funcionalidades que van desde la manipulación básica de datos hasta el análisis avanzado en tiempo real y el aprendizaje automático. A continuación, se describe en detalle cada uno de estos componentes principales.

El núcleo de Apache Spark es conocido como Spark Core. Este es el motor de procesamiento subyacente que gestiona las tareas fundamentales de Spark, como la programación de tareas, la gestión de memoria, la recuperación de fallos, la distribución de tareas en el clúster y las operaciones básicas de entrada y salida de datos. Spark Core proporciona la base sobre la cual se construyen todos los demás componentes de Spark y soporta el modelo de programación distribuido basado en Resilient Distributed Datasets. Los RDDs son la abstracción central de datos en Spark, permitiendo el procesamiento inmutable y distribuido de colecciones de objetos en el clúster. Los RDDs pueden ser creados a partir de datos almacenados en sistemas de almacenamiento distribuido como HDFS, S3, o mediante la transformación de otros RDDs existentes.

Uno de los principales beneficios del Spark Core es su capacidad para realizar procesamiento en memoria, lo que permite que los datos sean mantenidos en la memoria RAM durante el procesamiento, evitando la necesidad de escribir los datos en el disco entre operaciones. Esta característica es clave para el rendimiento de Spark, permitiendo que muchas aplicaciones sean considerablemente más rápidas que si se utilizaran enfoques basados en disco. Además, Spark Core soporta operaciones de transformación y acción en los RDDs, como map, filter, reduce, y aggregate, que permiten realizar una amplia gama de operaciones de procesamiento de datos.

Otro componente fundamental de Spark es Spark SQL. Spark SQL es el módulo de Spark que proporciona capacidades para trabajar con datos estructurados, es decir, datos que tienen un esquema bien definido como tablas en una base de datos relacional. Spark SQL introduce una nueva abstracción de datos llamada DataFrame, que es similar a una tabla en una base de datos, y que puede ser manipulada utilizando un lenguaje de consulta similar a SQL. Los DataFrames son una evolución de los RDDs, optimizados para el procesamiento de datos estructurados y semi-estructurados. Spark SQL permite realizar consultas SQL sobre DataFrames, lo que facilita la integración de Spark con sistemas de bases de datos tradicionales y herramientas de business intelligence. Además, Spark SQL incluye un optimizador de consultas llamado Catalyst, que optimiza automáticamente las consultas para mejorar el rendimiento.

Spark Streaming es otro componente clave de Apache Spark, diseñado para el procesamiento de flujos de datos en tiempo real. Spark Streaming permite a los usuarios procesar y analizar datos que llegan en tiempo real desde diversas fuentes, como Kafka, Flume, sockets TCP, archivos, y más. Spark Streaming divide el flujo de datos en pequeñas unidades de tiempo, llamadas batches, y los procesa utilizando el mismo modelo de programación que Spark Core, lo que facilita la construcción de aplicaciones de streaming que se integran perfectamente con otras operaciones de Spark. Esto permite que las aplicaciones de Spark Streaming aprovechen las capacidades de procesamiento en memoria y las API de alto nivel de Spark, proporcionando una solución potente y escalable para el análisis en tiempo real. Los resultados del procesamiento de streaming pueden ser almacenados en sistemas de archivos, bases de datos o mostrados en tiempo real.

MLlib es la librería de aprendizaje automático de Spark, diseñada para escalar el procesamiento de algoritmos de Machine Learning en grandes volúmenes de datos distribuidos. MLlib incluye una amplia gama de algoritmos de Machine Learning, que van desde la regresión lineal y logística hasta clustering, clasificación y filtrado colaborativo. La librería está optimizada para trabajar en paralelo en un clúster de Spark, lo que permite que los modelos de aprendizaje automático sean entrenados y aplicados en conjuntos de datos a gran escala de manera eficiente. MLlib también proporciona herramientas para la validación de modelos, como la validación cruzada y la evaluación de métricas, lo que facilita el desarrollo de modelos precisos y robustos. Además, MLlib soporta integraciones con otras herramientas y librerías de aprendizaje automático, lo que permite a los usuarios aprovechar una amplia gama de capacidades analíticas dentro del ecosistema de Spark.

GraphX es otro componente importante de Apache Spark, orientado al procesamiento y análisis de gráficos distribuidos. GraphX proporciona una API para construir y manipular gráficos (estructuras de datos que representan relaciones entre entidades, como redes sociales, mapas de carreteras o gráficos de dependencia). Este módulo permite realizar operaciones de análisis de gráficos, como la búsqueda de caminos más cortos, la detección de comunidades y la clasificación de nodos, en un entorno distribuido. GraphX combina la flexibilidad del procesamiento de datos RDD con la eficiencia del modelado de gráficos, permitiendo que las aplicaciones de gráficos se integren fácilmente con otras operaciones de Spark. Esto es especialmente útil en casos de uso donde los datos tienen una naturaleza inherentemente gráfica, como en el análisis de redes sociales, análisis de rutas de transporte, o modelado de relaciones complejas entre entidades.

Spark ML es una extensión de MLlib y está diseñado para simplificar la construcción de pipelines de Machine Learning. Un pipeline de Machine Learning es un flujo de trabajo que encapsula todas las etapas de un proceso de Machine Learning, desde la preparación de datos hasta la evaluación del modelo. Spark ML proporciona una API unificada que permite construir y encadenar varias etapas del pipeline, como la selección de características, la normalización de datos, el entrenamiento de modelos y la predicción. Esta API facilita la experimentación y optimización de modelos, ya que permite cambiar y ajustar rápidamente diferentes componentes del pipeline. Además, Spark ML soporta la persistencia de modelos, lo que facilita la implementación de modelos entrenados en aplicaciones de producción.

Un componente subyacente importante en Spark es YARN, que es una plataforma de gestión de recursos utilizada en Hadoop, y que Spark puede aprovechar para gestionar los recursos en un clúster. Aunque YARN no es parte exclusiva de Spark, su integración es crucial para el despliegue de aplicaciones Spark en clústeres de Hadoop, permitiendo a Spark compartir recursos con otras aplicaciones y asegurando una utilización eficiente del clúster. YARN facilita la asignación de recursos, la programación de tareas y la gestión de aplicaciones distribuidas, lo que es esencial para ejecutar Spark en entornos de producción a gran escala.

Cada uno de estos componentes de Apache Spark contribuye a hacer de Spark una plataforma robusta y versátil para el procesamiento de datos distribuidos. Al combinar procesamiento en memoria, soporte para datos estructurados y no estructurados, capacidades de streaming en tiempo real, herramientas avanzadas de aprendizaje automático y análisis de gráficos, Spark proporciona una solución completa para abordar una amplia gama de desafíos en el mundo del Big Data. Esta arquitectura modular permite a los usuarios aprovechar solo los componentes que necesitan para sus aplicaciones específicas, mientras que la integración de todos estos elementos dentro de un único marco facilita el desarrollo de aplicaciones complejas que requieren múltiples tipos de procesamiento de datos.

4.2.3. Comparación con Hadoop

Apache Spark y Hadoop son dos de las tecnologías más destacadas en el ecosistema de Big Data, utilizadas para el procesamiento y análisis de grandes volúmenes de datos. Aunque ambas plataformas se emplean para abordar desafíos similares en términos de escalabilidad, manejo de datos distribuidos y procesamiento paralelo, difieren significativamente en su arquitectura, enfoque y rendimiento. A lo largo de esta comparación analizaremos en profundidad y con detalle las principales diferencias entre Spark y Hadoop, destacando los aspectos clave que los distinguen y los escenarios en los que cada uno es más adecuado.

Una de las diferencias más fundamentales entre Apache Spark y Hadoop radica en su enfoque del procesamiento de datos. Hadoop se basa en un paradigma de procesamiento por lotes, MapReduce, donde los datos se procesan en múltiples etapas, y entre cada una de estas etapas, los resultados intermedios se escriben en el disco antes de ser leídos nuevamente para la siguiente etapa. Este enfoque es eficaz para manejar grandes volúmenes de datos, pero también introduce una sobrecarga significativa de I/O debido a la escritura y lectura continuas en el disco. Esto puede hacer que Hadoop sea menos eficiente, especialmente en aplicaciones que requieren múltiples etapas de procesamiento o que manejan datos en tiempo real.

En contraste, Apache Spark fue diseñado para superar estas limitaciones mediante el uso de un procesamiento en memoria. Spark permite que los datos se mantengan en la memoria RAM a lo largo del ciclo de vida del procesamiento, lo que reduce drásticamente la necesidad de escribir en el disco entre etapas. Este enfoque no solo mejora el rendimiento al minimizar el I/O en disco, sino que también permite que Spark ejecute trabajos de procesamiento de datos hasta 100 veces más rápido que Hadoop en ciertas aplicaciones. Esta capacidad de procesamiento en memoria convierte a Spark en la opción preferida para aplicaciones que requieren un análisis en tiempo real o que implican múltiples iteraciones, como en el aprendizaje automático.

Otra diferencia clave entre Spark y Hadoop es la flexibilidad y la amplitud de su ecosistema. Hadoop es esencialmente un marco para el almacenamiento y procesamiento de datos, compuesto principalmente por HDFS y MapReduce. Si bien existen otras herramientas en el ecosistema de Hadoop, como Hive, Pig y HBase, estas suelen estar más centradas en casos de uso específicos y dependen de la infraestructura subyacente de HDFS y MapReduce para funcionar.

Por otro lado, Spark ofrece un ecosistema más integrado con múltiples componentes nativos que permiten un procesamiento más diverso de los datos.

Además del procesamiento en memoria a través de Spark Core, Spark incluye Spark SQL para trabajar con datos estructurados, Spark Streaming para el procesamiento de flujos de datos en tiempo real, MLlib para aprendizaje automático y GraphX para análisis de gráficos. Estos componentes están diseñados para funcionar de manera cohesiva, utilizando el mismo núcleo de Spark, lo que facilita la implementación de soluciones complejas que requieren varios tipos de procesamiento de datos dentro de un solo marco.

La escalabilidad es otra área en la que Spark y Hadoop se comparan, aunque ambos están diseñados para ser altamente escalables, permitiendo el procesamiento de petabytes de datos en un clúster de miles de nodos. Hadoop ha sido históricamente conocido por su capacidad de escalar horizontalmente, lo que significa que se pueden agregar más nodos al clúster para manejar volúmenes de datos crecientes sin afectar el rendimiento. Spark también es altamente escalable, pero debido a su dependencia del procesamiento en memoria, el escalado puede requerir una inversión significativa en hardware con gran capacidad de memoria RAM para mantener el rendimiento.

La gestión de recursos en ambos sistemas también muestra diferencias notables. Hadoop utiliza YARN como su gestor de recursos, que es responsable de asignar los recursos de clúster, como CPU y memoria, a las diferentes aplicaciones que se ejecutan en el clúster. YARN permite que Hadoop ejecute múltiples aplicaciones simultáneamente, gestionando eficientemente los recursos disponibles para evitar conflictos y maximizar la utilización del clúster.

Apache Spark, aunque también puede ejecutarse sobre YARN, tiene su propio gestor de clústeres, llamado Spark Standalone, que es más sencillo y menos dependiente de la configuración de Hadoop. Sin embargo, Spark se beneficia de la integración con YARN cuando se ejecuta en un entorno Hadoop, lo que permite a Spark compartir un clúster con aplicaciones de Hadoop y aprovechar la infraestructura de Hadoop para la gestión de recursos.

En términos de compatibilidad y integración, Spark tiene la ventaja de poder trabajar directamente con el ecosistema de Hadoop, especialmente con HDFS. Esto permite a las organizaciones que ya tienen una infraestructura de Hadoop existente integrar Spark sin necesidad de reemplazar su entorno actual. Además, Spark puede leer y escribir datos desde HDFS, lo que facilita la migración o cohabitación de aplicaciones de Hadoop y Spark en el mismo clúster. Spark también es compatible con una amplia gama de otras fuentes de datos, incluyendo bases de datos NoSQL como Cassandra y HBase, lo que le otorga una flexibilidad adicional en comparación con Hadoop.

En cuanto a la facilidad de uso, Spark se destaca por su API más amigable y su soporte para múltiples lenguajes de programación, incluidos Scala, Java, Python y R. Esto contrasta con Hadoop, donde el desarrollo de aplicaciones MapReduce puede ser más complejo y generalmente se realiza en Java. La simplicidad y la flexibilidad de la API de Spark han contribuido significativamente a su popularidad, ya que permite a los desarrolladores construir y probar aplicaciones de procesamiento de datos de manera más rápida y eficiente.

Aunque Spark ofrece muchas ventajas en términos de rendimiento y flexibilidad, Hadoop sigue siendo una opción viable en ciertos escenarios, especialmente cuando se trata de procesamiento de datos por lotes a gran escala donde el costo del hardware es una consideración importante. Hadoop, con su enfoque basado en disco, puede ser más económico en términos de recursos de hardware, ya que no requiere grandes cantidades de memoria RAM para funcionar de manera efectiva. Esto lo convierte en una solución adecuada para organizaciones que buscan una opción más rentable para el procesamiento masivo de datos donde la latencia no es una preocupación crítica.

La comparación entre Apache Spark y Hadoop nos revela que cada plataforma tiene fortalezas y limitaciones que la hacen más adecuada para diferentes tipos de aplicaciones. Spark es ideal para aplicaciones que requieren un procesamiento rápido, en memoria, y que implican múltiples etapas de procesamiento o análisis en tiempo real. Por otro lado, Hadoop es más adecuado para tareas de procesamiento por lotes a gran escala donde la eficiencia del I/O en disco y la capacidad de escalar horizontalmente a bajo costo son más importantes. Las organizaciones deben considerar estos factores al decidir qué plataforma utilizar para sus necesidades de procesamiento de Big Data, teniendo en cuenta tanto sus requisitos específicos como su infraestructura existente.

4.3. Bases de datos NoSQL

4.3.1. Concepto y tipos de bases de datos NoSQL

Las bases de datos NoSQL han emergido como una solución clave en la era del Big Data y las aplicaciones modernas, donde los requisitos de escalabilidad, flexibilidad y rendimiento a menudo superan las capacidades de las bases de datos relacionales tradicionales. NoSQL, que significa "Not Only SQL" o "No SQL", se refiere a una clase de sistemas de gestión de bases de datos que se diferencian de las bases de datos relacionales en varios aspectos fundamentales. Estas bases de datos están diseñadas para manejar grandes volúmenes de datos distribuidos, ser altamente escalables y ofrecer una flexibilidad en el modelo de datos que las bases de datos relacionales convencionales no pueden igualar.

El concepto de bases de datos NoSQL surgió como respuesta a las limitaciones que presentan las bases de datos relacionales tradicionales en entornos de aplicaciones modernas, especialmente en términos de escalabilidad horizontal, capacidad para manejar datos no estructurados o semi-estructurados, y la necesidad de proporcionar un rendimiento alto y constante en aplicaciones que generan grandes volúmenes de datos en tiempo real. Las bases de datos relacionales dependen de un esquema predefinido, lo que significa que los datos deben ajustarse a una estructura tabular rígida. Esto puede ser una limitación significativa cuando se trata de datos con estructuras variables o cuando los requisitos de la aplicación evolucionan con el tiempo.

Por otro lado, las bases de datos NoSQL son esquemáticamente flexibles, lo que significa que pueden manejar datos que no siguen un esquema rígido, permitiendo almacenar y recuperar datos sin necesidad de un esquema fijo predefinido. Esta flexibilidad es particularmente útil en entornos de desarrollo ágil, donde los requisitos de datos pueden cambiar rápidamente, y en aplicaciones que manejan grandes volúmenes de datos no estructurados, como registros de actividad de usuarios, documentos, multimedia, y más.

Existen varios tipos de bases de datos NoSQL, cada una diseñada para casos de uso específicos y tipos de datos particulares. Estos se pueden categorizar principalmente en cuatro tipos: bases de datos de clave-valor, bases de datos de columnas, bases de datos de documentos y bases de datos de grafos.

El primer tipo de bases de datos NoSQL es el modelo de clave-valor. En este tipo de bases de datos, los datos se almacenan como pares clave-valor, donde una clave única se utiliza para identificar y acceder a un valor asociado. Este modelo es extremadamente simple y eficiente, lo que lo hace adecuado para aplicaciones que requieren acceso rápido a datos, como cachés distribuidos y almacenamiento de sesiones de usuarios. Los valores pueden ser cualquier tipo de datos, desde cadenas de texto simples hasta estructuras de datos complejas. Dado que el acceso a los datos se realiza a través de una clave única, las bases de datos de clave-valor son muy eficientes en términos de rendimiento y escalabilidad horizontal, ya que la distribución de datos entre nodos se puede manejar fácilmente mediante el hash de las claves. Ejemplos populares de bases de datos de clave-valor incluyen Redis, DynamoDB de Amazon y Riak.

El segundo tipo de bases de datos NoSQL es el modelo de columnas o bases de datos orientadas a columnas. A diferencia de las bases de datos relacionales, que almacenan los datos en filas dentro de tablas, las bases de datos orientadas a columnas almacenan los datos en columnas. Esto significa que cada columna se almacena por separado y puede ser consultada y manipulada de forma independiente. Este modelo es particularmente eficiente para el procesamiento de consultas analíticas en grandes volúmenes de datos, ya que permite leer y procesar solo las columnas necesarias en lugar de filas completas, lo que reduce la cantidad de datos que se deben leer del disco. Las bases de datos orientadas a columnas son ideales para aplicaciones de análisis de datos, donde se requiere realizar agregaciones y operaciones sobre grandes conjuntos de datos. Ejemplos destacados de bases de datos de columnas incluyen Apache Cassandra y HBase.

El tercer tipo es el modelo de documentos. Las bases de datos de documentos almacenan datos en documentos, que suelen estar en formato JSON, BSON, XML u otros formatos similares. Cada documento es un conjunto autónomo de datos que puede contener diferentes campos y estructuras, lo que proporciona una gran flexibilidad para manejar datos semi-estructurados y desestructurados. Este modelo es muy adecuado para aplicaciones que manejan datos complejos y jerárquicos, como los datos de usuarios o contenidos multimedia. La naturaleza auto-descriptiva de los documentos permite que diferentes tipos de datos coexistan en la misma base de datos sin necesidad de un esquema fijo. Esto es particularmente útil en aplicaciones donde los datos pueden cambiar de forma dinámica o donde se manejan diferentes tipos de datos en el mismo sistema. MongoDB y Couchbase son ejemplos de bases de datos de documentos ampliamente utilizadas.

El cuarto tipo es el modelo de grafos, que se centra en la representación y manipulación de datos como grafos, donde las entidades se representan como nodos y las relaciones entre estas entidades como aristas. Las bases de datos de grafos están diseñadas para manejar datos altamente conectados y son ideales para aplicaciones que requieren la exploración y análisis de relaciones complejas entre datos, como redes sociales, sistemas de recomendación, análisis de fraude y más. En un grafo, es fácil modelar relaciones directas entre nodos, lo que permite realizar consultas que implican múltiples saltos en la red de relaciones de manera más eficiente que las bases de datos relacionales. Neo4j es uno de los ejemplos más conocidos de bases de datos de grafos, y se ha utilizado ampliamente en aplicaciones que requieren un análisis profundo de las conexiones y relaciones entre entidades.

Además de estos cuatro tipos principales, también existen otros tipos de bases de datos NoSQL especializadas, como las bases de datos orientadas a series de tiempo, que están optimizadas para manejar grandes volúmenes de datos generados en series temporales, y las bases de datos multivalor, que permiten almacenar múltiples valores en un solo campo, lo que proporciona una mayor flexibilidad para ciertos tipos de aplicaciones.

El uso de bases de datos NoSQL presenta varios beneficios, como la escalabilidad horizontal, que permite distribuir datos y carga de trabajo en múltiples servidores, lo que es fundamental para aplicaciones que manejan grandes volúmenes de datos y tráfico. Otro beneficio es la alta disponibilidad y la tolerancia a fallos, que se logra a través de la replicación de datos en múltiples nodos del clúster, lo que asegura que los datos permanezcan accesibles incluso en caso de fallos en algunos nodos. Además, la flexibilidad en el esquema permite a los desarrolladores trabajar con datos sin necesidad de definir estructuras rígidas de antemano, lo que facilita la adaptación a cambios en los requisitos de la aplicación.

Sin embargo, el uso de bases de datos NoSQL también puede presentar desafíos. Por ejemplo, la falta de soporte para transacciones ACID (Atomicidad, Consistencia, Aislamiento y Durabilidad) en muchas bases de datos NoSQL puede ser un inconveniente para aplicaciones que requieren un alto nivel de consistencia de datos. Aunque algunas bases de datos NoSQL, como MongoDB, han comenzado a ofrecer soporte para transacciones ACID, este es un aspecto que las organizaciones deben considerar al elegir entre bases de datos relacionales y NoSQL. Además, la diversidad de modelos de datos en NoSQL puede requerir una mayor experiencia por parte de los desarrolladores y arquitectos para elegir la solución adecuada y diseñar la base de datos de manera óptima.

En términos de aplicaciones, las bases de datos NoSQL se utilizan en una amplia gama de industrias y casos de uso, incluyendo comercio electrónico, redes sociales, análisis de Big Data, Internet de las Cosas, y aplicaciones móviles, entre otros. Su capacidad para manejar datos a gran escala, ofrecer un rendimiento constante y proporcionar flexibilidad en el modelado de datos las convierte en una opción atractiva para las aplicaciones modernas que requieren una arquitectura de datos altamente escalable y adaptable.

4.3.2. MongoDB

MongoDB es una de las bases de datos NoSQL más populares y ampliamente utilizadas en el mundo, conocida por su flexibilidad, escalabilidad y capacidad para manejar grandes volúmenes de datos no estructurados y semi-estructurados. Fue desarrollada originalmente por la empresa 10gen, que más tarde cambió su nombre a MongoDB Inc., y fue lanzada al público en 2009. MongoDB se diseñó para proporcionar una alternativa más flexible y escalable a las bases de datos relacionales tradicionales, adaptándose a las necesidades de las aplicaciones modernas que manejan datos en constante cambio y que requieren una respuesta rápida y eficiente.

Uno de los aspectos fundamentales de MongoDB es su modelo de datos basado en documentos. En lugar de utilizar un esquema tabular fijo, como en las bases de datos relacionales, MongoDB almacena los datos en documentos BSON (Binary JSON), un formato binario que es una extensión del formato JSON. Estos documentos pueden contener diferentes tipos de datos, incluyendo estructuras anidadas y listas, lo que proporciona una gran flexibilidad para representar datos complejos. Cada documento en MongoDB se asocia con una clave única, que se utiliza para identificar y acceder al documento. Esta estructura de documentos es ideal para manejar datos semi-estructurados y no estructurados, donde los requisitos de los datos pueden cambiar rápidamente.

El uso de BSON en MongoDB ofrece varias ventajas. Primero, permite almacenar datos en un formato que es fácil de leer y manipular tanto para los desarrolladores como para las aplicaciones. Segundo, BSON es un formato binario, lo que significa que es más compacto y eficiente que JSON en términos de almacenamiento y transmisión de datos, especialmente cuando se trabaja con grandes volúmenes de datos. Además, BSON soporta varios tipos de datos, incluidos enteros, cadenas, booleanos, fechas y arrays, así como estructuras más complejas como documentos anidados. Esto proporciona a MongoDB la capacidad de manejar una amplia variedad de datos de manera eficiente y flexible.

En términos de arquitectura, MongoDB está diseñado para ser altamente escalable. Soporta escalabilidad horizontal a través de un proceso conocido como sharding, que permite dividir y distribuir los datos en varios servidores o nodos. Cada nodo almacena una parte del conjunto de datos total, lo que permite a MongoDB manejar grandes volúmenes de datos y distribuir la carga de trabajo de manera eficiente. Sharding en MongoDB se implementa utilizando un clave de shard, que determina cómo se distribuyen los datos entre los diferentes nodos. Esto permite que las aplicaciones que utilizan MongoDB escalen de manera lineal a medida que crecen sus necesidades de almacenamiento y procesamiento de datos.

Otro aspecto clave de la arquitectura de MongoDB es su enfoque en la alta disponibilidad y la tolerancia a fallos. MongoDB implementa un mecanismo llamado replicación, donde los datos se replican en múltiples nodos dentro de un clúster de servidores. Esto se logra a través de un conjunto de réplicas, que es un grupo de nodos que contiene las mismas copias de los datos. Dentro de este conjunto, un nodo actúa como el primario (primary) y los demás como secundarios (secondaries). Todas las operaciones de escritura se realizan en el nodo primario, y luego se replican a los nodos secundarios para garantizar la consistencia de los datos. En caso de que el nodo primario falle, uno de los nodos secundarios se convierte automáticamente en el nuevo primario, asegurando que el sistema permanezca operativo sin interrupciones significativas.

Además de su escalabilidad y disponibilidad, MongoDB es conocida por su flexibilidad en la modelación de datos. Dado que MongoDB no requiere un esquema fijo, los desarrolladores pueden modificar la estructura de los documentos en cualquier momento, lo que facilita la adaptación a los cambios en los requisitos de la aplicación. Esto contrasta con las bases de datos relacionales, donde cualquier cambio en la estructura de la base de datos suele requerir modificaciones complejas y potencialmente disruptivas en el esquema. Esta flexibilidad es especialmente útil en entornos de desarrollo ágil, donde los requisitos de los datos pueden cambiar rápidamente durante el ciclo de vida del desarrollo.

MongoDB también incluye un lenguaje de consultas rico y expresivo, que permite a los usuarios realizar operaciones complejas de búsqueda, filtrado, agregación y manipulación de datos. Aunque MongoDB no utiliza SQL como las bases de datos relacionales tradicionales, su lenguaje de consulta es fácil de aprender para los desarrolladores familiarizados con JSON, ya que sigue una estructura similar. MongoDB permite realizar operaciones avanzadas como la agregación de datos a través de su marco de agregación, que permite a los usuarios realizar operaciones como el filtrado, la agrupación y la transformación de datos en un solo paso, utilizando una serie de etapas en una tubería (pipeline). Este marco de agregación es extremadamente potente y se puede utilizar para realizar análisis complejos directamente en la base de datos, eliminando la necesidad de mover los datos a una herramienta de análisis externa.

En términos de rendimiento, MongoDB está optimizado para ofrecer operaciones de lectura y escritura rápidas. A través del uso de índices, MongoDB permite que las consultas se ejecuten de manera eficiente, lo que es crucial en aplicaciones donde el rendimiento y la capacidad de respuesta son esenciales. MongoDB también soporta índices compuestos, geoespaciales y textuales, lo que proporciona una mayor flexibilidad en la optimización de consultas para diferentes tipos de aplicaciones. Además, MongoDB permite la ejecución de operaciones en paralelo, lo que mejora aún más el rendimiento en entornos de alto tráfico.

Otro aspecto importante de MongoDB es su capacidad para integrarse con diversas tecnologías y plataformas. MongoDB ofrece drivers para una amplia gama de lenguajes de programación, incluidos Java, Python, Ruby, C#, PHP y JavaScript (a través de Node.js), lo que facilita su adopción en una variedad de entornos de desarrollo. Además, MongoDB se integra bien con otras herramientas y plataformas en el ecosistema de Big Data, como

Hadoop y Apache Spark, lo que permite a las organizaciones utilizar MongoDB como parte de sus pipelines de procesamiento de datos más amplios.

MongoDB también ha sido adoptado ampliamente en diversas industrias y tipos de aplicaciones. Su flexibilidad, escalabilidad y rendimiento lo han convertido en una opción popular para aplicaciones web, comercio electrónico, sistemas de gestión de contenidos, análisis de datos, Internet de las Cosas, y más. Su capacidad para manejar datos no estructurados y semiestructurados lo hace especialmente adecuado para aplicaciones que requieren almacenar y procesar grandes volúmenes de datos generados por usuarios, como registros de actividad, datos de sensores, y contenido multimedia.

A pesar de sus muchas ventajas, MongoDB también tiene algunas limitaciones que deben considerarse. Por ejemplo, aunque MongoDB soporta transacciones ACID, este soporte es relativamente reciente y puede no ser tan robusto como en las bases de datos relacionales tradicionales. Esto puede ser una consideración importante para aplicaciones que requieren un alto nivel de consistencia de datos. Además, la flexibilidad de MongoDB en términos de esquema también puede ser una espada de doble filo, ya que la falta de un esquema rígido puede llevar a la inconsistencia de datos si no se gestiona adecuadamente.

En términos de administración, MongoDB requiere una comprensión sólida de su arquitectura y características para optimizar el rendimiento y garantizar la integridad de los datos. Esto incluye la gestión de índices, la configuración de la replicación y el sharding, y la monitorización del rendimiento y la utilización de recursos. Sin embargo, MongoDB Inc. ofrece una serie de herramientas y servicios, como MongoDB Atlas, una plataforma en la nube totalmente gestionada, que simplifica la implementación, gestión y escalabilidad de MongoDB, lo que reduce la carga administrativa para las organizaciones.

En general, MongoDB se ha consolidado como una de las bases de datos NoSQL más versátiles y potentes en el panorama actual de la tecnología. Su capacidad para manejar datos en un formato flexible y escalable, junto con su rendimiento optimizado y su rico conjunto de características, lo convierten en una opción sólida para una amplia gama de aplicaciones modernas que requieren una base de datos que pueda crecer y adaptarse con las necesidades de la aplicación. Su adopción continua en diversas industrias y su evolución constante indican que MongoDB seguirá siendo una herramienta importante en la infraestructura tecnológica de muchas organizaciones en los años venideros.

4.3.3. Cassandra

Apache Cassandra es una base de datos NoSQL distribuida diseñada para manejar grandes volúmenes de datos en múltiples servidores, ofreciendo alta disponibilidad, escalabilidad horizontal y tolerancia a fallos. Fue desarrollada inicialmente en Facebook en 2008 para manejar la creciente demanda de almacenamiento y procesamiento de datos, especialmente en aplicaciones de mensajería y redes sociales. Posteriormente, Cassandra se convirtió en un proyecto de código abierto bajo la Apache Software Foundation, lo que ha permitido su adopción y desarrollo continuo en una amplia gama de industrias.

Cassandra se basa en un modelo de datos orientado a columnas, que es diferente del modelo de datos relacional tradicional basado en filas y tablas. En Cassandra, los datos se organizan en columnas dentro de filas, y las filas se agrupan en familias de columnas. Cada fila en Cassandra puede tener un número diferente de columnas, lo que proporciona una gran flexibilidad para almacenar datos que pueden variar en estructura. Las familias de columnas en Cassandra son conceptualmente similares a las tablas en bases de datos relacionales, pero sin la rigidez del esquema predefinido, lo que permite a Cassandra manejar datos semi-estructurados de manera más eficiente.

Uno de los aspectos más distintivos de Cassandra es su arquitectura distribuida sin un único punto de fallo. A diferencia de las bases de datos tradicionales que dependen de un servidor maestro para gestionar las operaciones de escritura y lectura, Cassandra emplea un diseño peer-to-peer en el que todos los nodos en el clúster son iguales y pueden recibir y procesar solicitudes de lectura y escritura. Esta arquitectura descentralizada permite que Cassandra sea altamente disponible y tolerante a fallos, ya que no hay un único nodo cuya falla pueda causar una interrupción del servicio. Si un nodo en el clúster falla, los otros nodos pueden continuar manejando las operaciones sin interrupciones significativas.

La escalabilidad es otra característica fundamental de Cassandra. El sistema está diseñado para escalar horizontalmente, lo que significa que se pueden agregar más nodos al clúster para manejar mayores volúmenes de datos y tráfico sin afectar el rendimiento. Esto es posible gracias al uso de sharding y replicación. Cassandra divide los datos entre los nodos del clúster utilizando un algoritmo de hash que asigna cada fila a un rango específico de claves. Esta técnica, conocida como particionamiento o sharding, permite distribuir los datos de manera equitativa entre los nodos, lo que optimiza el uso de recursos y garantiza un rendimiento constante incluso cuando el clúster crece.

Cassandra también implementa replicación de datos para garantizar la durabilidad y disponibilidad de la información. Los datos se replican en múltiples nodos del clúster según un factor de replicación configurable. Esto significa que cada pieza de datos se almacena en varios nodos, lo que permite que las operaciones de lectura y escritura continúen incluso si uno o más nodos fallan. Además, el nivel de consistencia de las operaciones en Cassandra se puede ajustar según las necesidades de la aplicación. Cassandra soporta varios niveles de consistencia, que van desde consistencia eventual, donde las escrituras se propagan de manera asíncrona a los nodos replicados, hasta consistencia fuerte, donde las operaciones de escritura y lectura garantizan que todos los nodos replicados estén sincronizados antes de que se confirme una operación.

El modelo de consistencia de Cassandra es flexible y permite a los desarrolladores elegir el nivel adecuado de consistencia para cada operación según las necesidades de su aplicación. Por ejemplo, una aplicación que prioriza la disponibilidad sobre la consistencia inmediata puede optar por una consistencia eventual, mientras que una aplicación que requiere garantías de que todas las operaciones de escritura se reflejen inmediatamente en todas las réplicas puede optar por una consistencia fuerte. Esta flexibilidad es una de las razones por las cuales Cassandra es popular en aplicaciones críticas donde la disponibilidad y la capacidad de respuesta son esenciales.

Cassandra utiliza su propio lenguaje de consulta llamado CQL (Cassandra Query Language), que está diseñado para ser similar a SQL pero adaptado al modelo de datos de Cassandra. CQL proporciona una forma familiar para los desarrolladores que están acostumbrados a SQL para interactuar con los datos en Cassandra, mientras que también aprovecha las características únicas del modelo de datos de columnas de Cassandra. CQL soporta una amplia gama de operaciones, incluyendo la creación y gestión de tablas (familias de columnas), la inserción y actualización de datos, y la ejecución de consultas para recuperar datos. Aunque CQL es similar a SQL, está optimizado para trabajar con la arquitectura distribuida y las características de escalabilidad de Cassandra.

En términos de rendimiento, Cassandra está optimizada para manejar grandes volúmenes de datos y altos niveles de tráfico con baja latencia. Su capacidad para realizar operaciones de escritura y lectura en paralelo en múltiples nodos del clúster permite que Cassandra maneje millones de operaciones por segundo con un rendimiento constante. Esto lo hace ideal para aplicaciones de misión crítica que requieren un rendimiento predecible y escalabilidad, como sistemas de gestión de transacciones, análisis de datos en tiempo real, y aplicaciones que generan grandes volúmenes de datos, como IoT.

La alta disponibilidad de Cassandra también se ve reforzada por su capacidad para operar en entornos geográficamente distribuidos. Cassandra permite la replicación de datos entre centros de datos en diferentes ubicaciones geográficas, lo que es crucial para aplicaciones que requieren alta disponibilidad a nivel global. Esto también permite a las organizaciones cumplir con los requisitos de localización de datos y regulaciones de protección de datos, al replicar los datos en centros de datos ubicados en diferentes regiones.
Sin embargo, al igual que con cualquier tecnología, Cassandra también tiene algunas consideraciones y desafíos. Por ejemplo, aunque Cassandra es altamente escalable y disponible, la gestión y administración de un clúster de Cassandra pueden ser complejas, especialmente a medida que el clúster crece. La configuración y el mantenimiento del clúster, la monitorización del rendimiento, la gestión de los nodos y la optimización de las consultas requieren un conocimiento profundo de la arquitectura y el funcionamiento interno de Cassandra. Además, el modelo de datos de Cassandra, aunque flexible, puede requerir un replanteamiento de cómo se modelan los datos en comparación con las bases de datos relacionales, lo que puede implicar una curva de aprendizaje para los desarrolladores y administradores de bases de datos.

Otro desafío es la consistencia eventual, que, aunque proporciona alta disponibilidad y escalabilidad, puede no ser adecuada para todas las aplicaciones. En escenarios donde la consistencia inmediata de los datos es crítica, como en sistemas financieros o de control de inventarios, la consistencia eventual puede introducir complicaciones que requieren un manejo cuidadoso para garantizar la integridad de los datos.

Cassandra se ha adoptado ampliamente en una variedad de sectores, incluyendo telecomunicaciones, banca, comercio electrónico, y servicios en la nube. Empresas como Netflix, Apple, eBay, y Reddit utilizan Cassandra para manejar sus necesidades de almacenamiento y procesamiento de datos a gran escala, lo que subraya la capacidad de Cassandra para soportar cargas de trabajo intensivas en datos y ofrecer un rendimiento robusto y escalable en entornos de producción de alta demanda.

5. Almacenamiento y procesamiento de datos

El almacenamiento y procesamiento de datos es un aspecto central en el manejo de Big Data y en la implementación de soluciones de Inteligencia Artificial. Como ya hemos visto al principio del libro, a medida que el volumen de datos crece de manera exponencial, las organizaciones enfrentan desafíos cada vez mayores para almacenar, gestionar y procesar eficientemente estos datos con el fin de extraer información valiosa y tomar decisiones informadas. En este capítulo me quiero centrar en explorar las tecnologías, estrategias y herramientas que se utilizan para almacenar y procesar datos en el contexto de Big Data, así como en comprender cómo estas técnicas se integran en la arquitectura general de los sistemas de datos modernos.

El almacenamiento de datos se refiere a la manera en que los datos se guardan y organizan para ser accedidos y utilizados posteriormente. En un entorno de Big Data, los datos provienen de una variedad de fuentes y están en diferentes formatos, lo que requiere soluciones de almacenamiento que sean flexibles, escalables y capaces de manejar datos estructurados, semiestructurados y no estructurados. Además, el almacenamiento debe ser eficiente en términos de costos y rendimiento, proporcionando acceso rápido y confiable a los datos cuando se necesiten. Para abordar estas necesidades, se han desarrollado diversas tecnologías y enfoques de almacenamiento, como bases de datos relacionales, bases de datos NoSQL, sistemas de archivos distribuidos y almacenamiento en la nube.

El procesamiento de datos, por otro lado, implica las operaciones y transformaciones que se realizan en los datos para convertirlos en información útil. Esto puede incluir desde operaciones simples, como la limpieza y filtrado de datos, hasta análisis complejos, como el aprendizaje automático y la minería de datos. En el contexto de Big Data, el procesamiento de datos debe ser capaz de manejar grandes volúmenes de datos en paralelo, lo que requiere arquitecturas de procesamiento distribuidas que puedan escalar horizontalmente. Tecnologías como Hadoop, Spark y herramientas de análisis en tiempo real han sido desarrolladas para satisfacer estas demandas, permitiendo a las organizaciones procesar y analizar sus datos a gran escala y con alta eficiencia.

El concepto de almacenamiento y procesamiento de datos abarca una amplia gama de tecnologías y enfoques, que pueden ser agrupados en tres categorías principales: almacenamiento de datos, procesamiento de datos por lotes y procesamiento de datos en tiempo real. Cada una de estas categorías aborda diferentes aspectos del manejo de datos, y es importante comprender cómo se interrelacionan y complementan entre sí.

En la categoría de almacenamiento de datos, se exploran las distintas opciones disponibles para almacenar grandes volúmenes de datos de manera efectiva. Esto incluye desde sistemas tradicionales de bases de datos relacionales hasta tecnologías más modernas como los sistemas de archivos distribuidos y las bases de datos NoSQL. Estas soluciones están diseñadas para manejar la gran diversidad de datos que caracteriza al Big Data, incluyendo textos, imágenes, vídeos, registros de sensores y otros tipos de datos.

Además, se examinan las estrategias de almacenamiento que permiten a las organizaciones optimizar el uso de sus recursos de almacenamiento, como la compresión de datos, la deduplicación y la replicación.

El procesamiento de datos por lotes es una técnica utilizada para procesar grandes volúmenes de datos de manera eficiente. En este enfoque, los datos se recopilan durante un período de tiempo y luego se procesan en bloques o "lotes". Este método es adecuado para tareas que no requieren una respuesta inmediata y donde el procesamiento en paralelo puede aprovecharse para acelerar la ejecución de trabajos intensivos en datos. Tecnologías como Hadoop MapReduce han sido fundamentales en el desarrollo de soluciones de procesamiento por lotes, permitiendo a las organizaciones analizar petabytes de datos de manera distribuida y eficiente.

El procesamiento de datos en tiempo real, por otro lado, se centra en la necesidad de procesar y analizar datos a medida que se generan, proporcionando información y resultados casi instantáneamente. Este enfoque es crucial en aplicaciones donde la toma de decisiones rápida es esencial, como en la detección de fraudes, la monitorización de redes, y la personalización en tiempo real de servicios en línea. Tecnologías como Apache Kafka y Apache Storm han sido diseñadas para manejar flujos continuos de datos y proporcionar capacidades de procesamiento en tiempo real, lo que permite a las organizaciones reaccionar rápidamente a eventos y cambios en su entorno de datos.

El almacenamiento y procesamiento de datos son componentes esenciales en la infraestructura de Big Data, y su correcta implementación es crítica para el éxito de cualquier iniciativa de análisis de datos. Al comprender las diferentes tecnologías y enfoques disponibles, así como cómo se integran en la arquitectura general de un sistema de datos, las organizaciones pueden optimizar su manejo de datos y maximizar el valor que obtienen de sus activos de datos.

5.1. Sistemas de almacenamiento distribuido

5.1.1. Amazon S3

Amazon S3, o Amazon Simple Storage Service, es una de las soluciones de almacenamiento en la nube más utilizadas y reconocidas a nivel mundial. Lanzado por Amazon Web Services (AWS) en marzo de 2006, Amazon S3 ha revolucionado la manera en que las organizaciones almacenan, gestionan y acceden a grandes volúmenes de datos. Su diseño altamente escalable, duradero y accesible ha permitido a empresas de todos los tamaños adoptar la nube como una solución viable para sus necesidades de almacenamiento, eliminando la necesidad de gestionar infraestructuras físicas de almacenamiento y facilitando un modelo de pago por uso que se adapta a las demandas fluctuantes de almacenamiento de datos.

Amazon S3 es un servicio de almacenamiento de objetos, lo que significa que almacena datos como objetos dentro de "buckets" (contenedores), en lugar de archivos en un sistema de archivos tradicional o registros en una base de datos. Cada objeto en S3 se compone de los datos mismos, metadatos descriptivos y una clave única que identifica el objeto dentro del bucket. Este modelo de almacenamiento de objetos es ideal para manejar grandes volúmenes de datos no estructurados, como archivos multimedia, documentos, copias de seguridad, datos de sensores y archivos de registro, donde la estructura del contenido es menos importante que la capacidad de almacenar y recuperar grandes cantidades de información de manera eficiente.

Una de las características fundamentales de Amazon S3 es su durabilidad y disponibilidad. Amazon garantiza una durabilidad del 99.999999999 por ciento (11 nueves) para los objetos almacenados en S3, lo que significa que los datos están protegidos contra pérdidas casi en su totalidad. Esta durabilidad se logra mediante la replicación automática de datos en múltiples dispositivos y ubicaciones dentro de una región de AWS, lo que asegura que los datos permanezcan seguros incluso en caso de fallos de hardware o desastres naturales en un centro de datos. Además, Amazon S3 ofrece una disponibilidad del 99.99 por ciento, asegurando que los datos estén accesibles cuando se necesiten, sin interrupciones significativas.

La escalabilidad es otro aspecto clave de Amazon S3. El servicio está diseñado para manejar cualquier cantidad de datos, desde unos pocos gigabytes hasta petabytes y más allá, sin que el usuario tenga que preocuparse por la capacidad de almacenamiento o el rendimiento. La escalabilidad automática de S3 permite a las organizaciones adaptarse rápidamente a aumentos o disminuciones en sus necesidades de almacenamiento sin necesidad de gestionar o provisionar infraestructura adicional. Esto es especialmente útil en escenarios donde el volumen de datos puede cambiar de manera impredecible, como en aplicaciones web, servicios en la nube o análisis de Big Data.

En cuanto a la gestión de datos, Amazon S3 proporciona una serie de herramientas y características avanzadas para ayudar a las organizaciones a organizar, proteger y optimizar el uso de sus datos. Estas incluyen el versionado de objetos, que permite mantener múltiples versiones de un objeto para protegerse contra la eliminación accidental o la corrupción de datos; la replicación entre regiones, que permite copiar automáticamente objetos entre diferentes regiones de AWS para mejorar la redundancia y facilitar la recuperación ante desastres; y el control de acceso granular, que permite a los administradores definir políticas de acceso detalladas para controlar quién puede acceder a qué datos y en qué circunstancias.

Además de estas características, Amazon S3 soporta la integración con otros servicios de AWS, lo que lo convierte en una parte integral del ecosistema de AWS. Por ejemplo, los datos almacenados en S3 pueden ser analizados directamente utilizando herramientas como Amazon Athena, un servicio de consulta interactiva que permite analizar datos en S3 utilizando SQL estándar. También se puede integrar con Amazon Glacier, un servicio de almacenamiento a largo plazo para datos que rara vez se acceden, permitiendo a las organizaciones mover automáticamente datos de S3 a Glacier para reducir costos de almacenamiento.

Otra característica importante de Amazon S3 es su capacidad para manejar grandes volúmenes de tráfico y solicitudes de datos de manera eficiente. S3 está diseñado para proporcionar un alto rendimiento, lo que significa que puede manejar miles de solicitudes de lectura y escritura simultáneamente, lo que es crucial para aplicaciones de alta demanda que requieren acceso rápido y constante a los datos. Además, S3 soporta la transferencia de datos mediante múltiples métodos, incluyendo HTTP, HTTPS, y el protocolo S3 nativo, lo que proporciona flexibilidad en cómo se pueden acceder y gestionar los datos.

En términos de seguridad, Amazon S3 ofrece múltiples capas de protección para los datos almacenados. Los datos pueden ser cifrados tanto en tránsito como en reposo utilizando una variedad de opciones de cifrado, incluyendo cifrado del lado del servidor (SSE) con claves gestionadas por AWS, y cifrado del lado del cliente, donde el cliente gestiona las claves de cifrado. Además, S3 se integra con AWS Identity and Access Management (IAM) para proporcionar un control de acceso detallado basado en roles, y también soporta el uso de políticas de bucket para definir reglas específicas sobre cómo los datos pueden ser accesados y manipulados. Esto es esencial para cumplir con los requisitos de seguridad y cumplimiento normativo en sectores como la banca, la salud y el gobierno.

Amazon S3 también ofrece herramientas para la optimización de costos, permitiendo a los usuarios elegir entre diferentes clases de almacenamiento según sus necesidades de acceso a los datos. Por ejemplo, Amazon S3 Standard es ideal para datos que se acceden con frecuencia, mientras que Amazon S3 Standard-IA (Infrequent Access) y Amazon S3 One Zone-IA están diseñados para datos que se acceden con menos frecuencia pero que aún requieren un tiempo de acceso rápido cuando se necesitan. Para datos que se acceden muy raramente y que pueden tolerar mayores tiempos de latencia, Amazon Glacier y Glacier Deep Archive ofrecen opciones de almacenamiento de bajo costo. Estas opciones permiten a las organizaciones equilibrar sus necesidades de rendimiento y costo, optimizando su gasto en almacenamiento.

Amazon S3 está diseñado para ser altamente disponible y accesible desde cualquier parte del mundo. Los datos almacenados en S3 pueden ser accedidos desde cualquier ubicación con conexión a internet, lo que lo hace ideal para aplicaciones globales que requieren un acceso rápido y confiable a los datos en múltiples regiones. Además, la integración de S3 con la red de entrega de contenidos (Content Delivery Network - CDN) de Amazon CloudFront permite acelerar la distribución de contenido a usuarios finales en todo el mundo, mejorando el rendimiento y la experiencia del usuario.

Desde mi punto de vista, Amazon S3 es una solución de almacenamiento en la nube robusta, escalable y flexible que ha transformado la manera en que las organizaciones manejan grandes volúmenes de datos. Su durabilidad, disponibilidad, y conjunto de características avanzadas lo convierten en una herramienta esencial para cualquier organización que busque una solución de almacenamiento confiable en la nube. Desde su capacidad para escalar sin problemas hasta su integración con otras herramientas y servicios de AWS, S3 proporciona a las empresas las herramientas que necesitan para gestionar sus datos de manera eficiente y segura en un entorno de Big Data.

5.1.2. Google Cloud Storage

Google Cloud Storage es una solución de almacenamiento en la nube proporcionada por Google Cloud Platform, diseñada para almacenar y gestionar grandes volúmenes de datos con alta disponibilidad, seguridad y escalabilidad. Es una parte integral de la infraestructura de Google y se utiliza tanto por grandes empresas como por pequeñas startups para almacenar desde datos no estructurados, como archivos multimedia, hasta datos estructurados y semi-estructurados que requieren un acceso rápido y fiable.

Google Cloud Storage ofrece un modelo de almacenamiento de objetos, lo que significa que los datos se organizan en "buckets", dentro de los cuales se almacenan objetos. Cada objeto en Google Cloud Storage está compuesto por los datos mismos, metadatos opcionales que describen el objeto, y un identificador único que permite acceder al objeto. Este enfoque es ideal para manejar datos no estructurados, permitiendo almacenar grandes volúmenes de datos sin las limitaciones de las bases de datos tradicionales o los sistemas de archivos.

Una de las características más destacadas de Google Cloud Storage es su integración nativa con otros servicios de Google Cloud, lo que lo convierte en una opción preferida para las empresas que ya utilizan la infraestructura de Google. Esto incluye una integración fluida con herramientas de análisis de datos como BigQuery, servicios de Machine Learning como AI Platform, y sistemas de procesamiento de datos como Dataflow y Dataproc. Esta integración permite a los usuarios de Google Cloud Storage mover datos fácilmente entre diferentes servicios de GCP, facilitando la construcción de pipelines de datos complejos y automatizados.

Al igual que Amazon Se, Google Cloud Storage está diseñado también para ofrecer una alta durabilidad y disponibilidad. Google garantiza una durabilidad del 99.999999999 por ciento (11 nueves) para los datos almacenados, lo que se logra replicando los datos en múltiples ubicaciones dentro de una región o incluso a nivel global, dependiendo de la clase de almacenamiento seleccionada. Esto asegura que los datos permanezcan seguros y accesibles incluso en caso de fallos de hardware o desastres naturales en un centro de datos. La replicación de datos es transparente para el usuario, lo que significa que no se requiere ninguna configuración adicional para garantizar la durabilidad de los datos.

En términos de disponibilidad, Google Cloud Storage ofrece diferentes clases de almacenamiento que permiten a los usuarios equilibrar el costo y el rendimiento según sus necesidades. Estas clases incluyen:

1. Standard Storage, diseñada para datos a los que se accede con frecuencia. Es ideal para aplicaciones de uso intensivo de datos, como sitios web, aplicaciones móviles y análisis de Big Data. Standard Storage garantiza una alta disponibilidad y baja latencia de acceso, siendo adecuada para cargas de trabajo que requieren un acceso rápido y constante a los datos.

2. Nearline Storage, optimizada para datos que se acceden de manera menos frecuente, pero que aún deben estar disponibles casi de inmediato cuando se necesitan. Nearline Storage es ideal para copias de seguridad, datos archivados que se acceden una vez al mes o menos, y otras situaciones donde el costo es un factor clave, pero la latencia de acceso sigue siendo importante.

3. Coldline Storage, adecuada para datos que se acceden raramente, pero que necesitan permanecer disponibles en cualquier momento, como copias de seguridad de recuperación ante desastres. Coldline Storage ofrece un costo significativamente menor en comparación con Standard y Nearline Storage, pero con un costo ligeramente mayor al recuperar datos.

4. Archive Storage, la opción más económica para datos que se acceden muy raramente, como archivos de largo plazo o datos de cumplimiento normativo que deben conservarse durante muchos años. Archive Storage es ideal para situaciones donde los datos pueden tolerar tiempos de latencia más largos al ser recuperados, pero donde el costo de almacenamiento es la principal preocupación.

Estas clases de almacenamiento permiten a los usuarios optimizar sus costos de almacenamiento al elegir la clase más adecuada para cada tipo de datos que manejan, sin comprometer la accesibilidad o la durabilidad.

Google Cloud Storage también destaca por su capacidad para manejar cargas de trabajo intensivas en datos a escala global. Gracias a la infraestructura de Google, los datos almacenados en Google Cloud Storage pueden ser accedidos desde cualquier parte del mundo con baja latencia, lo que es esencial para aplicaciones globales que requieren una experiencia de usuario consistente en todas las regiones. Además, la integración con Google Cloud CDN permite acelerar la entrega de contenido almacenado en Google Cloud Storage a usuarios finales en todo el mundo, mejorando el rendimiento de aplicaciones web y servicios de streaming.

La seguridad es una prioridad en Google Cloud Storage, que ofrece una serie de características avanzadas para proteger los datos. Los datos pueden ser cifrados tanto en tránsito como en reposo utilizando claves de cifrado gestionadas por Google o, alternativamente, claves gestionadas por el cliente para mayor control sobre la seguridad de los datos. Google Cloud Storage también se integra con Google Cloud Identity and Access Management para proporcionar un control de acceso detallado basado en roles, lo que permite a los administradores definir políticas de acceso específicas para diferentes usuarios y grupos dentro de la organización.

En términos de rendimiento, Google Cloud Storage está optimizado para ofrecer un acceso rápido a grandes volúmenes de datos. Es capaz de manejar miles de operaciones de lectura y escritura por segundo, lo que es esencial para aplicaciones de alta demanda que requieren un acceso rápido y consistente a los datos almacenados. Google Cloud Storage utiliza técnicas avanzadas de caché y optimización de red para minimizar la latencia y maximizar el rendimiento, lo que lo convierte en una solución ideal para aplicaciones que dependen de un acceso rápido y fiable a grandes volúmenes de datos.

Además de sus características técnicas, Google Cloud Storage ofrece una serie de herramientas para la gestión eficiente de datos. Esto incluye la capacidad de realizar operaciones en masa, como la carga y descarga de grandes volúmenes de datos, el versionado de objetos para protegerse contra la eliminación accidental, y políticas de ciclo de vida que permiten a los usuarios automatizar el movimiento de datos entre diferentes clases de almacenamiento según reglas predefinidas. Estas herramientas facilitan la gestión de grandes volúmenes de datos y ayudan a las organizaciones a optimizar el uso de su almacenamiento.

Google Cloud Storage también soporta la creación de "buckets" públicos y privados, lo que permite a los usuarios compartir datos públicamente o restringir el acceso según sea necesario. Los buckets públicos son útiles para alojar archivos estáticos para sitios web, compartir datos con el público o colaborar en proyectos abiertos. Por otro lado, los buckets privados proporcionan un control total sobre quién puede acceder a los datos, lo que es crucial para proteger información sensible o cumplir con las normativas de privacidad y seguridad.

La compatibilidad de Google Cloud Storage con múltiples lenguajes de programación y plataformas lo hace accesible para una amplia variedad de desarrolladores y arquitecturas de aplicaciones. Google proporciona librerías de cliente y SDKs para lenguajes como Python, Java, Ruby, Go, y JavaScript, lo que facilita la integración de Google Cloud Storage en aplicaciones nuevas o existentes. Además, Google Cloud Storage es compatible con la API de Amazon S3, lo que permite migrar aplicaciones de Amazon S3 a Google Cloud Storage con un mínimo de ajustes.

Google Cloud Storage es una parte integral de la estrategia de Big Data y Machine Learning de Google. Al ser el punto de almacenamiento central para muchos flujos de trabajo de datos en Google Cloud, es común ver su uso en conjunto con otras soluciones de Google, como BigQuery para análisis de datos a gran escala, o AI Platform para entrenar y desplegar modelos de aprendizaje automático. Esto hace que Google Cloud Storage no solo sea un lugar para almacenar datos, sino también una base para construir soluciones avanzadas que aprovechen todo el poder de la nube de Google.

5.2. Procesamiento en tiempo real vs. procesamiento en batch

5.2.1. Características y diferencias

El procesamiento de datos es una de las partes y procesos más importantes en la gestión de grandes volúmenes de información, y existen dos enfoques principales para realizar este procesamiento: el procesamiento en tiempo real y el procesamiento en batch (por lotes). Ambos métodos tienen características distintas y se utilizan en diferentes contextos según las necesidades específicas de una organización o aplicación. Entender las diferencias fundamentales entre estos dos enfoques es esencial para elegir la estrategia adecuada para un proyecto de Big Data o para la implementación de sistemas de análisis de datos.

El procesamiento en batch se refiere a la ejecución de operaciones de procesamiento de datos sobre un conjunto grande de datos acumulados, generalmente en intervalos de tiempo definidos. Este enfoque es tradicionalmente utilizado para tareas que no requieren resultados inmediatos y donde la cantidad de datos a procesar es considerable. Las tareas de procesamiento en batch suelen ejecutarse en segundo plano, a menudo durante períodos de baja actividad del sistema, como durante la noche o los fines de semana, para minimizar el impacto en el rendimiento del sistema en general.

Una de las características clave del procesamiento en batch es su eficiencia en el manejo de grandes volúmenes de datos. Debido a que los datos se procesan en bloques o lotes, este enfoque permite optimizar el uso de recursos del sistema, como la memoria y la capacidad de cómputo. El procesamiento en batch es ideal para tareas como la agregación de datos, la generación de informes periódicos, la facturación, y la limpieza de datos. Estos procesos pueden ser intensivos en recursos, pero el hecho de que se realicen sobre un conjunto de datos completo en lugar de en tiempo real permite que se ejecuten de manera más controlada y optimizada.

Otra característica del procesamiento en batch es que suele ser menos costoso en términos de recursos computacionales. Al ejecutarse en horarios predefinidos y con un uso más predecible de los recursos, las organizaciones pueden planificar y optimizar su infraestructura de manera más eficiente. Además, el procesamiento en batch es más tolerante a fallos, ya que, si ocurre un error durante la ejecución de un lote, el proceso puede reiniciarse desde el principio del lote o desde un punto de control, sin afectar los datos o los procesos en curso.

Por otro lado, el procesamiento en tiempo real, como su nombre indica, se refiere al procesamiento de datos a medida que se generan o llegan al sistema. Este enfoque es crítico en aplicaciones donde la inmediatez de la información es vital, como en sistemas de trading financiero, detección de fraudes, monitorización de redes, y sistemas de recomendación en línea. En estos casos, los datos deben ser procesados casi instantáneamente para permitir una toma de decisiones rápida y basada en la información más actualizada posible.

Una de las características más destacadas del procesamiento en tiempo real es su capacidad para manejar flujos de datos continuos y proporcionarle a las aplicaciones la capacidad de responder de inmediato a eventos o cambios en los datos. A diferencia del procesamiento en batch, que acumula datos durante un tiempo antes de procesarlos, el procesamiento en tiempo real actúa sobre cada evento o dato tan pronto como está disponible. Esto requiere un sistema de procesamiento altamente eficiente y de baja latencia que pueda manejar grandes volúmenes de datos en tiempo real sin crear cuellos de botella o retrasos significativos.

El procesamiento en tiempo real también implica un uso más intensivo y constante de los recursos del sistema, ya que el sistema debe estar siempre listo para procesar los datos entrantes en cualquier momento. Esto puede hacer que el procesamiento en tiempo real sea más costoso en términos de infraestructura, ya que requiere un hardware más potente o más escalable, así como una arquitectura de software capaz de soportar cargas de trabajo impredecibles y fluctuantes. Además, la latencia en el procesamiento es una consideración crítica en sistemas en tiempo real, ya que cualquier retraso puede afectar la precisión y la efectividad de las decisiones tomadas con base en los datos procesados.

La consistencia y la tolerancia a fallos en sistemas de procesamiento en tiempo real también presentan desafíos únicos. Debido a la necesidad de procesar datos de manera continua y sin interrupciones, los sistemas deben estar diseñados para manejar fallos sin perder datos o interrumpir el flujo de procesamiento. Esto a menudo requiere la implementación de arquitecturas distribuidas y redundantes que puedan seguir funcionando incluso si uno o más componentes fallan.

En términos de diferencias fundamentales entre el procesamiento en batch y el procesamiento en tiempo real, el primero es más adecuado para tareas donde la precisión y la exhaustividad son más importantes que la velocidad, mientras que el segundo es esencial para aplicaciones donde la velocidad y la capacidad de respuesta son críticas. El procesamiento en batch es ideal para escenarios donde se necesita procesar grandes volúmenes de datos de manera eficiente y a un costo relativamente bajo, y donde los resultados se pueden entregar en intervalos definidos sin afectar la utilidad de los datos. Por ejemplo, la generación de informes financieros mensuales o el procesamiento de pagos por lotes son tareas típicas que se manejan mejor con el procesamiento en batch.

En contraste, el procesamiento en tiempo real es indispensable en situaciones donde cada fracción de segundo cuenta, y donde la capacidad de tomar decisiones informadas en tiempo real puede tener un impacto significativo en el rendimiento del sistema o en el éxito de la organización. Los sistemas de recomendación en plataformas de comercio electrónico, que necesitan analizar las acciones de los usuarios y responder en tiempo real con sugerencias personalizadas, son un claro ejemplo de la necesidad del procesamiento en tiempo real.

A nivel técnico, estas diferencias se reflejan en las arquitecturas subyacentes y en las tecnologías utilizadas para implementar cada tipo de procesamiento.

Las arquitecturas de procesamiento en batch suelen estar optimizadas para manejar grandes volúmenes de datos en paralelo y con una alta eficiencia en el uso de recursos, mientras que las arquitecturas de procesamiento en tiempo real están diseñadas para minimizar la latencia y maximizar la disponibilidad y la capacidad de respuesta. Herramientas como Apache Hadoop y Apache Spark son comúnmente utilizadas en el procesamiento en batch, mientras que tecnologías como Apache Kafka, Apache Flink, y Apache Storm son más adecuadas para el procesamiento en tiempo real.

A pesar de sus diferencias, es importante señalar que en la práctica, muchas organizaciones combinan ambos enfoques para satisfacer sus necesidades de procesamiento de datos. Por ejemplo, una empresa puede utilizar el procesamiento en tiempo real para monitorizar transacciones financieras en busca de patrones de fraude en tiempo real, mientras que emplea el procesamiento en batch para realizar análisis exhaustivos de esos mismos datos a lo largo de semanas o meses. Esta combinación permite aprovechar las ventajas de ambos enfoques, asegurando tanto la inmediatez como la exhaustividad en el análisis de datos.

Definiéndolo de otra manera, el procesamiento en batch y el procesamiento en tiempo real son dos enfoques fundamentales para el manejo de grandes volúmenes de datos, cada uno con características y ventajas particulares que los hacen adecuados para diferentes tipos de tareas y aplicaciones. Entender las diferencias y las aplicaciones de cada enfoque es crucial para diseñar sistemas de datos eficientes y efectivos que puedan satisfacer las demandas de procesamiento tanto a corto como a largo plazo.

5.2.2. Herramientas para procesamiento en tiempo real

El procesamiento en tiempo real se ha convertido en un componente esencial en muchas aplicaciones modernas que requieren la capacidad de analizar y responder a datos de manera inmediata. Para facilitar este tipo de procesamiento, se han desarrollado varias herramientas que permiten manejar flujos de datos continuos y realizar análisis complejos en tiempo real. Dos de las herramientas más destacadas en este ámbito son Apache Kafka y Apache Flink. Estas tecnologías no solo permiten el procesamiento en tiempo real, sino que también ofrecen escalabilidad, resiliencia y flexibilidad, lo que las convierte en piezas fundamentales para cualquier arquitectura de datos moderna.

Apache Kafka es una plataforma distribuida de streaming de eventos que se utiliza principalmente para construir pipelines de datos en tiempo real y aplicaciones de streaming. Originalmente desarrollada por LinkedIn y posteriormente donada a la Apache Software Foundation, Kafka está diseñada para manejar grandes volúmenes de datos con alta velocidad y baja latencia. Su arquitectura se basa en el concepto de logs distribuidos, donde los mensajes se almacenan en "topics" que actúan como canales a los que los productores de datos pueden enviar mensajes y desde los cuales los consumidores pueden leer esos mensajes. Kafka se caracteriza por su capacidad para manejar millones de eventos por segundo, lo que lo hace ideal para aplicaciones que requieren un flujo constante y rápido de datos, como sistemas de monitorización, análisis de redes sociales, y plataformas de comercio electrónico.

Una de las principales características de Kafka es su durabilidad y persistencia. Los datos en Kafka se almacenan en discos, lo que asegura que los mensajes no se pierdan incluso si el sistema falla. Este enfoque también permite que los consumidores de datos puedan leer mensajes a su propio ritmo, lo que facilita la construcción de sistemas desacoplados y escalables. Kafka permite la replicación de datos entre múltiples nodos, lo que garantiza la alta disponibilidad y tolerancia a fallos, dos aspectos críticos en aplicaciones que no pueden permitirse interrupciones en el flujo de datos.

Otra ventaja de Kafka es su flexibilidad en términos de procesamiento de datos. Aunque Kafka se utiliza principalmente como una plataforma de mensajería, su ecosistema se ha expandido para incluir componentes como Kafka Streams y Kafka Connect. Kafka Streams es una librería de procesamiento de flujos que permite a los desarrolladores construir aplicaciones de procesamiento de datos en tiempo real directamente sobre Kafka. Esto incluye operaciones como filtrado, agregación y unión de flujos de datos, todo en tiempo real. Kafka Connect, por otro lado, facilita la integración de Kafka con otros sistemas, permitiendo la ingesta y exportación de datos entre Kafka y bases de datos, sistemas de almacenamiento, y otras aplicaciones en tiempo real.

Apache Flink es otra herramienta poderosa en el ámbito del procesamiento en tiempo real. A diferencia de Kafka, que se centra en la transmisión de datos, Flink está diseñado específicamente para el procesamiento de flujos de datos en tiempo real con capacidades avanzadas de análisis. Flink es un motor de procesamiento distribuido que permite la ejecución de tareas de análisis tanto en tiempo real como en batch, aunque su verdadera fortaleza reside en el procesamiento en tiempo real. Desarrollado inicialmente por la universidad técnica de Berlín y posteriormente adoptado por la Apache Software Foundation, Flink es conocido por su capacidad para manejar flujos de datos con estado y realizar cálculos complejos en tiempo real con baja latencia y alta exactitud.

Una de las características distintivas de Apache Flink es su modelo de procesamiento basado en flujos. A diferencia de otros sistemas que tratan los flujos de datos como un conjunto de mini-batches, Flink procesa cada evento a medida que llega, lo que permite un procesamiento continuo y en tiempo real. Esto es particularmente útil para aplicaciones que requieren un análisis inmediato y continuo de los datos, como la detección de fraudes, la monitorización de redes o el análisis en tiempo real de datos de sensores. Flink también ofrece un manejo avanzado del estado, lo que significa que puede mantener información sobre eventos anteriores y usarla para influir en el procesamiento de eventos futuros. Esta capacidad es crucial para tareas como la detección de patrones, donde es necesario recordar el contexto de eventos anteriores.

Flink se distingue además por su capacidad para manejar operaciones complejas como ventanas de tiempo, uniones de flujos y procesamiento basado en eventos con estado, todo en tiempo real. Las ventanas de tiempo permiten que los flujos de datos sean agrupados y analizados en función de intervalos temporales, lo que es útil para operaciones como el cálculo de promedios móviles o la agregación de datos dentro de un período específico. Flink soporta diferentes tipos de ventanas, incluyendo ventanas de tumbling, sliding y session, lo que proporciona flexibilidad en cómo se pueden procesar los datos en tiempo real.

Otra característica importante de Flink es su enfoque en la consistencia y la gestión de fallos. Flink garantiza que los cálculos en tiempo real sean consistentes a través de su modelo de procesamiento exactamente una vez (exactly-once), lo que asegura que cada evento sea procesado exactamente una vez sin duplicaciones ni pérdidas. Esto se logra a través de un mecanismo llamado checkpoints, que guarda el estado de la aplicación en puntos de control regulares. En caso de fallo, Flink puede reiniciar el procesamiento desde el último punto de control sin perder datos ni comprometer la consistencia del procesamiento.

Tanto Apache Kafka como Apache Flink son herramientas complementarias en muchos escenarios de procesamiento en tiempo real. Kafka se utiliza a menudo para la ingesta y transmisión de grandes volúmenes de datos, actuando como una columna vertebral para pipelines de datos en tiempo real. Los datos que fluyen a través de Kafka pueden ser procesados en tiempo real utilizando Flink, que se encarga de las tareas más complejas de análisis y procesamiento. Este enfoque combinado permite construir sistemas de datos robustos y escalables que pueden manejar desde la simple transmisión de datos hasta el análisis en tiempo real más avanzado.

Además, Kafka y Flink están diseñados para integrarse bien con otras tecnologías y plataformas. Por ejemplo, es común ver arquitecturas donde Kafka actúa como el sistema de mensajería que alimenta datos a Flink, mientras que los resultados procesados por Flink son enviados a otras bases

de datos, sistemas de almacenamiento, o aplicaciones de Machine Learning para análisis posterior. Esta flexibilidad e interoperabilidad hacen de Kafka y Flink herramientas indispensables en cualquier ecosistema de procesamiento de datos en tiempo real.
Ambas tecnologías son de código abierto, lo que ha contribuido a una adopción amplia y a un ecosistema vibrante de desarrolladores y usuarios que continúan mejorando y ampliando sus capacidades. Esto también significa que están respaldadas por una gran cantidad de recursos y documentación, lo que facilita su aprendizaje e implementación en proyectos de datos en tiempo real.

Mientras que Apache Kafka es ideal para la transmisión y gestión de grandes flujos de datos en tiempo real, Apache Flink se destaca en el procesamiento y análisis complejo de esos datos. Estas herramientas, cuando se utilizan juntas, ofrecen una solución completa y poderosa para manejar y procesar datos en tiempo real, permitiendo a las organizaciones tomar decisiones informadas casi al instante y reaccionar rápidamente a eventos y cambios en su entorno de datos.

5.3. Modelos de procesamiento de datos (MapReduce, DAGs)

Ya que he hablado de MapReduce en un punto anterior, ahora voy a centrarme en los DAGs y finalmente si que haré una comparativa para que tengas las difrencias más claras.

5.3.1. Grafos acíclicos dirigidos (DAGs)

Los grafos acíclicos dirigidos, comúnmente conocidos como DAGs por sus siglas en inglés (Directed Acyclic Graphs), son una estructura matemática que se utiliza ampliamente en el procesamiento de datos, sistemas de archivos distribuidos, y en algoritmos de planificación y optimización. Un DAG es un tipo de grafo que está compuesto por un conjunto de nodos conectados por aristas dirigidas, donde cada arista tiene una dirección que va de un nodo a otro, y, lo que es crucial, el grafo no contiene ciclos. Es decir, no existe un camino que comience en un nodo y, siguiendo las direcciones de las aristas, regrese a ese mismo nodo.

El concepto de aciclicidad es fundamental en un DAG, ya que asegura que el grafo tiene un orden jerárquico inherente. Este orden se manifiesta en que es posible ordenar los nodos de tal manera que todas las aristas apunten en la misma dirección, sin formar bucles. Esta propiedad hace que los DAGs sean extremadamente útiles en situaciones donde es necesario representar dependencias o flujos de trabajo, como en sistemas de procesamiento de datos distribuidos, compilación de programas, planificación de tareas, y modelado de flujos de trabajo.

En el contexto del procesamiento de datos, los DAGs se utilizan para modelar y gestionar flujos de trabajo complejos que implican múltiples etapas o tareas que deben ejecutarse en un orden específico debido a sus dependencias. Por ejemplo, en un entorno de Big Data, el procesamiento de una gran cantidad de datos a menudo implica una serie de operaciones que deben ejecutarse en una secuencia particular: leer datos de fuentes múltiples, limpiarlos, transformarlos, analizarlos, y luego almacenar los resultados. Cada una de estas operaciones puede depender de los resultados de la operación anterior, y estas dependencias se pueden representar de manera clara y estructurada mediante un DAG.

Un DAG en este contexto sería un grafo en el que cada nodo representa una tarea o una operación, y las aristas dirigidas entre nodos representan las dependencias entre estas tareas. Por ejemplo, si una tarea B depende de los resultados de la tarea A, en el DAG habría una arista dirigida desde el nodo A al nodo B. Debido a la naturaleza acíclica del DAG, se garantiza que no existen dependencias circulares que podrían causar un bloqueo o un bucle infinito en el flujo de trabajo. Esto permite que las tareas se planifiquen y ejecuten de manera eficiente, respetando el orden de las dependencias.

El uso de DAGs es particularmente prominente en motores de procesamiento de datos como Apache Spark y Apache Tez, que utilizan DAGs para planificar y ejecutar trabajos de procesamiento de datos distribuidos. En estos sistemas, el DAG se utiliza para representar todo el proceso de un trabajo, desde la lectura de los datos hasta la escritura de los resultados finales. Los nodos del DAG corresponden a las diferentes etapas de procesamiento, y las aristas representan las dependencias de datos entre estas etapas.

Apache Spark, por ejemplo, transforma un programa escrito en su API en un DAG que representa las diferentes transformaciones y acciones que se aplicarán a los datos. Cada transformación en Spark, como un mapa o una reducción, se convierte en un nodo en el DAG, y las relaciones entre estos nodos se establecen en función de cómo los datos fluyen a través del programa. Spark utiliza este DAG para optimizar el orden en que se ejecutan las operaciones, minimizando el movimiento de datos entre nodos del clúster y aprovechando la computación en memoria cuando sea posible. Una vez que el DAG ha sido construido, Spark lo utiliza para planificar la ejecución paralela de las tareas en el clúster, garantizando que todas las dependencias se respeten y que el trabajo se complete de la manera más eficiente posible.

Apache Tez es otro motor de procesamiento que utiliza DAGs como una parte central de su arquitectura. Tez fue diseñado para mejorar el rendimiento de los trabajos de MapReduce en Hadoop, permitiendo que se representen y ejecuten flujos de trabajo más complejos y flexibles utilizando DAGs. En Tez, un DAG puede representar flujos de trabajo que incluyen múltiples trabajos de MapReduce, que tradicionalmente habrían tenido que ejecutarse de manera secuencial. Al representar el flujo de trabajo completo como un DAG, Tez puede optimizar la ejecución de estas tareas de manera más global, reduciendo la latencia y mejorando el rendimiento general del sistema.

La importancia de los DAGs no se limita solo a la planificación y ejecución de tareas en motores de procesamiento de datos. También juegan un papel crucial en otros dominios como la programación de compiladores, donde se utilizan para representar y optimizar el flujo de instrucciones en un programa; en la gestión de bases de datos, donde los DAGs pueden representar planes de consulta que especifican el orden en que se deben ejecutar las operaciones de la base de datos; y en el análisis de redes sociales, donde los DAGs pueden modelar relaciones jerárquicas o de dependencia entre usuarios o eventos.

Además de su aplicabilidad en sistemas distribuidos y algoritmos de planificación, los DAGs tienen aplicaciones significativas en la representación de estructuras de datos y la modelización de sistemas en ciencias de la computación. Por ejemplo, los DAGs se utilizan en la representación de árboles de decisión, grafos de flujo de control en programación, y en la estructura interna de sistemas de control de versiones distribuidos como Git, donde se utilizan para modelar las relaciones entre diferentes versiones de un repositorio de código.

Otra característica crucial de los DAGs es que permiten una paralelización eficiente en entornos distribuidos. Debido a que un DAG define un orden parcial de las operaciones, es posible identificar subconjuntos de nodos que son independientes entre sí y que, por lo tanto, pueden ser ejecutados en paralelo. Esto es especialmente valioso en sistemas de procesamiento de datos a gran escala, donde la capacidad de ejecutar tareas en paralelo puede reducir drásticamente el tiempo total de procesamiento. Los motores de ejecución como Spark y Tez aprovechan esta propiedad para maximizar el paralelismo y minimizar los cuellos de botella en el procesamiento de datos.

Un aspecto adicional a considerar en el uso de DAGs es su optimización. En la práctica, construir un DAG eficiente para un trabajo de procesamiento de datos implica no solo representar correctamente las dependencias entre tareas, sino también optimizar la estructura del DAG para minimizar el número de pasos y el tiempo de ejecución. Esto puede incluir la reordenación de nodos, la fusión de tareas que pueden ser ejecutadas juntas, y la minimización de la transferencia de datos entre nodos del clúster. Las optimizaciones del DAG pueden tener un impacto significativo en el rendimiento general del sistema, haciendo que las tareas se completen más rápidamente y con un menor uso de recursos.

Es importante destacar que mientras los DAGs son una herramienta poderosa para modelar y ejecutar flujos de trabajo complejos, también requieren un manejo cuidadoso. La construcción y manipulación de DAGs en sistemas distribuidos implica comprender no solo las dependencias entre tareas, sino también cómo se gestionan los recursos y cómo se manejan los fallos. En sistemas donde la consistencia y la tolerancia a fallos son críticas, como en bases de datos distribuidas o sistemas de análisis de datos en tiempo real, la correcta implementación y gestión de DAGs es esencial para garantizar que los sistemas funcionen de manera confiable y eficiente.

El concepto de grafos acíclicos dirigidos es fundamental en el procesamiento de datos y la planificación de tareas en entornos distribuidos. Su capacidad para representar dependencias y ordenar tareas de manera que se maximice la eficiencia y se minimicen los errores ha hecho que los DAGs sean una piedra angular en el diseño de sistemas modernos de procesamiento de datos, desde motores de ejecución como Spark y Tez hasta algoritmos de planificación y optimización en una variedad de dominios computacionales.

5.3.2. Comparación entre DAGs y MapReduce

La comparación entre los modelos de procesamiento de datos basados en MapReduce y los grafos acíclicos dirigidos es fundamental para entender cómo y cuándo utilizar cada uno de estos paradigmas en la práctica. Ambos enfoques son ampliamente utilizados en el procesamiento de grandes volúmenes de datos, pero tienen diferencias significativas en cuanto a su arquitectura, flexibilidad, y casos de uso.

MapReduce es un modelo más tradicional que se popularizó con el auge de Apache Hadoop. Se basa en dos operaciones principales: Map y Reduce. Este modelo es altamente efectivo para tareas de procesamiento que pueden descomponerse en una serie de operaciones independientes que luego se pueden agregar. Un aspecto clave de MapReduce es su simplicidad y robustez en la gestión de grandes volúmenes de datos, especialmente en escenarios donde los datos no requieren procesamiento iterativo o en tiempo real. MapReduce se destaca en casos de uso como el análisis de logs, agregación de datos, y procesamiento de datos a gran escala en clústeres distribuidos.

Por otro lado, los DAGs, utilizados en sistemas como Apache Spark, Apache Tez y otros motores de ejecución modernos, ofrecen una mayor flexibilidad al permitir que las operaciones de datos se estructuren en un grafo dirigido, donde cada nodo representa una operación y las aristas representan las dependencias entre estas operaciones. A diferencia de MapReduce, donde el flujo de datos está limitado a una secuencia fija de pasos, los DAGs permiten una mayor optimización al reordenar y agrupar operaciones, minimizando las lecturas y escrituras intermedias y aprovechando al máximo la memoria y el paralelismo. Este enfoque es especialmente beneficioso en aplicaciones que requieren procesamiento iterativo, como el Machine Learning, análisis de grafos, y procesamiento en tiempo real, donde la capacidad de realizar cálculos en memoria reduce significativamente la latencia.

En cuanto a casos de uso, MapReduce es ideal para escenarios donde la tarea principal es procesar datos a gran escala de manera eficiente, pero sin necesidad de optimización en memoria ni procesamiento en tiempo real. Por ejemplo, la generación de índices web, procesamiento de logs para análisis retrospectivo, y tareas de ETL (Extract, Transform, Load) son casos en los que MapReduce brilla. En estos casos, la capacidad de MapReduce para manejar grandes volúmenes de datos en clústeres distribuidos, su robustez y su enfoque en la tolerancia a fallos lo convierten en una solución confiable y escalable.

Por el contrario, los DAGs se utilizan en aplicaciones más dinámicas y complejas, donde la flexibilidad en la ejecución y la capacidad de optimización son cruciales. En el contexto de Apache Spark, por ejemplo, un DAG permite ejecutar operaciones como uniones, filtrados y agregaciones en una sola pasada a través de los datos, utilizando la memoria de manera eficiente para evitar operaciones costosas de E/S. Esto es fundamental en aplicaciones de Machine Learning, donde se requiere realizar múltiples iteraciones sobre los datos para ajustar modelos, y en el procesamiento de flujos de datos en tiempo real, donde las decisiones deben tomarse rápidamente sobre la marcha.

Otra diferencia notable es la forma en que estos modelos manejan el fallo de nodos en un clúster. MapReduce está diseñado para ser altamente tolerante a fallos, replicando datos a través de múltiples nodos y asegurando que las tareas fallidas se reasignen automáticamente a otros nodos disponibles. Esta característica es esencial en aplicaciones críticas donde la integridad de los datos y la completitud de las tareas son primordiales. Los DAGs también pueden manejar fallos, pero la estrategia depende más del motor subyacente. En Spark, por ejemplo, la resiliencia está asegurada a través de los RDDs, que permiten recomputar automáticamente los datos perdidos utilizando el DAG, lo que proporciona un equilibrio entre rendimiento y tolerancia a fallos.

Además, la complejidad de implementación y uso es diferente entre los dos modelos. MapReduce, con su enfoque más lineal, puede ser más fácil de entender y aplicar para tareas de procesamiento sencillas o bien definidas. Sin embargo, su rigidez puede convertirse en un obstáculo en aplicaciones que requieren optimizaciones más avanzadas. En contraste, los DAGs ofrecen una flexibilidad y eficiencia mucho mayores, pero a costa de una mayor complejidad en su implementación y optimización. Los desarrolladores deben comprender cómo estructurar el grafo de operaciones para aprovechar al máximo las capacidades del motor de ejecución, lo que puede requerir un conocimiento más profundo del procesamiento distribuido y del manejo de recursos.

En términos de rendimiento, los DAGs suelen superar a MapReduce en aplicaciones donde la minimización de las operaciones de E/S es crítica y donde se puede realizar un procesamiento intensivo en memoria. La capacidad de los DAGs para reducir las operaciones intermedias y mantener los datos en memoria durante el proceso completo proporciona un rendimiento superior en aplicaciones que involucran operaciones complejas o iterativas. MapReduce, por otro lado, es más adecuado para aplicaciones que no se benefician significativamente de la optimización en memoria o que tienen requisitos más simples y lineales.

La elección entre MapReduce y DAGs depende en gran medida del tipo de aplicación y los requisitos específicos del procesamiento de datos. MapReduce sigue siendo una gran herramienta y adecuada para muchas aplicaciones de procesamiento de datos en batch, mientras que los DAGs ofrecen una solución más moderna y optimizada para aplicaciones que requieren mayor flexibilidad, paralelismo y eficiencia en el manejo de tareas complejas o iterativas. La comprensión de las fortalezas y limitaciones de cada enfoque es importante para seleccionar la herramienta adecuada y maximizar el rendimiento y la eficiencia en entornos de Big Data.

PARTE III

Integración de IA y Big Data

Parte III: Integración de IA y Big Data

6. Relación entre IA y Big Data

Hemos hablado de IA, y hemos hablado de BigData; ahora vamos a hablar de ambos en su relación. Este capítulo, el cual trata sobre la relación entre Inteligencia Artificial y Big Data, aunque a estas alturas espero ya comprendas, es fundamental para entender cómo estas dos tecnologías se han entrelazado de manera profunda en los últimos años; impulsando avances significativos en diversas industrias y aplicaciones. La convergencia de IA y Big Data no es fortuita, más bien, es el resultado de una evolución tecnológica en la que cada una de estas disciplinas ha potenciado las capacidades de la otra, generando un ciclo virtuoso de innovación y desarrollo.

Como ya dije, vamos viendo las cosas poco a poco y comentándolas a medida que se necesita, para profundizarlas llegado el momento. Es muy importante primero familiarizarse y comprender las relaciones. Es por esto que si crees que se te repiten algunas cosas es normal. Te recuerdo también que siempre lo vemos todo en diferentes contextos para asimilar mejor la información, esto te asegura una curva de aprendizaje optima. Por lo tanto, quiere decir que, si ya lo estás comprendiendo, está funcionando.

La Inteligencia Artificial, que se basa en algoritmos complejos y modelos matemáticos, como estás comprobando tu mismo, requiere grandes volúmenes de datos para entrenar, validar y optimizar estos modelos. La capacidad de recolectar, almacenar y procesar datos a una escala masiva es esencial para que los algoritmos de IA puedan aprender y mejorar su precisión. Sin un acceso adecuado a datos de calidad, los modelos de IA carecen del "combustible", "alimento", "materia prima", "input", llamalo como quieras, necesario para funcionar de manera eficiente. Esta necesidad ha llevado a la expansión de infraestructuras de Big Data que no solo almacenan grandes cantidades de datos, sino que también facilitan su análisis y utilización en tiempo real, un factor crítico para aplicaciones de IA que requieren respuestas rápidas, como la conducción autónoma o los modelos LLM (Large Language Model) como ChatGPT, Claude y Gemini.

Por otro lado, también hemos visto que Big Data se beneficia enormemente de las técnicas de IA. La cantidad de datos generados hoy en día es tan inmensa que los métodos tradicionales de análisis son inadecuados para extraer valor de ellos de manera efectiva. Aquí, la IA ofrece soluciones avanzadas, como el aprendizaje automático, para identificar patrones ocultos, hacer predicciones precisas y tomar decisiones basadas en datos y no en suposiciones o teorías. Esto no solo optimiza el uso de los datos, sino que también abre nuevas posibilidades para la innovación en campos como la medicina, las finanzas y el marketing, donde la capacidad de procesar grandes volúmenes de información de manera inteligente es clave para obtener las ventajas más competitivas.

El valor generado por la combinación de IA y Big Data es otro punto central en esta relación. Las organizaciones que han adoptado estas tecnologías reportan mejoras significativas en eficiencia, precisión y capacidad de respuesta. En muchos casos, el valor de estas tecnologías no radica solo en las capacidades individuales de IA o Big Data, sino en cómo se complementan para ofrecer soluciones que serían imposibles de lograr con una sola de ellas. Por ejemplo, en la personalización de ofertas en marketing, dio un giro de tuerca ya que los algoritmos de IA pueden analizar patrones de comportamiento en grandes conjuntos de datos para crear perfiles de clientes detallados y adaptar las ofertas en tiempo real, lo que aumenta la efectividad de las campañas y mejora la experiencia del cliente.

En términos de desafíos, la integración de IA y Big Data no está exenta de dificultades. La gestión de grandes volúmenes de datos, la necesidad de infraestructuras robustas y escalables, y la complejidad de los algoritmos de IA son solo algunos de los obstáculos que las organizaciones deben superar para aprovechar plenamente las sinergias entre estas dos áreas. Sin embargo, estos desafíos simultáneamente también presentan oportunidades para la innovación y el desarrollo de nuevas tecnologías que faciliten la integración y maximicen el valor derivado de los datos.

A medida que avanzamos en esta era digital, sin duda alguna, la relación entre IA y Big Data seguirá evolucionando con nuevas tecnologías y enfoques que amplíen las fronteras de lo posible. La capacidad de manejar datos a gran escala y utilizar técnicas avanzadas de IA para analizarlos será un diferenciador clave para las empresas que buscan mantenerse competitivas en un mercado global cada vez más complejo y demandante. La comprensión profunda de cómo estas tecnologías se interrelacionan y se potencian mutuamente es, por lo tanto, esencial para cualquier profesional que desee liderar en este campo. No puedes conseguir buenos resultados si no conoces la IA a fondo ni comprendes los datos con los que trabajas. Se lo repito constantemente a mis clientes, a mis Partners y a mis estudiantes, y así mismo te lo repito a ti, porque es algo muy importante. Mételo en la cabeza.

6.1. Cómo el Big Data impulsa la IA

6.1.1. Acceso a grandes volúmenes de datos

El acceso a grandes volúmenes de datos es un factor crucial que ha impulsado el desarrollo y la efectividad de la Inteligencia Artificial en la última década. A medida que las organizaciones, tanto en el sector público como en el privado, han adoptado cada vez más tecnologías digitales, la cantidad de datos generados ha aumentado de manera exponencial. Te acuerdas aquí del ejemplo con la tasa de natalidad y la venta de Smartphones, pues aquí es a donde quería llegar. Este incremento no solo ha abierto nuevas posibilidades para la Inteligencia Artificial, sino que también ha redefinido lo que es posible en términos de análisis de datos, toma de decisiones y automatización de procesos.

El concepto de Big Data, que se refiere a conjuntos de datos tan grandes y complejos que requieren tecnologías avanzadas para su procesamiento y análisis, ha permitido a la Inteligencia Artificial acceder a volúmenes de datos sin precedentes. Esta disponibilidad de datos es fundamental para entrenar modelos de IA, ya que el rendimiento de estos modelos suele estar directamente relacionado con la cantidad y calidad de los datos disponibles. En el contexto de aprendizaje supervisado, por ejemplo, los modelos de IA requieren grandes cantidades de datos etiquetados para aprender a realizar tareas específicas, como la clasificación de imágenes, el reconocimiento de voz o la predicción de comportamientos de mercado.

Los grandes volúmenes de datos no solo mejoran la precisión de los modelos de IA, sino que también permiten el desarrollo de algoritmos más complejos y sofisticados. Con acceso a datos masivos, los modelos de aprendizaje profundo, pueden ser entrenados para reconocer patrones y hacer predicciones con un nivel de precisión que sería imposible con conjuntos de datos más pequeños como los que acostumbras a trabajar, muy posiblemente, en la empresa donde trabajas. Un ejemplo notable es el desarrollo de modelos de lenguaje natural, como los utilizados en asistentes virtuales como los de Apple o Google o traductores automáticos como DeepL, que se entrenan con miles de millones de palabras para mejorar su capacidad de entender y generar texto en lenguaje humano. Si has sido usuario de DeepL y no sabías de donde procedía el nombre, espero que a estas alturas lo tengas más claro.

El acceso a grandes volúmenes de datos también ha facilitado el desarrollo de sistemas de Inteligencia Artificial que pueden operar en tiempo real. En sectores como la publicidad digital, la banca y la atención médica, la capacidad de procesar datos en tiempo real y tomar decisiones inmediatas es esencial, y aquí es donde entran en juego las tecnologías que hemos visto

anteriormente. Así que espero que entiendas la importancia de todo esto. Por ejemplo, los sistemas de recomendación utilizados por plataformas de comercio electrónico dependen de la capacidad de analizar rápidamente grandes cantidades de datos sobre el comportamiento del usuario para sugerir productos relevantes. De manera similar, en la detección de fraudes, los bancos utilizan sistemas de IA que analizan miles de transacciones en tiempo real para identificar patrones sospechosos y prevenir fraudes antes de que ocurran.
El acceso a grandes volúmenes de datos ha permitido a la Inteligencia Artificial abordar problemas que anteriormente eran inabordables debido a la falta de datos suficientes. En la investigación médica, por ejemplo, la disponibilidad de grandes bases de datos de registros de salud ha permitido el desarrollo de modelos predictivos que pueden identificar el riesgo de enfermedades con mayor precisión que nunca. Estos modelos se basan en el análisis de datos clínicos de millones de pacientes, lo que permite a los investigadores descubrir patrones y factores de riesgo que no serían evidentes en estudios con menos datos.

El almacenamiento y el procesamiento de estos grandes volúmenes de datos han sido facilitados por la evolución de las infraestructuras de Big Data, como los sistemas de almacenamiento distribuido y las plataformas de procesamiento paralelo. Herramientas como Hadoop, Amazon S3 y Google Cloud Storage han sido fundamentales para proporcionar la capacidad de almacenamiento necesaria para manejar grandes cantidades de datos, mientras que tecnologías de procesamiento como MapReduce y Apache Spark han permitido analizar estos datos de manera eficiente y efectiva.

Es importante recordar, para volver a destacar, que los datos inexactos o incompletos pueden conducir a modelos de IA sesgados o incorrectos, lo que puede tener consecuencias negativas en su aplicación. Además, la privacidad de los datos es una preocupación creciente, especialmente en contextos donde se manejan datos personales sensibles, como en la salud o las finanzas.

El acceso a grandes volúmenes de datos ha sido un habilitador clave para los avances en Inteligencia Artificial. Ha permitido el desarrollo de modelos más precisos y complejos, la capacidad de operar en tiempo real y la posibilidad de abordar problemas que anteriormente eran inabordables. Sin embargo, también ha introducido nuevos desafíos en términos de gestión, calidad, seguridad y privacidad de los datos, que deben ser cuidadosamente manejados para maximizar los beneficios de la Inteligencia Artificial mientras se minimizan los riesgos asociados. Antes del "boom" no había leyes que regulasen esto, pero con la llegada masiva de sistemas de IA a nuestras vidas esto ha empezado a cambiar y va a cambiar más aún.

6.1.2. Mejora en la precisión de los modelos

Como ya hemos visto anteriormente, la mejora en la precisión de los modelos de Inteligencia Artificial es uno de los objetivos centrales en la investigación y aplicación de la IA, especialmente en contextos donde la exactitud y la confiabilidad son críticas. La precisión de un modelo se refiere a su capacidad para hacer predicciones correctas, ya sea en tareas de clasificación, regresión o cualquier otro tipo de análisis predictivo. A medida que los volúmenes de datos accesibles han aumentado, también lo ha hecho la capacidad de los modelos de IA para mejorar su precisión, dado que la calidad y cantidad de los datos disponibles son factores determinantes en el rendimiento de estos modelos.

El acceso a grandes volúmenes de datos permite que los modelos de IA sean entrenados con una mayor diversidad de ejemplos, lo que a su vez mejora su capacidad para generalizar, es decir, para hacer predicciones precisas sobre datos no vistos. Cuando un modelo es entrenado con un conjunto de datos pequeño o limitado, corre el riesgo de ser excesivamente específico o de "memorizar" los datos de entrenamiento, el fenómeno conocido como "sobreajuste". Sin embargo, con un conjunto de datos amplio y diverso, es más probable que el modelo capture patrones subyacentes generales en los datos, lo que se traduce en una mejor precisión cuando se enfrenta a nuevos datos.

El uso de técnicas avanzadas como el ensamblaje de modelos también ha demostrado ser efectivo para mejorar la precisión. El ensamblaje implica combinar múltiples modelos para hacer predicciones, con la idea de que la combinación de diferentes enfoques puede compensar las debilidades de cualquier modelo individual. Esto puede llevar a mejoras significativas en la precisión, ya que se aprovechan las fortalezas de cada modelo.

6.2. Retos y oportunidades

Como ya hemos visto antes con algunas aplicaciones y casos de uso que he mencionado la integración de Inteligencia Artificial y Big Data ha revolucionado múltiples sectores, proporcionando capacidades analíticas avanzadas y automatización a gran escala. Sin embargo, esta integración no está exenta de desafíos y problemas, algunos de los cuales son técnicos, mientras que otros están relacionados con la gestión de datos, la seguridad, la ética, y la infraestructura. Estos desafíos pueden complicar el desarrollo, la implementación y el mantenimiento de soluciones efectivas que combinan IA y Big Data, y es crucial entenderlos para abordarlos adecuadamente.

Uno de los desafíos más significativos es la calidad y la preparación de los datos. La Inteligencia Artificial depende en gran medida de los datos para entrenar sus modelos y tomar decisiones. Sin embargo, los datos provenientes de diversas fuentes suelen ser heterogéneos, ruidosos y desestructurados. Esto significa que antes de que puedan ser utilizados por algoritmos de IA, los datos deben ser limpiados, transformados y organizados. Este proceso de preprocesamiento de datos es complejo y consume mucho tiempo, y los errores en esta fase pueden llevar, como ya sabemos, a modelos inexactos o sesgados. Además, en entornos de Big Data, donde se manejan volúmenes masivos de datos en tiempo real, garantizar la consistencia y la integridad de los datos es aún más difícil.

Otro desafío técnico importante es la escalabilidad. Las aplicaciones de IA requieren una gran cantidad de recursos computacionales, especialmente cuando se procesan grandes volúmenes de datos. Esto incluye no solo la capacidad de almacenamiento y procesamiento, sino también la infraestructura para manejar flujos de datos en tiempo real y análisis continuos. A medida que crecen los volúmenes de datos, las soluciones de IA deben ser capaces de escalar sin comprometer el rendimiento. Lograr esta escalabilidad requiere una planificación cuidadosa de la infraestructura, incluida la selección de tecnologías adecuadas como computación en la nube, almacenamiento distribuido y técnicas de procesamiento paralelo. Sin embargo, la escalabilidad también introduce complejidades adicionales en términos de coordinación de recursos, latencia y eficiencia operativa.

La integración de IA y Big Data también plantea desafíos significativos en términos de seguridad y privacidad. Como ya has ido viendo desde el principio, los datos utilizados en estos sistemas a menudo incluyen información sensible y personal, lo que hace que la protección de la privacidad de los usuarios sea una prioridad. Sin embargo, el manejo seguro de grandes volúmenes de datos es intrínsecamente complicado. A medida que los datos se recopilan de múltiples fuentes y se integran en sistemas de IA, se incrementan los riesgos de exposición a brechas de seguridad, ataques cibernéticos y filtraciones de datos. Además, las regulaciones de privacidad de datos, como el Reglamento General de Protección de Datos (GDPR) en Europa, imponen requisitos estrictos sobre cómo se deben manejar, almacenar y compartir los datos. Cumplir con estas regulaciones mientras se maximiza el valor de los datos para la IA es un equilibrio difícil de alcanzar.

Los sesgos en los algoritmos de IA representan otro desafío crítico. Dado que los modelos de IA aprenden de los datos en los que se entrenan, cualquier sesgo presente en los datos puede ser amplificado por el modelo, lo que puede llevar a decisiones injustas o incorrectas. Este problema es particularmente agudo en el contexto de Big Data, donde los datos pueden provenir de diversas fuentes con diferentes niveles de calidad y representación.

Abordar los sesgos requiere un enfoque consciente y proactivo, que incluya la diversificación de los conjuntos de datos, la implementación de técnicas de regularización y la evaluación continua del rendimiento de los modelos desde una perspectiva de equidad. Sin embargo, incluso con estas medidas, eliminar completamente los sesgos puede ser extremadamente difícil, especialmente en sistemas complejos de IA y Big Data.

Además, la integración de IA y Big Data enfrenta desafíos organizacionales y de gestión. Implementar tecnologías avanzadas requiere un cambio en la cultura organizacional, así como la formación de equipos multidisciplinarios con habilidades en ciencia de datos, ingeniería de datos, y desarrollo de IA. A menudo, las organizaciones encuentran dificultades para atraer y retener talento calificado, lo que puede limitar su capacidad para desarrollar e implementar soluciones efectivas. La colaboración entre diferentes departamentos también es esencial, pero no siempre fácil de lograr, especialmente en grandes organizaciones donde los silos de datos y la falta de comunicación pueden obstaculizar la integración efectiva de IA y Big Data.

La toma de decisiones basada en IA y Big Data también enfrenta desafíos en términos de interpretabilidad y transparencia. Si ya hoy es difícil, imagínate a medida que los modelos de IA se vuelven más complejos, puede ser difícil para los usuarios y los responsables de la toma de decisiones entender cómo y por qué un modelo llegó a una conclusión particular. Esta falta de transparencia puede llevar a una falta de confianza en las soluciones de IA, especialmente en sectores donde la interpretabilidad es crucial, como la salud, las finanzas, y el ámbito legal. Los desafíos en la interpretabilidad también pueden dificultar la identificación de errores o sesgos en los modelos, lo que a su vez puede llevar a decisiones subóptimas o incluso dañinas.

La infraestructura tecnológica y la integración de sistemas también presentan un reto considerable. Las soluciones de Big Data suelen estar basadas en arquitecturas distribuidas y sistemas heterogéneos, lo que puede complicar la integración con herramientas de IA, que a menudo tienen sus propios requisitos específicos en cuanto a hardware y software. Alinear estas diferentes tecnologías y asegurar que funcionen en armonía requiere una planificación técnica detallada y una comprensión profunda de las capacidades y limitaciones de cada componente. La falta de estandarización en las plataformas y herramientas utilizadas tanto en Big Data como en IA puede agravar aún más este desafío, dificultando la interoperabilidad y la integración efectiva.

Uno de los mayores desafíos en la integración de IA y Big Data es el costo. Desarrollar, implementar y mantener estas tecnologías requiere una inversión significativa en hardware, software, infraestructura en la nube y talento especializado. Para muchas organizaciones, especialmente las pequeñas y medianas empresas, estos costos pueden ser prohibitivos. Además, la implementación de estas tecnologías suele ir acompañada de una curva de aprendizaje empinada, lo que puede retrasar la obtención de beneficios y aumentar los costos operativos en las primeras etapas. Esto obliga a las organizaciones a realizar un análisis de costo-beneficio detallado y a considerar cuidadosamente si la inversión en IA y Big Data se alinea con sus objetivos estratégicos a largo plazo.

7. Plataformas y herramientas integradas

El desarrollo de la Inteligencia Artificial y el análisis avanzado de datos requiere no solo de conocimientos teóricos, sino también de herramientas prácticas que permitan implementar soluciones de manera eficaz y escalable. Las librerías y frameworks de Machine Learning han revolucionado la forma en que se crean modelos predictivos y sistemas inteligentes, facilitando tanto a investigadores como a empresas el acceso a tecnologías que antes estaban reservadas solo para grandes corporaciones. A esto se suman las plataformas integradas, que combinan potencia de cálculo, almacenamiento y servicios especializados en entornos accesibles y colaborativos, optimizando los procesos desde la recolección de datos hasta la puesta en producción de modelos. La comprensión y dominio de estas herramientas es clave para transformar datos en valor real y competitivo, permitiendo afrontar con solvencia los retos actuales en cualquier sector.

En este punto vamos a ver las herramientas más importantes y usadas y las plataformas más recomendadas en este aspecto.

7.1. Herramientas de Machine Learning

7.1.1. Introducción a TensorFlow

TensorFlow es una plataforma de código abierto desarrollada por Google para la creación y el despliegue de modelos de Machine Learning y Deep Learning. Desde su lanzamiento inicial en 2015, se ha convertido en una de las herramientas más populares y ampliamente utilizadas para el desarrollo de aplicaciones de Inteligencia Artificial, abarcando desde la investigación académica hasta aplicaciones industriales en producción.

TensorFlow fue diseñado originalmente para facilitar la implementación de redes neuronales profundas, también conocidas como Deep Learning, que requieren el manejo de grandes volúmenes de datos y operaciones matemáticas complejas. El núcleo de TensorFlow está construido sobre un sistema de grafos computacionales que permite representar y ejecutar operaciones matemáticas de manera eficiente y escalable, aprovechando tanto CPUs como GPUs para el procesamiento paralelo.

Uno de los aspectos clave de TensorFlow es su capacidad para construir grafos de computación. En TensorFlow, un grafo es una representación estructurada de un conjunto de operaciones matemáticas y sus relaciones. Cada nodo en el grafo representa una operación, como una multiplicación o una convolución, mientras que las aristas representan los datos que fluyen entre esas operaciones. Esta estructura permite que TensorFlow optimice y ejecute los cálculos de manera eficiente, distribuyendo las operaciones a través de múltiples dispositivos de hardware cuando sea necesario

TensorFlow no solo permite la creación de modelos a través de su bajo nivel de operaciones matemáticas, sino que también ofrece interfaces de alto nivel para facilitar el desarrollo. Keras, que se integró en TensorFlow desde la versión 2.0, es una de estas interfaces de alto nivel que simplifica la construcción, entrenamiento y evaluación de modelos de Deep Learning. Con Keras, los desarrolladores pueden definir modelos de manera más intuitiva utilizando una API basada en Python, lo que facilita la experimentación rápida y la implementación de modelos más complejos.

Además de la construcción de modelos, TensorFlow proporciona herramientas robustas para el entrenamiento y la optimización de modelos de Machine Learning. Estas incluyen algoritmos de optimización como el descenso de gradiente y sus variantes, métodos para regularización, y técnicas avanzadas como el aprendizaje por refuerzo y el aprendizaje federado. Esto hace que TensorFlow sea versátil y adecuado para una amplia gama de aplicaciones, desde clasificación de imágenes hasta procesamiento de lenguaje natural y sistemas de recomendación.

El soporte de TensorFlow para múltiples plataformas es otro aspecto destacado. Los modelos construidos en TensorFlow pueden desplegarse en una variedad de entornos, incluidos servidores de alta capacidad, dispositivos móviles y sistemas embebidos. TensorFlow Lite, una versión ligera de la librería, está específicamente diseñada para ejecutar modelos en dispositivos móviles y embebidos con recursos limitados, como smartphones, tablets y dispositivos IoT. Esto ha permitido que TensorFlow sea utilizado en aplicaciones que requieren inferencia en tiempo real en el borde, como reconocimiento de voz, procesamiento de imágenes y análisis de sensores.

TensorFlow también ha sido diseñado pensando en la escalabilidad y la producción. TensorFlow Serving es un sistema diseñado para facilitar la implementación de modelos de Machine Learning en entornos de producción, permitiendo la actualización continua de modelos sin interrupción del servicio. TensorFlow Extended (TFX) es otro componente que proporciona una plataforma completa para la producción de modelos de Machine Learning, abarcando desde la gestión de datos hasta el monitoreo de modelos en producción.

La comunidad alrededor de TensorFlow es amplia y activa, lo que ha contribuido significativamente a su crecimiento y evolución. Google, junto con otros contribuyentes de la comunidad de código abierto, continúa desarrollando y mejorando TensorFlow, lo que ha llevado a la introducción de nuevas funcionalidades, mejoras de rendimiento y soporte ampliado para diversas arquitecturas de hardware. La documentación extensa, los tutoriales y los ejemplos proporcionados por la comunidad hacen que TensorFlow sea accesible tanto para principiantes como para expertos en Machine Learning.

TensorFlow también soporta otros lenguajes de programación además de Python, como C++, JavaScript y Java, lo que amplía su aplicabilidad en diferentes contextos. TensorFlow.js, por ejemplo, permite ejecutar modelos de Machine Learning directamente en el navegador, lo que abre nuevas posibilidades para aplicaciones web interactivas que pueden realizar tareas de inferencia en el cliente sin necesidad de enviar datos a un servidor.

Otro aspecto importante es la capacidad de TensorFlow para integrarse con otras herramientas y librerías del ecosistema de Machine Learning. TensorFlow se puede utilizar junto con frameworks como Apache Spark para el procesamiento de grandes volúmenes de datos, o con herramientas de visualización como TensorBoard, que permite monitorizar y analizar el rendimiento de los modelos durante el entrenamiento.
TensorFlow se ha establecido como "la herramienta" esencial en el campo del Machine Learning y el Deep Learning debido a su flexibilidad, escalabilidad y robustez. Su capacidad para soportar desde la investigación hasta la producción en una variedad de plataformas ha hecho de TensorFlow una opción predilecta para desarrolladores y científicos de datos en todo el mundo. La continua innovación y el apoyo de la comunidad aseguran que TensorFlow seguirá siendo una herramienta clave en la evolución de la Inteligencia Artificial y el aprendizaje automático.

7.1.2. Modelos disponibles en Scikit-learn

Scikit-learn es una de las librerías más utilizadas en el ecosistema de Python para la implementación de algoritmos de Machine Learning. Su diseño sencillo y su interfaz coherente permiten a los desarrolladores y científicos de datos experimentar rápidamente con diferentes modelos sin necesidad de una implementación compleja. A lo largo de los años, Scikit-learn ha ganado popularidad debido a su accesibilidad y la amplitud de modelos disponibles, cubriendo una amplia gama de técnicas de aprendizaje supervisado y no supervisado, además de herramientas de preprocesamiento, validación y selección de modelos.

Uno de los principales atractivos de Scikit-learn es la diversidad de algoritmos de regresión que ofrece. Entre ellos, el más básico es la regresión lineal, que modela la relación entre una variable dependiente y una o más variables independientes mediante una línea recta. Aunque es simple, la regresión lineal es extremadamente útil y se utiliza como punto de partida para muchos análisis. Para problemas donde la relación entre las variables es más compleja, Scikit-learn ofrece variantes como la regresión polinómica y la regresión por Ridge y Lasso, que incluyen regularización para evitar el sobreajuste.

Otro grupo fundamental de modelos disponibles en Scikit-learn son los algoritmos de clasificación. Aquí, uno de los algoritmos más conocidos es la regresión logística, que, a pesar de su nombre, es utilizado para clasificación binaria. Modela la probabilidad de una clase positiva frente a una negativa, siendo una herramienta esencial en problemas como la detección de fraudes o la predicción de enfermedades. Otros modelos de clasificación que Scikit-learn proporciona incluyen los clasificadores basados en árboles de decisión, que dividen el espacio de características en regiones definidas por reglas simples, y los clasificadores de vecinos más cercanos (k-Nearest Neighbors, k-NN), que clasifican los puntos basados en las clases de los puntos de datos más cercanos en el espacio de características.

Para tareas más complejas y no lineales, Scikit-learn incluye soporte vectorial (Support Vector Machines, SVM), que es muy eficaz en espacios de alta dimensionalidad. SVM busca maximizar el margen entre las clases, haciendo que sea robusto ante outliers y capaz de manejar casos donde las clases no son linealmente separables mediante la transformación del espacio de características. Además, el modelo de Máquinas de Soporte Vectorial permite el uso de núcleos (kernels) para transformar los datos en un espacio de mayor dimensión, donde una separación lineal puede ser más fácilmente encontrada.

Scikit-learn también ofrece una variedad de algoritmos para clustering, uno de los principales métodos de aprendizaje no supervisado. Entre estos se encuentran el algoritmo k-means, que agrupa los datos en k clústeres basados en la distancia euclidiana mínima de un centroide, y el clustering jerárquico, que crea una jerarquía de clústeres en un árbol dendrograma, permitiendo observar cómo se agrupan los datos a diferentes niveles de similitud. Otro algoritmo importante es DBSCAN (Density-Based Spatial Clustering of Applications with Noise), que encuentra clústeres de forma arbitraria basados en la densidad de puntos, siendo útil en la identificación de outliers y clústeres de formas irregulares.

Además de los modelos de regresión, clasificación y clustering, Scikit-learn ofrece herramientas avanzadas como los bosques aleatorios (Random Forests) y los gradientes boosting. Los bosques aleatorios son un conjunto de árboles de decisión entrenados sobre diferentes subconjuntos del conjunto de datos, y luego combinados para mejorar la precisión y reducir el sobreajuste. Los modelos de boosting, como Gradient Boosting Machines (GBM), construyen un modelo fuerte combinando múltiples modelos débiles en una secuencia de aprendizaje, donde cada nuevo modelo intenta corregir los errores cometidos por los anteriores.

Scikit-learn también ofrece modelos para tareas de reducción de dimensionalidad, tales como el Análisis de Componentes Principales (PCA) y el Análisis Discriminante Lineal (LDA). PCA es una técnica estadística que transforma los datos originales en un nuevo conjunto de variables no correlacionadas llamadas componentes principales, mientras que LDA busca maximizar la separación entre las clases, manteniendo al mismo tiempo la variabilidad dentro de cada clase. Ambos métodos son esenciales en el preprocesamiento de datos para reducir la complejidad y el tiempo de computación.

La librería no se limita únicamente a algoritmos de aprendizaje. Scikit-learn también incluye herramientas para la preparación de datos, como la normalización, estandarización, y manejo de datos faltantes, lo que es crucial antes de alimentar los datos a cualquier modelo de Machine Learning. La función de pipeline de Scikit-learn es particularmente útil para encadenar varias etapas de procesamiento y modelado, asegurando que las operaciones se apliquen en un flujo secuencial, lo cual es importante en la validación cruzada y la selección de hiperparámetros.

Además, Scikit-learn ofrece herramientas de validación de modelos, como la validación cruzada y el ajuste de hiperparámetros mediante grid search o random search, que permiten encontrar la mejor configuración para un modelo dado sin el riesgo de sobreajuste al conjunto de entrenamiento. Estas capacidades hacen de Scikit-learn una librería integral que permite no solo construir y entrenar modelos, sino también evaluar su rendimiento y ajustar sus parámetros de manera óptima.

Scikit-learn ha ganado popularidad no solo por su robustez y flexibilidad, sino también por su accesibilidad. Su documentación detallada, ejemplos prácticos y una comunidad activa han hecho de Scikit-learn una herramienta indispensable para aquellos que buscan implementar técnicas de Machine Learning de manera eficiente y efectiva. Al ofrecer una gama tan amplia de modelos y herramientas, Scikit-learn permite abordar casi cualquier problema de Machine Learning, desde los más sencillos hasta los más complejos, facilitando la experimentación y la aplicación de estas técnicas en entornos de producción.

7.1.3. Comparación de frameworks

La elección del framework adecuado para el desarrollo de modelos de Machine Learning es una decisión crítica que puede influir significativamente en el proceso de implementación y en los resultados obtenidos. En el ecosistema actual, existen varios frameworks populares, cada uno con sus propias fortalezas, debilidades y casos de uso específicos. Los más destacados incluyen TensorFlow, PyTorch, Scikit-learn y Keras. Cada uno de estos frameworks ha sido diseñado con diferentes prioridades en mente, lo que los hace más adecuados para ciertas tareas y menos para otras.

TensorFlow, desarrollado por Google, es uno de los frameworks más utilizados en el campo del Deep Learning. Su principal fortaleza radica en su capacidad para manejar operaciones matemáticas complejas a gran escala, lo que lo convierte en la opción preferida para entrenar modelos de Deep Learning en grandes conjuntos de datos. TensorFlow es altamente escalable y soporta tanto el entrenamiento distribuido como la inferencia en múltiples plataformas, desde servidores de alto rendimiento hasta dispositivos móviles. Su flexibilidad es otra ventaja significativa, ya que permite a los desarrolladores definir arquitecturas de redes neuronales personalizadas. Sin embargo, esta misma flexibilidad puede hacer que TensorFlow sea más complicado de aprender y utilizar para principiantes. Su curva de aprendizaje puede ser empinada, y su API, aunque poderosa, ha sido criticada por ser menos intuitiva en comparación con otras opciones.

PyTorch, desarrollado por Facebook, ha ganado una amplia adopción en la comunidad académica y de investigación debido a su simplicidad y facilidad de uso. A diferencia de TensorFlow, PyTorch permite la construcción de redes neuronales utilizando un enfoque más intuitivo y dinámico, lo que facilita la experimentación y el desarrollo rápido. Una de las características más destacadas de PyTorch es su capacidad para realizar cálculos en gráficos computacionales dinámicos, lo que permite un mayor control sobre el flujo de datos y facilita la depuración. Además, PyTorch se integra bien con otras herramientas de Python, lo que lo convierte en una opción preferida para investigadores que desean prototipar rápidamente y experimentar con nuevas ideas. Sin embargo, PyTorch no ha sido tradicionalmente tan robusto en producción como TensorFlow, aunque esto está cambiando con el tiempo gracias a mejoras en su ecosistema y a la introducción de herramientas como TorchServe.

Scikit-learn, aunque no es un framework de Deep Learning en el sentido tradicional, es una herramienta fundamental en el toolkit de Machine Learning, especialmente para tareas de aprendizaje supervisado y no supervisado en problemas de escala pequeña a mediana. Su simplicidad, coherencia y amplia gama de algoritmos hacen que sea la opción ideal para quienes buscan implementar modelos de Machine Learning rápidamente sin necesidad de una curva de aprendizaje pronunciada. Scikit-learn es especialmente útil para problemas que no requieren la capacidad computacional de modelos de Deep Learning, como la regresión, la clasificación básica y el clustering. Sin embargo, su enfoque en algoritmos más tradicionales lo hace menos adecuado para tareas que involucran grandes volúmenes de datos o la necesidad de arquitecturas neuronales complejas, donde frameworks como TensorFlow o PyTorch son más apropiados.

Keras, originalmente una API de alto nivel construida sobre TensorFlow, ha sido diseñada con la simplicidad y la rapidez de prototipado en mente. Keras permite a los desarrolladores construir y entrenar modelos de Deep Learning de manera sencilla y rápida, con un enfoque en la facilidad de uso. Su API es intuitiva, lo que la convierte en una excelente opción para principiantes y para aquellos que buscan desarrollar y probar ideas rápidamente. Aunque Keras proporciona una abstracción que simplifica muchos de los aspectos complejos del Deep Learning, esta simplificación a veces viene a costa de flexibilidad y control. A medida que TensorFlow ha integrado Keras como su API oficial de alto nivel, los usuarios ahora pueden beneficiarse de la combinación de la simplicidad de Keras con la potencia de TensorFlow.

La elección entre estos frameworks depende en gran medida del tipo de proyecto que se está desarrollando y de las necesidades específicas del equipo o del desarrollador. Por ejemplo, para aplicaciones que requieren la construcción y el entrenamiento de modelos de Deep Learning en grandes volúmenes de datos, TensorFlow es una opción natural debido a su escalabilidad y soporte para entrenamiento distribuido. Por otro lado, PyTorch es más adecuado para entornos de investigación y desarrollo rápido, donde la flexibilidad y la capacidad de depuración son más importantes. Scikit-learn sigue siendo la opción preferida para quienes trabajan con datos estructurados y necesitan implementar modelos de Machine Learning tradicionales de manera rápida y eficiente. Keras, con su enfoque en la facilidad de uso, es ideal para aquellos que buscan una experiencia de desarrollo simplificada sin perder acceso a las capacidades subyacentes de TensorFlow.

Cada framework tiene su lugar dentro del ecosistema de Machine Learning, y a menudo, la decisión sobre cuál utilizar dependerá de factores como la familiaridad del equipo con el framework, la naturaleza del problema a resolver, y los requisitos de escalabilidad y producción. Estos frameworks no son mutuamente excluyentes y, en muchos casos, pueden complementarse entre sí dentro de un mismo proyecto, proporcionando al equipo de desarrollo las herramientas necesarias para abordar problemas de Machine Learning de manera eficiente y efectiva.

7.2. Plataformas integradas (Databricks, Google Cloud AI)

7.2.1. Características de Databricks

Databricks es una plataforma integral diseñada para facilitar la ingeniería de datos, el análisis, el Machine Learning y el procesamiento en tiempo real, todo dentro de un entorno unificado basado en la nube. Originalmente creada por los fundadores de Apache Spark, Databricks se ha desarrollado para aprovechar al máximo este motor de procesamiento distribuido, integrando sus capacidades con una serie de herramientas adicionales que permiten a las empresas gestionar todo el ciclo de vida de los datos de manera eficiente.

Una de las principales características de Databricks es su capacidad para manejar grandes volúmenes de datos a través de un entorno escalable y distribuido. La plataforma permite a los usuarios realizar tareas de procesamiento masivo de datos utilizando clusters administrados en la nube, lo que elimina la necesidad de gestionar manualmente la infraestructura subyacente. Los usuarios pueden ajustar dinámicamente el tamaño de los clusters de procesamiento según la carga de trabajo, lo que optimiza tanto el rendimiento como el costo.

Databricks también se destaca por su soporte nativo para múltiples lenguajes de programación, incluidos Python, Scala, R y SQL, lo que facilita la colaboración entre científicos de datos, ingenieros de datos y analistas. Esta flexibilidad en el uso de lenguajes permite a los equipos trabajar en un entorno común sin tener que cambiar sus herramientas o flujos de trabajo habituales. Además, Databricks ofrece notebooks colaborativos en la nube que permiten a los equipos trabajar juntos en tiempo real, compartir análisis y resultados, y realizar comentarios directamente sobre el código, lo que mejora la comunicación y la productividad.

Otro aspecto clave de Databricks es su profunda integración con Apache Spark, lo que le permite ejecutar tareas de procesamiento de datos a gran escala de manera extremadamente eficiente. Además de Spark, Databricks integra fácilmente librerías de Machine Learning como MLlib y TensorFlow, lo que facilita la construcción, el entrenamiento y la implementación de modelos de Machine Learning dentro de la misma plataforma. Esta capacidad de integrar datos y modelos de Machine Learning en un solo flujo de trabajo es uno de los aspectos que distingue a Databricks en el panorama de las plataformas de datos.

En términos de seguridad y cumplimiento, Databricks ofrece un conjunto completo de características para proteger los datos y cumplir con las regulaciones. La plataforma incluye cifrado de datos en tránsito y en reposo, controles de acceso basados en roles y soporte para integraciones con herramientas de autenticación externa como Active Directory y OAuth. Además, Databricks proporciona auditorías detalladas y registros de actividad, lo que permite a las organizaciones cumplir con normativas como GDPR y CCPA, al tiempo que garantiza la integridad y la confidencialidad de los datos.

Otra característica importante de Databricks es su capacidad de integración con múltiples servicios en la nube, incluidos Amazon Web Services, Microsoft Azure y Google Cloud Platform. Esta compatibilidad multicloud permite a las empresas aprovechar sus inversiones actuales en infraestructura en la nube y crear flujos de trabajo híbridos o completamente basados en la nube. La plataforma también soporta la integración con diversas herramientas de almacenamiento y bases de datos, como Amazon S3, Azure Blob Storage y Google Cloud Storage, lo que facilita el acceso y la manipulación de grandes volúmenes de datos.

Databricks también se centra en la optimización del rendimiento, ofreciendo tecnologías como Delta Lake, que mejora la fiabilidad y el rendimiento de los flujos de trabajo de datos. Delta Lake permite manejar datos estructurados y no estructurados en un formato que asegura la consistencia y la disponibilidad de los datos, eliminando problemas comunes como los datos corruptos o inconsistentes. Esta tecnología es crucial para aplicaciones que requieren alta disponibilidad y precisión en el procesamiento de datos, como análisis en tiempo real y Machine Learning.

El enfoque de Databricks en la automatización y la facilidad de uso es evidente en sus características de administración de tareas. La plataforma permite la programación de trabajos, el seguimiento de dependencias y la gestión de flujos de trabajo complejos a través de una interfaz intuitiva. Los usuarios pueden automatizar la ejecución de scripts y modelos, realizar pruebas A/B y gestionar pipelines de datos, todo dentro de la misma plataforma, lo que simplifica enormemente el proceso de desarrollo y despliegue de soluciones de Big Data y Machine Learning.

Databricks también fomenta una comunidad activa y un ecosistema de socios que proporcionan recursos adicionales, integraciones y soporte. La plataforma cuenta con una amplia documentación, tutoriales y foros de discusión que ayudan a los usuarios a aprovechar al máximo las capacidades de la plataforma. Además, Databricks organiza eventos y talleres que permiten a los profesionales mantenerse al día con las últimas tendencias y tecnologías en el ámbito de Big Data y Machine Learning.

Databricks reúne múltiples herramientas y capacidades en un entorno unificado, permitiendo a las empresas gestionar de manera eficiente todo el ciclo de vida de los datos, desde la ingesta hasta el análisis y el Machine Learning. Su integración con Apache Spark, su flexibilidad multicloud, su enfoque en la seguridad y la escalabilidad, junto con su compromiso con la automatización y la facilidad de uso, hacen de Databricks una opción destacada para las organizaciones que buscan maximizar el valor de sus datos en la era digital.

7.2.2. Servicios de Google Cloud AI

Google Cloud AI es un conjunto integral de servicios y herramientas diseñadas para facilitar la implementación y el desarrollo de aplicaciones de Inteligencia Artificial en la nube. Estos servicios permiten a las empresas y desarrolladores acceder a capacidades avanzadas de IA sin la necesidad de construir infraestructuras complejas desde cero, lo que acelera la innovación y el tiempo de comercialización.

Uno de los servicios más destacados de Google Cloud AI es AI Platform, una plataforma que proporciona herramientas para todo el ciclo de vida del desarrollo de modelos de Machine Learning, desde la preparación de datos hasta el despliegue en producción. AI Platform permite a los usuarios entrenar modelos en entornos gestionados, utilizando infraestructuras escalables y optimizadas, y soporta frameworks populares como TensorFlow, PyTorch y Scikit-learn. La plataforma también ofrece servicios de AutoML, que automatizan el proceso de creación de modelos personalizados de alta calidad sin necesidad de un profundo conocimiento en ML, lo que democratiza el acceso a tecnologías avanzadas de IA.

AutoML es otro servicio clave en el portafolio de Google Cloud AI, diseñado para aquellos que desean desarrollar modelos de IA personalizados, pero carecen de la experiencia técnica necesaria para hacerlo manualmente. AutoML proporciona una interfaz simple que permite a los usuarios cargar sus datos, elegir un objetivo, y dejar que la plataforma haga el trabajo pesado, desde el preprocesamiento de datos hasta la optimización de modelos. Este servicio es particularmente útil en aplicaciones como visión por computadora, procesamiento del lenguaje natural y análisis de datos tabulares, donde la calidad y precisión del modelo son críticas.

En el ámbito de la visión artificial, Google Cloud ofrece Vision AI, un servicio que permite el análisis de imágenes y videos para identificar objetos, rostros, texto y más. Este servicio se basa en modelos preentrenados que han sido ajustados con vastas cantidades de datos, lo que permite a los usuarios implementar soluciones robustas con alta precisión sin la necesidad de entrenar sus propios modelos desde cero. Vision AI es ampliamente utilizado en industrias como la seguridad, el retail, y la salud, donde la deteccion y el análisis de imágenes juegan un papel crucial.

En el campo del procesamiento del lenguaje natural, Google Cloud AI proporciona Natural Language API, un servicio que permite a las aplicaciones entender y analizar texto escrito en varios idiomas. Esta API puede identificar entidades, realizar análisis de sentimientos, clasificar contenido y comprender la estructura del texto, lo que es extremadamente útil en aplicaciones como análisis de opinión, chatbots, y motores de búsqueda. Además, Google Cloud ofrece Dialogflow, una plataforma para construir interfaces conversacionales como chatbots y asistentes virtuales, que se integra con múltiples canales de comunicación, incluidos sitios web, aplicaciones móviles y dispositivos de asistencia virtual.

Speech-to-Text y Text-to-Speech son otros servicios significativos en el ecosistema de Google Cloud AI, que permiten la conversión precisa entre voz y texto. Speech-to-Text transcribe audio en tiempo real o a partir de archivos pregrabados, soportando una amplia gama de idiomas y variantes dialectales. Text-to-Speech, por otro lado, genera voz humana a partir de texto, con múltiples opciones de personalización en cuanto a tono, velocidad y estilo, haciendo que las aplicaciones de IA puedan interactuar de manera más natural con los usuarios.

Google Cloud también ofrece Recommendations AI, un servicio que ayuda a las empresas a proporcionar recomendaciones personalizadas a sus clientes, basadas en el análisis de grandes volúmenes de datos de comportamiento. Esta herramienta es esencial para aplicaciones de e-commerce, donde la personalización puede incrementar significativamente las tasas de conversión y la satisfacción del cliente.

Otra área de enfoque es la AI Infrastructure, que incluye una gama de servicios y herramientas diseñadas para soportar el entrenamiento y despliegue de modelos de ML a gran escala. Esto incluye instancias de computación optimizadas para ML, como las Tensor Processing Units (TPUs), que son chips especializados diseñados por Google para acelerar el procesamiento de modelos de Deep Learning. Las TPUs son una opción poderosa para entrenar modelos complejos con rapidez, reduciendo los costos y el tiempo de desarrollo.

Google Cloud AI también facilita la integración de modelos entrenados en la nube con aplicaciones de datos a través de BigQuery ML, un servicio que permite a los analistas y científicos de datos crear y ejecutar modelos de ML directamente dentro de BigQuery, el almacén de datos de Google Cloud. Esto simplifica enormemente el proceso de construcción de modelos, ya que no requiere la transferencia de datos entre diferentes entornos o el uso de infraestructuras externas.

El enfoque de Google Cloud AI en la seguridad y privacidad es otro aspecto crítico, proporcionando capacidades como la encriptación de datos y el cumplimiento con normativas como GDPR. Esto asegura que las aplicaciones de IA construidas en Google Cloud puedan operar dentro de marcos regulatorios estrictos, protegiendo la privacidad de los usuarios y la integridad de los datos.

Google Cloud AI es una plataforma robusta y realmente versátil que proporciona una amplia gama de servicios diseñados para facilitar la implementación de Inteligencia Artificial en aplicaciones empresariales. Desde herramientas de desarrollo y entrenamiento de modelos hasta APIs específicas para tareas de visión, lenguaje y recomendaciones, Google Cloud AI cubre todas las necesidades que una empresa pueda tener en su viaje hacia la transformación digital mediante la Inteligencia Artificial.

7.2.3. Casos de éxito de uso de plataformas integradas

Las plataformas integradas han sido fundamentales para numerosas empresas en su viaje hacia la transformación digital mediante el uso de Inteligencia Artificial y Big Data. Estas plataformas, como Google Cloud AI, Databricks, y otras, han permitido a las organizaciones abordar desafíos complejos, optimizar sus operaciones y crear nuevas oportunidades de negocio.

Un ejemplo destacado es el de Zillow, la empresa de bienes raíces que utiliza Databricks en combinación con Apache Spark para mejorar sus capacidades de análisis predictivo y Machine Learning. Zillow procesa grandes volúmenes de datos para predecir el valor de los inmuebles en tiempo real, una tarea compleja que requiere manejar datos heterogéneos como las tendencias del mercado, características de los inmuebles y datos demográficos. Con Databricks, Zillow ha podido reducir significativamente el tiempo de procesamiento de sus modelos predictivos, lo que le permite ofrecer estimaciones más precisas y actualizadas a sus usuarios. La plataforma ha facilitado la colaboración entre científicos de datos e ingenieros, optimizando el flujo de trabajo de modelado y análisis de datos, lo que se traduce en una mayor eficiencia y una toma de decisiones más rápida.

En el sector de la salud, Sanofi, una de las compañías farmacéuticas más grandes del mundo, ha utilizado Google Cloud AI para mejorar sus procesos de investigación y desarrollo de medicamentos. Sanofi ha implementado herramientas de Machine Learning y Big Data para analizar vastas cantidades de datos genómicos y clínicos, con el objetivo de identificar patrones que puedan acelerar el desarrollo de nuevos tratamientos. Gracias a la integración de plataformas como Google Cloud AI, Sanofi ha podido reducir el tiempo necesario para el análisis de datos, mejorar la precisión de sus modelos predictivos y, en última instancia, acelerar la llegada de nuevos medicamentos al mercado. Esta integración también ha permitido a Sanofi cumplir con las normativas de privacidad y seguridad de los datos, cruciales en el sector farmacéutico.

Otro caso de éxito es el de Toyota, que ha aprovechado las capacidades de Big Data y Machine Learning en su proceso de fabricación mediante el uso de plataformas integradas como Google Cloud AI y Databricks. Toyota ha implementado modelos de mantenimiento predictivo para optimizar el rendimiento de sus plantas de producción. Utilizando datos de sensores instalados en la maquinaria y los vehículos, Toyota predice fallos antes de que ocurran, lo que le permite reducir el tiempo de inactividad no planificado y los costos de mantenimiento. Este enfoque no solo ha mejorado la eficiencia operativa, sino que también ha incrementado la calidad de los productos, al prevenir defectos antes de que se conviertan en problemas mayores. La integración de estas plataformas ha permitido a Toyota manejar grandes volúmenes de datos en tiempo real, optimizando sus procesos de fabricación y fortaleciendo su posición en el mercado automotriz global.

En el ámbito del comercio electrónico, Alibaba ha utilizado plataformas integradas para mejorar significativamente sus capacidades de recomendación de productos. Alibaba ha implementado sistemas avanzados de Machine Learning en su plataforma de e-commerce para analizar el comportamiento de los usuarios y ofrecer recomendaciones personalizadas en tiempo real. Utilizando herramientas como TensorFlow y la infraestructura de Google Cloud AI, Alibaba procesa grandes volúmenes de datos de usuarios, desde historiales de compras hasta interacciones en la plataforma, para crear modelos de recomendación que mejoran la experiencia del usuario y aumentan las tasas de conversión. Este enfoque ha permitido a Alibaba no solo aumentar sus ventas, sino también mejorar la lealtad de los clientes al ofrecerles productos y servicios más relevantes y personalizados.

En el sector financiero, JPMorgan Chase ha utilizado Google Cloud AI para automatizar el análisis de contratos legales, un proceso que tradicionalmente requería una gran cantidad de tiempo y recursos humanos. Con la implementación de modelos de procesamiento del lenguaje natural desarrollados en Google Cloud, JPMorgan Chase ha podido analizar miles de contratos en una fracción del tiempo que solía llevar, reduciendo los errores humanos y mejorando la eficiencia operativa. Esta automatización ha permitido al banco gestionar mejor los riesgos legales y cumplir con las normativas financieras de manera más efectiva.

Estos casos de éxito destacan cómo las plataformas integradas han sido esenciales para que las organizaciones enfrenten desafíos complejos y exploren nuevas oportunidades. Desde la optimización de procesos de manufactura hasta la personalización de la experiencia del cliente y la aceleración del desarrollo de medicamentos, las empresas están aprovechando las capacidades avanzadas de estas plataformas para transformar sus operaciones y mantenerse competitivas en un entorno empresarial cada vez más digital y basado en datos.

PARTE IV

Modelado y análisis de datos

Parte IV: Modelado y análisis de datos

8. Preprocesamiento y limpieza de datos

El preprocesamiento y la limpieza de datos son pasos fundamentales en cualquier proyecto de análisis de datos, Machine Learning o Inteligencia Artificial. La calidad de los datos utilizados tiene un impacto directo en la precisión, robustez y fiabilidad de los modelos y análisis posteriores. Este capítulo se enfoca en las técnicas y prácticas esenciales para preparar los datos crudos antes de ser utilizados en modelos predictivos, asegurando que estos datos sean precisos, completos y estén en un formato adecuado.

El preprocesamiento de datos abarca una variedad de tareas que van desde la corrección de errores hasta la transformación de datos en un formato más apropiado para el análisis. Los datos en su estado bruto suelen estar plagados de problemas, como valores faltantes, duplicados, inconsistencias y errores. Además, pueden estar distribuidos en diferentes formatos o estructuras, lo que dificulta su uso directo en modelos analíticos o algoritmos de Machine Learning. Es por ello que el preprocesamiento y la limpieza de datos no solo son necesarios, sino que son etapas críticas que requieren una atención meticulosa.

Uno de los aspectos más importantes del preprocesamiento es asegurar la calidad de los datos. Como espero en este punto ya tengas muy claro, la calidad de los datos es un factor determinante en el rendimiento de cualquier modelo predictivo o análisis. Datos de baja calidad pueden llevar a conclusiones erróneas, lo que a su vez puede afectar negativamente la toma de decisiones basada en esos análisis. Por tanto, identificar y corregir problemas de calidad es una prioridad en el preprocesamiento de datos. Te lo digo de corazón y te lo volveré a repetir tantas veces como sea necesario, es muy importante que te manejes muy bien en este campo. Este es un factor que además de reportarte mejores resultados también puede posicionarte como un candidato con más potencial y por lo tanto a tener en cuenta.

8.1. Importancia de la calidad de los datos

8.1.1. Mejora en el rendimiento de los modelos

La mejora en el rendimiento de los modelos es un objetivo crucial en el desarrollo y aplicación de técnicas de Machine Learning y análisis de datos. La calidad del preprocesamiento y limpieza de datos juega un papel determinante en la obtención de modelos eficientes, precisos y generalizables. Al abordar la mejora del rendimiento, se pueden considerar múltiples aspectos que van desde la selección de las características hasta la preparación adecuada de los datos de entrada.

Uno de los factores más influyentes en la mejora del rendimiento de los modelos es la calidad de los datos que se utilizan. Datos bien preprocesados, limpios y organizados permiten a los algoritmos de aprendizaje detectar patrones con mayor claridad y precisión. La eliminación de ruido, duplicados y datos irrelevantes reduce la posibilidad de que el modelo aprenda patrones incorrectos o insignificantes, lo que se conoce como overfitting. Por ejemplo, en un conjunto de datos con ruido, como valores atípicos o erróneos, el modelo puede ajustarse demasiado a estos datos anómalos, lo que reduce su capacidad para generalizar a datos nuevos y no vistos. La limpieza cuidadosa y la corrección de tales errores mejoran directamente la capacidad del modelo para hacer predicciones más precisas en el futuro.

Otro aspecto clave es la normalización y estandarización de las características. Los datos brutos a menudo contienen variables en diferentes escalas o unidades, lo que puede desbalancear el entrenamiento de ciertos modelos de Machine Learning, especialmente aquellos que dependen de medidas de distancia, como los algoritmos de clustering o regresión. Normalizar los datos (es decir, reescalar los valores de las características para que caigan en un rango uniforme) o estandarizarlos (reescalando los valores para que tengan una media de cero y una desviación estándar de uno) puede ayudar a los algoritmos a converger más rápidamente y a encontrar soluciones más efectivas. Esto resulta en una mejora en la precisión y la velocidad del modelo.

El tratamiento de valores faltantes también es fundamental para la mejora del rendimiento. Los datos incompletos pueden introducir incertidumbre y sesgo en un modelo, especialmente si los valores faltantes son comunes o siguen un patrón que no es completamente aleatorio. Existen diversas técnicas para manejar los valores faltantes, como la eliminación de las filas o columnas afectadas, o la imputación de valores faltantes mediante técnicas como la media, la mediana o métodos más avanzados como la imputación basada en algoritmos de Machine Learning. La elección del método adecuado para tratar los valores faltantes puede marcar una gran diferencia en la capacidad predictiva del modelo, ya que ayuda a preservar la información útil sin introducir sesgos significativos.

La selección de características es otro aspecto esencial en la mejora del rendimiento del modelo. No todas las características en un conjunto de datos son relevantes para el problema que se está intentando resolver. Algunas características pueden ser redundantes o no aportar información adicional significativa, mientras que otras pueden incluso ser perjudiciales si introducen ruido. Utilizar técnicas de selección de características, como la selección basada en la importancia de las características, la eliminación de características altamente correlacionadas o la utilización de técnicas como LASSO, que pueden forzar la selección de un subconjunto de características más relevantes, puede reducir la dimensionalidad del problema. Esto no solo mejora el rendimiento del modelo en términos de precisión, sino que también reduce el costo computacional y la complejidad del modelo.

Además, la creación de nuevas características (feature engineering) puede ser crucial para mejorar el rendimiento del modelo. A veces, los datos en su forma original no contienen toda la información necesaria para realizar predicciones precisas. Al crear nuevas características, como agregaciones, interacciones entre variables, o transformaciones logarítmicas y polinomiales, se puede proporcionar al modelo una mejor representación del problema, lo que permite detectar patrones más complejos y, por lo tanto, mejorar la capacidad predictiva del modelo.

La gestión de los datos desequilibrados es otro factor que afecta el rendimiento de los modelos, particularmente en problemas de clasificación donde algunas clases pueden estar subrepresentadas en los datos. Esto puede llevar a que el modelo esté sesgado hacia las clases mayoritarias, ignorando o malprediciendo las clases minoritarias. Técnicas como el sobremuestreo de la clase minoritaria, el submuestreo de la clase mayoritaria, o el uso de técnicas avanzadas como Synthetic Minority Over-sampling Technique (SMOTE) pueden ayudar a equilibrar el conjunto de datos y mejorar la capacidad del modelo para predecir correctamente todas las clases.

La regularización es una técnica poderosa para mejorar el rendimiento de los modelos al evitar el overfitting. Modelos como las regresiones lineales o logísticas, redes neuronales, y otros algoritmos pueden ajustarse demasiado a los datos de entrenamiento, capturando el ruido en lugar de las relaciones subyacentes importantes. Técnicas de regularización, como L1 (LASSO) y L2 (Ridge), introducen un término de penalización que restringe los coeficientes del modelo, forzándolo a enfocarse en las características más importantes y a evitar ajustes innecesarios a los datos de entrenamiento. Esto no solo mejora la generalización del modelo a nuevos datos, sino que también hace que el modelo sea más interpretable y manejable.

Mejorar el rendimiento de los modelos depende en gran medida de cómo se gestionan y preprocesan los datos antes del entrenamiento del modelo. La combinación de técnicas de limpieza de datos, selección y creación de características, normalización, manejo de datos desequilibrados, y regularización no solo optimiza la precisión de los modelos, sino que también garantiza que estos modelos sean más robustos, eficientes y aplicables en situaciones del mundo real.

8.1.2. Herramientas para asegurar la calidad de los datos

Como ya sabes, asegurar la calidad de los datos es fundamental en cualquier proyecto de análisis de datos o de Inteligencia Artificial, ya que los datos de baja calidad pueden llevar a resultados incorrectos y modelos ineficaces. Para garantizar que los datos sean de alta calidad, existen diversas herramientas y técnicas que abordan diferentes aspectos del proceso de preparación y limpieza de datos. A continuación, se exploran algunas de las herramientas más relevantes en este campo.

Una de las herramientas más ampliamente utilizadas es OpenRefine. OpenRefine es una herramienta de código abierto que permite a los usuarios limpiar datos, transformarlos de un formato a otro y explorar grandes conjuntos de datos con facilidad. OpenRefine es particularmente útil para detectar y corregir inconsistencias en los datos, como errores tipográficos, variaciones en la capitalización, o la presencia de valores duplicados. La interfaz de usuario intuitiva permite a los usuarios realizar operaciones complejas sin necesidad de conocimientos avanzados de programación, lo que la convierte en una opción accesible para una amplia gama de profesionales.

Trifacta Wrangler es otra herramienta poderosa que facilita la limpieza, transformación y enriquecimiento de datos. Trifacta utiliza un enfoque basado en la Inteligencia Artificial y el aprendizaje automático para sugerir transformaciones de datos, lo que ayuda a los usuarios a identificar y corregir problemas de calidad de datos de manera eficiente. La herramienta permite visualizar las transformaciones de datos en tiempo real, lo que proporciona una retroalimentación inmediata sobre el impacto de las operaciones realizadas, y asegura que los datos resultantes cumplan con los estándares requeridos para análisis posteriores.

Talend Data Quality es una suite de herramientas que proporciona un conjunto completo de funciones para asegurar la calidad de los datos, incluyendo la validación, el perfilado de datos, la limpieza y la deduplicación. Talend Data Quality permite a los usuarios definir reglas personalizadas para asegurar la consistencia y precisión de los datos, así como identificar patrones y anomalías que puedan indicar problemas subyacentes en los datos. La integración con otras herramientas de Talend facilita el flujo de datos en toda la organización, garantizando que la calidad de los datos se mantenga a lo largo de todo el proceso.

Ataccama ONE es otra herramienta integral que combina la gestión de la calidad de los datos con la gobernanza y el perfilado de datos. Ataccama ONE permite a los usuarios automatizar el proceso de limpieza de datos y asegurar que los datos cumplan con las reglas de negocio definidas. La herramienta también proporciona capacidades de monitoreo continuo, lo que permite a las organizaciones identificar y corregir problemas de calidad de datos en tiempo real, minimizando el impacto en los análisis y en la toma de decisiones.

Pandas es una librería en Python que, aunque no está diseñada exclusivamente para la limpieza de datos, es ampliamente utilizada para este propósito debido a su flexibilidad y potencia. Pandas permite manipular y analizar datos estructurados de manera eficiente, proporcionando funciones para la detección de valores nulos, la eliminación de duplicados, la transformación de columnas, y la creación de nuevas características. La posibilidad de integrar Pandas con otras librerías de Python hace que sea una opción popular entre los científicos de datos y los ingenieros de datos.

Great Expectations es una herramienta relativamente nueva que ha ganado popularidad por su enfoque en la validación de datos. Great Expectations permite a los usuarios definir expectativas sobre sus datos, que son reglas o restricciones que los datos deben cumplir. Estas expectativas pueden ser tan simples como garantizar que no haya valores nulos en una columna, o tan complejas como validar distribuciones estadísticas completas. La herramienta genera informes automáticos sobre el estado de los datos en relación con estas expectativas, facilitando la identificación de problemas y la corrección temprana antes de que afecten los análisis o modelos.

DataCleaner es otra herramienta que se especializa en la limpieza y el perfilado de datos. DataCleaner proporciona una amplia gama de funciones para la detección de datos duplicados, la identificación de valores atípicos, y la normalización de datos. La herramienta también incluye capacidades de integración con bases de datos y otras fuentes de datos, lo que facilita la aplicación de reglas de calidad de datos en entornos complejos y distribuidos.

Para entornos empresariales que requieren una solución robusta y escalable, Informatica Data Quality es una de las opciones líderes. Informatica ofrece una plataforma completa que incluye capacidades avanzadas para la gestión de la calidad de los datos, desde la limpieza y estandarización hasta la validación y enriquecimiento de datos. La plataforma se integra bien con otros sistemas de gestión de datos de la empresa, permitiendo una visión holística y un control centralizado sobre la calidad de los datos en toda la organización.

En entornos de Big Data, donde los conjuntos de datos pueden ser extremadamente grandes y complejos, herramientas como Apache Griffin proporcionan capacidades de control de calidad a escala. Apache Griffin permite definir métricas de calidad de datos personalizadas y aplicar estas métricas en conjuntos de datos grandes y distribuidos. La herramienta ofrece una interfaz de usuario para la configuración y el monitoreo de la calidad de los datos, así como la capacidad de generar alertas y reportes cuando se detectan problemas.

DQ Analyzer, una herramienta de perfilado de datos de Uniserv, se enfoca en la identificación de problemas de calidad de datos y en la sugerencia de mejoras. La herramienta es especialmente útil para empresas que manejan grandes volúmenes de datos de clientes, permitiendo mejorar la calidad de los datos mediante la detección de duplicados, la validación de campos y la normalización de datos.

Estas herramientas proporcionan un conjunto completo de opciones para asegurar que los datos utilizados en cualquier análisis o proyecto de Inteligencia Artificial sean de alta calidad, minimizando los errores y maximizando la precisión de los modelos y análisis resultantes. La elección de la herramienta o conjunto de herramientas adecuado depende del entorno específico, los requisitos del proyecto y la infraestructura tecnológica disponible, pero todas estas herramientas juegan un papel crucial en el mantenimiento y mejora continua de la calidad de los datos.

8.2. Técnicas de limpieza y transformación de datos

8.2.1. Eliminación de duplicados

La eliminación de duplicados es un paso crucial en el preprocesamiento de datos que asegura que los conjuntos de datos sean limpios, consistentes y libres de redundancias que podrían distorsionar los análisis y los resultados de los modelos de Inteligencia Artificial. Los duplicados pueden surgir de diversas fuentes, como errores en la entrada de datos, fusiones de bases de datos, y múltiples procesos de importación de datos. Si no se manejan correctamente, los duplicados pueden llevar a resultados sesgados o inexactos, afectando negativamente la calidad de cualquier análisis o modelo basado en esos datos.

El primer paso para eliminar duplicados es la identificación de estos dentro del conjunto de datos. Esta tarea puede ser sencilla o compleja, dependiendo de la naturaleza de los datos y cómo se definen los duplicados. En casos simples, un duplicado puede ser una fila exacta que aparece más de una vez. Sin embargo, en situaciones más complicadas, los duplicados pueden no ser idénticos en todas las columnas, lo que requiere un análisis más detallado para determinar si las filas son efectivamente redundantes. Por ejemplo, dos registros de clientes pueden tener nombres y direcciones similares, pero con pequeñas variaciones en la ortografía, lo que puede hacer que un duplicado no sea evidente a simple vista.

Las herramientas y métodos para identificar y eliminar duplicados varían según el entorno de trabajo y la tecnología utilizada. En el entorno de Python, Pandas es una de las librerías más populares para el manejo de datos. Pandas proporciona funciones como

```
drop_duplicates()
```

que permiten identificar y eliminar filas duplicadas de un DataFrame. Este método puede ser configurado para verificar duplicados en todas las columnas o en un subconjunto específico, permitiendo flexibilidad en cómo se define un duplicado.

Para proyectos que involucran bases de datos más grandes y complejas, herramientas como SQL pueden ser utilizadas para gestionar duplicados. Las consultas SQL permiten identificar duplicados a través de comandos como

```
select distinct
```

o utilizando subconsultas con

```
row_number()
```

para eliminar duplicados en función de criterios específicos. Este enfoque es particularmente útil en entornos de bases de datos relacionales donde los datos están estructurados en múltiples tablas y es necesario considerar las relaciones entre diferentes conjuntos de datos.

En escenarios donde los duplicados no son exactamente idénticos, es necesario aplicar técnicas más avanzadas de coincidencia difusa (fuzzy matching). Herramientas como OpenRefine permiten realizar coincidencias basadas en similitudes de cadenas, lo que es útil para identificar registros que son duplicados, pero que pueden tener pequeñas diferencias en la entrada de datos, como errores tipográficos. Este tipo de análisis puede utilizar algoritmos como Levenshtein, Jaro-Winkler, o técnicas de agrupamiento para determinar la similitud entre registros.

Otro enfoque para la eliminación de duplicados es el uso de deduplicación basada en reglas. Aquí, las reglas se establecen en función de los atributos clave del conjunto de datos, tales como combinaciones de nombres, correos electrónicos y números de teléfono. La definición de reglas personalizadas es particularmente útil en sistemas donde las duplicaciones pueden ocurrir de manera no trivial y donde se requiere un análisis más matizado para determinar si los registros son realmente duplicados.

En entornos de Big Data, donde los conjuntos de datos pueden ser extremadamente grandes, la deduplicación puede convertirse en un desafío debido a las limitaciones de rendimiento. Herramientas como Apache Spark pueden ser utilizadas para manejar la deduplicación en grandes volúmenes de datos. Spark permite la eliminación de duplicados en un entorno distribuido, donde los datos se procesan en paralelo a través de un clúster de computadoras, garantizando que los duplicados se eliminen de manera eficiente sin comprometer el rendimiento general del sistema.

Además, para asegurar la integridad del proceso de eliminación de duplicados, es importante mantener un registro de los datos eliminados. Esto permite auditar y verificar que los registros eliminados eran efectivamente duplicados y no datos únicos que fueron eliminados por error. El mantenimiento de un log o registro de estas operaciones también ayuda en la rastreabilidad, especialmente en entornos regulados donde cada operación en los datos debe ser documentada y justificable.

La eliminación de duplicados no solo mejora la precisión y la eficiencia de los modelos de aprendizaje automático, sino que también optimiza el uso del almacenamiento y reduce el tiempo de procesamiento, ya que los modelos no necesitan manejar información redundante. Al eliminar duplicados, se garantiza que cada registro en el conjunto de datos sea único y significativo, lo que a su vez contribuye a la calidad general del análisis y a la fiabilidad de los resultados obtenidos a partir de esos datos.

La eliminación de duplicados es un componente esencial del proceso de limpieza de datos y crucial para cualquier proyecto de análisis o modelado de datos. La correcta identificación y eliminación de duplicados mediante las herramientas y métodos adecuados asegura la integridad de los datos, mejorando así la calidad y confiabilidad de los resultados que se derivan de su análisis.

8.2.2. Normalización y estandarización

La normalización y la estandarización son dos técnicas fundamentales en el preprocesamiento de datos, especialmente cuando se trabaja con algoritmos de Machine Learning. Ambas técnicas son esenciales para asegurar que los datos numéricos se encuentren en un rango adecuado y sean comparables entre sí, lo cual es crucial para el rendimiento de los modelos de aprendizaje automático.

Normalización

La normalización es el proceso de escalar los valores de una variable a un rango específico, generalmente entre 0 y 1. Esto es especialmente útil cuando se desea evitar que variables con diferentes unidades o magnitudes dominen el modelo. La normalización es común en algoritmos que dependen de la distancia, como k-means clustering o los métodos basados en distancias como el k-NN.

El método más común para normalizar un conjunto de datos es el min-max scaling, donde cada valor se escala utilizando la siguiente fórmula:

```
X_normalizado = (X - X_min) / (X_max - X_min)
```

En esta fórmula:
- `X` es el valor original de la característica.
- `X_min` es el valor mínimo en el conjunto de datos para esa característica.
- `X_max` es el valor máximo en el conjunto de datos para esa característica.

La normalización es particularmente útil cuando se tiene un conjunto de datos donde los atributos tienen diferentes escalas. Por ejemplo, en un conjunto de datos que incluye tanto la edad (que podría variar entre 0 y 100 años) como los ingresos anuales (que podrían variar entre miles y millones), la normalización asegura que ambas variables tengan la misma importancia en los cálculos realizados por el modelo.

Una implementación en Python usando Pandas podría verse de la siguiente manera:

```
import pandas as pd
from sklearn.preprocessing import MinMaxScaler

# Ejemplo de un DataFrame
df = pd.DataFrame({
    'Edad': [20, 30, 40, 50],
    'Ingresos': [20000, 50000, 80000, 110000]
})

# Inicializar el MinMaxScaler
scaler = MinMaxScaler()

# Aplicar la normalización
df_normalizado = pd.DataFrame(scaler.fit_transform(df),
columns=df.columns)

print(df_normalizado)
```

En este ejemplo, la normalización convierte los valores originales en un rango entre 0 y 1, haciendo que ambas características sean comparables en términos de escala.

Estandarización

La estandarización, por otro lado, transforma los datos para que tengan una media de 0 y una desviación estándar de 1. Este proceso es crucial en algoritmos como las redes neuronales y los métodos de regresión, donde se asume que los datos están distribuidos de manera normal.

La fórmula para estandarizar un valor es:

```
X_estandarizado = (X - μ) / σ
```

Donde:
- `X` es el valor original.
- `μ` es la media de los valores en el conjunto de datos.
- `σ` es la desviación estándar de los valores en el conjunto de datos.

La estandarización es particularmente importante cuando los datos siguen una distribución normal o aproximadamente normal. Al estandarizar los datos, los modelos que asumen normalidad en los datos pueden funcionar de manera más eficiente y precisa.

Un ejemplo de estandarización en Python usando Pandas y Scikit-learn es el siguiente:

```
import pandas as pd
from sklearn.preprocessing import StandardScaler

# Ejemplo de un DataFrame
df = pd.DataFrame({
    'Edad': [20, 30, 40, 50],
    'Ingresos': [20000, 50000, 80000, 110000]
})

# Inicializar el StandardScaler
scaler = StandardScaler()

# Aplicar la estandarización
df_estandarizado = pd.DataFrame(scaler.fit_transform(df),
columns=df.columns)

print(df_estandarizado)
```

En este caso, los valores estandarizados tienen una media de 0 y una desviación estándar de 1, lo que facilita su uso en modelos que son sensibles a las distribuciones de datos.

Comparación y elección de técnicas

La elección entre normalización y estandarización depende del algoritmo de Machine Learning y de la naturaleza de los datos. Por ejemplo, la normalización es preferida en técnicas como el clustering y métodos basados en distancias, donde las diferentes escalas de las variables pueden afectar los cálculos de distancia. En contraste, la estandarización es esencial en métodos como la regresión lineal, SVM o redes neuronales, donde la distribución de los datos influye en la convergencia y precisión del modelo.

Es importante tener en cuenta que en algunos casos, se puede necesitar aplicar ambas técnicas en diferentes etapas del preprocesamiento, dependiendo de la estructura y el comportamiento de los datos. Además, algunos modelos, como los árboles de decisión y los algoritmos de boosting, son menos sensibles a la escala de los datos, y en esos casos, la normalización o estandarización podría no ser necesaria.

La aplicación correcta de normalización o estandarización es crucial para mejorar el rendimiento y la precisión de los modelos, asegurando que todas las características contribuyan de manera equitativa y efectiva al proceso de modelado. Esta decisión debe ser basada en un entendimiento profundo del algoritmo que se va a utilizar y la naturaleza de los datos con los que se está trabajando.

8.2.3. Transformaciones y manejo de variables categóricas

El manejo de variables categóricas es una parte crucial del preprocesamiento de datos, especialmente en el contexto del aprendizaje automático. Las variables categóricas son aquellas que representan categorías discretas o etiquetas, en lugar de valores numéricos continuos. Ejemplos comunes incluyen género, colores, tipos de productos, entre otros. Dado que muchos algoritmos de Machine Learning requieren datos numéricos, es necesario transformar estas variables categóricas en un formato adecuado para su procesamiento.

Tipos de variables categóricas

Antes de profundizar en las técnicas de transformación, es importante entender que las variables categóricas pueden clasificarse en dos tipos principales:

1. Nominales: Estas son categorías sin un orden inherente. Por ejemplo, colores como "`rojo`", "`azul`" y "`verde`" no tienen un orden lógico.
2. Ordinales: Estas categorías tienen un orden inherente. Por ejemplo, "`bajo`", "`medio`" y "`alto`" tienen un orden natural.

Métodos de transformación de variables categóricas

Existen varias técnicas para transformar variables categóricas en un formato que los modelos de Machine Learning puedan procesar. A continuación, se detallan las más comunes.

Codificación One-Hot (One-Hot Encoding)

La codificación One-Hot es una de las técnicas más utilizadas para transformar variables categóricas nominales. Consiste en crear una nueva variable binaria (0 o 1) para cada categoría de la variable original. Este método asegura que no se introduzca un orden artificial en las variables categóricas.

Por ejemplo, si se tiene una variable "`color`" con categorías "`rojo`", "`azul`" y "`verde`", la codificación One-Hot crearía tres nuevas variables:

- `color_rojo`
- `color_azul`
- `color_verde`

Si un dato tiene el valor "`rojo`" para la variable "`color`", se representará como:

```
color_rojo = 1, color_azul = 0, color_verde = 0
```

En Python, esto se puede implementar utilizando la librería Pandas:

```
import pandas as pd

# Ejemplo de DataFrame
df = pd.DataFrame({
    'Color': ['rojo', 'azul', 'verde', 'rojo', 'verde']
})

# Aplicar One-Hot Encoding
df_one_hot = pd.get_dummies(df, columns=['Color'])

print(df_one_hot)
```

Codificación ordinal (Ordinal Encoding)

La codificación ordinal es adecuada para variables categóricas ordinales. Asigna un valor numérico a cada categoría en función de su orden. Este método preserva la relación de orden inherente en la variable.
Por ejemplo, si se tiene una variable "tamaño" con categorías "pequeño", "mediano" y "grande", se pueden asignar valores como:

- pequeño = 1
- mediano = 2
- grande = 3

En Python, la codificación ordinal se puede realizar de la siguiente manera:

```
import pandas as pd
from sklearn.preprocessing import OrdinalEncoder

# Ejemplo de DataFrame
df = pd.DataFrame({
    'Tamaño': ['pequeño', 'mediano', 'grande', 'pequeño', 'grande']
})

# Inicializar el OrdinalEncoder
ordinal_encoder = OrdinalEncoder(categories=[['pequeño', 'mediano',
'grande']])

# Aplicar la codificación ordinal
df['Tamaño_ordinal'] = ordinal_encoder.fit_transform(df[['Tamaño']])

print(df)
```

Codificación de frecuencia (Frequency Encoding)

La codificación de frecuencia asigna a cada categoría un valor numérico basado en la frecuencia con la que aparece en el conjunto de datos. Este método es útil cuando la frecuencia de las categorías es relevante para el modelo.

Por ejemplo, si una categoría aparece con más frecuencia, se le asignará un valor más alto. Este tipo de codificación puede ser especialmente útil en modelos donde la frecuencia de las categorías tiene un impacto significativo en el resultado.

Aquí hay un ejemplo de cómo se puede implementar en Python:

```
import pandas as pd

# Ejemplo de DataFrame
```

```
df = pd.DataFrame({
    'Color': ['rojo', 'azul', 'verde', 'rojo', 'verde', 'rojo']
})

# Calcular la frecuencia
freq_encoding = df['Color'].value_counts(normalize=True)

# Mapear las frecuencias a las categorías
df['Color_freq'] = df['Color'].map(freq_encoding)

print(df)
```

Codificación target (Target Encoding)

La codificación Target (también conocida como Mean Encoding) asigna a cada categoría el promedio del valor objetivo (`target`) para las observaciones en las que aparece esa categoría. Este método puede ser útil, pero debe utilizarse con cuidado debido al riesgo de overfitting.

Por ejemplo, si se tiene una variable "`barrio`" y se quiere predecir el precio de una casa, se puede codificar "`barrio`" con el precio promedio de las casas en ese barrio.

Aquí un ejemplo básico de cómo podría implementarse:

```
import pandas as pd

# Ejemplo de DataFrame
df = pd.DataFrame({
    'Barrio': ['A', 'B', 'A', 'C', 'B'],
    'Precio': [200000, 250000, 220000, 180000, 260000]
})

# Calcular la media del precio para cada barrio
mean_encoding = df.groupby('Barrio')['Precio'].mean()

# Mapear las medias a las categorías de barrio
df['Barrio_encoded'] = df['Barrio'].map(mean_encoding)

print(df)
```

Consideraciones al elegir una técnica

La elección de la técnica de codificación depende de varios factores, incluidos el tipo de variable categórica (nominal u ordinal), el modelo de Machine Learning que se esté utilizando y la naturaleza de los datos. Por ejemplo

- Para modelos lineales y modelos basados en árboles, la codificación One-Hot suele ser una opción segura y efectiva.

- La codificación ordinal es ideal para variables categóricas que tienen un orden natural, pero no debe usarse con variables nominales.
- La codificación de frecuencia y la codificación target pueden ser poderosas, pero deben manejarse con precaución para evitar el overfitting, especialmente cuando se trabaja con conjuntos de datos pequeños.

Además, es importante considerar el impacto en el tamaño del conjunto de datos. La codificación One-Hot puede aumentar significativamente la dimensionalidad del conjunto de datos, lo que podría ralentizar el entrenamiento de los modelos o aumentar los requisitos de almacenamiento.

El manejo adecuado de las variables categóricas es fundamental para construir modelos de Machine Learning precisos y eficientes. Al aplicar estas transformaciones correctamente, se puede mejorar significativamente la capacidad predictiva del modelo y su capacidad para generalizar a nuevos datos.

8.3. Gestión de datos faltantes y anómalos

8.3.1. Identificación y tratamiento de datos faltantes

La identificación y tratamiento de datos faltantes es un paso crucial en el preprocesamiento de datos, especialmente en proyectos de Machine Learning. Los datos faltantes pueden introducir sesgos y reducir la precisión de los modelos predictivos, por lo que es esencial abordarlos de manera sistemática y efectiva.

Identificación de datos faltantes

Antes de tratar los datos faltantes, el primer paso es identificarlos. Los datos faltantes pueden presentarse de diversas maneras, dependiendo de cómo se haya recopilado el conjunto de datos. Comúnmente, los valores faltantes se representan como `NaN` (Not a Number) en librerías como Pandas en Python, pero también pueden aparecer como espacios en blanco, ceros, o incluso como valores extremadamente altos o bajos que no son posibles en el contexto del dato.

En Python, la identificación de valores faltantes en un data frame puede realizarse de la siguiente manera:

```
import pandas as pd

# Ejemplo de DataFrame con valores faltantes
data = {
```

```
    'A': [1, 2, None, 4],
    'B': [5, None, None, 8],
    'C': [9, 10, 11, 12]
}

df = pd.DataFrame(data)

# Identificar valores faltantes
print(df.isnull())

# Contar valores faltantes por columna
print(df.isnull().sum())
```

Este código muestra qué valores están faltando (`True` indica que el valor falta) y cuenta cuántos valores faltan en cada columna. Este tipo de análisis es el primer paso para decidir cómo manejar los datos faltantes.

Tipos de datos faltantes

Los datos faltantes pueden clasificarse en tres categorías principales:

1. MCAR (Missing Completely at Random): Los datos faltan completamente al azar y no están relacionados con ninguna otra variable en el conjunto de datos. Por ejemplo, si se pierde una muestra debido a un error técnico que no tiene relación con las características de los datos.

2. MAR (Missing at Random): Los datos faltan de manera aleatoria pero están relacionados con otra variable observable. Por ejemplo, si los ingresos de una persona faltan en función de su nivel educativo, pero no de otra variable en el conjunto de datos.

3. MNAR (Missing Not at Random): Los datos faltan de manera que no es aleatoria y están relacionados con la variable que falta. Por ejemplo, si las personas no reportan su ingreso debido a la sensibilidad del dato.

El tratamiento de datos faltantes depende del tipo de datos faltantes y del impacto potencial en el análisis o el modelo.

Eliminación de datos faltantes

Uno de los enfoques más directos es eliminar las filas o columnas que contienen datos faltantes. Esto es adecuado cuando la cantidad de datos faltantes es mínima y no se compromete la integridad del análisis al eliminar esos datos.

En Python, esto puede hacerse con:

```
# Eliminar filas con cualquier valor faltante
df_dropped_rows = df.dropna()

# Eliminar columnas con cualquier valor faltante
df_dropped_columns = df.dropna(axis=1)
```

Imputación de datos faltantes
Cuando no es posible eliminar los datos faltantes, se pueden reemplazar los valores ausentes por valores adecuados (imputación). Las técnicas de imputación más comunes son:

- Imputación con el promedio (media)
- Imputación con la mediana
- Imputación con la moda
- Imputación con un valor constante
- Imputación basada en un modelo predictivo

Para no tener que repetir estos puntos, los explicaré y profundizaré en los apartados siguientes.

Uso de algoritmos que manejan datos faltantes

Algunos algoritmos de Machine Learning pueden manejar datos faltantes de manera efectiva sin necesidad de imputación previa. Por ejemplo, los árboles de decisión y algunos modelos basados en ensambles como los Random Forest pueden lidiar con datos faltantes durante el proceso de entrenamiento.

Consideraciones para el tratamiento de datos faltantes

Es importante considerar el impacto del tratamiento de datos faltantes en el análisis o el modelo predictivo. La imputación puede introducir sesgos si no se hace de manera adecuada, y la eliminación de datos faltantes puede reducir el tamaño del conjunto de datos de manera significativa, afectando la representatividad de los datos.

Además, es recomendable realizar un análisis de sensibilidad para evaluar cómo diferentes técnicas de tratamiento de datos faltantes afectan los resultados del modelo. Esto permite seleccionar el enfoque más adecuado para el contexto específico.

La identificación y tratamiento de datos faltantes es un paso que requiere un enfoque cuidadoso para asegurar que no se introduzcan sesgos y que el análisis o modelo predictivo sea lo más preciso posible.

8.3.2. Detección de valores atípicos

La detección de valores atípicos es un paso crítico en el preprocesamiento de datos, especialmente en el análisis de datos y en la construcción de modelos de Machine Learning. Los valores atípicos, también conocidos como "outliers", son observaciones que se desvían significativamente del resto de los datos. Estos pueden resultar de errores de medición, entradas de datos incorrectas, o fenómenos reales que ocurren en la distribución de datos, y pueden influir desproporcionadamente en los resultados del análisis y en el rendimiento de los modelos predictivos.

Importancia de la detección de valores atípicos

Los valores atípicos pueden tener un impacto significativo en los modelos estadísticos y de Machine Learning. En modelos lineales, como la regresión, un solo valor atípico puede alterar drásticamente los coeficientes estimados, lo que lleva a inferencias incorrectas. En análisis de clustering o clasificación, los valores atípicos pueden distorsionar las fronteras de decisión o las agrupaciones formadas por los datos.

Por estas razones, la detección y el manejo adecuado de los valores atípicos es esencial para asegurar que los modelos sean precisos y generalizables.

Métodos para la detección de valores atípicos

Existen varios métodos para detectar valores atípicos, cada uno con sus propias ventajas y desventajas. Los métodos más comunes incluyen análisis univariado, análisis multivariado, y técnicas específicas de Machine Learning.

1. Análisis univariado

Este método se enfoca en detectar valores atípicos en una sola variable a la vez. Algunas de las técnicas más utilizadas son:

- **Visualización con diagramas de caja (boxplots):** Un diagrama de caja es una herramienta gráfica que muestra la distribución de una variable a través de sus cuartiles. Los valores que se encuentran más allá de los "bigotes" del diagrama son considerados atípicos.

```
import matplotlib. pyplot as plt
import seaborn as sns

# Ejemplo de creación de un diagrama de caja
sns.boxplot(x=df['A'])
plt.show()
```

- **Identificación basada en la regla de Tukey:** Según esta regla, cualquier observación que se encuentre a más de 1.5 veces el rango intercuartílico (IQR) por encima del tercer cuartil o por debajo del primer cuartil se considera un valor atípico.

```
Q1 = df['A'].quantile(0.25)
Q3 = df['A'].quantile(0.75)
IQR = Q3 - Q1

lower_bound = Q1 - 1.5 * IQR
upper_bound = Q3 + 1.5 * IQR

outliers = df[(df['A'] < lower_bound) | (df['A'] > upper_bound)]
```

2. Análisis multivariado

El análisis multivariado considera la relación entre múltiples variables para identificar valores atípicos. Algunas de las técnicas más utilizadas son:

- **Distancia de Mahalanobis:** Esta métrica calcula la distancia de cada punto de datos desde el centro de una distribución multivariada, teniendo en cuenta las correlaciones entre las variables. Los puntos con distancias de Mahalanobis grandes son considerados atípicos.

```
import numpy as np
from scipy.spatial.distance import mahalanobis
from scipy.stats import chi2

mean = np.mean(df[['A', 'B', 'C']], axis=0)
cov = np.cov(df[['A', 'B', 'C']].values.T)
inv_covmat = np.linalg.inv(cov)

df['Mahalanobis'] = df.apply(lambda x: mahalanobis(x[['A', 'B',
'C']], mean, inv_covmat), axis=1)
df['p_value'] = df['Mahalanobis'].apply(lambda x: 1 - chi2.cdf(x,
df=2))

outliers = df[df['p_value'] < 0.01]
```

- **Análisis de Componentes Principales (PCA):** PCA puede reducir la dimensionalidad de los datos y destacar observaciones que no se alinean con los componentes principales, lo que podría indicar que son valores atípicos. Lo vamos a ver más adelante para no repetirme más de lo necesario.

3. Técnicas de Machine Learning

Algunos algoritmos de Machine Learning están diseñados para detectar valores atípicos de manera automática, considerando patrones complejos en los datos. Algunos ejemplos incluyen:

- **Isolation Forest:** Este algoritmo se basa en la construcción de árboles de decisión que aíslan observaciones individuales. Las observaciones que requieren menos divisiones para ser aisladas son consideradas atípicas.

```
from sklearn.ensemble import IsolationForest

iso_forest = IsolationForest(contamination=0.05)
df['outlier'] = iso_forest.fit_predict(df[['A', 'B', 'C']])
```

- **Support Vector Machine (SVM) para detección de outliers:** Usando una versión modificada de SVM llamada One-Class SVM, es posible identificar el contorno que contiene la mayor parte de los datos y detectar los valores que están fuera de este contorno.

```
from sklearn.svm import OneClassSVM

svm = OneClassSVM(gamma='auto', nu=0.05)
df['outlier'] = svm.fit_predict(df[['A', 'B', 'C']])
```

Consideraciones para el manejo de valores atípicos

Una vez identificados los valores atípicos, se deben tomar decisiones sobre cómo manejarlos. Algunas de las opciones más comunes son:

- **Eliminar los valores atípicos:** Si los valores atípicos son errores o no son representativos de la población general, pueden eliminarse del conjunto de datos.

- **Imputación:** En lugar de eliminar los valores atípicos, es posible imputar valores que sean más consistentes con el resto del conjunto de datos.

- **Tratar los valores atípicos como una categoría especial:** En algunos contextos, es útil tratar los valores atípicos como una categoría separada o transformarlos para reducir su impacto.

- **Usar algoritmos robustos:** En lugar de eliminar o transformar los valores atípicos, se pueden usar modelos que son menos sensibles a los outliers, como el uso de medianas en lugar de medias.

La elección de la técnica adecuada depende del contexto específico y de la naturaleza del conjunto de datos. Ignorar los valores atípicos puede llevar a resultados engañosos y a modelos con un rendimiento inferior, mientras que un tratamiento adecuado puede mejorar la precisión y generalización del modelo predictivo.

8.3.3. Métodos de imputación

La imputación de datos es un proceso fundamental en el preprocesamiento de datos, especialmente cuando se trabaja con conjuntos de datos que contienen valores faltantes. Los valores faltantes pueden surgir por diversas razones, como errores de medición, errores en la entrada de datos o simplemente porque la información no estaba disponible en el momento de la recolección. Dejar estos valores faltantes sin tratar puede llevar a resultados sesgados o incorrectos en los análisis y modelos predictivos. Existen varios métodos de imputación que pueden ser utilizados dependiendo de la naturaleza de los datos y del contexto del análisis.

Imputación simple

1. Imputación por media, mediana o moda

Este es uno de los métodos más sencillos y comunes para imputar valores faltantes. Consiste en reemplazar los valores faltantes con la media, mediana o moda de la variable en cuestión. La elección entre media, mediana o moda depende de la naturaleza de los datos:

- **Media:** Es apropiada para variables numéricas que siguen una distribución aproximadamente normal. Sin embargo, es sensible a la presencia de valores atípicos.

```
df['columna'].fillna(df['columna'].mean(), inplace=True)
```

- **Mediana:** Es más robusta frente a valores atípicos y es útil para variables numéricas sesgadas.

```
df['columna'].fillna(df['columna'].median(), inplace=True)
```

- **Moda:** Se utiliza principalmente para variables categóricas, reemplazando los valores faltantes con la categoría más frecuente.

```
df['columna'].fillna(df['columna'].mode()[0], inplace=True)
```

2. Imputación con un valor constante

En algunos casos, es útil imputar los valores faltantes con un valor constante que tenga sentido dentro del contexto del análisis. Por ejemplo, en un dataset donde se registran ingresos, los valores faltantes podrían ser imputados con un valor como "0" si se asume que la falta de ingreso es indicativa de no tener ingresos.

```
df['columna'].fillna(0, inplace=True)
```

Imputación avanzada

1. Imputación basada en modelos predictivos

Este método utiliza algoritmos de Machine Learning para predecir los valores faltantes basándose en otras características del conjunto de datos. Los modelos más comúnmente utilizados para este propósito incluyen regresión lineal, árboles de decisión y bosques aleatorios (random forests).

- **Regresión lineal:** Se construye un modelo de regresión donde la variable con valores faltantes se predice en función de otras variables.

```
from sklearn.linear_model import LinearRegression

# Dividir el dataset en observaciones completas e incompletas
complete_data = df[df['columna'].notnull()]
missing_data = df[df['columna'].isnull()]

# Entrenar un modelo de regresión en los datos completos
reg = LinearRegression()
reg.fit(complete_data[['feature1', 'feature2']],
complete_data['columna'])

# Predecir los valores faltantes
predicted_values = reg.predict(missing_data[['feature1',
'feature2']])

# Rellenar los valores faltantes con las predicciones
df.loc[df['columna'].isnull(), 'columna'] = predicted_values
```

- **Bosques aleatorios (Random Forests):** Este método es particularmente útil para conjuntos de datos complejos con interacciones no lineales entre las variables.

```
from sklearn.ensemble import RandomForestRegressor

rf = RandomForestRegressor()
rf.fit(complete_data[['feature1', 'feature2']],
complete_data['columna'])
```

```
predicted_values = rf.predict(missing_data[['feature1',
'feature2']])

df.loc[df['columna'].isnull(), 'columna'] = predicted_values
```

2. Imputación con k-Nearest Neighbors (k-NN)

KNN es otro enfoque basado en Machine Learning que imputa los valores faltantes utilizando la media, mediana o moda de las observaciones más cercanas (vecinos) en el espacio de características. Este método es flexible y puede capturar relaciones complejas entre variables.

```
from sklearn.impute import KNNImputer

imputer = KNNImputer(n_neighbors=5)
df[['columna1', 'columna2']] = imputer.fit_transform(df[['columna1',
'columna2']])
```

Imputación en series temporales

Para los datos que tienen una naturaleza temporal, es importante considerar métodos que respeten la estructura temporal de los datos.

- **Forward Fill (Relleno hacia adelante)**: Imputa los valores faltantes con el último valor conocido anterior.

```
df['columna'].fillna(method='ffill', inplace=True)
```

- **Backward Fill (Relleno hacia atrás):** Imputa los valores faltantes con el siguiente valor conocido posterior.

```
df['columna'].fillna(method='bfill', inplace=True)
```

- **Interpolación:** Calcula los valores faltantes utilizando interpolación lineal o polinómica basada en los valores anteriores y posteriores.

```
df['columna'].interpolate(method='linear', inplace=True)
```

Consideraciones adicionales

La elección del método de imputación debe hacerse con cuidado, considerando el impacto que puede tener en los análisis y modelos subsecuentes. Por ejemplo, la imputación por media puede reducir la variabilidad en los datos, mientras que la imputación basada en modelos puede introducir sesgos si el modelo predictivo no está bien calibrado.

En algunos casos, especialmente cuando el porcentaje de datos faltantes es muy alto, puede ser más apropiado considerar métodos como el análisis de imputación múltiple, donde se generan múltiples conjuntos de datos imputados y los resultados se combinan para obtener una estimación más robusta.

La imputación es una herramienta para mejorar la calidad de los datos y asegurar que los análisis sean representativos y precisos. Sin embargo, siempre es recomendable evaluar el impacto de la imputación en los resultados y, cuando sea posible, realizar análisis de sensibilidad para comprender cómo las decisiones de imputación afectan las conclusiones obtenidas.

9. Modelado de datos

El modelado de datos es una de las fases más cruciales y complejas dentro del proceso de análisis de datos y desarrollo de modelos de aprendizaje automático. En términos generales, el modelado de datos implica la transformación de datos brutos en un formato que pueda ser utilizado para extraer información significativa, hacer predicciones y tomar decisiones basadas en datos. Este proceso abarca desde la selección y transformación de características hasta la construcción, entrenamiento y evaluación de modelos predictivos. Es esencial en cualquier proyecto de ciencia de datos, ya que define cómo se estructuran los datos y cómo se aplican los modelos de aprendizaje automático.

El modelado de datos comienza con la identificación y selección de características relevantes, un proceso conocido como selección de características o feature selection. Este paso es fundamental para reducir la dimensionalidad del conjunto de datos y mejorar tanto la eficiencia del modelo como su capacidad para generalizar en datos no vistos. Las características o variables seleccionadas deben tener una fuerte correlación con la variable objetivo y estar libres de ruido o redundancia. Existen varias técnicas para la selección de características, que van desde métodos estadísticos simples hasta enfoques más complejos basados en la importancia de las características dentro de modelos de aprendizaje automático.

Otro aspecto clave del modelado de datos es la reducción de dimensionalidad. Este proceso es crucial cuando se trabaja con conjuntos de datos que contienen un gran número de variables, lo que puede llevar a problemas como el sobreajuste o la maldición de la dimensionalidad. La reducción de dimensionalidad busca proyectar los datos en un espacio de menor dimensión sin perder información relevante. Métodos como el análisis de componentes principales y el análisis discriminante lineal son técnicas populares que permiten reducir la cantidad de características manteniendo al mismo tiempo la mayor cantidad posible de varianza o discriminación entre clases.

Estos dos métodos los vamos a ir profundizando a medida que avanzamos para hacer un análisis de ambos.

Una vez que se han seleccionado y transformado las características, el siguiente paso en el modelado de datos es la construcción y entrenamiento del modelo. La construcción de un modelo implica la elección de un algoritmo de aprendizaje adecuado, que puede variar dependiendo del tipo de problema (regresión, clasificación, clustering, etc.) y la naturaleza de los datos. Por ejemplo, en problemas de regresión se pueden utilizar modelos como la regresión lineal o la regresión polinómica, mientras que para la clasificación se pueden emplear algoritmos como árboles de decisión, máquinas de soporte vectorial o redes neuronales.

El entrenamiento del modelo consiste en ajustar los parámetros del modelo para que este pueda aprender de los datos de entrenamiento. Durante esta fase, se minimiza una función de pérdida o error que mide qué tan bien el modelo está realizando las predicciones. Es esencial tener en cuenta el problema del sobreajuste durante el entrenamiento, lo que significa que el modelo aprende demasiado bien los detalles y el ruido de los datos de entrenamiento, perdiendo su capacidad de generalización.

El proceso de modelado de datos no estaría completo sin la evaluación y ajuste de los modelos. Después de entrenar el modelo, es necesario evaluar su rendimiento utilizando un conjunto de datos separado, comúnmente llamado conjunto de validación o de prueba. Las métricas de rendimiento, como la precisión, el recall, el F1-score, o el error cuadrático medio (en el caso de problemas de regresión), permiten medir la efectividad del modelo y compararlo con otros modelos o versiones del mismo. Además, es posible que sea necesario ajustar hiperparámetros, que son los parámetros que no se aprenden durante el entrenamiento, sino que se establecen antes del proceso de entrenamiento. Estos hiperparámetros pueden incluir el número de capas en una red neuronal, la profundidad máxima de un árbol de decisión, o la tasa de aprendizaje en un algoritmo de optimización.

El modelado de datos es un proceso iterativo que a menudo requiere múltiples ciclos de ajuste y reevaluación para alcanzar el modelo óptimo. A medida que el entorno de datos cambia, es posible que sea necesario reevaluar o volver a entrenar los modelos existentes, lo que resalta la importancia de tener un ciclo de vida continuo en el desarrollo de modelos.

Este proceso es fundamental para garantizar que los modelos de aprendizaje automático sean precisos, eficientes y aplicables a problemas del mundo real.

Veámoslo más a fondo.

9.1. Selección de características (feature selection)

La selección de características, o feature selection, es un paso fundamental en el proceso de modelado de datos, ya que implica la identificación y elección de las variables más relevantes de un conjunto de datos para construir modelos predictivos más precisos y eficientes. La selección adecuada de características no solo mejora la precisión de los modelos, sino que tambien reduce la complejidad computacional, disminuye el riesgo de sobreajuste y facilita la interpretación del modelo.

La necesidad de la selección de características surge principalmente debido a la abundancia de datos que hoy en día está disponible. En muchas aplicaciones de aprendizaje automático, los conjuntos de datos pueden contener cientos o miles de variables (o características), muchas de las cuales pueden ser irrelevantes o redundantes para la tarea específica de predicción. Utilizar todas las características disponibles no siempre es lo más eficaz, ya que esto puede aumentar el ruido en el modelo y dificultar la extracción de patrones significativos.

El proceso de selección de características puede abordarse utilizando diferentes enfoques que, en general, se dividen en tres categorías: métodos de filtro, métodos de envoltura (wrapper) y métodos integrados (embedded)

Los métodos de filtro evalúan la relevancia de cada característica de manera independiente del modelo de aprendizaje automático que se utilizará posteriormente. Estos métodos se basan en métricas estadísticas para seleccionar las características más relevantes. Por ejemplo, se pueden utilizar técnicas como la prueba de chi-cuadrado para variables categóricas, o el coeficiente de correlación de Pearson para variables numéricas, para identificar qué características tienen la relación más fuerte con la variable objetivo. Una de las principales ventajas de los métodos de filtro es su rapidez y simplicidad, ya que no dependen del tipo de modelo que se va a aplicar. Sin embargo, su desventaja radica en que no tienen en cuenta las interacciones entre características, lo que puede llevar a una selección subóptima.

Los métodos de envoltura, por otro lado, consideran el impacto de las características en un modelo de aprendizaje específico. En este enfoque, se selecciona un subconjunto de características y se entrena el modelo con ellas, evaluando su rendimiento. Se repite este proceso con diferentes combinaciones de características para identificar cuál conjunto de variables produce el mejor rendimiento del modelo. Entre los métodos de envoltura más comunes se encuentra la selección secuencial hacia adelante, donde se empieza con un conjunto vacío de características y se van añadiendo una por una, seleccionando en cada paso la característica que más mejora el rendimiento del modelo. También existe la selección secuencial hacia atrás, que comienza con todas las características y las elimina de una en una. Aunque estos métodos pueden producir mejores resultados, son computacionalmente costosos, especialmente en conjuntos de datos con un gran número de variables.

Los métodos integrados (embedded) combinan las ventajas de los métodos de filtro y envoltura. Estos métodos realizan la selección de características durante el proceso de entrenamiento del modelo. Un ejemplo común es el uso de algoritmos de regularización, como Lasso (Least Absolute Shrinkage and Selection Operator), que añade una penalización a la función de pérdida del modelo para reducir los coeficientes de características irrelevantes a cero, efectivamente eliminándolas del modelo. Otro ejemplo es el uso de árboles de decisión o bosques aleatorios, donde la importancia de las características puede ser evaluada directamente en base a cómo se utilizan en el proceso de decisión del modelo.

El proceso de selección de características también puede incluir técnicas como la selección basada en la importancia de características derivada de modelos entrenados, donde se analizan las características más relevantes según un modelo ya entrenado, y técnicas de reducción de dimensionalidad, como el análisis de componentes principales, aunque esta última se centra más en transformar las características que en seleccionarlas.

En la práctica, la selección de características es un proceso iterativo que a menudo requiere la combinación de varios métodos y la evaluación continua del rendimiento del modelo. Dependiendo de la naturaleza del problema y del conjunto de datos, diferentes enfoques pueden ser más apropiados. En cualquier caso, la selección de características adecuada es crucial para construir modelos robustos que no solo ofrezcan un alto rendimiento predictivo, sino que también sean interpretables y escalables.

Un ejemplo de cómo se podría implementar un proceso de selección de características en Python usando Scikit-learn podría verse así:

```
from sklearn.feature_selection import SelectKBest, f_classif
from sklearn.datasets import load_iris
from sklearn.model_selection import train_test_split
from sklearn.ensemble import RandomForestClassifier
from sklearn.metrics import accuracy_score

# Cargar el conjunto de datos
data = load_iris()
X, y = data.data, data.target

# Dividir el conjunto de datos en entrenamiento y prueba
X_train, X_test, y_train, y_test = train_test_split(X, y,
test_size=0.3, random_state=42)
```

```
# Aplicar la selección de características usando ANOVA F-test
selector = SelectKBest(score_func=f_classif, k=2) # Selecciona las 2
mejores características
X_train_selected = selector.fit_transform(X_train, y_train)
X_test_selected = selector.transform(X_test)

# Entrenar un modelo con las características seleccionadas
model = RandomForestClassifier(random_state=42)
model.fit(X_train_selected, y_train)

# Evaluar el modelo
y_pred = model.predict(X_test_selected)
accuracy = accuracy_score(y_test, y_pred)

print(f"Precisión del modelo con características seleccionadas: {ac-
curacy:.4f}")
```

Este código demuestra cómo seleccionar las dos características más relevantes utilizando el método ANOVA F-test y entrenar un modelo de bosque aleatorio con ellas. Este proceso de selección de características puede ser ajustado para diferentes modelos y métodos de selección según los requerimientos específicos del problema y el conjunto de datos.

Ahora desglosemos el tema para analizarlo más exactamente y poder hacernos una mejor idea.

9.1.1. Técnicas de selección de características

La selección de características es un paso crítico en la construcción de modelos de aprendizaje automático, y hay diversas técnicas que se pueden emplear para identificar las variables más relevantes que mejoran el rendimiento del modelo. Estas técnicas, dependiendo de su enfoque, se pueden clasificar en tres categorías principales: métodos de filtro, métodos de envoltura y métodos integrados. Cada una de estas técnicas tiene su propio conjunto de métodos específicos que pueden ser utilizados dependiendo de la naturaleza del problema y del tipo de datos.

1. Métodos de filtro:

Los métodos de filtro son independientes del modelo de aprendizaje automático y se basan en propiedades estadísticas de los datos. Evalúan la relevancia de cada característica antes de que se aplique cualquier modelo, y seleccionan las más importantes según ciertas métricas estadísticas.

- **Chi-cuadrado (Chi-squared test):** Es una prueba estadística utilizada para examinar la independencia entre dos variables categóricas. En la selección de características, se utiliza para evaluar la relación entre cada característica y la variable objetivo. Las características con valores de chi-cuadrado más altos se consideran más relevantes.

```
from sklearn.feature_selection import SelectKBest, chi2
X_new = SelectKBest(chi2, k=10).fit_transform(X, y)
```

- **Mutual Information:** Mide la dependencia entre dos variables, evaluando cuánta información sobre una variable puede ser obtenida a través de la otra. Es útil tanto para variables categóricas como continuas.

```
from sklearn.feature_selection import mutual_info_classif
mutual_info = mutual_info_classif(X, y)
```

- **Coeficiente de correlación de Pearson:** Utilizado para medir la correlación lineal entre dos variables continuas. Características con una alta correlación con la variable objetivo (positiva o negativa) son generalmente más útiles.

```
from scipy.stats import pearsonr
correlation, _ = pearsonr(X[:,0], y)
```

- **ANOVA (Analysis of Variance):** Evaluar si hay diferencias significativas entre las medias de diferentes grupos categóricos. Es ampliamente utilizado cuando la variable objetivo es categórica y las características son continuas.

```
from sklearn.feature_selection import SelectKBest, f_classif
X_new = SelectKBest(f_classif, k=10).fit_transform(X, y)
```

2. Métodos de envoltura:

Los métodos de envoltura consideran un modelo de aprendizaje específico y utilizan su rendimiento como criterio para la selección de características. Estos métodos suelen ser computacionalmente más intensivos, ya que implican la evaluación del modelo varias veces.

- **Recursive Feature Elimination (RFE):** RFE es un método iterativo que entrena un modelo y elimina las características menos importantes basándose en el peso asignado por el modelo. Este proceso se repite hasta que se alcanza el número deseado de características.

```
from sklearn.feature_selection import RFE
from sklearn.ensemble import RandomForestClassifier
rfe = RFE(estimator=RandomForestClassifier(),
n_features_to_select=10)
X_new = rfe.fit_transform(X, y)
```

- **Sequential Feature Selection:** Este método incluye o excluye características de manera secuencial y evalúa el rendimiento del modelo en cada iteración. Existen dos variantes: Forward Selection, que comienza con un conjunto vacío y va añadiendo características, y Backward Elimination, que comienza con todas las características y va eliminando las menos relevantes.

```
from sklearn.feature_selection import SequentialFeatureSelector
sfs = SequentialFeatureSelector(RandomForestClassifier(),
n_features_to_select=10)
X_new = sfs.fit_transform(X, y)
```

3. Métodos integrados:

Los métodos integrados realizan la selección de características durante el proceso de entrenamiento del modelo. A diferencia de los métodos de filtro y envoltura, estos métodos están integrados en la creación del modelo y no requieren un paso separado de selección de características.

- **Lasso (Least Absolute Shrinkage and Selection Operator):** Lasso es una forma de regresión lineal que incluye una penalización para la suma de los valores absolutos de los coeficientes del modelo. Esta penalización tiende a reducir los coeficientes de las características menos importantes a cero, eliminándolas efectivamente del modelo.

```
from sklearn.linear_model import Lasso
lasso = Lasso(alpha=0.1)
lasso.fit(X, y)
selected_features = X[:, lasso.coef_ != 0]
```

- **Elastic Net:** Es una generalización de Lasso que combina la penalización de Lasso con la de Ridge Regression (que penaliza la suma de los cuadrados de los coeficientes). Esto permite manejar conjuntos de datos con características altamente correlacionadas.

```
from sklearn.linear_model import ElasticNet
enet = ElasticNet(alpha=1.0, l1_ratio=0.5)
enet.fit(X, y)
selected_features = X[:, enet.coef_ != 0]
```

- **Random Forest Importance:** Los modelos de árboles de decisión y los bosques aleatorios proporcionan una forma natural de seleccionar características al calcular la importancia de cada característica durante el entrenamiento. Las características que se utilizan con mayor frecuencia para dividir los nodos suelen ser más importantes.

```
from sklearn.ensemble import RandomForestClassifier
model = RandomForestClassifier()
```

```
model.fit(X, y)
importances = model.feature_importances_
```

Aplicación práctica:

Supongamos que estamos trabajando con un conjunto de datos que contiene una gran cantidad de variables, y queremos utilizar un modelo de Random Forest para predecir la clase de una muestra. Podemos emplear RFE para seleccionar las características más importantes y luego entrenar el modelo utilizando solo estas características seleccionadas.

```
from sklearn.datasets import load_iris
from sklearn.ensemble import RandomForestClassifier
from sklearn.feature_selection import RFE
from sklearn.model_selection import train_test_split
from sklearn.metrics import accuracy_score

# Cargar el conjunto de datos
data = load_iris()
X, y = data.data, data.target

# Dividir el conjunto de datos en entrenamiento y prueba
X_train, X_test, y_train, y_test = train_test_split(X, y,
test_size=0.3, random_state=42)

# Aplicar RFE para seleccionar las mejores características
rfe = RFE(estimator=RandomForestClassifier(),
n_features_to_select=2)
X_train_rfe = rfe.fit_transform(X_train, y_train)
X_test_rfe = rfe.transform(X_test)

# Entrenar el modelo con las características seleccionadas
model = RandomForestClassifier(random_state=42)
model.fit(X_train_rfe, y_train)

# Evaluar el modelo
y_pred = model.predict(X_test_rfe)
accuracy = accuracy_score(y_test, y_pred)
print(f"Precisión del modelo con RFE: {accuracy:.4f}")
```

La selección de características es un proceso fundamental que, si se realiza correctamente, puede mejorar significativamente el rendimiento y la interpretabilidad de los modelos de aprendizaje automático.

9.1.2. Importancia de características en modelos de Machine Learning

La importancia de las características en los modelos de Machine Learning es un concepto esencial que influye directamente en la capacidad predictiva y en la interpretabilidad de los modelos. Comprender y evaluar la importancia de cada característica permite a los científicos de datos y a los ingenieros de Machine Learning optimizar sus modelos, mejorar la precisión de las predicciones y, en muchos casos, reducir el tiempo de cómputo y la complejidad del modelo. La importancia de las características también tiene un papel crucial en la toma de decisiones informadas, especialmente en contextos donde la interpretabilidad del modelo es crítica, como en la medicina o en las finanzas.

1. Concepto de importancia de características:

La importancia de las características, en el contexto de Machine Learning, se refiere a la medida en que una característica influye en la predicción de un modelo. Esta importancia puede variar dependiendo del tipo de modelo utilizado y de la relación entre las características y la variable objetivo. Algunas características pueden tener un impacto directo y significativo en la salida del modelo, mientras que otras pueden tener poco o ningún efecto. Identificar correctamente estas diferencias es vital para construir modelos eficientes y efectivos.

2. Importancia de características en diferentes tipos de modelos:

Diferentes algoritmos de Machine Learning evalúan la importancia de las características de manera distinta. A continuación, se describen algunos enfoques comunes utilizados en diversos tipos de modelos:

- **Árboles de decisión y bosques aleatorios:** En estos modelos, la importancia de una característica se puede determinar evaluando cuánto reduce la impureza (medida por criterios como Gini o entropía) en cada división del árbol. Las características que se utilizan con mayor frecuencia para dividir nodos con altas ganancias de información se consideran más importantes. En los bosques aleatorios, la importancia de cada característica se promedia a lo largo de todos los árboles en el modelo.

```
from sklearn.ensemble import RandomForestClassifier
model = RandomForestClassifier()
model.fit(X, y)
importances = model.feature_importances_
```

- **Modelos lineales (como la regresión lineal o logística):** En estos modelos, la importancia de una característica está directamente relacionada con el coeficiente que se le asigna. Un coeficiente más alto en valor absoluto indica que la característica tiene un mayor impacto en la predicción. Sin embargo, es importante normalizar las características antes de interpretar los coeficientes, especialmente si las características tienen diferentes escalas.

```
from sklearn.linear_model import LogisticRegression
model = LogisticRegression()
model.fit(X, y)
coefficients = model.coef_
```

- **Gradient Boosting Machines (GBMs):** Similar a los árboles de decisión, en los modelos de boosting (como XGBoost o LightGBM), la importancia de las características se calcula en función de cómo contribuyen a la reducción de la función de pérdida a lo largo de las iteraciones. Las características que se seleccionan más a menudo y que contribuyen significativamente a la reducción de error se consideran más importantes.

```
import xgboost as xgb
model = xgb.XGBClassifier()
model.fit(X, y)
importances = model.feature_importances_
```

3. Métodos para evaluar la importancia de las características:

Hay varios métodos para evaluar la importancia de las características en un modelo de Machine Learning:

- **Permutation Feature Importance**: Este método evalúa la importancia de una característica midiendo la disminución en la precisión del modelo cuando los valores de la característica son aleatorizados. Si la permutación de una característica disminuye significativamente la precisión, esa característica es importante para el modelo.

```
from sklearn.inspection import permutation_importance
result = permutation_importance(model, X, y,
n_repeats=10, random_state=42)
importances = result.importances_mean
```

- **SHAP (SHapley Additive exPlanations):** SHAP es un método basado en la teoría de juegos que proporciona una forma coherente de asignar la importancia a las características. Calcula la contribución de cada característica a la predicción del modelo, teniendo en cuenta todas las posibles combinaciones de características. Este y otros métodos, los seguiremos viendo a lo largo del libro.

```
import shap
explainer = shap.TreeExplainer(model)
shap_values = explainer.shap_values(X)
shap.summary_plot(shap_values, X)
```

- **LIME (Local Interpretable Model-agnostic Explanations):** LIME explica las predicciones individuales de cualquier modelo de Machine

Learning ajustando un modelo interpretable (como una regresión lineal) a las predicciones locales del modelo complejo. La importancia de una característica se mide por su coeficiente en este modelo local. Lime, al igual que SHAP, lo seguiremos viendo a lo largo del libro, ya que tanto SHAP como LIME están muy asociadas a las características de los datos, y por eso estos aparecen en otros puntos relevantes en relación con las características de los datos. Así que no desesperes. ¡Si quieres trabajar con IA y Big Data es muy importante que conozcas todo muy bien a fondo, y no importa cuanto se te repita un término! ¡Aquí se trabaja con programación y datos y la comprensión tanto del código como de la información que nos ofrecen los datos está en primera línea!

```
import lime
from lime.lime_tabular import LimeTabularExplainer
explainer = LimeTabularExplainer(X_train,
feature_names=feature_names, class_names=class_names,
mode='classification')
exp = explainer.explain_instance(X[0], model.predict_proba)
exp.show_in_notebook()
```

4. Implicaciones prácticas de la importancia de las características:

Evaluar correctamente la importancia de las características tiene varias implicaciones prácticas:

- **Reducción de la dimensionalidad:** Al identificar las características menos importantes, se pueden eliminar del modelo, lo que reduce la complejidad y mejora la eficiencia del cómputo, sin sacrificar (o incluso mejorando) la precisión del modelo.

- **Interpretabilidad del modelo:** Conocer qué características son más importantes permite a los stakeholders interpretar mejor el modelo y tomar decisiones informadas. Esto es especialmente relevante en sectores donde las decisiones deben ser justificadas, como en la medicina o en las finanzas.

- **Mejora del rendimiento del modelo:** Centrar el entrenamiento en las características más importantes puede conducir a modelos más precisos y generalizables, ya que se evita el ruido y se enfoca en las señales más fuertes.

- **Detección de características irrelevantes o redundantes:** La evaluación de la importancia de las características ayuda a identificar características que no aportan información relevante o que están altamente correlacionadas con otras características. Estas pueden ser eliminadas para evitar problemas como el sobreajuste.

5. Consideraciones al evaluar la importancia de características:

Es crucial tener en cuenta que la importancia de las características puede variar según el tipo de modelo utilizado. Una característica importante en un modelo lineal puede no serlo en un modelo de árboles de decisión, y viceversa. Además, algunas técnicas de evaluación, como la permutación o SHAP, pueden ser computacionalmente intensivas, especialmente en conjuntos de datos grandes.

También es importante recordar que la interpretación de la importancia de las características debe hacerse con precaución, ya que la relación entre las características y la variable objetivo puede ser no lineal o interactiva, lo que podría no ser capturado adecuadamente por todos los métodos de evaluación.

Por ejemplo, supongamos que estamos trabajando en un modelo de clasificación con un conjunto de datos donde las características están correlacionadas. Es posible que un modelo de bosques aleatorios identifique algunas características como más importantes que otras, pero esto podría deberse a la naturaleza del modelo que divide los nodos de manera jerárquica, y no necesariamente a que estas características sean las más relevantes en términos absolutos.

En código, podríamos evaluar la importancia de las características utilizando un modelo de RandomForestClassifier y el método de importancia de características integrado:

```
from sklearn.ensemble import RandomForestClassifier
from sklearn.datasets import load_iris
import pandas as pd

# Cargar el conjunto de datos
data = load_iris()
X, y = data.data, data.target

# Entrenar el modelo de Random Forest
model = RandomForestClassifier(n_estimators=100, random_state=42)
model.fit(X, y)

# Obtener la importancia de las características
importances = model.feature_importances_

# Crear un DataFrame para visualizar la importancia
feature_names = data.feature_names
importance_df = pd.DataFrame({'Feature': feature_names,
'Importance': importances})
importance_df = importance_df.sort_values(by='Importance',
ascending=False)
```

```
print(importance_df)
```

Este ejemplo muestra cómo se pueden identificar las características más importantes en un modelo, lo que a su vez podría guiar la toma de decisiones sobre cómo mejorar el modelo, reducir su complejidad o interpretarlo mejor.

Comprender la importancia de las características es un paso muy importante en el desarrollo y la optimización de modelos de Machine Learning, proporcionando tanto mejoras en la precisión como en la interpretabilidad, aspectos clave para aplicaciones en el mundo real y por lo tanto de vital importancia para la toma de decisiones.

9.1.3. Herramientas para feature selection

El proceso de selección de características (feature selection) es un paso crucial en la construcción de modelos de Machine Learning, ya que permite identificar y utilizar solo aquellas características que contribuyen de manera significativa a la predicción del modelo. Existen diversas herramientas y librerías que facilitan la implementación de técnicas de selección de características, tanto automáticas como manuales.

1. Scikit-learn:

Scikit-learn es una de las librerías más utilizadas en Python para Machine Learning. Ofrece varias funciones para la selección de características, tanto basadas en filtros como en envolturas y métodos embebidos. Algunas de las técnicas disponibles en Scikit-learn incluyen:

- SelectKBest: Esta técnica selecciona las mejores características basadas en una función de puntuación estadística. Por ejemplo, se puede usar el estadístico de chi-cuadrado (chi2) para características categóricas o ANOVA (f_classif) para características continuas. Este método es un tipo de selección de características basada en filtros.

```
from sklearn.feature_selection import SelectKBest, f_classif
X_new = SelectKBest(f_classif, k=10).fit_transform(X, y)
```

- RFE (Recursive Feature Elimination): Este es un método de envoltura que selecciona características eliminándolas de manera recursiva y construyendo el modelo con las características restantes. El objetivo es seleccionar un subconjunto de características que produzcan el mejor modelo.

```
from sklearn.feature_selection import RFE
from sklearn.linear_model import LogisticRegression
model = LogisticRegression()
```

```
rfe = RFE(model, n_features_to_select=10)
X_new = rfe.fit_transform(X, y)
```

- **SelectFromModel:** Esta técnica selecciona características en función de la importancia de las mismas según un modelo específico, como un modelo de árbol de decisión o un modelo lineal con regularización. Se utiliza comúnmente con modelos que tienen coeficientes o atributos de importancia de características, como los bosques aleatorios.

```
from sklearn.ensemble import RandomForestClassifier
from sklearn.feature_selection import SelectFromModel
model = RandomForestClassifier()
model.fit(X, y)
selector = SelectFromModel(model, prefit=True)
X_new = selector.transform(X)
```

2. XGBoost:

XGBoost es una implementación eficiente y escalable de árboles de decisión impulsados por gradiente. Además de ser un potente algoritmo para tareas de clasificación y regresión, XGBoost también ofrece capacidades integradas para la selección de características basadas en la importancia de las mismas.

- **Importancia de las características:** XGBoost calcula la importancia de cada característica en función de la ganancia, la cobertura o el peso. Estas medidas indican cómo de importante es cada característica para la mejora del modelo en las diferentes iteraciones del proceso de boosting.

```
import xgboost as xgb
model = xgb.XGBClassifier()
model.fit(X, y)
importances = model.feature_importances_
```

- **Plot_importance:** Esta función visualiza la importancia de las características de manera gráfica, lo que facilita la interpretación y la selección de las características más relevantes.

```
xgb.plot_importance(model)
```

3. LASSO (Least Absolute Shrinkage and Selection Operator):

LASSO es una técnica de regularización que se utiliza tanto para la selección de características como para la prevención del sobreajuste en modelos lineales. Al aplicar una penalización L1, LASSO puede reducir a cero los coeficientes de algunas características, eliminándolas efectivamente del modelo.

- LASSO en Scikit-learn: Scikit-learn ofrece una implementación de LASSO que se puede utilizar para la selección de características en modelos lineales.

```
from sklearn.linear_model import Lasso
model = Lasso(alpha=0.1)
model.fit(X, y)
coef = model.coef_
```

4. Boruta:

Boruta es un algoritmo diseñado para trabajar con modelos de bosque aleatorio para identificar todas las características relevantes. Es un enfoque todo-o-nada que busca asegurarse de que no se pierda ninguna característica importante en el proceso de selección.

- Uso de Boruta en Python: La librería BorutaPy en Python facilita la implementación de este algoritmo.

```
from boruta import BorutaPy
from sklearn.ensemble import RandomForestClassifier
model = RandomForestClassifier()
boruta = BorutaPy(model, n_estimators='auto', verbose=2, ran-
dom_state=42)
boruta.fit(X, y)
```

5. FSelector (en R):

FSelector es una librería en R que ofrece múltiples métodos de selección de características, incluyendo Chi-cuadrado, ganancia de información, y el método de importancia de atributos de Random Forest. Es ampliamente utilizada en el entorno R por su versatilidad.

- Uso de FSelector en R:

```
library(FSelector)
weights <- information.gain(Species~., iris)
subset <- cutoff.k(weights, 2)
print(subset)
```

6. SHAP (SHapley Additive exPlanations):

Como ya hemos visto en el punto anterior, SHAP es una técnica basada en la teoría de juegos que proporciona explicaciones interpretables de las predicciones del modelo. Es particularmente útil para la selección de características, ya que cuantifica la contribución de cada característica a las predicciones.

Aquí te dejo de nuevo el código en Python:

```
import shap
explainer = shap.TreeExplainer(model)
shap_values = explainer.shap_values(X)
shap.summary_plot(shap_values, X)
```

7. LIME (Local Interpretable Model-agnostic Explanations):

Ya hemos comenzado a ver LIME en el punto anterior en su relación con las características de los datos. Este además proporciona explicaciones locales de las predicciones del modelo. Puede ser utilizado para identificar la importancia de las características en predicciones individuales, lo que es útil para la selección de características en modelos que requieren interpretabilidad.

Aquí te dejo de nuevo el código para que no tengas que ir a buscarlo al tema anterior:

```
import lime
from lime.lime_tabular import LimeTabularExplainer
explainer = LimeTabularExplainer(X_train, feature_names=fea-
ture_names, class_names=class_names, mode='classification')
exp = explainer.explain_instance(X[0], model.predict_proba)
exp.show_in_notebook()
```

8. Featuretools:

Featuretools es una librería en Python diseñada para la ingeniería de características automatizada. Aunque su enfoque principal es la generación de nuevas características, también puede ser utilizada para seleccionar las características más relevantes mediante la creación de nuevas transformaciones y agregaciones de los datos.

- Uso de Featuretools en Python:

```
import featuretools as ft
es = ft.EntitySet(id="customers")
es = es.entity_from_dataframe(entity_id="transactions", data-
frame=df, index="id")
feature_matrix, feature_defs = ft.dfs(entityset=es, target_en-
tity="transactions")
```

9.2. Técnicas de reducción de dimensionalidad

La reducción de dimensionalidad es una técnica esencial en el preprocesamiento de datos y en la construcción de modelos de Machine Learning, particularmente cuando se trabaja con conjuntos de datos que contienen un gran número de características o variables. La presencia de demasiadas características no solo puede llevar a un sobreajuste del modelo, sino que también puede aumentar el costo computacional y dificultar la interpretación del modelo. Además, muchas de las características pueden ser redundantes o irrelevantes, lo que no contribuye a la mejora del rendimiento del modelo. Por tanto, la reducción de dimensionalidad busca simplificar los datos preservando la mayor cantidad posible de la información relevante. A continuación, se describen algunas de las técnicas más importantes y ampliamente utilizadas para la reducción de dimensionalidad.

Vamos a realizar un análisis general por encima y después pasaremos a profundizar en PCA, ya que es una de las partes más importantes para el análisis y trabajo con datos, y te puedo asegurar que de las más útiles. Mi recomendación es que te familiarices todo lo posible con el PCA.

1. Análisis de Componentes Principales (PCA): El análisis de componentes principales es una técnica estadística que transforma un conjunto de variables posiblemente correlacionadas en un conjunto de valores de variables linealmente no correlacionadas, denominadas componentes principales. El primer componente principal captura la mayor varianza posible en los datos, el segundo componente captura la mayor varianza posible bajo la restricción de ser ortogonal al primero, y así sucesivamente. PCA es ampliamente utilizado porque es eficiente y se interpreta fácilmente, aunque su limitación principal es que las nuevas variables (componentes principales) pueden ser menos interpretables en términos del dominio del problema. Lo vamos a análizar en profundidad en el siguiente capítulo.

```
from sklearn.decomposition import PCA

# Aplicación de PCA
pca = PCA(n_components=2)
X_reduced = pca.fit_transform(X)
```

2. Análisis Discriminante Lineal (LDA): El análisis discriminante lineal es otra técnica que, a diferencia de PCA, es supervisada, lo que significa que utiliza la información de las clases de salida para maximizar la separación entre las clases. LDA intenta encontrar una combinación lineal de características que separa mejor dos o más clases de datos. Es especialmente útil en problemas de clasificación cuando las clases están bien separadas en el espacio de las características. También lo analizaremos en el siguiente capítulo.

```
from sklearn.discriminant_analysis import LinearDiscriminantAnalysis
as LDA

# Aplicación de LDA
lda = LDA(n_components=2)
X_reduced = lda.fit_transform(X, y)
```

3. Autoencoders: Los autoencoders son un tipo de red neuronal que se utilizan para aprender una representación comprimida del conjunto de datos. Un autoencoder consta de dos partes principales: el codificador, que reduce la dimensionalidad de los datos, y el decodificador, que reconstruye los datos originales a partir de la representación reducida. Los autoencoders son especialmente útiles cuando se trabaja con datos no lineales y complejos donde técnicas como PCA pueden no ser efectivas.

```
from keras.layers import Input, Dense
from keras.models import Model

# Creación de un autoencoder simple
input_dim = X.shape[1]
encoding_dim = 2  # Reducción a 2 dimensiones

input_layer = Input(shape=(input_dim,))
encoder = Dense(encoding_dim, activation='relu')(input_layer)
decoder = Dense(input_dim, activation='sigmoid')(encoder)

autoencoder = Model(inputs=input_layer, outputs=decoder)
autoencoder.compile(optimizer='adam', loss='mse')
autoencoder.fit(X, X, epochs=50, batch_size=256, shuffle=True)
```

4. t-Distributed Stochastic Neighbor Embedding (t-SNE): El t-SNE es una técnica de reducción de dimensionalidad no lineal que es particularmente útil para la visualización de datos de alta dimensionalidad. Funciona al minimizar la divergencia Kullback-Leibler entre la distribución de pares de puntos en el espacio de alta dimensionalidad y la distribución en el espacio de baja dimensionalidad. t-SNE es excelente para visualizar la estructura inherente de los datos, pero no es recomendable para grandes conjuntos de datos debido a su alta demanda computacional.

```
from sklearn.manifold import TSNE

# Aplicación de t-SNE
tsne = TSNE(n_components=2)
X_reduced = tsne.fit_transform(X)
```

5. Análisis de Correspondencias Múltiples (MCA): El Análisis de Correspondencias Múltiples es una técnica similar a PCA, pero diseñada para manejar variables categóricas. Es útil en situaciones donde se necesita reducir la dimensionalidad de conjuntos de datos que contienen múltiples variables categóricas. MCA transforma las variables categóricas en un espacio euclidiano donde las distancias reflejan las asociaciones entre las categorías de las variables.

```
# Aplicación de MCA en R
library(FactoMineR)
res.mca <- MCA(df, ncp=2)
```

6. Kernel PCA: Kernel PCA es una extensión de PCA que utiliza trucos del kernel para realizar una transformación de PCA en un espacio de características no lineales. Esto permite a Kernel PCA capturar relaciones no lineales en los datos, lo que es una ventaja sobre el PCA lineal cuando se trabaja con datos que no están bien representados en un espacio lineal.

```
from sklearn.decomposition import KernelPCA

# Aplicación de Kernel PCA
kpca = KernelPCA(kernel='rbf', n_components=2)
X_reduced = kpca.fit_transform(X)
```

7. Factorización de Matrices no Negativas (NMF): NMF es una técnica que factoriza una matriz en dos matrices más pequeñas, cuyas entradas son todas no negativas. Se utiliza principalmente en tareas como la extracción de características y la reducción de dimensionalidad en datos como imágenes y textos. La restricción de no negatividad facilita la interpretación de los factores en términos de combinaciones aditivas.

```
from sklearn.decomposition import NMF

# Aplicación de NMF
nmf = NMF(n_components=2)
X_reduced = nmf.fit_transform(X)
```

8. Isomap: Isomap es una técnica de reducción de dimensionalidad no lineal que busca preservar las distancias geodésicas entre todos los puntos del conjunto de datos. Es particularmente útil cuando los datos se encuentran en una variedad de baja dimensionalidad incrustada en un espacio de alta dimensionalidad. Isomap es adecuado para la reducción de dimensionalidad en datos con estructura de manifold.

```
from sklearn.manifold import Isomap

# Aplicación de Isomap
isomap = Isomap(n_components=2)
```

```
X_reduced = isomap.fit_transform(X)
```

9. Curse of Dimensionality: El "curse of dimensionality" se refiere a varios fenómenos que ocurren cuando se trabaja con datos en espacios de alta dimensionalidad. A medida que aumenta el número de dimensiones, los datos tienden a dispersarse más, y las distancias entre puntos de datos se vuelven menos significativas. Las técnicas de reducción de dimensionalidad son fundamentales para mitigar estos efectos y mejorar la eficiencia de los algoritmos de Machine Learning.

10. Selección de características vs. reducción de dimensionalidad

Aunque la selección de características y la reducción de dimensionalidad pueden parecer similares, difieren en sus enfoques. La selección de características implica la eliminación de características irrelevantes o redundantes, mientras que la reducción de dimensionalidad transforma las características en un espacio de menor dimensión. Ambos métodos se pueden utilizar de manera complementaria para mejorar el rendimiento del modelo.

La elección de la técnica de reducción de dimensionalidad adecuada no depende de ti, sino que depende del tipo de datos, la naturaleza de la relación entre las variables y el objetivo del análisis. Las técnicas lineales como PCA y LDA son eficientes y fáciles de interpretar, mientras que las técnicas no lineales como t-SNE y autoencoders son más potentes en la captura de relaciones complejas, aunque pueden ser más difíciles de interpretar y más costosas computacionalmente.

10.1. Análisis de Componentes Principales (PCA)

Ahora sí, vamos a verlo en detalle. El análisis de componentes principales es una de las técnicas más populares y ampliamente utilizadas para la reducción de dimensionalidad. Su principal objetivo es transformar un conjunto de variables posiblemente correlacionadas en un nuevo conjunto de variables no correlacionadas, denominadas componentes principales. Esta transformación se realiza de manera que el primer componente principal captura la mayor varianza posible en los datos, el segundo componente principal captura la mayor varianza posible bajo la restricción de ser ortogonal al primero, y así sucesivamente. Esta técnica no supervisada se basa en la matemática de la descomposición en valores singulares (SVD) y tiene aplicaciones extensas en áreas como la compresión de datos, la visualización y la eliminación de ruido.

El proceso de PCA implica varios pasos fundamentales, desde la centralización de los datos hasta la construcción de los componentes principales. A continuación, se detallan los aspectos más relevantes del PCA:

1. Centralización de los datos: Antes de aplicar PCA, es crucial que los datos sean centralizados, es decir, que se reste la media de cada característica. Este paso garantiza que las componentes principales calculadas reflejen la variabilidad relativa a la media de los datos. Matemáticamente, esto implica transformar el conjunto de datos X en un nuevo conjunto X' donde cada columna tiene una media de cero.

```
import numpy as np

# Supongamos que X es nuestra matriz de datos con n muestras y m ca-
racterísticas
X_meaned = X - np.mean(X, axis=0)
```

2. Cálculo de la matriz de covarianza: La matriz de covarianza es fundamental en PCA, ya que su descomposición permite identificar las direcciones en las cuales los datos varían más. La matriz de covarianza C se calcula como:

$$C = \frac{1}{\mathrm{n}-1} X'^{T} X'$$

donde X' es la matriz de datos centralizada. La matriz de covarianza es simétrica, y sus valores propios y vectores propios (autovalores y autovectores) contienen la información necesaria para construir los componentes principales.

```
cov_matrix = np.cov(X_meaned, rowvar=False)
```

3. Descomposición de la matriz de covarianza: A continuación, se realiza la descomposición en valores propios de la matriz de covarianza. Los autovalores (λ) indican la varianza explicada por cada componente principal, mientras que los autovectores (v) roporcionan las direcciones en el espacio original de las características.

```
eigen_values, eigen_vectors = np.linalg.eigh(cov_matrix)
```

4. Selección de componentes principales: Los autovalores se ordenan de mayor a menor, y los autovectores correspondientes forman las direcciones de las componentes principales. Es común seleccionar solo las primeras componentes principales que explican un porcentaje significativo de la varianza total. Esto permite reducir la dimensionalidad del conjunto de datos mientras se preserva la mayor parte de la información original.

```
# Ordenar los autovalores y autovectores
sorted_index = np.argsort(eigen_values)[::-1]
sorted_eigenvalue = eigen_values[sorted_index]
sorted_eigenvectors = eigen_vectors[:, sorted_index]
```

5. Transformación de los datos: Los datos originales se proyectan en las nuevas direcciones de las componentes principales para obtener un nuevo conjunto de datos reducido. Esto se realiza multiplicando la matriz original centralizada por la matriz de autovectores seleccionada.

```
# Seleccionar las primeras n componentes principales
n_components = 2
eigenvector_subset = sorted_eigenvectors[:, 0:n_components]

# Transformar los datos
X_reduced = np.dot(X_meaned, eigenvector_subset)
```

6. Interpretación de los componentes principales: Cada componente principal es una combinación lineal de las variables originales, y el peso de cada variable en esta combinación está dado por los elementos del autovector correspondiente. En términos prácticos, los primeros componentes principales suelen ser los más interpretables, ya que capturan la estructura principal de los datos. Sin embargo, dado que PCA es una transformación lineal, las nuevas variables (componentes principales) pueden ser menos intuitivas o interpretables en comparación con las variables originales.

7. Varianza explicada y elección del número de componentes: Un aspecto clave del PCA es decidir cuántos componentes principales mantener. Esto se basa en el análisis de la proporción de varianza explicada acumulativa, que muestra cuánta información (varianza) de los datos originales se retiene a medida que se agregan más componentes principales. La elección del número de componentes suele basarse en un umbral predefinido de varianza explicada (por ejemplo, el 95%).

```
import matplotlib.pyplot as plt

# Calcular la varianza explicada acumulativa
explained_variance = np.cumsum(sorted_eigenvalue) /
np.sum(sorted_eigenvalue)

# Graficar la varianza explicada acumulativa
plt.plot(range(1, len(explained_variance) + 1), explained_variance)
plt.xlabel('Número de Componentes')
plt.ylabel('Varianza Explicada Acumulativa')
plt.show()
```

8. Aplicaciones y limitaciones de PCA: PCA se utiliza ampliamente en áreas como la compresión de datos, la reducción de ruido, la visualización de datos de alta dimensionalidad y como paso previo en la construcción de modelos de Machine Learning. Sin embargo, PCA tiene algunas limitaciones. Por ejemplo, solo captura relaciones lineales entre las variables, lo que puede no ser adecuado en casos donde las relaciones son no lineales. Además, PCA es sensible a la escala de las variables, por lo que se recomienda normalizar o estandarizar los datos antes de aplicar la técnica.

El análisis de componentes principales es primordial para simplificar conjuntos de datos complejos, esto nos facilita el análisis y la visualización sin perder demasiada información relevante. Aunque es una técnica basada en la linealidad, su simplicidad y efectividad la convierten en una opción popular para una amplia variedad de aplicaciones en Machine Learning y análisis de datos.

10.2. Análisis Discriminante Lineal (LDA)

El análisis discriminante lineal es una técnica de reducción de dimensionalidad y clasificación supervisada utilizada principalmente cuando se desea maximizar la separación entre diferentes clases en un conjunto de datos. A diferencia del PCA, que es una técnica no supervisada y busca maximizar la varianza total de los datos, LDA busca maximizar la varianza entre clases mientras minimiza la varianza dentro de las clases, lo que lo convierte en una herramienta poderosa cuando se trata de clasificación.

LDA no solo reduce la dimensionalidad de los datos, sino que también preserva la información discriminante que es crucial para distinguir entre las diferentes clases. Se utiliza comúnmente en problemas donde las clases están bien definidas y se desea proyectar los datos en un espacio de menor dimensionalidad que maximice la separabilidad de las clases.

Veamos en detalle los pasos y conceptos clave involucrados en LDA:

1. Suposiciones y objetivos de LDA: LDA se basa en algunas suposiciones fundamentales. La primera es que las clases deben seguir una distribución gaussiana con una covarianza idéntica para todas las clases, aunque diferentes medias. El objetivo principal de LDA es encontrar una proyección lineal de los datos que maximice la distancia entre las medias de las clases y minimice la varianza dentro de cada clase. Esto se logra proyectando los datos en un nuevo espacio donde la relación señal-ruido (la razón entre la varianza entre clases y la varianza dentro de clases) sea maximizada.

2. Cálculo de las medias y matrices de covarianza: Para comenzar, se calculan las medias de cada clase y la media general de los datos. Se calculan las matrices de dispersión (o covarianza) dentro de las clases S_W y entre las clases S_B. Estas matrices son cruciales para la construcción de la discriminante lineal, ya que reflejan la varianza dentro y entre las clases.

La matriz de dispersión dentro de clases S_W es:

$$S_W = \sum_{i=1}^{C} \sum_{x_j \in X_i} (x_j - \mu_i)(x_j - \mu_i)^T$$

donde C es el número de clases, X_i son las muestras pertenecientes a la clase i, y μ_i es la media de la clase i.

La matriz de dispersión entre clases S_B es:

$$S_B = \sum_{i=1}^{C} N_i\,(\mu_i - \mu)(\mu_i - \mu)^T$$

donde N_i es el número de muestras en la clase i, y μ es la media global de todas las muestras.

```
import numpy as np

def compute_mean_vectors(X, y):
        mean_vectors = []
        for cl in np.unique(y):
                mean_vectors.append(np.mean(X[y == cl], axis=0))
        return mean_vectors

def scatter_matrices(X, y, mean_vectors):
        n_features = X.shape[1]
        S_W = np.zeros((n_features, n_features))
        S_B = np.zeros((n_features, n_features))
        overall_mean = np.mean(X, axis=0)
        for cl, mv in zip(np.unique(y), mean_vectors):
                class_sc_mat = np.zeros((n_features, n_features))
                for row in X[y == cl]:
                        row, mv = row.reshape(n_features, 1), mv.re-
                        shape(n_features, 1)
                        class_sc_mat += (row - mv).dot((row - mv).T)
        S_W += class_sc_mat
        n = X[y == cl].shape[0]
        mean_diff = (mv - overall_mean).reshape(n_features, 1)
        S_B += n * mean_diff.dot(mean_diff.T)
return S_W, S_B
```

3. Determinación de los autovalores y autovectores: Para encontrar las direcciones de máxima discriminación, se resuelve la ecuación

característica de la matriz $S_W^{-1}S_B$, cuyos autovalores y autovectores proporcionan la dirección de proyección óptima.
Los autovalores reflejan la magnitud de la varianza entre clases capturada por la proyección correspondiente. Los autovectores correspondientes a los mayores autovalores forman las bases de las nuevas dimensiones en las que los datos se proyectarán.

```
eig_vals, eig_vecs = np.linalg.eig(np.linalg.inv(S_W).dot(S_B))
```

4. Selección de las componentes discriminantes: Los autovalores se ordenan de mayor a menor, y los autovectores correspondientes a los autovalores más grandes se seleccionan para formar la matriz de proyección. Esta matriz transforma los datos originales en el espacio de menor dimensionalidad que maximiza la separación entre clases.

```
eig_pairs = [(np.abs(eig_vals[i]), eig_vecs[:, i]) for i in
range(len(eig_vals))]
eig_pairs = sorted(eig_pairs, key=lambda k: k[0], reverse=True)

W = np.hstack([eig_pairs[i][1].reshape(X.shape[1], 1) for i in
range(n_components)])
```

5. Transformación y proyección de los datos: Finalmente, los datos originales se proyectan en el nuevo espacio utilizando la matriz de proyección W. Esto reduce la dimensionalidad de los datos mientras preserva la información relevante para la clasificación.

```
X_lda = X.dot(W)
```

6. Aplicaciones y usos comunes: LDA se utiliza comúnmente en problemas de clasificación donde se desea reducir la dimensionalidad de los datos mientras se mantiene una clara separación entre las clases. Es especialmente útil en problemas donde las clases se superponen y el modelo necesita encontrar una proyección que maximice la discriminación. Algunos ejemplos incluyen la clasificación de imágenes, el reconocimiento de patrones y la bioinformática. LDA también se ha utilizado en la reducción de dimensionalidad antes de aplicar otros algoritmos de Machine Learning, como SVM o KNN, para mejorar su rendimiento en términos de tiempo de cómputo y precisión.

7. Comparación con PCA: A diferencia de PCA, que no considera la clase a la que pertenece cada muestra, LDA es supervisado y utiliza la información de clase para encontrar las proyecciones. Esto hace que LDA sea más adecuado cuando el objetivo es la clasificación en lugar de simplemente reducir la dimensionalidad sin una tarea específica en mente.

8. Limitaciones de LDA: LDA asume que las clases tienen distribuciones gaussianas con covarianza igual entre clases, lo que puede no ser el caso en la práctica. Además, LDA puede tener problemas cuando las clases no están bien separadas linealmente o cuando el número de muestras es pequeño en comparación con el número de características.

10.3. Aplicaciones y casos de uso

Las técnicas de reducción de dimensionalidad, como el análisis de componentes principales y el análisis discriminante lineal, tienen aplicaciones extensas y variadas en el campo del Machine Learning y análisis de datos. Su uso se justifica por la necesidad de simplificar modelos, mejorar la eficiencia computacional, y manejar de manera efectiva el problema de la "maldición de la dimensionalidad". A continuación, se exploran algunas de las aplicaciones y casos de uso más relevantes de estas técnicas, abarcando diferentes áreas y tipos de problemas.

Preprocesamiento de datos para modelado predictivo: En muchas aplicaciones de Machine Learning, los datasets pueden contener una gran cantidad de variables que, si se usan todas, pueden generar modelos complejos y propensos a sobreajuste. En tales casos, reducir la dimensionalidad antes de entrenar el modelo es crucial. PCA se utiliza comúnmente para transformar el conjunto de características en un nuevo espacio de menor dimensionalidad que retiene la mayor parte de la varianza original. Este paso no solo simplifica el modelo, sino que también reduce el tiempo de entrenamiento y mejora la generalización del modelo a nuevos datos. Por otro lado, LDA se utiliza en tareas de clasificación para proyectar los datos en un espacio que maximiza la separación entre las clases, lo cual es particularmente útil en problemas de clasificación multiclase.

Reconocimiento de imágenes y visión por computadora: En aplicaciones de visión por computadora, como el reconocimiento facial y la clasificación de imágenes, las imágenes de alta resolución tienen miles de píxeles, cada uno representando una dimensión en el espacio de características. PCA se aplica comúnmente para reducir el número de píxeles mientras se conserva la información más importante, lo que facilita el análisis y clasificación. Por ejemplo, en la técnica de Eigenfaces utilizada para el reconocimiento facial, PCA se aplica para identificar las direcciones principales de variación en un conjunto de imágenes faciales, reduciendo las dimensiones y permitiendo una representación más compacta y manejable de los rostros. LDA también se utiliza en combinación con PCA en estos casos para mejorar la discriminación entre diferentes categorías de imágenes.

Bioinformática y análisis de datos genómicos: En bioinformática, el análisis de datos genómicos como los perfiles de expresión génica o los datos de secuenciación de ADN a menudo implica un gran número de variables (genes) con un número limitado de muestras. Este tipo de datos, de alta dimensionalidad y baja muestra, es particularmente adecuado para la reducción de dimensionalidad. PCA se utiliza para identificar patrones en los datos genómicos y reducir el número de características a aquellas que explican la mayor parte de la variabilidad en los datos. LDA, por otro lado, es útil para clasificar tipos de cáncer o enfermedades basadas en perfiles de expresión génica, al encontrar combinaciones lineales de genes que mejor distinguen entre las diferentes clases de enfermedades.

Análisis financiero y reducción de riesgo: En finanzas, la gestión de portafolios y el análisis de riesgos implican trabajar con grandes cantidades de datos de mercado, como precios de acciones, tasas de interés, y otros indicadores económicos. PCA es ampliamente utilizado para identificar factores latentes que explican las variaciones en estos datos, ayudando a los gestores de fondos a simplificar el análisis de riesgos y a diversificar sus portafolios en función de estos factores. Esta técnica permite reducir el número de variables a considerar, lo que es especialmente útil en la construcción de modelos de riesgo y en la identificación de las fuentes principales de variabilidad en los mercados.

Procesamiento de señales y análisis de series temporales: En el procesamiento de señales, como en la electroencefalografía (EEG) o en la sismología, las señales registradas a menudo contienen ruido y redundancias. PCA se utiliza para extraer las componentes principales que contienen la mayor parte de la información relevante, eliminando el ruido y reduciendo la dimensionalidad de las señales. Esto permite un análisis más eficiente y la identificación de patrones significativos en las señales. LDA también puede aplicarse cuando el objetivo es clasificar estas señales en diferentes categorías, como identificar tipos de actividad cerebral a partir de datos EEG.

Marketing y análisis del comportamiento del cliente: En marketing, las técnicas de reducción de dimensionalidad se utilizan para analizar grandes volúmenes de datos de clientes, como transacciones de compra, comportamiento en línea, y respuestas a campañas publicitarias. PCA puede ser utilizado para segmentar a los clientes en función de sus patrones de comportamiento, lo que permite a las empresas personalizar sus ofertas y estrategias de marketing. Además, LDA se puede aplicar para categorizar a los clientes en grupos predefinidos basados en sus características y comportamientos, facilitando la toma de decisiones en marketing dirigido y la optimización de campañas.

Análisis de datos de encuestas y cuestionarios: Los datos obtenidos de encuestas y cuestionarios suelen tener muchas preguntas (dimensiones) que pueden estar correlacionadas entre sí. PCA se utiliza para identificar las dimensiones latentes subyacentes que explican la mayor parte de la variabilidad en las respuestas, lo que ayuda a los investigadores a comprender mejor los patrones en los datos y a reducir el número de preguntas necesarias en análisis posteriores. Esto es especialmente útil en estudios sociales y de comportamiento, donde el objetivo es resumir las actitudes y opiniones de los encuestados en un conjunto más pequeño de factores.

Aplicaciones en el campo de la economía: En economía, los modelos macroeconómicos y las series temporales suelen estar compuestos por un gran número de variables, como tasas de interés, inflación, PIB, y otras medidas económicas. PCA es utilizado para reducir la dimensionalidad de estos modelos, permitiendo a los economistas identificar los principales factores que impulsan los cambios en la economía. Esto facilita el modelado y la predicción de variables económicas clave, así como la identificación de las relaciones entre diferentes indicadores económicos.

Estos ejemplos ilustran cómo las técnicas de reducción de dimensionalidad como PCA y LDA son fundamentales en una amplia gama de aplicaciones en diferentes campos, desde la bioinformática y la visión por computadora hasta el análisis financiero y el marketing. La capacidad de simplificar y enfocar los datos sin perder información crítica es lo que hace que estas técnicas sean tan valiosas en la práctica. Además, estas técnicas no solo mejoran la eficiencia computacional, sino que también ayudan a crear modelos más interpretables y robustos, lo cual es crucial en muchas aplicaciones del mundo real como espero ya te puedas imaginar.

11. Construcción y entrenamiento de modelos

11.1. Preparación del conjunto de datos

La preparación del conjunto de datos es un paso fundamental en la construcción y entrenamiento de modelos de Machine Learning. Este proceso asegura que los datos estén en un estado óptimo para ser utilizados por los algoritmos de aprendizaje, lo cual influye directamente en el rendimiento y la precisión del modelo. La calidad y la estructura del conjunto de datos determinan en gran medida la capacidad del modelo para generalizar a datos no vistos y, por lo tanto, su utilidad en aplicaciones prácticas. A continuación, se detallan los principales aspectos y pasos involucrados en la preparación de un conjunto de datos para el entrenamiento de modelos de Machine Learning.

1. Recolección de datos
El primer paso en la preparación del conjunto de datos es la recolección de datos relevantes y suficientes para la tarea de Machine Learning específica. Los datos pueden provenir de diversas fuentes, como bases de datos, archivos CSV, APIs, sensores, encuestas, o directamente de la web. Es importante asegurarse de que los datos recopilados sean representativos del problema que se intenta resolver. En esta fase, también se debe considerar la cantidad de datos necesaria para entrenar un modelo efectivo, teniendo en cuenta que más datos generalmente permiten modelos más robustos, pero también incrementan el tiempo y los recursos necesarios para el procesamiento y el entrenamiento.

2. Análisis exploratorio de datos (EDA)
Antes de proceder a la limpieza y transformación de los datos, es crucial realizar un análisis exploratorio de datos. El EDA permite comprender la distribución de los datos, identificar patrones, detectar anomalías, y observar relaciones entre variables. Durante esta etapa, se pueden utilizar gráficos, estadísticas descriptivas, y otras herramientas analíticas para obtener una visión general de los datos. El EDA ayuda a descubrir si existen valores atípicos, datos faltantes, o si algunas variables no son útiles para el modelo, lo cual guiará las siguientes fases del preprocesamiento.

3. Limpieza de datos
La limpieza de datos es un proceso crítico para asegurar que los datos sean de alta calidad. Este paso incluye la eliminación de duplicados, la corrección de errores tipográficos, y la eliminación o imputación de datos faltantes, entre otros. Es importante asegurarse de que los datos estén lo más limpios posible, ya que los errores en esta fase pueden propagarse y afectar negativamente el rendimiento del modelo. La limpieza también implica la gestión de valores atípicos, que pueden distorsionar los resultados si no se manejan adecuadamente.

4. Transformación de datos
Una vez que los datos están limpios, se debe considerar la transformación de los datos para hacerlos más adecuados para el algoritmo de aprendizaje que se va a utilizar. Este proceso puede incluir la normalización o estandarización de variables numéricas, la codificación de variables categóricas, y la creación de nuevas características derivadas de las existentes. La normalización y estandarización son particularmente importantes en algoritmos que dependen de la distancia entre puntos de datos, como k-means o SVM, ya que las diferencias en las escalas de las variables pueden influir en los resultados. En cuanto a las variables categóricas, técnicas como la codificación one-hot se utilizan para convertir categorías en una representación numérica que los modelos puedan procesar.

5. División del conjunto de datos
Para evaluar adecuadamente el rendimiento de un modelo de Machine Learning, es esencial dividir el conjunto de datos en conjuntos de entrenamiento y prueba. Generalmente, se recomienda reservar entre el 20 % y el 30 % de los datos para pruebas, aunque esta proporción puede variar según el tamaño del conjunto de datos y la naturaleza del problema. Además de esta división básica, es común realizar una validación cruzada durante el entrenamiento para asegurar que el modelo no se sobreajuste a un subconjunto específico de los datos. En la validación cruzada, el conjunto de datos se divide en k subconjuntos, y el modelo se entrena k veces, cada vez utilizando un subconjunto diferente como conjunto de prueba y el resto como conjunto de entrenamiento.

6. Gestión de desbalanceo en las clases
En problemas de clasificación, es común que las clases no estén equilibradas, es decir, que algunas clases estén sobrerrepresentadas en el conjunto de datos. Este desbalance puede causar que el modelo tenga un sesgo hacia la clase mayoritaria, ignorando o mal clasificando la clase minoritaria. Para manejar este problema, se pueden aplicar técnicas como el sobremuestreo de la clase minoritaria, el submuestreo de la clase mayoritaria, o el uso de métodos como SMOTE (Synthetic Minority Over-sampling Technique), que genera ejemplos sintéticos de la clase minoritaria. También se pueden ajustar los pesos de las clases en el algoritmo de aprendizaje para compensar el desbalance.

7. Feature engineering y selección de características
El feature engineering consiste en la creación de nuevas variables a partir de las existentes que puedan mejorar el rendimiento del modelo. Esto puede incluir la creación de interacciones entre variables, la transformación de variables existentes, o la creación de agregados temporales en el caso de series de tiempo. La selección de características, por otro lado, implica identificar y retener solo las características más relevantes para el modelo, eliminando aquellas que son irrelevantes o redundantes. Las técnicas de selección de características, como la selección basada en importancia de variables o la eliminación secuencial hacia atrás, ayudan a reducir la dimensionalidad del conjunto de datos, mejorando la eficiencia y la interpretabilidad del modelo.

8. Manejo de datos temporales y secuenciales
Cuando se trabaja con datos temporales o secuenciales, como series de tiempo o datos de sensores, es importante considerar la estructura temporal de los datos. El orden y la dependencia temporal entre observaciones deben ser respetados durante la preparación de los datos. En estos casos, se pueden crear variables adicionales que capturen tendencias, estacionalidades, o retardos temporales (lags). Además, se debe tener cuidado al dividir los datos para asegurar que no haya fugas de datos temporales entre los conjuntos de

entrenamiento y prueba, lo que podría conducir a una evaluación inexacta del rendimiento del modelo.

9. Documentación y reproducibilidad
Es fundamental documentar todo el proceso de preparación de los datos, incluyendo las decisiones tomadas en cada paso y los scripts utilizados para realizar las transformaciones. Esto asegura la reproducibilidad del trabajo y permite que otros investigadores o profesionales puedan replicar y entender el proceso que condujo a la construcción del modelo. La documentación adecuada también facilita la depuración de errores y el ajuste de los procesos en futuras iteraciones del modelo.

Cada uno de estos pasos debe ser cuidadosamente ejecutado para garantizar que el modelo de Machine Learning pueda aprender de los datos de manera efectiva y generalizar bien a datos no vistos.

11.2. Técnicas de entrenamiento de modelos

El entrenamiento de modelos en Machine Learning es una etapa crítica donde los algoritmos aprenden patrones a partir de los datos para realizar predicciones o clasificaciones futuras. Existen diversas técnicas de entrenamiento de modelos, cada una con sus propias características, ventajas y desventajas. Estas son algunas de las técnicas más utilizadas en el entrenamiento de modelos.

Una de las técnicas más comunes es la regresión lineal, que se utiliza para modelar la relación entre una variable dependiente continua y una o más variables independientes. Durante el entrenamiento, el modelo aprende los coeficientes que mejor se ajustan a los datos de entrenamiento, minimizando la diferencia entre las predicciones del modelo y los valores reales. Este ajuste se realiza utilizando un proceso conocido como "minimización de la suma de los errores cuadráticos".

En contraste, la regresión logística se utiliza cuando la variable dependiente es categórica, comúnmente binaria. En lugar de predecir un valor continuo, el modelo estima la probabilidad de que una observación pertenezca a una clase particular. El entrenamiento en regresión logística implica la optimización de la función de verosimilitud, que mide la concordancia entre las predicciones del modelo y las clases reales en los datos de entrenamiento.

Otra técnica de entrenamiento es el entrenamiento de redes neuronales, que se basa en ajustar los pesos de las conexiones entre las neuronas en una red. Este proceso se lleva a cabo a través del algoritmo de retropropagación, que ajusta los pesos iterativamente para minimizar una función de costo, generalmente utilizando variantes del método del gradiente descendente. Las redes neuronales pueden ser muy poderosas, especialmente en tareas complejas como la clasificación de imágenes o el procesamiento del lenguaje natural, pero también requieren grandes volúmenes de datos y poder computacional significativo.

Los árboles de decisión representan otra técnica popular para entrenar modelos de clasificación y regresión. Un árbol de decisión se entrena dividiendo repetidamente los datos en subconjuntos basados en la característica que proporciona la mayor reducción de la impureza, medida por métricas como la entropía o la varianza. El objetivo es crear una estructura ramificada donde cada hoja representa una clase o un valor de predicción. Para mejorar la precisión y reducir el riesgo de sobreajuste, se pueden utilizar técnicas como la poda de árboles o combinaciones de árboles, como en el caso de bosques aleatorios.

El entrenamiento de máquinas de soporte vectorial (ya hemos hablado de ella anteriormente) es otra técnica utilizada en la clasificación y la regresión. El objetivo de SVM es encontrar el hiperplano que mejor separa las clases en el espacio de características. Durante el entrenamiento, SVM optimiza la margen entre las clases más cercanas al hiperplano, conocidas como vectores de soporte. Existen versiones de SVM para problemas no lineales, que utilizan el truco del kernel para proyectar los datos en un espacio de mayor dimensionalidad donde pueden ser linealmente separables.

Una técnica que ha ganado popularidad es el entrenamiento de modelos de ensamblaje, que combina múltiples modelos base para mejorar el rendimiento general. Existen varias formas de ensamblaje, como el bagging y el boosting. En el caso de bagging, como en los bosques aleatorios, múltiples modelos se entrenan en diferentes subconjuntos de los datos y sus predicciones se combinan para formar una única predicción final. Boosting, por otro lado, entrena modelos secuencialmente, de manera que cada modelo posterior intenta corregir los errores cometidos por los modelos anteriores.

Además, una técnica avanzada es el entrenamiento de redes neuronales profundas (Deep Learning). Este tipo de entrenamiento implica múltiples capas de neuronas (de ahí el término "profundo"), donde cada capa extrae características cada vez más abstractas de los datos. El proceso de entrenamiento en Deep Learning es similar al de las redes neuronales tradicionales, pero a una escala mucho mayor, tanto en términos de número de parámetros a ajustar como de capacidad computacional requerida.

Por último, el entrenamiento de modelos debe incluir un enfoque cuidadoso para evitar el sobreajuste (overfitting), donde el modelo se ajusta demasiado a los datos de entrenamiento y pierde la capacidad de generalizar a nuevos datos. Esto se puede mitigar mediante técnicas como la validación cruzada, el uso de regularización, y la parada temprana (early stopping) en el caso de las redes neuronales.

Es fundamental elegir la técnica de entrenamiento adecuada según la naturaleza del problema, los datos disponibles y el objetivo del modelo. Cada técnica tiene sus propias consideraciones en cuanto a la interpretación de los resultados, la escalabilidad y el tiempo de entrenamiento, por lo que la selección debe estar alineada con las necesidades específicas del proyecto, sin olvidar la complejidad, lo que afecta sin duda al trabajo.

11.3. Evaluación y ajuste de hiperparámetros

La evaluación y ajuste de hiperparámetros es una etapa crucial en el proceso de entrenamiento de modelos de Machine Learning, ya que los hiperparámetros controlan el comportamiento del modelo y su capacidad para aprender de los datos. A diferencia de los parámetros aprendidos durante el entrenamiento, como los pesos en una red neuronal, los hiperparámetros deben ser establecidos antes del entrenamiento y determinan aspectos fundamentales del proceso de aprendizaje. Seleccionar y ajustar correctamente estos hiperparámetros es esencial para maximizar el rendimiento del modelo en datos no vistos.

Existen varios métodos para ajustar los hiperparámetros, y uno de los más comunes es la búsqueda en cuadrícula (grid search). Este método implica definir un conjunto de valores posibles para cada hiperparámetro y entrenar el modelo para todas las combinaciones posibles de estos valores. Aunque este enfoque garantiza que se exploren todas las combinaciones posibles, puede ser computacionalmente costoso, especialmente cuando el número de hiperparámetros y los valores posibles son grandes. La búsqueda en cuadrícula es exhaustiva, pero su principal limitación es la escalabilidad, ya que el número de combinaciones crece exponencialmente con el número de hiperparámetros.

Otra técnica más eficiente en términos computacionales es la búsqueda aleatoria (random search). En lugar de probar todas las combinaciones posibles, este método selecciona aleatoriamente combinaciones de valores de hiperparámetros dentro de los rangos definidos. Esto permite cubrir una amplia área del espacio de búsqueda con menos intentos, lo que puede ser beneficioso cuando el tiempo y los recursos son limitados. Estudios han demostrado que, en muchos casos, la búsqueda aleatoria puede encontrar combinaciones de hiperparámetros igual de buenas o incluso mejores que la búsqueda en cuadrícula en menos tiempo.

Una técnica avanzada para la optimización de hiperparámetros es la búsqueda bayesiana (Bayesian optimization). Este enfoque utiliza modelos probabilísticos para estimar la función objetivo y selecciona los hiperparámetros que probablemente mejoren el rendimiento del modelo. A diferencia de los métodos anteriores, la búsqueda bayesiana no trata cada prueba de hiperparámetros de manera independiente, sino que utiliza la información de pruebas anteriores para hacer elecciones más informadas en iteraciones posteriores. Esto puede conducir a una optimización más rápida y eficiente, especialmente en problemas donde el ajuste de hiperparámetros es costoso.

El ajuste de hiperparámetros también debe ir acompañado de una evaluación rigurosa para evitar problemas como el sobreajuste. Una práctica común es utilizar validación cruzada (cross-validation) para evaluar el rendimiento del modelo en múltiples particiones del conjunto de datos. En la validación cruzada k-fold, por ejemplo, los datos se dividen en k subconjuntos, y el modelo se entrena en k-1 subconjuntos y se evalúa en el subconjunto restante. Este proceso se repite k veces, cambiando el subconjunto de evaluación cada vez, y se promedian los resultados. Esto proporciona una estimación más robusta del rendimiento del modelo y ayuda a garantizar que los hiperparámetros seleccionados funcionen bien en general, no solo en una partición específica de los datos.

Es importante también tener en cuenta técnicas de regularización durante el ajuste de hiperparámetros. La regularización es una estrategia utilizada para penalizar la complejidad del modelo y prevenir el sobreajuste. En modelos de regresión, los términos de regularización como la regularización L1 (Lasso) o L2 (Ridge) añaden un término adicional a la función de pérdida que penaliza los coeficientes del modelo. El valor de la penalización es controlado por un hiperparámetro que debe ser ajustado cuidadosamente. En redes neuronales, la regularización puede incluir técnicas como dropout, donde aleatoriamente se ignoran ciertas neuronas durante el entrenamiento para evitar que el modelo se vuelva demasiado dependiente de cualquier conjunto específico de neuronas.

Hay que considerar la "parada temprana" como parte del proceso de ajuste de hiperparámetros, especialmente en redes neuronales profundas. La parada temprana monitorea el rendimiento del modelo en un conjunto de validación durante el entrenamiento y detiene el proceso cuando el rendimiento comienza a empeorar, lo que indica que el modelo está comenzando a sobreajustarse a los datos de entrenamiento. El punto de parada se convierte en un hiperparámetro adicional que necesita ser ajustado para lograr un equilibrio óptimo entre el aprendizaje y la generalización.

Para ilustrar cómo estos conceptos se implementan en código, aquí te doy un ejemplo simple utilizando `scikit-learn` en Python:

```
from sklearn.datasets import load_iris
from sklearn.model_selection import GridSearchCV
from sklearn.ensemble import RandomForestClassifier
from sklearn.model_selection import cross_val_score

# Cargar el conjunto de datos Iris
data = load_iris()
X, y = data.data, data.target

# Definir el modelo
model = RandomForestClassifier()

# Definir los hiperparámetros para búsqueda en cuadrícula
param_grid = {
    'n_estimators': [50, 100, 200],
    'max_depth': [None, 10, 20, 30],
    'min_samples_split': [2, 5, 10]
}

# Implementar la búsqueda en cuadrícula con validación cruzada
grid_search = GridSearchCV(estimator=model, param_grid=param_grid,
cv=5)
grid_search.fit(X, y)

# Mejor conjunto de hiperparámetros
best_params = grid_search.best_params_
print("Mejores hiperparámetros encontrados:", best_params)

# Evaluar el modelo con los mejores hiperparámetros
best_model = grid_search.best_estimator_
scores = cross_val_score(best_model, X, y, cv=5)
print("Precisión promedio con los mejores hiperparámetros:", sco-
res.mean())
```

En este código, se utiliza una búsqueda en cuadrícula para ajustar los hiperparámetros de un modelo de Random Forest, y la evaluación se realiza mediante validación cruzada. Esta combinación de técnicas asegura que el modelo resultante esté bien ajustado y generalice bien en nuevos datos.

El ajuste y evaluación de hiperparámetros es una tarea que requiere una comprensión profunda del modelo, los datos y el problema en cuestión, y debe realizarse con cuidado para maximizar la eficacia del modelo.

12. Análisis predictivo y descriptivo

El análisis predictivo y descriptivo juega un papel crucial en la interpretación y utilización de los datos dentro de los sistemas de Inteligencia Artificial y Big Data. Estos enfoques se utilizan para extraer valor de los datos al identificar patrones, hacer predicciones sobre el comportamiento futuro y proporcionar una comprensión profunda de lo que está ocurriendo en los datos.

El análisis descriptivo se enfoca en resumir y explicar lo que ya ha ocurrido. Este tipo de análisis es el punto de partida para la exploración de datos, donde se examinan características y patrones en los datos históricos. Mediante el uso de estadísticas descriptivas, gráficos y otras técnicas, el análisis descriptivo permite a los analistas comprender las distribuciones, tendencias y relaciones en los datos. Es fundamental para la creación de informes, dashboards y resúmenes ejecutivos que ayuden a las organizaciones a comprender mejor su situación actual y tomar decisiones basadas en lo que los datos revelan acerca de eventos pasados. Este enfoque es clave en áreas como la detección de fraudes, el análisis de ventas y la segmentación de clientes, donde la comprensión de patrones pasados es esencial para la toma de decisiones informadas.

Por otro lado, el análisis predictivo va un paso más allá al utilizar modelos matemáticos y algoritmos para prever futuros resultados basados en datos históricos. Este tipo de análisis se apoya en técnicas de Machine Learning y estadísticas avanzadas para construir modelos que pueden predecir comportamientos, tendencias y eventos futuros con cierto grado de probabilidad. En este contexto, el análisis predictivo no solo se basa en la identificación de patrones pasados, sino que también los extrapola para hacer predicciones. Es ampliamente utilizado en una variedad de aplicaciones, como la previsión de demanda en la cadena de suministro, la predicción de fallos en mantenimiento predictivo, la evaluación del riesgo crediticio en el sector financiero, y la personalización de ofertas en marketing. La capacidad de anticiparse a eventos futuros permite a las organizaciones no solo reaccionar, sino también ser proactivas en la toma de decisiones estratégicas.

El éxito del análisis predictivo depende en gran medida de la calidad de los modelos de predicción y de los datos utilizados para entrenarlos. Los algoritmos de regresión y clasificación, por ejemplo, son fundamentales en este tipo de análisis. La regresión se utiliza para predecir valores continuos, como las ventas futuras, mientras que los modelos de clasificación se aplican para predecir categorías o clases, como si un cliente comprará o no un producto. Dentro del análisis predictivo, también se encuentran técnicas más avanzadas como las redes neuronales y los modelos de series temporales, que permiten capturar patrones complejos y dependencias en los datos.

El análisis de series temporales es una rama especializada dentro del análisis predictivo que se enfoca en modelar y prever datos que son secuenciales en el tiempo, como las ventas diarias de una tienda, los precios de las acciones, o los niveles de producción en una fábrica. Los modelos ARIMA (AutoRegressive Integrated Moving Average) y las redes neuronales recurrentes

(RNN) son técnicas avanzadas que se utilizan en este campo para capturar tanto las tendencias como las estacionalidades en los datos temporales. Estos modelos permiten realizar predicciones precisas y ayudan a las empresas a planificar mejor sus recursos y estrategias en función de las previsiones de eventos futuros.

El clustering y la segmentación, aunque son técnicas que pueden caer dentro del análisis descriptivo, también pueden ser utilizados en un contexto predictivo. Al agrupar datos en segmentos o clusters, los modelos predictivos pueden ser refinados y personalizados para cada grupo específico, lo que aumenta la precisión de las predicciones. Por ejemplo, en marketing, la segmentación de clientes permite que los modelos predictivos anticipen con mayor precisión el comportamiento de compras dentro de cada segmento específico.

Es importante notar que la precisión y utilidad del análisis predictivo y descriptivo están íntimamente ligadas a la calidad de los datos y a la capacidad del modelo para generalizar bien. Aquí entra en juego el proceso de preprocesamiento y limpieza de datos, ya que, sin datos de calidad, incluso los mejores modelos fallarán en proporcionar predicciones útiles.

12.1. Algoritmos de regresión y clasificación

12.1.1. Regresión lineal y logística

La regresión lineal y la regresión logística son dos de los algoritmos más fundamentales en el análisis predictivo, utilizados principalmente para modelar la relación entre variables y hacer predicciones basadas en los datos disponibles. Aunque ambos métodos comparten algunas similitudes en términos de su estructura básica, se aplican en contextos diferentes y producen tipos de resultados distintos, lo que los hace herramientas indispensables en el campo del Machine Learning y el análisis de datos.

La regresión lineal es un modelo estadístico que asume una relación lineal entre una variable dependiente (la que se quiere predecir) y una o más variables independientes (las características o inputs). Esta relación se expresa mediante una ecuación lineal, donde la variable dependiente es una combinación lineal de las variables independientes más un término de error o ruido. La fórmula general de la regresión lineal con una sola variable independiente (simple) es:

$$y = \beta_0 + \beta_{1x} + \epsilon$$

Donde:
- y es la variable dependiente.
- x es la variable independiente.
- β_0 es la intersección o el intercepto, el valor de y cuando $x = 0$.
- β_1 es la pendiente de la recta, que indica el cambio en y por unidad de cambio en x.
- ϵ es el término de error, que captura las influencias de otras variables no incluidas en el modelo.

En la regresión lineal múltiple, donde hay varias variables independientes, la ecuación se amplía a:

$$y = \beta_0 + \beta_1 x_1 + \beta_2 x_2 + \cdots + \beta_n x_n + \epsilon$$

Este modelo se utiliza principalmente en situaciones donde el objetivo es predecir un valor continuo, como el precio de una casa basado en su tamaño y ubicación, o la temperatura en función de diversas condiciones meteorológicas. El entrenamiento del modelo implica encontrar los valores óptimos de $\beta_0, \beta_1, ... \beta_n$ que minimicen la diferencia entre las predicciones del modelo y los valores reales observados, lo que se logra típicamente mediante el método de los mínimos cuadrados.

Por otro lado, la regresión logística, aunque similar en su estructura a la regresión lineal, se utiliza para predecir un resultado categórico, generalmente binario, como sí/no, verdadero/falso, o presencia/ausencia de una característica. En lugar de modelar directamente la variable dependiente, la regresión logística modela la probabilidad de que un evento ocurra, utilizando la función logística o sigmoide para asegurar que las predicciones estén en el rango de 0 a 1:

$$P(y = 1|x) = \frac{1}{1 + e^{-(\beta_0 + \beta_1 x)}}$$

Donde:
- $P(y = 1|x)$ es la probabilidad de que la variable dependiente sea 1 dado el valor de x.
- x es la base del logaritmo natural.
- β_0 y β_1 son los coeficientes del modelo, similares a los de la regresión lineal.

En la regresión logística, el objetivo del modelo es encontrar los valores de β_0 y β_1 que maximicen la verosimilitud de los datos observados bajo el modelo. Esto se logra generalmente mediante un proceso de optimización conocido como máxima verosimilitud, en lugar del método de los mínimos cuadrados utilizado en la regresión lineal.

Una característica importante de la regresión logística es su capacidad para manejar problemas de clasificación donde la variable dependiente tiene dos o más categorías. Aunque el modelo básico de regresión logística se aplica a problemas binarios, existen extensiones como la regresión logística multinomial para problemas con más de dos categorías.

El uso de regresión lineal es común en situaciones donde la relación entre las variables es lineal y el objetivo es predecir un valor numérico. Por ejemplo, un modelo de regresión lineal podría utilizarse para predecir los ingresos de una empresa basándose en variables como el gasto en publicidad y el número de empleados.

Por el contrario, la regresión logística se utiliza ampliamente en problemas de clasificación. Un ejemplo típico sería predecir si un cliente comprará o no un producto basado en sus datos demográficos y comportamiento de compra previo. Aquí, el objetivo es predecir una probabilidad de pertenencia a una clase, no un valor numérico directo.

En cuanto a la implementación en código, a continuación os presento un ejemplo básico de cómo se podría implementar ambos tipos de regresión utilizando Python y la librería `Scikit-learn`:

```
from sklearn.model_selection import train_test_split
from sklearn.linear_model import LinearRegression, LogisticRegres-
sion
from sklearn.metrics import mean_squared_error, accuracy_score
from sklearn.preprocessing import StandardScaler

# Supongamos que X es el conjunto de características y y es la va-
riable objetivo.

# Dividir los datos en conjuntos de entrenamiento y prueba
X_train, X_test, y_train, y_test = train_test_split(X, y,
test_size=0.2, random_state=42)

# Escalar los datos
scaler = StandardScaler()
X_train_scaled = scaler.fit_transform(X_train)
X_test_scaled = scaler.transform(X_test)

# Regresión Lineal
print("Regresión Lineal")

# Crear el modelo de regresión lineal
linear_model = LinearRegression()
linear_model.fit(X_train, y_train)
```

```
# Hacer predicciones
y_pred_linear = linear_model.predict(X_test)

# Evaluar el modelo
mse = mean_squared_error(y_test, y_pred_linear)
print(f'Error cuadrático medio: {mse}')

# Regresión Logística
print("\nRegresión Logística")
# Crear el modelo de regresión logística con más iteraciones
logistic_model = LogisticRegression(max_iter=1000)
logistic_model.fit(X_train_scaled, y_train)

# Hacer predicciones
y_pred_logistic = logistic_model.predict(X_test_scaled)

# Evaluar el modelo
accuracy = accuracy_score(y_test, y_pred_logistic)
print(f'Precisión: {accuracy}')
```

Este código, nos muestra cómo entrenar y evaluar un modelo de regresión lineal y un modelo de regresión logística utilizando `Scikit-learn`. La regresión lineal se evalúa mediante el error cuadrático medio (MSE), mientras que la regresión logística se evalúa utilizando la precisión, que mide la proporción de predicciones correctas.

Como puedes observar tanto la regresión lineal como la logística son herramientas para en el análisis predictivo, pero cada una adecuada para diferentes tipos de problemas. La regresión lineal es ideal para predecir valores continuos y modelar relaciones lineales, mientras que la regresión logística es crucial para problemas de clasificación, proporcionando una forma robusta de modelar probabilidades y hacer predicciones categóricas. La comprensión de cuándo y cómo aplicar cada una es fundamental para el éxito en el análisis de datos y la construcción de modelos predictivos eficaces.

12.1.2. Máquinas de soporte vectorial (SVM)

Aunque ya las venimos mencionando, hablemos ahora más a fondo de las máquinas de soporte vectorial. Estas, las SVM, son una técnica de aprendizaje supervisado utilizada tanto para problemas de clasificación como de regresión, aunque su uso más frecuente es en tareas de clasificación. SVM es particularmente efectiva en situaciones donde el objetivo es encontrar una frontera de decisión clara y robusta entre diferentes clases de datos, especialmente en conjuntos de datos donde las clases no son linealmente separables.

El principio básico detrás de SVM es identificar un hiperplano óptimo que separe las clases de datos en un espacio de características multidimensional. En problemas de clasificación binaria, el hiperplano es una línea en dos dimensiones, un plano en tres dimensiones, y así sucesivamente en dimensiones más altas. Este hiperplano es elegido de tal manera que maximiza la "margen" entre las clases, donde la margen se define como la distancia entre el hiperplano y los puntos de datos más cercanos de cada clase, conocidos como vectores de soporte.

El problema de encontrar el hiperplano óptimo puede formularse como un problema de optimización, cuyo objetivo es maximizar la margen entre las clases. Matemáticamente, se puede expresar como sigue:

Dado un conjunto de entrenamiento $(x_1, y_1), (x_2, y_2), \ldots, (x_n, y_n)$, donde x_i son los vectores de características y y_i son las etiquetas correspondientes (generalmente y_i es +1 o -1 para problemas de clasificación binaria), el objetivo es encontrar un vector w y un sesgo b tal que el hiperplano definido por $w\ \ x + b = 0$ separe las clases de datos. El hiperplano óptimo es aquel que maximiza la distancia (margen) entre los puntos de datos de las dos clases más cercanas a dicho hiperplano.

En términos matemáticos, esto se puede formular como el siguiente problema de optimización:

$$min = \frac{1}{2}||w||^2 \text{ sujeto a } y_i(w \cdot x_i + b) \geq 1 \text{ para todos los } i$$

El término $\frac{1}{2}||w||^2$ es una forma de regularización que minimiza la norma del vector w, lo que ayuda a encontrar el hiperplano que maximiza la margen.

En muchos casos, las clases de datos no son linealmente separables en el espacio de características original. Aquí es donde SVM extiende su poder mediante el uso de "trucos de kernel" o "kernel trick". La idea básica del kernel es mapear los datos originales a un espacio de características de mayor dimensión donde las clases sean linealmente separables. Los kernels más comunes incluyen el kernel lineal, kernel polinómico, y el kernel de función de base radial (RBF). Este último es especialmente popular en aplicaciones prácticas debido a su capacidad para manejar relaciones no lineales complejas.

El kernel RBF se define como:

$$K(x_i, x_j) = \exp\left(-\gamma \left|\left|x_i - x_j\right|\right|^2\right)$$

Donde γ es un parámetro que controla el rango de influencia de un solo ejemplo de entrenamiento.

Además de los problemas de clasificación, SVM también se puede utilizar para la regresión, conocido como "SVR" (Support Vector Regression). En lugar de encontrar un hiperplano que separe las clases, SVR intenta encontrar un hiperplano que esté lo más cerca posible a los puntos de datos, pero dentro de un margen aceptable de error.

La implementación práctica de SVM en Python se puede realizar fácilmente utilizando la librería `Scikit-learn`, la cual ofrece una interfaz accesible y permite experimentar con diferentes kernels y configuraciones. Aquí hay un ejemplo básico de cómo entrenar un modelo SVM para clasificación:

```
from sklearn import datasets
from sklearn.model_selection import train_test_split
from sklearn.svm import SVC
from sklearn.metrics import accuracy_score

# Cargar un conjunto de datos de ejemplo
iris = datasets.load_iris()
X = iris.data
y = iris.target

# Solo usamos dos clases para simplificar
X = X[y != 2]
y = y[y != 2]

# Dividir el conjunto de datos en entrenamiento y prueba
X_train, X_test, y_train, y_test = train_test_split(X, y,
test_size=0.2, random_state=42)

# Crear el modelo SVM con un kernel lineal
model = SVC(kernel='linear', C=1.0)

# Entrenar el modelo
model.fit(X_train, y_train)

# Hacer predicciones
y_pred = model.predict(X_test)

# Evaluar el modelo
accuracy = accuracy_score(y_test, y_pred)
print(f'Precisión del modelo: {accuracy}')
```

Este código entrena un modelo SVM en el conjunto de datos Iris, utilizando un kernel lineal. La precisión del modelo se evalúa en el conjunto de prueba, proporcionando una medida de qué tan bien el modelo ha aprendido a clasificar las nuevas observaciones.

Las SVM son particularmente útiles en aplicaciones donde las clases están bien separadas y se busca maximizar la margen de separación. Sin embargo, también pueden ser menos eficientes en problemas con grandes conjuntos de datos o cuando las clases no son claramente separables en el espacio de características original. En estos casos, se pueden necesitar técnicas adicionales, como la selección de un kernel adecuado o la implementación de métodos de reducción de dimensionalidad para mejorar el rendimiento del modelo.

Las máquinas de soporte vectorial continúan siendo una herramienta fundamental en el arsenal de técnicas de Machine Learning, apreciadas por su capacidad de ofrecer modelos robustos y bien generalizados, especialmente en tareas de clasificación.

12.1.3. Redes neuronales

Las redes neuronales son una de las técnicas más avanzadas y ampliamente utilizadas en el campo del Machine Learning y la Inteligencia Artificial. De hecho estoy seguro de que aunque no seas un experto y te estes iniciando ya las tienes hasta en la sopa. Inspiradas en la estructura y funcionamiento del cerebro humano, las redes neuronales están compuestas por capas de neuronas artificiales que procesan la información de manera similar a las neuronas biológicas. Estas redes han demostrado ser extremadamente eficaces para una variedad de tareas complejas, como el reconocimiento de voz, la clasificación de imágenes, el procesamiento del lenguaje natural, y más.

Arquitectura básica de una red neuronal

Una red neuronal típica está compuesta por varias capas de neuronas, organizadas en una arquitectura que incluye:

- **Capa de entrada (Input Layer):** Esta capa recibe los datos de entrada, que pueden ser cualquier tipo de información numérica, como píxeles de una imagen, valores de características en un conjunto de datos, etc. Cada neurona en esta capa corresponde a una característica o variable del conjunto de datos.

- **Capas ocultas (Hidden Layers):** Entre la capa de entrada y la capa de salida, hay una o más capas ocultas. Estas capas no interactúan directamente con el mundo exterior y son donde ocurre la mayor parte del procesamiento. Las neuronas en las capas ocultas realizan cálculos mediante funciones de activación, que determinan si una neurona debe "disparar" o no, es decir, si debe pasar su valor a la siguiente capa.

- **Capa de salida (Output Layer):** Esta capa proporciona la salida final de la red neuronal. En un problema de clasificación binaria, por ejemplo, la capa de salida puede tener una única neurona que indica la probabilidad de una clase específica. En un problema de clasificación multiclase, puede haber varias neuronas, cada una representando una clase diferente.

Funcionamiento de una red neuronal

El proceso de funcionamiento de una red neuronal implica el siguiente flujo:

- **Forward propagation:** Los datos de entrada pasan a través de las diferentes capas de la red. En cada capa, las neuronas reciben los valores de entrada, aplican una función de activación y pasan el resultado a la siguiente capa. Este proceso continúa hasta llegar a la capa de salida.

- **Función de activación:** Las funciones de activación introducen no linealidades en la red, permitiendo que esta aprenda patrones complejos. Algunas funciones de activación comunes incluyen la función sigmoide, la tangente hiperbólica (tanh), y la función ReLU (Rectified Linear Unit), siendo esta última una de las más utilizadas debido a su eficacia en redes profundas.

- **Cálculo del error:** Una vez que se obtiene la salida de la red, esta se compara con el valor objetivo (ground truth) utilizando una función de pérdida, que mide qué tan lejos está la predicción de la red del resultado esperado. En problemas de clasificación, la función de pérdida más común es la entropía cruzada, mientras que en regresión se suele usar el error cuadrático medio.

- **Backpropagation:** Para ajustar los pesos de la red neuronal y reducir el error, se utiliza un proceso llamado backpropagation. Este proceso calcula el gradiente de la función de pérdida con respecto a cada peso de la red y luego actualiza los pesos en la dirección opuesta al gradiente, generalmente utilizando un algoritmo de optimización como el descenso de gradiente.

- **Actualización de pesos:** Con la información obtenida en el paso anterior, los pesos se ajustan para que la próxima vez que los datos pasen a través de la red, el error se reduzca. Este proceso se repite durante múltiples iteraciones o épocas hasta que el modelo converge a un nivel de error aceptable.

Tipos de redes neuronales

Existen diferentes tipos de redes neuronales, cada una adaptada a tipos específicos de tareas:

Perceptrón multicapa (Multilayer Perceptron - MLP): Es el tipo más básico de red neuronal, compuesto por capas completamente conectadas de neuronas. Es adecuado para tareas generales de clasificación y regresión, pero tiene limitaciones en tareas que requieren procesamiento espacial o secuencial.

Redes neuronales convolucionales (CNN): Especialmente diseñadas para procesar datos con una estructura de cuadrícula, como imágenes. Las CNN utilizan capas convolucionales para extraer características espaciales y capas de pooling para reducir la dimensionalidad, lo que las hace muy efectivas en el reconocimiento de imágenes y video.

Redes neuronales recurrentes (RNN): Estas redes están diseñadas para trabajar con datos secuenciales, como series temporales o texto. Las RNN utilizan retroalimentación (o loops) para recordar información a lo largo de las secuencias de entrada, lo que les permite manejar dependencias temporales.

Redes neuronales de memoria a largo plazo (LSTM): Una variante de las RNN que incluye mecanismos especiales para manejar la memoria a largo plazo, permitiendo a la red recordar información relevante durante largos períodos de tiempo. Son muy utilizadas en tareas como traducción automática y procesamiento del lenguaje natural.

Implementación de una red neuronal en Python

Con el siguiente código os muestro un ejemplo básico de cómo implementar una red neuronal con Python utilizando la popular librería `TensorFlow` y `Keras`:

```
import tensorflow as tf
from tensorflow.keras.models import Sequential
from tensorflow.keras.layers import Dense

# Definir el modelo secuencial
model = Sequential()

# Añadir una capa de entrada (4 neuronas) y una capa oculta (8 neu-
ronas) con activación ReLU
model.add(Dense(8, input_dim=4, activation='relu'))

# Añadir una segunda capa oculta (8 neuronas) con activación ReLU
model.add(Dense(8, activation='relu'))

# Añadir la capa de salida (1 neurona) con activación sigmoide para
un problema de clasificación binaria
model.add(Dense(1, activation='sigmoid'))
```

```
# Compilar el modelo con el optimizador Adam y la función de pérdida
de entropía cruzada
model.compile(loss='binary_crossentropy', optimizer='adam', met-
rics=['accuracy'])

# Mostrar el resumen de la arquitectura del modelo
model.summary()

# Suponiendo que X_train e y_train son los datos de entrenamiento
# Entrenar el modelo
# model.fit(X_train, y_train, epochs=100, batch_size=10)
```

Este código implementa un modelo simple de red neuronal con dos capas ocultas y una capa de salida diseñada para un problema de clasificación binaria. La función de activación ReLU se utiliza en las capas ocultas, mientras que la función sigmoide se utiliza en la capa de salida para predecir probabilidades. El optimizador Adam se usa para actualizar los pesos durante el entrenamiento, y la función de pérdida de entropía cruzada se emplea para medir la precisión del modelo en problemas de clasificación binaria.

Aplicaciones de redes neuronales

Las redes neuronales tienen una amplia gama de aplicaciones debido a su flexibilidad y capacidad para aprender patrones complejos. Algunas de las aplicaciones más notables incluyen:

Reconocimiento de imágenes: Las CNN se utilizan ampliamente en tareas de clasificación de imágenes, detección de objetos, y segmentación de imágenes.

Procesamiento del lenguaje natural: Las RNN y LSTM se aplican en tareas como traducción automática, resumen de texto, y análisis de sentimiento.

Juegos y simulaciones: Las redes neuronales se emplean en Inteligencia Artificial para juegos, como en AlphaGo, donde se combinan con aprendizaje por refuerzo para crear agentes que pueden aprender a jugar juegos de manera autónoma.

Predicción financiera: En el ámbito financiero, se utilizan redes neuronales para predecir precios de acciones, riesgos crediticios, y detectar fraudes.

Sistemas de recomendación: Amazon, Netflix y otras plataformas utilizan redes neuronales para recomendar productos y contenido personalizado a los usuarios, basándose en sus comportamientos y preferencias previas.

Las redes neuronales han revolucionado la Inteligencia Artificial y el Machine Learning, proporcionando soluciones avanzadas para problemas que antes eran inabordables. Con su capacidad de aprender de grandes volúmenes de datos y descubrir patrones complejos, estas redes continúan impulsando innovaciones en una variedad de campos, desde la salud hasta las finanzas y el entretenimiento, pasando por la realidad virtual, realidad aumentada, educación y cientos de campos más.

12.2. Análisis de series temporales

12.2.1. Descomposición de series temporales

La descomposición de series temporales es una técnica fundamental en el análisis de datos temporales que permite desglosar una serie temporal en varios componentes básicos. Estos componentes ayudan a entender y modelar los patrones presentes en los datos a lo largo del tiempo, lo que es crucial para la previsión y la toma de decisiones informadas. Los componentes principales de una serie temporal suelen incluir la tendencia, la estacionalidad, y el ruido o componente residual.

Componentes de una serie temporal

- **Tendencia (Trend):** La tendencia es el componente de la serie temporal que representa la dirección general del movimiento de los datos a lo largo del tiempo. Puede ser ascendente, descendente, o constante, y refleja cambios a largo plazo en los datos. Por ejemplo, en un análisis de ventas de una empresa, una tendencia ascendente puede indicar un crecimiento sostenido en las ventas a lo largo del tiempo.

- **Estacionalidad (Seasonality):** La estacionalidad es el patrón recurrente que se repite en intervalos regulares a lo largo del tiempo, generalmente en función de un período específico, como anual, trimestral, mensual, o semanal. Estos patrones son comunes en datos como ventas minoristas, donde pueden observarse picos durante la temporada de vacaciones.

- **Componente cíclico (Cyclical Component):** Similar a la estacionalidad, el componente cíclico refleja patrones repetitivos, pero estos no ocurren en intervalos regulares como la estacionalidad. Los ciclos suelen estar relacionados con factores económicos, como recesiones y expansiones, y pueden durar varios años.

- **Ruido o residual (Noise/Residual):** El componente de ruido es la parte de la serie temporal que no puede ser explicada por la tendencia, estacionalidad o ciclos. Es impredecible y representa la variabilidad aleatoria en los datos.

Métodos de descomposición de series temporales

Existen varios métodos para descomponer una serie temporal en sus componentes básicos. Los dos enfoques más comunes son la descomposición aditiva y la descomposición multiplicativa.

1. Descomposición aditiva: En este enfoque, se asume que los componentes de la serie temporal se suman entre sí. Es decir, la serie temporal y_t se representa como:

$$y_t = T_t + S_t + R_t$$

Donde T_t es la tendencia, S_t es la estacionalidad, y R_t es el componente residual. Este método se utiliza cuando la magnitud de las fluctuaciones estacionales y de tendencia no varía significativamente con el nivel de la serie temporal.

2. Descomposición multiplicativa: En este enfoque, se asume que los componentes de la serie temporal se multiplican entre sí. La serie temporal y_t se representa como:

$$y_t = T_t \times S_t \times R_t$$

Este método es adecuado cuando las fluctuaciones estacionales y de tendencia cambian proporcionalmente con el nivel de la serie temporal.

Implementación de la descomposición de series temporales en Python

La descomposición de series temporales puede implementarse de manera efectiva utilizando librerías de Python como `statsmodels`. A continuación un ejemplo de cómo descomponer una serie temporal utilizando el método aditivo.

```
import pandas as pd
from statsmodels.tsa.seasonal import seasonal_decompose
import matplotlib.pyplot as plt

# Cargar los datos de una serie temporal
# Suponiendo que los datos están en un DataFrame con una columna
'date' para fechas y 'value' para los valores
data = pd.read_csv('path_to_your_data.csv', parse_dates=['date'],
index_col='date')
```

```
# Realizar la descomposición aditiva
result = seasonal_decompose(data['value'], model='additive')

# Graficar los componentes
result.plot()
plt.show()

# Acceder a los componentes individuales
trend = result.trend
seasonal = result.seasonal
residual = result.resid
```

Veamos que hemos hecho en este código:

1. Cargar los datos: Se carga una serie temporal desde un archivo CSV y se establece la columna de fechas como el índice.

2. Descomposición: Se utiliza la función `seasonal_decompose` de la librería `statsmodels` para descomponer la serie temporal en sus componentes utilizando el modelo aditivo.

3. Visualización: Se grafican los componentes descompuestos de la serie temporal (tendencia, estacionalidad y residuo).

Aplicaciones de la descomposición de series temporales

- **Análisis y previsión:** La descomposición permite a los analistas identificar claramente las tendencias subyacentes y los patrones estacionales, lo que es crucial para prever futuros valores de la serie temporal con mayor precisión.

- **Identificación de anomalías:** Al separar la tendencia y la estacionalidad, los analistas pueden detectar anomalías o cambios abruptos en los datos que no se ajustan a los patrones históricos, lo que podría indicar eventos inusuales o problemas en el sistema de recolección de datos.

- **Modelado de series temporales:** Conocer los componentes de una serie temporal permite a los modeladores seleccionar y ajustar mejor los modelos predictivos, como los modelos ARIMA, que pueden modelar la tendencia y la estacionalidad de manera más eficaz.

- **Ajuste estacional:** En muchos casos, es útil eliminar el componente estacional de los datos para analizar la serie "ajustada estacionalmente". Esto es común en análisis económicos, donde los datos estacionales pueden oscurecer la tendencia subyacente.

Consideraciones al utilizar descomposición de series temporales

1. Estacionariedad: Antes de aplicar ciertos modelos de series temporales, es importante evaluar si la serie es estacionaria. Una serie temporal es estacionaria si sus propiedades estadísticas, como la media y la varianza, son constantes en el tiempo. Si una serie no es estacionaria, es posible que sea necesario diferenciarla o ajustar los componentes para que se convierta en estacionaria.

2. Interacción entre Componentes: En algunos casos, los componentes de la serie temporal pueden interactuar de maneras complejas. Por ejemplo, la estacionalidad puede variar dependiendo de la tendencia. Esto puede requerir un enfoque más sofisticado, como la descomposición mediante métodos más avanzados o la incorporación de modelos no lineales.

La descomposición de series temporales es una técnica poderosa para entender y modelar los datos temporales. Permite separar los diferentes elementos que contribuyen al comportamiento de la serie, lo que facilita tanto el análisis como la previsión. Esta técnica es ampliamente utilizada en campos como la economía, la meteorología, el control de calidad, y muchos otros, donde el análisis de datos temporales es crucial.

12.2.2. Modelos ARIMA

Los modelos ARIMA (Autoregressive Integrated Moving Average) son una clase de modelos estadísticos ampliamente utilizados para el análisis y la previsión de series temporales. Estos modelos son especialmente útiles cuando se trata de datos que presentan una tendencia o estacionalidad y son aplicados en diversos campos como la economía, la meteorología, la ingeniería, y más.

Conceptos fundamentales del Modelo ARIMA

El modelo ARIMA es una combinación de tres componentes principales: autoregresión (AR), media móvil (MA) y diferenciación (*I*, de "Integrated"). Estos componentes se combinan para crear un modelo que puede capturar las dinámicas de una serie temporal compleja. El modelo ARIMA se representa comúnmente como ARIMA(p, d, q), donde:

- Autoregresión (AR) - *p*: El componente autoregresivo implica que el valor actual de la serie temporal depende linealmente de sus valores anteriores, con un grado de dependencia que decrece con el paso del tiempo. El parámetro p indica el número de retardos (lags) que se utilizan en el modelo.

- **Diferenciación (I) - *d*:** La parte integrada del modelo implica que se toman diferencias entre observaciones consecutivas para hacer que la serie temporal sea estacionaria, es decir, para eliminar la tendencia. El parámetro d indica el número de veces que los datos han sido diferenciados.

- **Media Móvil (MA) - *q*:** El componente de media móvil sugiere que el valor actual de la serie temporal está influenciado por el error (residual) de las observaciones anteriores. El parámetro q determina el número de términos de media móvil a incluir en el modelo.

Descomposición del modelo ARIMA

Un modelo ARIMA se construye combinando estos tres elementos, y se expresa matemáticamente como:

$$Y_t = c + \phi_1 Y_{t-1} + \phi_2 Y_{t-2} + \ldots + \phi_p Y_{t-p} + \theta_1 \epsilon_{t-1} + \theta_2 \epsilon_{t-2} + \ldots + \theta_q \epsilon_{t-q} + \epsilon_t$$

Donde:

- Y_t es el valor predicho en el tiempo t.
- c es una constante.
- $\phi_1, \phi_2, \ldots \phi_p$ son los coeficientes autoregresivos.
- ϵ_t es el error aleatorio o término de ruido.
- $\theta_1, \theta_2, \ldots \theta_q$ son los coeficientes de media móvil.

Pasos para construir un modelo ARIMA

1. Identificación de la estacionariedad: Antes de aplicar un modelo ARIMA, es crucial verificar si la serie temporal es estacionaria. Una serie es estacionaria si sus propiedades estadísticas, como la media y la varianza, son constantes en el tiempo. Si no lo es, es posible aplicar la diferenciación hasta que la serie se estabilice.

2. Determinación de los parámetros (*p*, *d*, *q*): Seleccionar los valores de p, d y q es un paso clave. Esto puede hacerse utilizando la función de autocorrelación (ACF) y la función de autocorrelación parcial (PACF) para determinar los lags apropiados.

3. Estimación del modelo: Una vez seleccionados los parámetros, se estima el modelo ajustando los coeficientes ϕ y θ.

4. Diagnóstico del modelo: Tras ajustar el modelo, se realiza un diagnóstico para verificar la validez del mismo. Esto incluye verificar los residuos del modelo, que deben parecer ruido blanco (es decir, sin correlación).

5. Predicción: Finalmente, se utiliza el modelo para hacer predicciones a futuro, lo que es la principal aplicación de ARIMA en el análisis de series temporales.

Implementación en Python

El siguiente código muestra cómo se puede implementar un modelo ARIMA utilizando la librería `statsmodels` en Python. Este ejemplo incluye los pasos de identificación, ajuste y predicción.

```
import pandas as pd
import numpy as np
from statsmodels.tsa.arima.model import ARIMA
import matplotlib.pyplot as plt
import warnings
warnings.filterwarnings("ignore")

# Cargar los datos de una serie temporal
data = pd.read_csv('path_to_your_data.csv', parse_dates=['date'],
index_col='date')

# Verificación de estacionariedad y diferenciación
differenced_data = data.diff().dropna()

# Determinación de los parámetros p, d, q utilizando ACF y PACF (de-
terminación manual o mediante pruebas)

# Ajuste del modelo ARIMA (ejemplo con p=1, d=1, q=1)
model = ARIMA(data, order=(1, 1, 1))
model_fit = model.fit()

# Resumen del modelo
print(model_fit.summary())

# Predicción
forecast = model_fit.forecast(steps=10)
print(forecast)

# Graficar el resultado
data.plot(label='Original')
forecast.plot(label='Forecast', color='red')
plt.legend()
plt.show()
```

Explicación del código

1. Carga de datos y diferenciación: Se cargan los datos de una serie temporal y se aplica una diferenciación para asegurarse de que la serie sea estacionaria.

2. Ajuste del modelo: Se ajusta un modelo ARIMA utilizando los parámetros seleccionados. En este caso, se ha seleccionado un modelo ARIMA(1, 1, 1) como ejemplo.

3. Predicción: El modelo entrenado se utiliza para hacer predicciones sobre futuros valores de la serie temporal.

4. Visualización: Se grafican los datos originales junto con las predicciones para comparar los resultados.

Aplicaciones de modelos ARIMA

Previsión de ventas: En el comercio minorista y otras industrias, ARIMA se utiliza para prever las ventas futuras basadas en datos históricos, permitiendo una planificación adecuada del inventario.

Predicción de valores financieros: ARIMA es ampliamente utilizado en finanzas para predecir el precio de acciones, índices, tasas de interés, entre otros.

Control de calidad: En procesos de manufactura, ARIMA ayuda a prever el comportamiento de las series temporales relacionadas con la calidad del producto, permitiendo la implementación de medidas preventivas.

Análisis económico: Los economistas utilizan ARIMA para prever indicadores económicos clave como el PIB, la inflación, y el desempleo, lo que apoya la toma de decisiones a nivel gubernamental y corporativo.

Consideraciones y limitaciones

Selección de parámetros: La correcta identificación de los valores de p, d y q es fundamental para el éxito del modelo. Si se seleccionan incorrectamente, el modelo puede no capturar correctamente las dinámicas de la serie temporal.

Datos estacionarios: ARIMA requiere que los datos sean estacionarios. Si los datos no son estacionarios, el modelo puede producir resultados incorrectos, lo que subraya la importancia de realizar una diferenciación adecuada.

Modelos ARIMA sazonales (SARIMA): Para series temporales que presentan una fuerte estacionalidad, es posible que un modelo ARIMA simple no sea suficiente, por lo que se puede extender a un modelo SARIMA que incluya componentes estacionales.

Los modelos ARIMA son herramientas poderosas en el análisis de series temporales, proporcionando un marco sólido para modelar y prever datos temporales en una amplia variedad de contextos.

12.2.3. Redes neuronales recurrentes (RNN)

En puntos anteriores hemos hablado de las redes neuronales y visto algunas diferentes. Y estas, por supuesto, también las hemos mencionado. Ahora es el momento, y debido a su importancia, de profundizarlas. las redes neuronales recurrentes son una clase de redes neuronales diseñadas para procesar secuencias de datos, como dije anteriormente, por ejemplo texto, lo que las hace especialmente adecuadas para tareas donde el orden de los datos es importante. A diferencia de las redes neuronales tradicionales, que asumen que las entradas son independientes entre sí, las RNN son capaces de mantener una memoria interna que les permite capturar dependencias temporales o secuenciales en los datos. Veámoslas más a fondo.

Conceptos fundamentales de las redes neuronales recurrentes (RNN)

Las RNN se caracterizan por tener conexiones recurrentes, lo que significa que la salida de una unidad neuronal en un momento dado se retroalimenta como entrada a la misma unidad en el siguiente paso temporal. Este mecanismo les permite almacenar información a lo largo de la secuencia, lo que es crucial para tareas como la predicción de series temporales, el procesamiento del lenguaje natural, la traducción automática, y el reconocimiento de voz.

Estructura básica de una RNN

La estructura básica de una RNN puede describirse con la siguiente ecuación:

$$h_t = \sigma(W_{hh}h_{t-1} + W_{xh}x_t + b_h)$$

$$y_t = W_{hy}h_t + b_y)$$

Donde:

- x_t es la entrada en el tiempo t.
- h_t es el estado oculto en el tiempo t, que actúa como una memoria de la red.
- W_{xh}, W_{hh}, y W_{hy} son matrices de pesos que determinan las conexiones entre las diferentes capas.

- b_h y b_y son los sesgos correspondientes.
- σ es una función de activación no lineal (por ejemplo, tanh o ReLU).

El estado oculto h_t se actualiza en cada paso temporal, lo que permite que la red capture información de todas las entradas anteriores en la secuencia.

Problemas de las RNN clásicas

A pesar de sus ventajas, las RNN clásicas tienen ciertas limitaciones, principalmente el problema de la desaparición y explosión del gradiente durante el entrenamiento. Esto ocurre debido a que, cuando se utilizan muchas capas o secuencias largas, los gradientes que se propagan a través de la red pueden volverse extremadamente pequeños o grandes, lo que dificulta el aprendizaje eficaz. Este problema limita la capacidad de las RNN para aprender dependencias a largo plazo.

Variantes de las RNN: LSTM y GRU

Para abordar los problemas mencionados, se han desarrollado variantes más avanzadas de RNN, como las LSTM (Long Short-Term Memory) y las GRU (Gated Recurrent Unit).

LSTM (Long Short-Term Memory)

Las LSTM están diseñadas para manejar dependencias a largo plazo mediante el uso de una estructura más compleja que incluye "puertas" que regulan el flujo de información a través de la red. Las LSTM incluyen:

1. Puerta de olvido f_h: Decide cuánta información del estado anterior debe ser olvidada.
2. Puerta de entrada i_t: Determina cuánta información nueva debe ser almacenada en la memoria.
3. Puerta de salida o_t: Decide qué parte de la memoria actual se utiliza para calcular la salida.

Estas puertas permiten que las LSTM mantengan información relevante durante más tiempo que las RNN tradicionales.

GRU (Gated Recurrent Unit)

Las GRU son una simplificación de las LSTM que combinan la puerta de entrada y la puerta de olvido en una única "puerta de actualización". Aunque son menos complejas que las LSTM, las GRU a menudo ofrecen un rendimiento comparable en muchas tareas y tienen la ventaja de ser más rápidas de entrenar.

Implementación de una RNN en Python

Vamos a ver un ejemplo de cómo implementar una RNN utilizando la librería `TensorFlow` y `Keras` para predecir una serie temporal.

```
import numpy as np
import matplotlib.pyplot as plt
from tensorflow.keras.models import Sequential
from tensorflow.keras.layers import SimpleRNN, LSTM, Dense

# 1. Generación de la serie temporal senoidal
def generate_sequence(n_timesteps):
    X = np.array([i / float(n_timesteps) for i in
range(n_timesteps)])
    y = np.sin(2.0 * np.pi * X)
    return y

n_timesteps = 100
data = generate_sequence(n_timesteps)

# Graficar la serie temporal
plt.plot(data)
plt.title("Serie Temporal Senoidal")
plt.show()

# 2. Preparación de los datos con una ventana deslizante
def create_dataset(data, n_steps):
    X, y = [], []
    for i in range(len(data)):
        end_ix = i + n_steps
        if end_ix > len(data) - 1:
            break
        seq_x, seq_y = data[i:end_ix], data[end_ix]
        X.append(seq_x)
        y.append(seq_y)
    return np.array(X), np.array(y)

n_steps = 10
X, y = create_dataset(data, n_steps)

# Reshape para entrada de RNN: [samples, timesteps, features]
X = X.reshape((X.shape[0], X.shape[1], 1))

# Dividir los datos en conjuntos de entrenamiento y prueba
split = int(0.8 * len(X))
X_train, X_test = X[:split], X[split:]
y_train, y_test = y[:split], y[split:]

# 3. Definición del modelo RNN con LSTM
model = Sequential([
```

```
    LSTM(50, activation='tanh', input_shape=(n_steps, 1)),
    Dense(1)
])

# Compilar el modelo
model.compile(optimizer='adam', loss='mse')

# Resumen del modelo
model.summary()

# 4. Entrenamiento del modelo
model.fit(X_train, y_train, epochs=200, verbose=1, valida-
tion_data=(X_test, y_test))

# 5. Predicción y Evaluación
yhat_train = model.predict(X_train, verbose=0)
yhat_test = model.predict(X_test, verbose=0)

# Graficar resultados
plt.figure(figsize=(10,6))
plt.plot(range(len(y_train)), y_train, label='Train Actual')
plt.plot(range(len(y_train), len(y_train) + len(y_test)), y_test,
label='Test Actual')
plt.plot(range(len(y_train)), yhat_train, linestyle='--',
color='red', label='Train Predicted')
plt.plot(range(len(y_train), len(y_train) + len(y_test)), yhat_test,
linestyle='--', color='green', label='Test Predicted')
plt.legend()
plt.title("Time Series Prediction with RNN")
plt.show()
```

Explicación del código

1. Generación de secuencia de datos: Aquí se genera una secuencia de datos basada en la función seno para servir como conjunto de datos de ejemplo.

2. Definición del modelo RNN: Se construye una RNN sencilla con una capa `SimpleRNN` que tiene 50 unidades. Se utiliza la función de activación `tanh`, común en RNN debido a su capacidad para manejar señales secuenciales.

3. Compilación y entrenamiento: El modelo se compila utilizando el optimizador `Adam` y la función de pérdida de error cuadrático medio (`mse`). Luego, el modelo se entrena en los datos generados.

4. Predicción y visualización: El modelo entrenado se utiliza para hacer predicciones sobre los mismos datos de entrada, y los resultados se grafican para visualizar la predicción frente a los valores reales.

Aplicaciones de las RNN y sus Variantes

Procesamiento del lenguaje natural (NLP): Las RNN se utilizan ampliamente en tareas de NLP como la traducción automática, el modelado del lenguaje, y la generación de texto.

Predicción de series temporales: Las RNN, especialmente las LSTM y GRU, son utilizadas en finanzas para predecir precios de acciones, en meteorología para predecir el clima, y en otros campos donde los datos tienen un carácter secuencial.

Reconocimiento de voz: Las RNN son fundamentales en los sistemas de reconocimiento de voz, donde deben interpretar secuencias de audio para convertirlas en texto.

Generación de música: Las RNN se utilizan en la generación de música, donde aprenden patrones musicales a partir de grandes volúmenes de datos de audio.

Consideraciones y desafíos

- **Entrenamiento computacionalmente costoso:** Las RNN pueden ser más lentas de entrenar que otros tipos de redes neuronales debido a su dependencia secuencial, lo que también implica que no son fáciles de paralelizar.

- **Memoria a largo plazo:** Aunque las LSTM y GRU mejoran la capacidad de las RNN para recordar información a largo plazo, todavía pueden tener dificultades con secuencias extremadamente largas.

- **Sobreajuste:** Las RNN, debido a su gran capacidad para modelar dependencias complejas, pueden sobreajustarse a los datos de entrenamiento si no se toman precauciones adecuadas, como el uso de regularización.

Las RNN y sus variantes LSTM y GRU son herramientas poderosas en el análisis de secuencias, ofreciendo soluciones avanzadas para una amplia gama de problemas donde los datos secuenciales son clave. La implementación de estas redes requiere consideraciones cuidadosas sobre su arquitectura y parámetros, pero su capacidad para modelar dependencias temporales las convierte en una opción preferida para muchas aplicaciones avanzadas.

12.3. Modelos de clustering y segmentación

Ya hemos mencionado anteriormente k-means y jerárquico, vamos ahora a desglosarlos junto con DBSCAN. Dejame en este punto recordarte que este libro está diseñado para complementar mi libro IA-Manager, el cual te ofrece una visión más amplia y compleja, tanto de algoritmos y métodos de Machine Learning como en análisis de datos y visualización de estos. Así que si crees que te falta información te aconsejo que compres el libro, ya que están escritos y diseñados con el objetivo de complementarse.

12.3.1. Algoritmo k-means

El algoritmo k-means es una técnica de clustering ampliamente utilizada en aprendizaje automático y análisis de datos para agrupar un conjunto de datos en un número específico de grupos o clusters, donde cada observación pertenece al cluster con el centroide más cercano. Es un algoritmo iterativo que trata de minimizar la variación interna de cada cluster, lo que implica reducir la distancia cuadrática entre las observaciones y sus respectivos centroides.

Fundamentos del algoritmo k-means

El algoritmo k-means funciona mediante los siguientes pasos:

- **Inicialización:** Se eligen *k* puntos aleatorios en el espacio de datos como los centroides iniciales de los clusters. Estos puntos pueden seleccionarse de forma aleatoria o utilizando un método como k-means++ para mejorar la eficiencia y la precisión del algoritmo.

- **Asignación de clusters:** Cada punto de datos se asigna al centroide más cercano, determinando así el cluster al que pertenece. La proximidad se mide generalmente utilizando la distancia euclidiana, aunque otras métricas de distancia también pueden ser utilizadas.

- **Actualización de centroides:** Una vez que todos los puntos han sido asignados a un cluster, se recalculan los centroides de cada cluster como el promedio de todos los puntos de datos que pertenecen a ese cluster.

- **Repetición:** Los pasos de asignación y actualización se repiten hasta que los centroides ya no cambian significativamente, lo que significa que los puntos de datos han convergido en clusters estables. Alternativamente, el proceso puede detenerse después de un número fijo de iteraciones o cuando la variación en los centroides entre iteraciones cae por debajo de un umbral predefinido.

Selección del número de Clusters (*k*)

Un aspecto crítico del algoritmo k-means es la elección del número de clusters k. Determinar el valor óptimo de k puede no ser trivial y generalmente se realiza utilizando métodos como la "Elbow Method", la "Silhouette Analysis" o técnicas más avanzadas como la "Gap Statistic".

- **Elbow Method:** Este método implica calcular la suma de los errores cuadráticos (SSE) para diferentes valores de k. Se grafica k contra SSE y se selecciona el valor de k donde la reducción en SSE comienza a disminuir, formando un "codo" en la gráfica.

- **Silhouette Analysis:** Esta técnica mide cuán cerca están los puntos de un cluster a los puntos de otros clusters. El valor óptimo de k es aquel que maximiza el valor promedio de la silueta, que varía entre -1 y 1.

- **Gap Statistic:** Esta técnica compara la variación intra-cluster para diferentes valores de k con la esperada bajo una distribución nula (aleatoria). Se calcula un valor de "gap" que mide la diferencia entre ambos, y se elige el k óptimo donde este gap es máximo, indicando la mayor separación entre la estructura real de los datos y el ruido aleatorio.

Limitaciones del algoritmo k-means

A pesar de su popularidad, k-means tiene algunas limitaciones importantes:

1. **Dependencia en el valor inicial:** La calidad del clustering resultante puede depender significativamente de los centroides iniciales. Diferentes inicializaciones pueden llevar a diferentes resultados, lo que se conoce como el problema de sensibilidad a la inicialización.

2. **Número fijo de clusters:** k-means requiere que el número de clusters k sea especificado antes de la ejecución, lo que puede ser un desafío si no se tiene un conocimiento previo del número adecuado de clusters.

3. **Clusters esféricos:** k-means asume que los clusters tienen forma esférica y tamaños similares, lo que puede no ser adecuado para datos con estructuras de cluster más complejas o formas no esféricas.

4. **Sensibilidad a los outliers:** El algoritmo k-means es sensible a los outliers y al ruido en los datos, ya que los centroides pueden ser fuertemente influenciados por puntos atípicos.

Aplicación del algoritmo k-means en Python

Desarrollemos un ejemplo de cómo implementar el algoritmo k-means utilizando la librería `scikit-learn` en Python.

```
import numpy as np
import matplotlib.pyplot as plt
from sklearn.cluster import KMeans
from sklearn.datasets import make_blobs

# Generación de datos de ejemplo
X, _ = make_blobs(n_samples=300, centers=4, cluster_std=0.60, ran-
dom_state=0)

# Aplicación de k-means
kmeans = KMeans(n_clusters=4, random_state=0)
kmeans.fit(X)

# Predicciones de los clusters
y_kmeans = kmeans.predict(X)

# Visualización de los clusters
plt.scatter(X[:, 0], X[:, 1], c=y_kmeans, s=50, cmap='viridis')

# Visualización de los centroides
centers = kmeans.cluster_centers_
plt.scatter(centers[:, 0], centers[:, 1], c='red', s=200, al-
pha=0.75, marker='X')
plt.title('k-means Clustering')
plt.xlabel('Feature 1')
plt.ylabel('Feature 2')
plt.show()
```

Explicación del código

1. Generación de datos sintéticos: Se utiliza `make_blobs` para generar un conjunto de datos sintéticos con 4 centros (clusters) y una desviación estándar de 0.60 para cada cluster. Esto permite visualizar cómo k-means agrupa los puntos en torno a estos centros.

2. Aplicación de k-means: Se inicializa un modelo k-means con $k = 4$ clusters. El modelo se ajusta a los datos de entrada X, y posteriormente se predicen las etiquetas de cluster para cada punto de datos.

3. Visualización de resultados: Los datos se visualizan en un gráfico 2D donde los puntos se colorean según el cluster al que pertenecen. Los centroides de cada cluster se marcan con una X roja, destacando su ubicación en el espacio de características.

Ventajas y aplicaciones del algoritmo k-means

El algoritmo k-means es simple de implementar y escalar, lo que lo convierte en una opción popular para muchas aplicaciones. Algunas de las aplicaciones más comunes incluyen:

- **Segmentación de clientes:** Agrupando clientes en clusters con comportamientos similares, las empresas pueden personalizar sus campañas de marketing y mejorar la satisfacción del cliente.

- **Compresión de imágenes:** k-means se puede utilizar para la reducción de colores en una imagen, agrupando colores similares y representándolos con un único valor medio.

- **Agrupación de documentos:** En procesamiento del lenguaje natural, k-means se utiliza para agrupar documentos con contenido similar, lo que es útil en motores de recomendación y motores de búsqueda.

- **Análisis de patrones de comportamiento:** k-means ayuda a identificar patrones en los datos de uso de aplicaciones o en datos de sensores, lo que puede ser útil para la detección de anomalías.

Consideraciones adicionales

Escalabilidad: k-means es computacionalmente eficiente y puede manejar grandes conjuntos de datos, especialmente cuando se utiliza junto con técnicas como k-means++ para la inicialización.

Preprocesamiento de datos: Es importante escalar las características antes de aplicar k-means, ya que la distancia euclidiana es sensible a las escalas de las características. Normalizar o estandarizar los datos puede mejorar significativamente el rendimiento del algoritmo.

Implementaciones avanzadas: Existen versiones mejoradas de k-means, como el mini-batch k-means, que pueden manejar grandes volúmenes de datos mediante el procesamiento de pequeños lotes de datos en cada iteración.

El algoritmo k-means, a pesar de sus limitaciones, sigue siendo una gran herramienta en el arsenal de técnicas de clustering. Su simplicidad y capacidad para descubrir estructuras subyacentes en los datos lo hacen invaluable en una variedad de aplicaciones en ciencia de datos y aprendizaje automático.

12.3.2. Clustering jerárquico

El clustering jerárquico es una técnica de agrupamiento que organiza los datos en una jerarquía de clusters. A diferencia del método de k-means, que requiere que el número de clusters k sea predefinido, el clustering jerárquico crea una estructura jerárquica (o dendrograma) que permite explorar múltiples niveles de agrupamiento. Este método es particularmente útil cuando no se conoce de antemano el número óptimo de clusters o cuando se desea obtener una visión más detallada de la estructura interna de los datos.

Tipos de clustering jerárquico

Existen dos enfoques principales para el clustering jerárquico: aglomerativo y divisivo.

1. Clustering jerárquico aglomerativo (AGNES - Agglomerative Nesting):
- Este es el enfoque más comúnmente utilizado. Comienza tratando cada observación como un cluster individual.
- Luego, en cada paso, los dos clusters más similares se combinan en uno solo.
- Este proceso continúa hasta que todos los datos se agrupan en un único cluster o hasta que se alcanza un criterio de detención, como un número específico de clusters.
- El resultado es un dendrograma, un árbol de decisiones que representa la unión de los clusters en cada nivel.

2. Clustering jerárquico divisivo (DIANA - Divisive Analysis):
- Este enfoque es el opuesto al aglomerativo. Comienza con todos los datos en un único cluster.
- En cada paso, el cluster más disímil se divide en dos.
- Este proceso se repite hasta que cada punto de datos está en su propio cluster.
- Aunque es menos común que el aglomerativo, es útil cuando se conoce la estructura de los datos y se desea subdividirlos progresivamente.

Métricas de distancia y criterios de enlace

El éxito del clustering jerárquico depende en gran medida de cómo se define la "distancia" entre los clusters. Las métricas de distancia más comunes son la distancia euclidiana, la distancia de Manhattan y la distancia de Minkowski. Una vez que se define una métrica de distancia, es necesario determinar cómo se medirá la distancia entre clusters. Esto se hace utilizando uno de los siguientes criterios de enlace:

1. Single Linkage (Enlace simple):
- La distancia entre dos clusters se define como la menor distancia entre cualquier par de puntos, uno de cada cluster.
- Este método tiende a crear clusters alargados y puede ser sensible al ruido y a los outliers.

2. Complete Linkage (Enlace completo):
- La distancia entre dos clusters se define como la mayor distancia entre cualquier par de puntos, uno de cada cluster.
- Este enfoque tiende a producir clusters compactos y de tamaño similar.

3. Average Linkage (Enlace promedio):
- La distancia entre dos clusters se define como el promedio de las distancias entre todos los pares de puntos de los clusters.
- Es un equilibrio entre el enfoque del enlace simple y el enlace completo.

4. Ward's Method:
- Minimiza la suma de las varianzas dentro de los clusters. Se elige la fusión que minimiza el incremento de la varianza total en los clusters combinados.
- Tiende a producir clusters de tamaño similar y es muy útil en la mayoría de los casos.

Visualización con dendrogramas

El dendrograma es una herramienta visual que representa la estructura jerárquica del clustering. Cada unión en el dendrograma representa una fusión de clusters. La altura de la unión refleja la distancia o disimilitud entre los clusters fusionados. La elección del número de clusters se puede realizar cortando el dendrograma a una altura específica, lo que agrupa los datos en clusters.

Implementación en Python

Veamos ahora como muestra un ejemplo de cómo implementar el clustering jerárquico aglomerativo en Python utilizando `scipy` y `matplotlib` para visualizar el dendrograma.

```
import numpy as np
import matplotlib.pyplot as plt
from scipy.cluster.hierarchy import dendrogram, linkage
from sklearn.datasets import make_blobs

# Generación de datos de ejemplo
X, _ = make_blobs(n_samples=100, centers=3, cluster_std=0.6, ran-
dom_state=42)
```

```
# Realización del clustering jerárquico aglomerativo
Z = linkage(X, method='ward')
# Creación del dendrograma
plt.figure(figsize=(10, 7))
dendrogram(Z)
plt.title('Hierarchical Clustering Dendrogram')
plt.xlabel('Sample index')
plt.ylabel('Distance (Ward)')
plt.show()
```

Explicación del código

1. Generación de datos sintéticos: Se genera un conjunto de datos sintéticos con tres clusters utilizando `make_blobs`. Este conjunto de datos servirá para demostrar cómo funciona el clustering jerárquico.

2. Clustering jerárquico: Se utiliza la función `linkage` de `scipy` para realizar el clustering jerárquico aglomerativo. El método de enlace utilizado es el de Ward, que minimiza la varianza total dentro de los clusters.

3. Visualización del dendrograma: La función `dendrogram` se utiliza para crear un dendrograma que muestra la estructura jerárquica de los clusters. La altura de las uniones indica la disimilitud entre los clusters fusionados.

Ventajas y desventajas del clustering jerárquico

Ventajas:
- **No requiere un número predeterminado de clusters:** A diferencia de k-means, el clustering jerárquico no necesita que se especifique el número de clusters desde el principio.
- **Capacidad para capturar estructuras jerárquicas:** Es útil cuando los datos tienen una estructura jerárquica natural, como las taxonomías biológicas.
- **Flexibilidad:** Permite experimentar con diferentes niveles de agrupamiento al cortar el dendrograma en diferentes alturas.

Desventajas:
- **Escalabilidad:** El clustering jerárquico tiene una complejidad computacional alta, especialmente para grandes conjuntos de datos. Esto se debe a que requiere calcular la distancia entre todos los pares de puntos.
- **Sensibilidad al ruido y outliers:** Al igual que k-means, el clustering jerárquico puede ser sensible al ruido y a los outliers, que pueden afectar significativamente la estructura del dendrograma.
- **Dificultad para decidir el corte del dendrograma:** Aunque el dendrograma es una herramienta útil, decidir el punto de corte óptimo para determinar el número de clusters puede ser subjetivo.

Aplicaciones comunes del clustering jerárquico

El clustering jerárquico se utiliza en una variedad de campos debido a su capacidad para revelar estructuras jerárquicas en los datos. Algunas de sus aplicaciones incluyen:

Biología: Es ampliamente utilizado en la clasificación jerárquica de especies y en la creación de árboles filogenéticos.
Análisis de mercado: Permite la segmentación de clientes en grupos jerárquicos basados en similitudes de comportamiento o características demográficas.
Procesamiento del lenguaje natural: Se utiliza para agrupar palabras, documentos o términos en clusters basados en similitudes semánticas o de contexto.
Visión por computadora: Ayuda en la agrupación de características o patrones similares en imágenes para tareas como la detección de objetos o la segmentación de imágenes.

Consideraciones prácticas

Preprocesamiento de datos: Antes de aplicar el clustering jerárquico, es crucial estandarizar o normalizar los datos, ya que las métricas de distancia pueden ser sensibles a la escala de los datos.

Elección del criterio de enlace: La elección del criterio de enlace puede afectar significativamente los resultados del clustering. Es recomendable probar diferentes métodos (como Ward, complete o average) y evaluar cuál produce los clusters más útiles o interpretables para el problema en cuestión.

Interpretación del dendrograma: Es importante tener en cuenta que el dendrograma ofrece una representación jerárquica, pero no siempre es fácil determinar el número óptimo de clusters. Además, un corte horizontal en el dendrograma representa la división en clusters en ese nivel específico de disimilitud.

El clustering jerárquico se usa para descubrir estructuras en los datos, especialmente cuando se busca una representación jerárquica o se desconoce el número adecuado de clusters. A pesar de sus limitaciones en escalabilidad, su capacidad para proporcionar una visión detallada de los datos lo convierte en una herramienta invaluable en el análisis de datos.

12.3.3. DBSCAN

DBSCAN (Density-Based Spatial Clustering of Applications with Noise) es un algoritmo de clustering que identifica clusters basados en la densidad de puntos en un espacio de características. A diferencia de otros métodos como k-means o el clustering jerárquico, DBSCAN no requiere que se especifique el número de clusters de antemano y es especialmente útil para descubrir clusters de forma arbitraria, así como para identificar outliers (valores atípicos) como puntos de ruido. Este algoritmo es ampliamente utilizado en diversas aplicaciones debido a su capacidad para manejar datos ruidosos y complejos.

Fundamentos de DBSCAN

El algoritmo DBSCAN se basa en dos conceptos principales: la densidad de puntos y la noción de vecindad de puntos.

1. Eps (ε) - Radio de vecindad: Define el radio alrededor de un punto en el que se buscan otros puntos vecinos. Este radio determina cuán cerca deben estar los puntos para considerarse parte del mismo cluster.

2. MinPts - Mínimo número de puntos: Especifica el número mínimo de puntos que deben estar dentro del radio ε para que un punto sea considerado un "core point" o punto central. Si un punto tiene al menos `MinPts` vecinos dentro de su vecindad ε, entonces es considerado un punto central.

Tipos de puntos en DBSCAN

En DBSCAN, los puntos se clasifican en tres categorías basadas en los parámetros ε y `MinPts`:

- **Core Points (Puntos centrales)**: Un punto se considera central si tiene al menos `MinPts` puntos vecinos dentro de su radio ε. Estos puntos son fundamentales para formar el núcleo del cluster.

- **Border Points (Puntos frontera):** Son puntos que tienen menos de `MinPts` vecinos dentro de su vecindad ε, pero están dentro del radio ε de un punto central. Forman la periferia del cluster.

- **Noise Points (Puntos de ruido):** Son puntos que no son ni centrales ni frontera, es decir, no tienen suficientes puntos vecinos dentro de su vecindad ε y no están dentro del radio ε de ningún punto central. Estos puntos se consideran outliers y no se agrupan en ningún cluster.

Funcionamiento del algoritmo

El proceso de clustering con DBSCAN se lleva a cabo de la siguiente manera:

1. Inicialización: Se selecciona un punto aleatorio en el conjunto de datos. Si este punto tiene al menos `MinPts` vecinos dentro de su radio ε, se marca como un punto central y se inicia la formación de un nuevo cluster.

2. Expansión del cluster: Todos los puntos vecinos dentro del radio ε de un punto central se añaden al cluster. Si alguno de estos puntos es también un punto central, el proceso de expansión continúa hasta que no se puedan añadir más puntos.

3. Clasificación de puntos: Los puntos que no pueden formar parte de ningún cluster (es decir, los que no tienen suficientes vecinos dentro de ε) se clasifican como puntos de ruido.

4. Repetición: El proceso se repite hasta que todos los puntos en el conjunto de datos hayan sido procesados.

Ventajas y desventajas de DBSCAN

Ventajas:
- **No requiere que se especifique el número de clusters:** A diferencia de k-means, DBSCAN determina automáticamente el número de clusters basado en la densidad de los datos.
- **Identificación de outliers:** DBSCAN clasifica naturalmente los outliers como puntos de ruido, lo que lo hace robusto frente a datos ruidosos.
- **Capacidad para detectar clusters de formas arbitrarias:** Mientras que k-means tiende a formar clusters esféricos, DBSCAN puede identificar clusters de cualquier forma.

Desventajas:
- **Sensibilidad a los parámetros ε y MinPts:** La elección de los parámetros puede ser difícil y puede afectar significativamente los resultados. Un valor inapropiado de ε puede hacer que el algoritmo identifique clusters demasiado grandes o demasiado pequeños.
- **Problemas con datos de densidad variable:** DBSCAN puede tener dificultades para manejar conjuntos de datos en los que los clusters tienen diferentes densidades, ya que los parámetros óptimos de ε y `MinPts` pueden variar en diferentes partes del conjunto de datos.
- **Escalabilidad:** Aunque es más eficiente que otros métodos de clustering en muchos casos, DBSCAN puede ser menos eficiente en conjuntos de

datos extremadamente grandes, especialmente cuando se utiliza una métrica de distancia compleja.

Implementación en Python

Veamos con un ejemplo cómo implementar DBSCAN en Python utilizando `sklearn`. El código incluye la visualización de los resultados del clustering.

```
import numpy as np
import matplotlib.pyplot as plt
from sklearn.cluster import DBSCAN
from sklearn.datasets import make_moons
from sklearn.preprocessing import StandardScaler

# Generación de datos de ejemplo con forma de media luna
X, _ = make_moons(n_samples=300, noise=0.1, random_state=42)

# Estandarización de los datos para mejorar la performance de DBSCAN
X = StandardScaler().fit_transform(X)

# Aplicación de DBSCAN
db = DBSCAN(eps=0.3, min_samples=5).fit(X)
labels = db.labels_

# Número de clusters en las etiquetas, ignorando los puntos de ruido
(etiquetados como -1)
n_clusters_ = len(set(labels)) - (1 if -1 in labels else 0)
n_noise_ = list(labels).count(-1)

print(f'Estimated number of clusters: {n_clusters_}')
print(f'Estimated number of noise points: {n_noise_}')

# Visualización de los clusters
unique_labels = set(labels)
colors = [plt.cm.Spectral(each) for each in np.linspace(0, 1,
len(unique_labels))]
for k, col in zip(unique_labels, colors):
    if k == -1:
        # Color para los puntos de ruido.
        col = [0, 0, 0, 1]

    class_member_mask = (labels == k)
    xy = X[class_member_mask & (labels != -1)]
    plt.plot(xy[:, 0], xy[:, 1], 'o', markerfacecolor=tuple(col),
markeredgecolor='k', markersize=6)

    xy = X[class_member_mask & (labels == -1)]
    plt.plot(xy[:, 0], xy[:, 1], 'x', markerfacecolor=tuple(col),
markeredgecolor='k', markersize=3)

plt.title('DBSCAN Clustering')
plt.show()
```

Explicación del código

1. Generación de datos sintéticos: Se utiliza la función `make_moon` de `sklearn.datasets` para generar un conjunto de datos con forma de media luna. Este tipo de datos es ideal para demostrar la capacidad de DBSCAN para identificar clusters de formas arbitrarias.

2. Estandarización de los datos: Se aplica `StandardScaler` para estandarizar los datos, lo que mejora la performance de DBSCAN, ya que es sensible a la escala de los datos.

3. Aplicación de DBSCAN: El algoritmo se aplica con un `eps` de 0.3 y `min_samples` de 5. Estos valores son ajustados para este conjunto de datos en particular.

4. Visualización de resultados: Se visualizan los clusters identificados por DBSCAN. Los puntos de ruido se marcan con una "x", mientras que los puntos que pertenecen a clusters se marcan con círculos de diferentes colores.

Consideraciones prácticas para el uso de DBSCAN

- **Elección de parámetros:** La selección adecuada de `eps` y `MinPts` es crucial para el rendimiento de DBSCAN. Estos parámetros pueden ser ajustados utilizando técnicas como la curva de codo o mediante visualización previa de los datos.

- **Escalabilidad:** Aunque DBSCAN es más eficiente que otros métodos en muchos escenarios, su complejidad computacional puede aumentar significativamente con el tamaño de los datos. Para grandes conjuntos de datos, puede ser necesario utilizar implementaciones optimizadas o versiones distribuidas del algoritmo.

- **Métricas de distancia:** DBSCAN puede ser utilizado con diferentes métricas de distancia, no solo la distancia euclidiana. Para datos complejos, como datos espaciales o de texto, puede ser necesario utilizar métricas de distancia más adecuadas para la naturaleza del conjunto de datos.

- **Aplicaciones comunes:** DBSCAN se utiliza ampliamente en análisis geoespacial, detección de anomalías, procesamiento de imágenes y agrupamiento de datos de sensores, entre otros campos. Su capacidad para manejar datos ruidosos y descubrir clusters de formas arbitrarias lo convierte en una herramienta valiosa en situaciones donde otros métodos pueden fallar.

DBSCAN es un algoritmo potente y versátil, adecuado para una amplia gama de aplicaciones. Su capacidad para identificar clusters de formas arbitrarias y manejar el ruido de manera efectiva lo distingue de otros métodos de clustering. Sin embargo, su eficacia depende en gran medida de la correcta elección de los parámetros, lo que requiere una comprensión profunda del conjunto de datos y experimentación para lograr los mejores resultados.

PARTE V

Implementación y puesta en producción

Parte V: Implementación y puesta en producción

13. Despliegue de modelos de IA

El despliegue de modelos de Inteligencia Artificial es una fase crucial en el ciclo de vida de cualquier proyecto de IA. Después de haber desarrollado, entrenado y evaluado un modelo, el siguiente paso es llevarlo a producción, donde puede ser utilizado por aplicaciones reales y generar valor para la organización. Este proceso no solo implica trasladar el modelo desde un entorno de desarrollo a uno de producción, sino también garantizar que el modelo funcione de manera eficiente, segura y escalable en un entorno de producción.

En el contexto actual, el despliegue de modelos de IA enfrenta varios desafíos, que van desde la gestión de versiones de modelos hasta la necesidad de monitorear y actualizar modelos en función de nuevos datos. A medida que los modelos se integran cada vez más en sistemas empresariales críticos, la necesidad de soluciones robustas y prácticas para su despliegue se vuelve más evidente.

Uno de los principales aspectos a considerar en el despliegue de modelos de IA es el ciclo de vida del desarrollo de IA. Este ciclo abarca varias fases, desde la concepción del modelo hasta su retirada eventual. Es fundamental comprender las mejores prácticas en cada una de estas fases para asegurar que el modelo no solo funcione bien en un entorno controlado, sino que también se adapte a las condiciones cambiantes del entorno de producción. Durante este proceso, las herramientas de soporte desempeñan un papel vital, facilitando el seguimiento y la gestión de cada etapa.

Otro aspecto crítico es la selección de herramientas y frameworks para el despliegue. Con la creciente popularidad de los contenedores y la orquestación, tecnologías como Docker y Kubernetes han emergido como soluciones estándar para empaquetar, distribuir y escalar aplicaciones de IA. Estas herramientas permiten que los modelos de IA se desplieguen de manera consistente y reproducible en diferentes entornos, lo que reduce significativamente los problemas de compatibilidad y aumenta la flexibilidad.

TensorFlow Serving es otro framework ampliamente utilizado para servir modelos de Machine Learning en producción. Esta herramienta facilita el despliegue de modelos entrenados en TensorFlow, proporcionando una interfaz robusta para realizar predicciones en tiempo real y gestionar versiones de modelos de manera eficiente. Del mismo modo, MLflow es una plataforma que permite gestionar el ciclo de vida de los modelos, incluyendo el seguimiento de experimentos, la reproducción de resultados y la gestión de implementaciones.

Una vez que el modelo está en producción, es esencial establecer prácticas de monitorización y mantenimiento para asegurar su rendimiento continuo. Los modelos de IA pueden degradarse con el tiempo debido a cambios en los datos o en el entorno en el que operan. La monitorización constante permite detectar estas degradaciones y realizar ajustes oportunos, como la actualización de los modelos o el retraining utilizando datos nuevos. Además, la gestión de versiones de modelos es crucial para mantener un control estricto sobre las diferentes iteraciones de un modelo y asegurar que las actualizaciones se realicen de manera controlada y sin interrupciones en el servicio.

El despliegue de modelos de IA es un proceso complejo que requiere una planificación cuidadosa, la selección de las herramientas adecuadas y la implementación de estrategias efectivas de monitorización y mantenimiento. Cada una de estas áreas será explorada en detalle en los subpuntos siguientes, proporcionando al lector una guía comprensiva para llevar modelos de IA desde la fase de desarrollo hasta su implementación exitosa en entornos de producción.

13.1. Ciclo de vida del desarrollo de IA

13.1.1. Fases del desarrollo de modelos de IA

El desarrollo de modelos de Inteligencia Artificial sigue un conjunto de fases estructuradas que guían desde la conceptualización hasta la implementación y mantenimiento de un modelo en producción. Estas fases, aunque pueden variar ligeramente dependiendo de la metodología adoptada, suelen incluir etapas fundamentales como la definición del problema, recolección de datos, preprocesamiento, selección de características, construcción del modelo, entrenamiento, validación, implementación, y monitorización. Cada una de estas fases desempeña un papel crucial en garantizar que el modelo sea efectivo, eficiente y alineado con los objetivos del proyecto.

1. La primera fase es la definición del problema. Esta etapa es crítica porque establece la base sobre la cual se construirá todo el proyecto. Se debe identificar claramente el problema que se busca resolver, formulando preguntas clave como: ¿Cuál es el objetivo del modelo? ¿Qué tipo de resultados se espera obtener? ¿Cómo se medirá el éxito del modelo? Es fundamental comprender el contexto del negocio o aplicación en el que se va a desplegar el modelo, así como definir los requisitos y restricciones específicas del proyecto. Esto incluye también la identificación de los stakeholders involucrados y sus expectativas.

2. Una vez que el problema está claramente definido, se pasa a la recolección y exploración de datos. Esta fase implica la obtención de los datos necesarios para entrenar el modelo. Los datos pueden provenir de diversas fuentes, como bases de datos internas, APIs, sensores, o incluso datos públicos. Es esencial asegurar que los datos recolectados sean relevantes, representativos y de alta calidad. Durante la exploración de datos, se analizan los conjuntos de datos para comprender su estructura, distribución, y detectar posibles problemas como valores faltantes o atípicos. Se pueden usar técnicas estadísticas y herramientas de visualización para descubrir patrones y relaciones dentro de los datos.

3. La fase de preprocesamiento de datos sigue a la recolección y exploración. En esta etapa, se realiza la limpieza de los datos para asegurar que estén en un formato adecuado para el modelado. Esto incluye la eliminación de duplicados, manejo de valores faltantes, normalización y estandarización de los datos, y transformación de variables categóricas en numéricas. El preprocesamiento es crucial para garantizar que el modelo pueda aprender de los datos de manera efectiva y que los resultados sean precisos y confiables. También se realiza la partición del conjunto de datos en conjuntos de entrenamiento, validación y prueba para su uso en las fases posteriores.

4. La selección de características es la siguiente fase. Aquí, se eligen las variables más relevantes que se utilizarán para entrenar el modelo. La selección de características tiene un impacto significativo en la complejidad y el rendimiento del modelo. Existen varias técnicas para llevar a cabo esta selección, desde enfoques estadísticos hasta métodos basados en algoritmos de aprendizaje. La reducción de dimensionalidad también puede ser aplicada en esta fase para simplificar el modelo sin sacrificar su capacidad predictiva. Esto es particularmente importante en conjuntos de datos grandes y complejos, donde muchas características pueden ser irrelevantes o redundantes.

5. Con los datos preprocesados y las características seleccionadas, se procede a la construcción del modelo. En esta fase, se seleccionan los algoritmos de Machine Learning o Deep Learning que mejor se adapten al problema en cuestión. La elección del algoritmo depende del tipo de problema (regresión, clasificación, clustering, etc.), así como de la naturaleza y volumen de los datos. Se construyen y configuran los modelos, incluyendo la definición de la arquitectura en el caso de redes neuronales, y el ajuste inicial de hiperparámetros como la tasa de aprendizaje o el número de capas. Es común probar varios modelos diferentes para identificar cuál ofrece el mejor rendimiento.

6. La fase de entrenamiento sigue a la construcción del modelo. Durante el entrenamiento, el modelo se ajusta a los datos de entrenamiento utilizando un algoritmo de optimización para minimizar una función de pérdida. Esta fase puede involucrar iteraciones a través de los datos, ajustando los pesos y parámetros internos del modelo para mejorar su capacidad predictiva. El proceso de entrenamiento puede ser intensivo en recursos, especialmente en el caso de modelos complejos como las redes neuronales profundas. Aquí es donde se determina si el modelo está aprendiendo correctamente o si está enfrentando problemas como el sobreajuste (overfitting), que puede comprometer su capacidad para generalizar a nuevos datos.

7. La validación del modelo es crucial para evaluar su rendimiento en un conjunto de datos independiente del utilizado para el entrenamiento. La validación permite identificar problemas que no son evidentes durante el entrenamiento, como el sobreajuste o la sensibilidad a ciertas características del conjunto de datos. Técnicas como la validación cruzada se utilizan para asegurar que el modelo es robusto y que su rendimiento es consistente. La fase de validación también puede incluir el ajuste de hiperparámetros y la comparación de diferentes modelos para seleccionar el más adecuado.

8. Una vez que el modelo ha sido validado, se procede a la implementación y despliegue. Esta fase implica llevar el modelo a un entorno de producción, donde comenzará a procesar datos en tiempo real o de forma batch. La implementación puede requerir la integración del modelo con sistemas existentes, el desarrollo de APIs para su uso, o el despliegue en plataformas en la nube. Es crucial que el modelo esté optimizado para el entorno de producción, asegurando que sea escalable, rápido y seguro. Además, se deben establecer procedimientos para monitorear su rendimiento y realizar actualizaciones cuando sea necesario.

9. Por último está la fase de monitorización y mantenimiento. Después de que el modelo ha sido desplegado, es fundamental monitorear su desempeño continuamente para asegurarse de que sigue cumpliendo con los objetivos establecidos. Esto incluye la detección de posibles degradaciones en el rendimiento debido a cambios en los datos de entrada o en el entorno operativo. La monitorización puede llevar a la necesidad de reentrenar el modelo o ajustar sus parámetros. Además, se debe gestionar la versión del modelo para garantizar que las actualizaciones o mejoras no interrumpan el servicio o provoquen errores.

Hay que tener en cuenta que cada proyecto es diferente y que tanto las fases como el número de las mismas en este ejemplo es la base para poder desarrollar cada proyecto. Cada una de estas fases es esencial para el éxito de un proyecto de Inteligencia Artificial. Siguiendo un enfoque metódico y sistemático, se puede garantizar que los modelos desarrollados no solo sean técnicamente sólidos, sino que también generen un valor real y sostenible en su aplicación práctica.

13.1.2. Mejores prácticas en cada fase

En cada fase del desarrollo de modelos de Inteligencia Artificial, es fundamental aplicar mejores prácticas para asegurar que el proceso sea eficiente, que los resultados sean precisos y que el modelo cumpla con los objetivos del proyecto. Ya hemos mencionado algunas, ahora vamos a hacer una lista con todas ellas.

Durante la definición del problema, es crucial involucrar a todos los stakeholders relevantes desde el principio. Esto incluye no solo a los desarrolladores y científicos de datos, sino también a los expertos del dominio, analistas de negocio, y aquellos que se verán afectados por el uso del modelo. Una definición clara y detallada del problema permite evitar malentendidos y garantiza que el proyecto esté alineado con los objetivos estratégicos. Además, es recomendable documentar todas las suposiciones y expectativas, así como definir métricas de éxito que sean específicas, medibles, alcanzables, relevantes y temporales.

Como ya sabemos, en la fase de recolección y exploración de datos, la calidad es fundamental. Deben implementarse procedimientos para verificar la integridad, consistencia y exactitud de los datos recolectados. Una práctica recomendada es realizar un análisis exploratorio de datos (EDA, por sus siglas en inglés) exhaustivo para identificar patrones, relaciones y posibles anomalías. Se deben emplear técnicas de visualización para comprender mejor la distribución de los datos y para detectar valores atípicos o faltantes. Es también aconsejable considerar la diversidad de fuentes de datos para mejorar la representatividad y la robustez del modelo.

Como has podido comprobar a lo largo del libro. para el preprocesamiento de datos, es esencial aplicar técnicas de limpieza de manera metódica. Eliminar duplicados, manejar valores faltantes de manera coherente, y asegurar la consistencia de los formatos son pasos que ayudan a evitar errores en etapas posteriores. La normalización y estandarización de los datos deben ser consideradas cuando las características tienen escalas diferentes. Además, es importante aplicar técnicas de transformación de variables categóricas, como la codificación one-hot, para que sean compatibles con los algoritmos de Machine Learning.

En la selección de características, las mejores prácticas incluyen la evaluación cuidadosa de la relevancia y redundancia de cada característica. Técnicas automáticas como el análisis de correlación, la eliminación de características con baja varianza, y métodos de selección de características como el Recursive Feature Elimination (RFE) pueden ser de gran ayuda. Sin embargo, es igualmente importante considerar el conocimiento del dominio para tomar decisiones informadas sobre qué características incluir o excluir. Documentar las razones detrás de la selección de cada característica es una práctica recomendada para facilitar futuras revisiones o auditorías del modelo.

La construcción del modelo debe comenzar con una investigación exhaustiva sobre los algoritmos más adecuados para el problema en cuestión. Es recomendable implementar varios modelos base y comparar sus resultados antes de decidir cuál utilizar en la fase de producción. La modularidad es clave; el modelo debe ser construido de manera que permita ajustes y mejoras sin necesidad de reescribir todo el código. También es recomendable utilizar frameworks y librerías bien soportadas y actualizadas para asegurar la escalabilidad y el mantenimiento a largo plazo.

Durante el entrenamiento del modelo, es fundamental monitorizar de cerca el comportamiento del modelo en cada iteración para detectar posibles problemas como el sobreajuste o la subestimación. Es una buena práctica dividir los datos en conjuntos de entrenamiento, validación y prueba de manera que el modelo pueda ser validado de manera continua durante el entrenamiento. El uso de técnicas como la validación cruzada puede ayudar a garantizar que el modelo es generalizable. Además, se recomienda el uso de técnicas de regularización, como la penalización L1 o L2, para evitar el sobreajuste.

En la fase de validación, se deben utilizar métricas de rendimiento adecuadas para el tipo de problema y se deben aplicar de manera consistente. Es recomendable evaluar el modelo en múltiples métricas (por ejemplo, precisión, recall, F1-score) para obtener una visión completa de su rendimiento. Se debe evitar la tentación de ajustar el modelo exclusivamente para mejorar una métrica específica, ya que esto puede llevar a compromisos indeseados en otras áreas. También es una buena práctica realizar un análisis de sensibilidad para entender cómo el modelo responde a diferentes entradas.

Para la implementación y despliegue, es crucial planificar cuidadosamente la transición del modelo desde el entorno de desarrollo al entorno de producción. Esto incluye la creación de pipelines automatizados para el despliegue continuo, pruebas exhaustivas en entornos de staging para identificar posibles problemas antes del despliegue en producción, y la integración con sistemas existentes mediante APIs o servicios en la nube. Es recomendable utilizar herramientas de orquestación y contenedores para garantizar que el modelo sea escalable y que pueda ser replicado en diferentes entornos de manera consistente.

Para finalizar, en la fase de monitorización y mantenimiento, se deben establecer mecanismos de monitoreo continuo que permitan detectar degradaciones en el rendimiento del modelo en tiempo real. Esto incluye la implementación de alertas automáticas y la recolección de logs para facilitar la diagnosis de problemas. Es esencial planificar y documentar procesos de reentrenamiento del modelo para asegurar que se mantenga actualizado con datos nuevos. La gestión de versiones es igualmente importante para poder rastrear cambios y revertir a versiones anteriores en caso de ser necesario.

Estas mejores prácticas no solo garantizan un desarrollo más robusto y eficiente, sino que también aseguran que los modelos desplegados sean confiables, manteniendo su valor a lo largo del tiempo.

13.1.3. Herramientas de soporte

Hagamos de nuevo una lista a modo de resumen con las herramientas más importantes. En el desarrollo de modelos de Inteligencia Artificial, es esencial contar con herramientas de soporte que faciliten cada etapa del proceso, desde la conceptualización inicial hasta el despliegue y la monitorización continua del modelo. Estas herramientas no solo optimizan el flujo de trabajo, sino que también ayudan a mantener la calidad y la consistencia en cada fase del ciclo de vida del desarrollo de IA. A continuación, se describen las herramientas de soporte más relevantes y sus aplicaciones específicas en cada fase.

Para la gestión del proyecto y la colaboración en equipos multidisciplinarios, plataformas como JIRA y Trello son ampliamente utilizadas. JIRA es una herramienta robusta que permite la gestión de tareas, seguimiento de incidentes y planificación de sprints en entornos ágiles, lo que es crucial para mantener el control sobre el progreso del proyecto. Trello, aunque más simple, es muy efectiva para la gestión visual de tareas y facilita la colaboración mediante tableros que pueden ser personalizados según las necesidades del equipo. Estas herramientas ayudan a asegurar que todas las partes interesadas estén alineadas con los objetivos del proyecto y que las tareas se realicen de manera ordenada y dentro de los plazos establecidos.

Durante la recolección y preparación de datos, herramientas como Apache NiFi y Talend se destacan por su capacidad para automatizar y gestionar flujos de datos complejos. Apache NiFi proporciona una plataforma flexible para la ingesta, procesamiento y distribución de datos en tiempo real, permitiendo la integración de datos desde diversas fuentes. Talend, por otro lado, ofrece una suite completa de herramientas para la integración y transformación de datos, con capacidades para limpiar, combinar y enriquecer datos antes de que estos sean utilizados en el modelado. Estas herramientas son fundamentales para garantizar que los datos utilizados en la construcción del modelo sean de alta calidad y estén en el formato adecuado.

En cuanto al análisis exploratorio y la visualización de datos, Python con sus librerías Pandas, Matplotlib y Seaborn es una opción estándar en la industria. Pandas facilita la manipulación de grandes conjuntos de datos, permitiendo a los científicos de datos realizar análisis descriptivos y transformaciones de manera eficiente. Matplotlib y Seaborn proporcionan potentes capacidades de visualización, lo que permite identificar patrones, tendencias y anomalías en los datos de manera efectiva. Además, herramientas como Tableau y Power BI ofrecen soluciones visuales más sofisticadas y user-friendly para la presentación de datos, lo cual es especialmente útil en la fase de presentación de resultados a stakeholders no técnicos.

Para la construcción y entrenamiento de modelos, TensorFlow, PyTorch y Scikit-learn son fundamentales. TensorFlow es ampliamente utilizado para construir modelos de Machine Learning y Deep Learning, ofreciendo una gran flexibilidad y escalabilidad. PyTorch es preferido por muchos investigadores debido a su diseño intuitivo y facilidad de uso, especialmente en tareas que requieren un desarrollo rápido y experimental. Scikit-learn, con su amplia gama de algoritmos implementados, es ideal para prototipos rápidos y aplicaciones donde la simplicidad y la eficiencia son clave. Además, Keras, que funciona sobre TensorFlow, proporciona una API más sencilla para la creación de redes neuronales, facilitando la experimentación y la iteración rápida en el desarrollo de modelos.

Durante la evaluación y ajuste de hiperparámetros, herramientas como GridSearchCV y RandomizedSearchCV en Scikit-learn son esenciales. Estas herramientas permiten la automatización del proceso de búsqueda de hiperparámetros óptimos mediante la evaluación de múltiples combinaciones posibles en función del rendimiento del modelo en un conjunto de validación. Para un ajuste más avanzado y eficiente, Optuna y Hyperopt son librerías que implementan técnicas de optimización más sofisticadas, como la búsqueda bayesiana, que pueden reducir significativamente el tiempo de cómputo necesario para encontrar la mejor configuración de hiperparámetros.

En la implementación y despliegue de modelos, Docker y Kubernetes son herramientas clave. Estos los vamos a ver en el siguiente punto. Por un lado Docker permite empaquetar aplicaciones y sus dependencias en contenedores que pueden ser ejecutados de manera consistente en diferentes entornos, asegurando que el modelo se comporte de la misma manera en producción que en desarrollo. Kubernetes, por su parte, ofrece una plataforma para la orquestación de contenedores, permitiendo la escalabilidad automática, la gestión del tráfico de red y la implementación de estrategias de actualización y recuperación ante fallos. Estas herramientas son fundamentales para garantizar que los modelos puedan ser desplegados de manera eficiente y que se mantengan operativos y escalables en entornos de producción.

Para la monitorización y mantenimiento de modelos en producción, Prometheus y Grafana son ampliamente utilizados. Prometheus es una herramienta de monitoreo y alerta que permite recopilar métricas de rendimiento y disponibilidad de los modelos en tiempo real. Grafana, complementariamente, ofrece capacidades avanzadas de visualización, permitiendo a los equipos de DevOps y científicos de datos monitorear el rendimiento del modelo a través de dashboards personalizables. Además, MLflow es una herramienta que facilita el seguimiento de experimentos, la gestión de modelos y su despliegue, proporcionando un marco completo para la gestión del ciclo de vida del Machine Learning.

En cuanto a la documentación y trazabilidad, herramientas como Jupyter Notebooks y Sphinx son esenciales. Jupyter Notebooks permite a los científicos de datos combinar código, visualizaciones y texto explicativo en un solo documento, lo que es ideal para la documentación de experimentos y la presentación de resultados. Sphinx es utilizado para generar documentación técnica a partir de código fuente, facilitando la creación de documentación coherente y bien estructurada para los modelos y las aplicaciones de IA desarrolladas.

Para la gestión de versiones y control del código, Git y GitHub son herramientas indispensables y que cuando aprendas a usarlas verás por ti mismo el gran potencial que tiene y la cantidad de líneas de código que te vas a ahorrar escribir. Git es un sistema de control de versiones que permite a los equipos gestionar cambios en el código fuente de manera efectiva, facilitando la colaboración y la recuperación de versiones anteriores del código si es necesario. GitHub, además, ofrece una plataforma para la colaboración en proyectos, con capacidades adicionales para la revisión de código, integración continua y despliegue automatizado.

Estas herramientas de soporte no solo nos facilitan el desarrollo de modelos de IA, sino que también aseguran que los procesos sean replicables, transparentes y eficientes, permitiendo a los equipos de datos centrarse en la innovación y la mejora continua del rendimiento de los modelos.

13.2. Herramientas y frameworks para el despliegue

13.2.1. Docker y Kubernetes

Docker y Kubernetes son dos tecnologías fundamentales en la implementación y despliegue de aplicaciones, especialmente en el contexto de modelos de Inteligencia Artificial. Ambas herramientas han transformado la manera en que se construyen, despliegan y escalan aplicaciones, permitiendo una mayor flexibilidad, consistencia y eficiencia en los procesos de desarrollo y operaciones.

Docker es una plataforma que permite empaquetar aplicaciones y sus dependencias en contenedores. Un contenedor es una unidad estandarizada de software que empaqueta el código de la aplicación junto con todas las librerías, dependencias y configuraciones necesarias para que funcione en cualquier entorno. Este enfoque elimina la problemática de la "compatibilidad entre entornos" al asegurar que la aplicación funcione de manera consistente sin importar dónde se despliegue: en la máquina local de un desarrollador, en un entorno de prueba, o en producción.

El principal beneficio de Docker es su capacidad para encapsular aplicaciones de forma que sean completamente portables. Los desarrolladores pueden definir todas las dependencias y configuraciones en un archivo Dockerfile, que luego se utiliza para construir una imagen de Docker. Esta imagen es una plantilla a partir de la cual se crean los contenedores, que son instancias de la imagen en ejecución. Cada contenedor es aislado y tiene su propio sistema de archivos, redes y espacio de procesos, lo que garantiza que las aplicaciones dentro de ellos no interfieran entre sí ni con el sistema operativo del host.

En términos de implementación de modelos de IA, Docker facilita la reproducibilidad del entorno de desarrollo, prueba y producción. Un modelo de IA entrenado en un contenedor Docker en el entorno de desarrollo se puede desplegar en un contenedor idéntico en producción, lo que asegura que el comportamiento del modelo no varíe entre entornos. Esto es especialmente crítico cuando se trabaja con librerías y versiones específicas que son sensibles a cambios en el entorno subyacente.

Por otro lado, Kubernetes es una plataforma de orquestación de contenedores que se utiliza para gestionar aplicaciones en contenedores a gran escala. Si bien Docker permite crear y ejecutar contenedores, Kubernetes gestiona la implementación, escalabilidad y operación de esos contenedores en un clúster de servidores. Un clúster de Kubernetes está compuesto por un conjunto de nodos (servidores) que ejecutan los contenedores, y Kubernetes proporciona una capa de abstracción sobre estos nodos, permitiendo a los operadores gestionar el clúster de forma centralizada.

Kubernetes se encarga de automatizar muchas tareas de gestión de contenedores, tales como la distribución de cargas de trabajo (carga equilibrada), la recuperación automática en caso de fallos (reintento de ejecución de contenedores fallidos), la escalabilidad automática (ajuste del número de contenedores en función de la demanda) y la gestión de la configuración y secretos (como contraseñas y claves API). Estas características son esenciales para mantener aplicaciones de IA robustas y escalables en producción.

En el contexto de un flujo de trabajo de IA, Kubernetes permite desplegar modelos a gran escala y gestionarlos de manera eficiente. Por ejemplo, si un modelo de IA necesita ser desplegado en múltiples instancias para atender una alta demanda de predicciones en tiempo real, Kubernetes puede automatizar la creación de contenedores adicionales y distribuir las solicitudes de manera uniforme entre ellos. Además, si un nodo en el clúster falla, Kubernetes puede mover los contenedores afectados a otros nodos disponibles, minimizando así el tiempo de inactividad.

Una de las grandes ventajas de usar Kubernetes en combinación con Docker es la capacidad de gestionar todo el ciclo de vida de las aplicaciones de IA, desde el desarrollo hasta la producción, en un entorno coherente y automatizado. Kubernetes también facilita el despliegue de actualizaciones sin tiempo de inactividad (a través de actualizaciones continuas o "rolling updates") y la ejecución de diferentes versiones de un modelo simultáneamente (mediante la implementación de patrones como "canary releases" o "blue-green deployments").

Además, Kubernetes soporta la integración con herramientas de CI/CD (Integración Continua/Despliegue Continuo), lo que permite automatizar completamente el flujo de trabajo de desarrollo y despliegue. Esto es particularmente útil en proyectos de IA donde los modelos pueden requerir actualizaciones frecuentes basadas en nuevos datos o ajustes en los algoritmos.

Aquí tienes un ejemplo de un Dockerfile básico que podría usarse para crear una imagen de un modelo de IA utilizando `TensorFlow`:

```
# Usar una imagen oficial de TensorFlow como imagen base
FROM tensorflow/tensorflow:2.4.1

# Establecer el directorio de trabajo en el contenedor
WORKDIR /usr/src/app

# Copiar el contenido del directorio actual en el contenedor en
/usr/src/app
```

```
COPY . .

# Instalar cualquier paquete necesario especificado en require-
ments.txt
RUN pip install --no-cache-dir -r requirements.txt

# Hacer que el puerto 80 esté disponible para el mundo exterior a
este contenedor
EXPOSE 80

# Definir una variable de entorno
ENV NAME World

# Ejecutar app.py cuando se inicie el contenedor
CMD ["python", "./app.py"]
```

Este Dockerfile define una imagen de Docker basada en `TensorFlow` que copia el código de la aplicación en el contenedor, instala las dependencias necesarias y expone el puerto 80 para la comunicación con el contenedor.

Aquí tienes un ejemplo básico de un archivo de despliegue de Kubernetes (YAML) que podría utilizarse para desplegar el contenedor en un clúster de Kubernetes:

```
apiVersion: apps/v1
kind: Deployment
metadata:
  name: my-tensorflow-app
spec:
  replicas: 3
  selector:
    matchLabels:
      app: my-tensorflow-app
  template:
    metadata:
      labels:
        app: my-tensorflow-app
    spec:
      containers:
      - name: tensorflow-container
        image: my-tensorflow-image:latest
        ports:
        - containerPort: 80
```

Este archivo YAML define un despliegue en Kubernetes con tres réplicas de un contenedor basado en la imagen de TensorFlow creada previamente. Kubernetes se encarga de orquestar estas réplicas, garantizando que el servicio esté disponible y escalable según sea necesario.

13.2.2. TensorFlow Serving

Si no me equivoco TensorFlow Serving es un sistema diseñado específicamente, y digo "especificamente", para la producción y despliegue de modelos de Machine Learning en TensorFlow. Se trata de una solución robusta y flexible que permite servir modelos entrenados de manera eficiente, asegurando que estén disponibles para hacer predicciones en tiempo real a partir de nuevas entradas. Esta herramienta está optimizada para manejar modelos de Machine Learning en entornos de producción, donde la baja latencia y la alta disponibilidad son esenciales.

El principal objetivo de TensorFlow Serving es ofrecer una infraestructura que facilite la implementación de modelos de Machine Learning en producción sin necesidad de reescribir o modificar significativamente el código del modelo entrenado. Esto se logra mediante la capacidad de servir múltiples versiones de un modelo de forma simultánea y gestionar la actualización de los modelos en caliente (sin interrumpir el servicio).

Características clave de TensorFlow Serving:

- **Model Management:** TensorFlow Serving permite gestionar múltiples modelos y versiones de modelos. Esto significa que en un entorno de producción, los desarrolladores pueden desplegar nuevas versiones de un modelo mientras mantienen las versiones anteriores en funcionamiento. Esto es fundamental para entornos donde se requiere realizar pruebas A/B o comparar el rendimiento de diferentes versiones de un modelo. La capacidad de servir múltiples versiones facilita el desarrollo y la implementación iterativa de modelos.

- **Dynamic Model Loading:** TensorFlow Serving soporta la carga dinámica de modelos, lo que significa que un modelo puede ser cargado en memoria en tiempo de ejecución sin necesidad de reiniciar el servidor. Esto es crucial en entornos de producción donde la disponibilidad del servicio debe mantenerse sin interrupciones.

- **Configuración y flexibilidad:** TensorFlow Serving es altamente configurable y flexible, permitiendo a los usuarios personalizar aspectos como el direccionamiento de solicitudes, el escalado automático basado en la carga y la configuración de políticas de enrutamiento de tráfico entre versiones de modelos. Este nivel de personalización asegura que TensorFlow Serving se puede adaptar a diferentes necesidades de producción.

- **Optimización del rendimiento:** TensorFlow Serving está diseñado para ofrecer predicciones de baja latencia. Se optimiza para manejar grandes volúmenes de solicitudes de predicciones en tiempo real, lo que lo convierte en una opción ideal para aplicaciones que requieren respuestas rápidas, como sistemas de recomendación, detección de fraudes y diagnósticos médicos automatizados.

- **APIs de predicción:** TensorFlow Serving expone APIs tanto REST como gRPC, lo que facilita la integración con diversas aplicaciones y servicios. gRPC es una opción popular en entornos de alta demanda debido a su eficiencia y soporte para la comunicación entre servicios en diferentes lenguajes de programación.

- **Soporte para Batch y Streaming:** Además de servir predicciones en tiempo real, TensorFlow Serving también soporta el procesamiento de solicitudes en lotes (batch) y el manejo de flujos de datos (streaming). Esto lo hace versátil para diferentes tipos de aplicaciones, desde aquellas que requieren respuestas inmediatas hasta las que procesan grandes volúmenes de datos de manera más lenta.

Arquitectura de TensorFlow Serving

TensorFlow Serving sigue una arquitectura modular, donde cada módulo puede ser configurado y extendido según sea necesario. La arquitectura principal incluye los siguientes componentes:

- **Model Server:** Es el componente central de TensorFlow Serving que carga y sirve los modelos. Este servidor es responsable de gestionar los modelos, realizar predicciones y manejar la comunicación con las aplicaciones cliente.

- **Servables:** Son las unidades principales que TensorFlow Serving gestiona y sirve. Un servable puede ser un modelo de Machine Learning, una tabla de búsqueda o cualquier otro artefacto. TensorFlow Serving puede cargar y manejar múltiples servables simultáneamente.

- **Loader:** Este componente se encarga de la carga de servables. Cada vez que un modelo o servable es actualizado o cambiado, el loader lo carga en el servidor sin necesidad de detener el servicio.

- **Source:** Es la fuente desde la cual TensorFlow Serving obtiene los servables. Puede ser un sistema de archivos, una base de datos o cualquier otro almacenamiento de modelos. El source también se encarga de monitorear cambios en los servables y notificar al servidor para que realice las actualizaciones necesarias.

- **Manager:** El manager coordina la carga y el acceso a los servables. Se asegura de que las versiones correctas de los servables estén disponibles y gestiona la transición entre versiones.

- **Core:** Es el núcleo de TensorFlow Serving, que gestiona la lógica central, como la asignación de recursos y la optimización del rendimiento.

Ejemplo de implementación con TensorFlow Serving

Veamos con un ejemplo básico de cómo se podría configurar TensorFlow Serving para servir un modelo entrenado en TensorFlow. Supongamos que se tiene un modelo de TensorFlow entrenado y exportado a un directorio llamado `model`.

1. Exportar el modelo: Primero, el modelo debe estar exportado en un formato compatible con TensorFlow Serving. Este proceso se realiza generalmente durante o después del entrenamiento del modelo.

```
import tensorflow as tf
from tensorflow import keras

# Crea un modelo simple
model = keras.Sequential([
    keras.layers.Dense(128, activation='relu', input_shape=(784,)),
    keras.layers.Dense(10, activation='softmax')
])

# Compila y entrena el modelo
model.compile(optimizer='adam',
              loss='sparse_categorical_crossentropy',
              metrics=['accuracy'])

# Exporta el modelo en formato SavedModel
tf.saved_model.save(model, 'model/1/')
```

En este ejemplo, el modelo se guarda en un formato que TensorFlow Serving puede cargar. La versión del modelo se indica en el subdirectorio `1`.

2. Ejecutar TensorFlow Serving: Para servir el modelo exportado, TensorFlow Serving debe ser configurado para apuntar al directorio donde se encuentra el modelo.

Si estás utilizando Docker, puedes ejecutar TensorFlow Serving con el siguiente comando:

```
docker run -p 8501:8501 \
  --name=tf-serving \
  --mount type=bind,source=$(pwd)/model,target=/models/my_model \
```

```
-e MODEL_NAME=my_model -t tensorflow/serving
```

En este comando:

- `-p 8501:8501` expone el puerto 8501, que es el puerto predeterminado donde TensorFlow Serving escucha solicitudes.
- `--mount type=bind,source=$(pwd)/model,target=/models/my_model` monta el directorio donde se encuentra el modelo en el contenedor de Docker.
- `-e MODEL_NAME=my_model` establece el nombre del modelo para TensorFlow Serving.

3. Hacer predicciones: Una vez que TensorFlow Serving está en ejecución, puedes hacer predicciones utilizando la API REST o gRPC. A continuación un ejemplo utilizando la API REST:

```
import requests
import json

# Define los datos de entrada
data = {"instances": [[0.0, 0.0, 0.0, ..., 0.0]]}  # La forma de los
datos de entrada debe coincidir con la del modelo

# Realiza una solicitud POST a la API de TensorFlow Serving
response = requests.post('http://localhost:8501/v1/mod-
els/my_model:predict', json=data)

# Imprime la predicción
print(response.json())
```

Este script envía una solicitud POST al servidor TensorFlow Serving para obtener predicciones a partir del modelo servido.

13.2.3. MLflow

MLflow es una plataforma de código abierto diseñada para gestionar el ciclo de vida completo de los modelos de Machine Learning, desde la experimentación inicial hasta la implementación en producción y el monitoreo continuo. Creada por Databricks, MLflow proporciona un conjunto de herramientas integradas que permiten a los equipos de data science y Machine Learning gestionar de manera eficiente todas las fases del desarrollo y despliegue de modelos. MLflow se ha convertido en una opción popular debido a su flexibilidad, escalabilidad y capacidad para integrarse con múltiples frameworks y entornos de trabajo.

Las características principales de MLflow se agrupan en cuatro componentes clave: MLflow Tracking, MLflow Projects, MLflow Models y MLflow Registry. A continuación, se describe en detalle cada uno de estos componentes.

1. MLflow Tracking

MLflow Tracking es una herramienta que permite realizar un seguimiento exhaustivo de los experimentos de Machine Learning. A través de MLflow Tracking, los desarrolladores pueden registrar y comparar métricas, parámetros y artefactos generados durante el entrenamiento de los modelos. Esta funcionalidad es esencial para la experimentación iterativa, donde diferentes configuraciones de modelos deben ser evaluadas y comparadas.

Algunas de las funciones clave de MLflow Tracking incluyen:
- Registro de parámetros de entrenamiento, como tasas de aprendizaje, número de épocas, y otros hiperparámetros.
- Registro de métricas de rendimiento, como precisión, recall, F1-score, entre otras.
- Almacenamiento de artefactos, que pueden incluir archivos de modelos, gráficos, archivos de configuración, entre otros.
- Visualización de los resultados de los experimentos a través de una interfaz web intuitiva, lo que facilita la comparación entre diferentes ejecuciones.

El siguiente código te muestra un ejemplo básico de cómo se usa MLflow Tracking para registrar parámetros y métricas de un modelo de Machine Learning entrenado con scikit-learn:

```
import mlflow
import mlflow.sklearn
from sklearn.ensemble import RandomForestClassifier
from sklearn.datasets import load_iris
from sklearn.model_selection import train_test_split
from sklearn.metrics import accuracy_score

# Cargar el conjunto de datos
iris = load_iris()
X_train, X_test, y_train, y_test = train_test_split(iris.data,
iris.target, test_size=0.2, random_state=42)

# Definir los hiperparámetros del modelo
n_estimators = 100
max_depth = 3

# Iniciar un experimento de MLflow
with mlflow.start_run():
    # Entrenar el modelo
```

```
    model = RandomForestClassifier(n_estimators=n_estimators,
max_depth=max_depth)
    model.fit(X_train, y_train)

    # Hacer predicciones
    predictions = model.predict(X_test)

    # Calcular la precisión
    accuracy = accuracy_score(y_test, predictions)

    # Registrar los parámetros y métricas en MLflow
    mlflow.log_param("n_estimators", n_estimators)
    mlflow.log_param("max_depth", max_depth)
    mlflow.log_metric("accuracy", accuracy)

    # Guardar el modelo
    mlflow.sklearn.log_model(model, "model")
```

2. MLflow Projects

MLflow Projects proporciona un formato estándar para definir y empaquetar proyectos de Machine Learning. Cada proyecto en MLflow está definido por un archivo `MLproject`, que describe las dependencias necesarias, las instrucciones para ejecutar el proyecto y los parámetros que pueden ser ajustados. Esto permite que los proyectos sean fácilmente reproducibles y compartibles entre diferentes entornos de desarrollo.

Las características clave de MLflow Projects incluyen:

- **Portabilidad:** Los proyectos definidos con MLflow Projects se pueden ejecutar en cualquier entorno que soporte MLflow, ya sea en local, en servidores remotos o en la nube.
- **Reproducibilidad:** Al definir de manera explícita las dependencias y los comandos de ejecución, MLflow Projects asegura que un proyecto se puede reproducir exactamente de la misma manera en diferentes entornos.
- **Flexibilidad:** MLflow Projects puede integrarse con cualquier lenguaje de programación o framework de Machine Learning, lo que lo hace adecuado para una amplia gama de aplicaciones.

Un ejemplo simple de un archivo `MLproject` puede verse a continuación:

```
name: MyMLProject

conda_env: conda.yaml

entry_points:
  main:
    parameters:
      learning_rate: {type: float, default: 0.01}
```

```
    epochs: {type: int, default: 10}
  command: "python train.py --learning_rate {learning_rate} --
epochs {epochs}"
```

En este ejemplo, el archivo define un proyecto llamado `MyMLProject`, que utiliza un entorno Conda definido en `conda.yaml` y se ejecuta a través del comando especificado en `entry_points`.

3. MLflow Models

MLflow Models proporciona una forma estándar de empaquetar modelos de Machine Learning para su despliegue. Un modelo empaquetado con MLflow Models incluye no solo el archivo del modelo en sí, sino también metadatos sobre cómo se debe utilizar, lo que facilita su implementación en diferentes plataformas.

Los modelos en MLflow pueden ser empaquetados y desplegados en una variedad de entornos, incluyendo:

- **Sistemas locales:** Para pruebas y validaciones rápidas.
- **Sistemas de producción:** A través de TensorFlow Serving, Kubernetes o AWS SageMaker.
- **API REST:** MLflow Models puede desplegar un modelo como un servicio web utilizando `mlflow.models.serve`.

Un ejemplo de cómo se empaqueta un modelo con MLflow Models es el siguiente:

```
import mlflow
import mlflow.sklearn
from sklearn.ensemble import RandomForestClassifier
from sklearn.datasets import load_iris
from sklearn.model_selection import train_test_split

# Cargar el conjunto de datos
iris = load_iris()
X_train, X_test, y_train, y_test = train_test_split(iris.data,
iris.target, test_size=0.2, random_state=42)

# Entrenar el modelo
model = RandomForestClassifier(n_estimators=100, max_depth=3)
model.fit(X_train, y_train)

# Guardar el modelo en formato MLflow
mlflow.sklearn.log_model(model, "model")
```

Este código guarda el modelo entrenado en un formato compatible con MLflow Models, que luego se puede utilizar para su despliegue.

4. MLflow Registry

MLflow Registry es un sistema de registro para gestionar las versiones de los modelos, rastrear su evolución y gestionar su ciclo de vida desde el desarrollo hasta la producción. Este componente es especialmente útil en entornos donde múltiples versiones de un modelo pueden estar en diferentes etapas de su ciclo de vida (desarrollo, prueba, producción).

Las características clave de MLflow Registry incluyen:

- **Versioning**: Cada vez que se actualiza un modelo, se puede registrar como una nueva versión en el registro, lo que facilita el seguimiento de la evolución del modelo.
- **Lifecycle management:** Los modelos pueden pasar por diferentes etapas como `Staging`, `Production`, o `Archived`, lo que permite un control preciso sobre qué versiones están activas en producción.
- **Annotations and Descriptions:** Los modelos y sus versiones pueden ser anotados con descripciones, etiquetas y comentarios, lo que facilita la colaboración entre equipos.

MLflow cubre todos los aspectos del ciclo de vida de los modelos de Machine Learning, desde la experimentación y el seguimiento hasta el despliegue y la gestión de versiones. Su capacidad para integrarse con una variedad de frameworks y plataformas lo hace ideal para entornos de desarrollo y producción de Machine Learning, proporcionando a los equipos de data science una infraestructura flexible y eficiente para gestionar sus proyectos de manera efectiva.

13.3. Monitorización y mantenimiento de modelos

13.3.1. Técnicas de monitorización de modelos

La monitorización de modelos de Machine Learning en producción es una tarea crucial para asegurar su rendimiento continuo y para detectar cualquier tipo de desviación que pueda afectar la calidad de las predicciones. Esta práctica es fundamental, dado que los modelos pueden degradarse con el tiempo debido a cambios en los datos de entrada o en el entorno en el que operan. Existen diversas técnicas y herramientas que permiten a los equipos de data science y operaciones supervisar de manera efectiva los modelos en producción, asegurando que sigan cumpliendo con los requisitos de precisión y eficiencia.

1. Monitorización de rendimiento del modelo

El rendimiento de un modelo de Machine Learning en producción debe ser monitoreado constantemente para garantizar que sus predicciones sigan siendo precisas y útiles. Las métricas utilizadas en esta monitorización incluyen, pero no se limitan a, la precisión, el recall, la exactitud, el F1-score y el área bajo la curva ROC (AUC-ROC) en el caso de modelos de clasificación, o el error cuadrático medio (MSE) y el error absoluto medio (MAE) para modelos de regresión. Comparar continuamente estas métricas con los valores obtenidos durante la fase de validación puede ayudar a identificar si el modelo está experimentando una degradación en su rendimiento.
Un ejemplo de cómo se puede realizar este tipo de monitorización en código es el siguiente:

```
import numpy as np
from sklearn.metrics import accuracy_score

# Simulación de predicciones en producción
actual_labels = np.array([1, 0, 1, 1, 0, 1, 0, 1])
predicted_labels = np.array([1, 0, 1, 0, 0, 1, 1, 1])

# Cálculo de la precisión en producción
accuracy = accuracy_score(actual_labels, predicted_labels)
print(f"Model accuracy in production: {accuracy:.2f}")
```

Este código calcula la precisión del modelo en producción comparando las etiquetas reales con las predicciones realizadas. Este tipo de cálculo debería ser realizado en intervalos regulares y comparado con los resultados obtenidos durante el desarrollo y la validación del modelo.

2. Monitorización de deriva de datos

La deriva de datos es una de las razones más comunes por las cuales el rendimiento de un modelo puede degradarse. Existen dos tipos principales de deriva de datos: la deriva de características (feature drift) y la deriva de concepto (concept drift). La deriva de características ocurre cuando la distribución de las características de entrada cambia con el tiempo, mientras que la deriva de concepto se refiere a cambios en la relación entre las características y las etiquetas de salida.

Para monitorizar la deriva de datos, se utilizan técnicas estadísticas que comparan la distribución de los datos de entrenamiento con los datos actuales de producción. Un método común para la detección de deriva es la prueba de Kolmogorov-Smirnov, que mide la diferencia entre dos distribuciones. A continuación se muestra un ejemplo de cómo se podría implementar esto en código:

```
from scipy.stats import ks_2samp

# Simulación de datos de entrenamiento y de producción
train_feature = np.random.normal(0, 1, 1000)
production_feature = np.random.normal(0.5, 1, 1000)

# Prueba de Kolmogorov-Smirnov para detectar deriva de característi-
cas
ks_statistic, p_value = ks_2samp(train_feature, production_feature)
print(f"KS Statistic: {ks_statistic:.2f}, P-value: {p_value:.2f}")

# Si p-value es pequeño, indica que hay una deriva significativa
if p_value < 0.05:
    print("Significant feature drift detected.")
else:
    print("No significant feature drift detected.")
```

En este ejemplo, se detecta si la distribución de una característica en los datos de producción difiere significativamente de la distribución de esa misma característica en los datos de entrenamiento.

3. Monitorización de latencia y rendimiento operacional

Además de la precisión y la deriva de datos, la latencia y el rendimiento operacional del modelo son factores clave que deben ser monitoreados. La latencia se refiere al tiempo que toma un modelo en devolver una predicción desde que se recibe una solicitud. Si el tiempo de respuesta aumenta significativamente, podría indicar problemas de rendimiento que necesitan ser abordados, como ineficiencias en el código, sobrecarga del sistema, o problemas de escalabilidad.

El siguiente código simula la medición de la latencia de un modelo:

```
import time

# Simulación del proceso de predicción
def predict():
    time.sleep(0.05)  # Simula una predicción que toma 50 ms
    return "Prediction"

# Medición de la latencia
start_time = time.time()
prediction = predict()
latency = time.time() - start_time
print(f"Model latency: {latency:.3f} seconds")
```

Este tipo de medición puede ser automatizada para realizarse con cada predicción o a intervalos regulares, almacenando los tiempos de latencia y alertando si se exceden ciertos umbrales predefinidos.

4. Monitorización de la estabilidad del modelo

La estabilidad del modelo se refiere a su capacidad para mantener un rendimiento consistente bajo diferentes condiciones de entrada. La inestabilidad podría manifestarse en predicciones que varían drásticamente con entradas similares, o en una gran varianza en las métricas de rendimiento a lo largo del tiempo. Para monitorizar la estabilidad, se pueden aplicar técnicas como la validación cruzada en datos en vivo, o la observación de las predicciones sobre subconjuntos específicos de los datos.

Un enfoque para monitorizar la estabilidad puede involucrar la evaluación del modelo en varios subconjuntos de datos de producción y analizar la variación en el rendimiento:

```
from sklearn.model_selection import KFold

# Simulación de un conjunto de datos en producción
X_production = np.random.randn(100, 10)
y_production = np.random.choice([0, 1], size=100)

# K-Fold Cross Validation para monitorizar la estabilidad
kf = KFold(n_splits=5)
model_stability_scores = []

for train_index, test_index in kf.split(X_production):
    X_train, X_test = X_production[train_index], X_produc-
tion[test_index]
    y_train, y_test = y_production[train_index], y_produc-
tion[test_index]

    model.fit(X_train, y_train)
    accuracy = model.score(X_test, y_test)
    model_stability_scores.append(accuracy)

stability_variance = np.var(model_stability_scores)
print(f"Model stability variance: {stability_variance:.4f}")
```

En este código, se mide la varianza en la precisión del modelo a través de varias particiones de los datos de producción, lo que puede proporcionar una indicación de cuán estable es el modelo bajo diferentes condiciones.

5. Monitorización de interpretabilidad y explicabilidad

En algunos casos, es importante monitorizar no solo el rendimiento del modelo, sino también su interpretabilidad y explicabilidad, especialmente en entornos donde las decisiones basadas en el modelo deben ser justificadas. Herramientas como SHAP (SHapley Additive exPlanations) o LIME (Local Interpretable Model-agnostic Explanations) pueden ser utilizadas para explicar las predicciones del modelo en tiempo real y asegurarse de que estas explicaciones sean consistentes con el conocimiento esperado del dominio.

A continuación, se muestra un ejemplo de cómo se podría utilizar SHAP para monitorizar la explicabilidad de un modelo:

```
python
import shap
explainer = shap.TreeExplainer(model)
shap_values = explainer.shap_values(X_test)

# Visualización de los valores SHAP para monitorizar interpretabili-
dad
shap.summary_plot(shap_values, X_test)
```

Esta técnica permite entender cómo cada característica contribuye a la predicción final del modelo, lo que es crucial en aplicaciones sensibles donde se requiere una alta interpretabilidad.

Tienes que tener muy en cuenta que la monitorización de modelos de Machine Learning es un aspecto esencial para garantizar que los modelos desplegados en producción continúen funcionando de manera óptima a lo largo del tiempo. Utilizando un conjunto de técnicas que abarcan desde la evaluación del rendimiento y la detección de deriva hasta la monitorización de la latencia y la estabilidad, los equipos pueden identificar y corregir problemas antes de que afecten significativamente el negocio. La combinación de herramientas automatizadas y análisis manual permite una supervisión robusta, asegurando que los modelos sigan siendo efectivos y confiables.

13.3.2. Retraining y actualización de modelos

El retraining y la actualización de modelos son aspectos críticos en el ciclo de vida de un modelo de Machine Learning en producción. A medida que cambian las condiciones del entorno o se dispone de nuevos datos, es necesario ajustar o entrenar nuevamente los modelos para mantener su rendimiento. El retraining no solo asegura que los modelos sigan siendo precisos y útiles, sino que también ayuda a evitar problemas como la deriva del modelo y la obsolescencia.

1. Retraining de modelos

El retraining, o reentrenamiento, se refiere al proceso de volver a entrenar un modelo existente utilizando nuevos datos que reflejan mejor el entorno actual. Este proceso puede ser necesario por varias razones:

- **Cambio en la distribución de los datos:** La distribución de los datos de entrada puede cambiar con el tiempo, lo que se conoce como deriva de datos. Si un modelo entrenado en una distribución de datos antigua se enfrenta a una nueva distribución, su rendimiento puede disminuir.
- **Disponibilidad de nuevos datos:** A medida que se recolectan más datos, estos pueden proporcionar información adicional que el modelo original no tuvo en cuenta, lo que permite mejorar la precisión del modelo.
- **Actualización de la definición del problema:** En algunos casos, el objetivo del modelo puede cambiar, lo que requiere ajustar el modelo para que se alinee con la nueva definición del problema.

El proceso de retraining generalmente implica varios pasos:

1. **Recolección de nuevos datos: Los** nuevos datos se recolectan y se almacenan, idealmente en un formato que permita su uso inmediato para el reentrenamiento.
2. **Evaluación de la necesidad de retraining: Se** monitorea el rendimiento del modelo actual para determinar si es necesario reentrenar el modelo. Esto se hace comparando las métricas de rendimiento actuales con las métricas históricas.
3. **Preparación de los datos:** Los datos se preprocesan de manera similar a los datos originales utilizados para entrenar el modelo. Esto incluye la limpieza, normalización y transformación de los datos.
4. **Retraining:** El modelo se reentrena utilizando los datos nuevos. Esto puede implicar volver a entrenar el modelo desde cero o ajustar un modelo existente mediante técnicas como el aprendizaje por transferencia.
5. **Evaluación del modelo reentrenado:** Después del reentrenamiento, el modelo se evalúa para asegurar que ha mejorado en comparación con el modelo anterior. Esta evaluación incluye la comparación de métricas clave, así como pruebas en un conjunto de datos de validación.
6. **Despliegue del modelo actualizado:** Si el modelo reentrenado demuestra ser superior al modelo existente, se despliega en producción.

Aquí hay un ejemplo de cómo se podría implementar un proceso básico de retraining en Python utilizando un modelo de regresión logística:

```
from sklearn.linear_model import LogisticRegression
from sklearn.model_selection import train_test_split
from sklearn.metrics import accuracy_score

# Supongamos que tenemos nuevos datos disponibles
new_data = ...  # Datos nuevos
new_labels = ...  # Etiquetas correspondientes a los nuevos datos

# Dividir los nuevos datos en conjunto de entrenamiento y prueba
X_train, X_test, y_train, y_test = train_test_split(new_data,
new_labels, test_size=0.2, random_state=42)
```

```
# Entrenar el modelo nuevamente
model = LogisticRegression()
model.fit(X_train, y_train)

# Evaluar el modelo reentrenado
y_pred = model.predict(X_test)
accuracy = accuracy_score(y_test, y_pred)
print(f"Accuracy of retrained model: {accuracy:.2f}")
```

Este ejemplo muestra un proceso simple de retraining donde se recolectan nuevos datos, se entrenan en un modelo de regresión logística, y se evalúa el rendimiento del modelo reentrenado.

2. Actualización de modelos

La actualización de modelos va más allá del simple retraining e implica ajustes más profundos en el modelo, su arquitectura, o incluso su metodología. Las actualizaciones pueden ser necesarias cuando:

- **Evolución tecnológica:** Nuevas técnicas de modelado o mejoras en los algoritmos pueden ofrecer mejores resultados que los modelos existentes.
- **Cambio en los requisitos del negocio:** Si cambian los objetivos del negocio o las métricas clave, el modelo existente puede necesitar una actualización para alinearse con estos nuevos objetivos.
- **Incorporación de nuevas características:** Si se descubren nuevas características que podrían mejorar el rendimiento del modelo, es posible que se necesite una actualización.

El proceso de actualización de modelos es más complejo que el retraining, ya que puede involucrar cambios en la arquitectura del modelo, el uso de diferentes algoritmos, o la integración de nuevas técnicas de preprocesamiento y transformación de datos.

Un ejemplo básico de actualización de un modelo podría implicar el cambio de un algoritmo más simple como la regresión logística a un modelo más complejo como un bosque aleatorio:

```
from sklearn.ensemble import RandomForestClassifier

# Datos y etiquetas actualizadas
updated_data = ... # Datos con nuevas características
updated_labels = ... # Etiquetas correspondientes a los datos ac-
tualizados

# Entrenar un nuevo modelo con Random Forest
new_model = RandomForestClassifier(n_estimators=100, ran-
dom_state=42)
new_model.fit(updated_data, updated_labels)
```

```
# Evaluar el nuevo modelo
new_y_pred = new_model.predict(X_test)  # X_test es el conjunto de
prueba
new_accuracy = accuracy_score(y_test, new_y_pred)

print(f"Accuracy of updated model: {new_accuracy:.2f}")
```

Este ejemplo muestra cómo un modelo existente puede ser actualizado utilizando un algoritmo más avanzado para mejorar el rendimiento.

3. Consideraciones para el retraining y la actualización

Existen varias consideraciones clave al realizar el retraining y la actualización de modelos:

- **Automatización del retraining:** En entornos dinámicos, es útil automatizar el proceso de retraining para que se ejecute regularmente o en respuesta a ciertos umbrales de rendimiento. Esto se puede lograr utilizando pipelines de Machine Learning que detecten automáticamente la necesidad de retraining y ejecuten el proceso.
- **Monitorización continua:** La monitorización del rendimiento del modelo es esencial para determinar cuándo es necesario un retraining o una actualización. Herramientas como MLflow pueden ser utilizadas para rastrear y comparar el rendimiento de diferentes versiones del modelo.
- **Pruebas A/B y pruebas de sombra**: Antes de desplegar un modelo reentrenado o actualizado, es recomendable realizar pruebas A/B o pruebas de sombra para comparar el nuevo modelo con el modelo existente en un entorno controlado.

Las pruebas A/B consisten en dividir el tráfico entre el modelo antiguo y el nuevo para comparar su rendimiento en tiempo real. Las pruebas de sombra, por otro lado, consisten en ejecutar el nuevo modelo en paralelo con el modelo existente, sin que el nuevo modelo afecte a las decisiones de producción, para comparar los resultados.

```
# Ejemplo simple de prueba A/B (supone un entorno de despliegue)
def ab_test(model_A, model_B, data):
    # Dividir el tráfico de datos entre los modelos
    results_A = model_A.predict(data[:len(data)//2])
    results_B = model_B.predict(data[len(data)//2:])

    # Comparar los resultados
    accuracy_A = accuracy_score(true_labels[:len(data)//2], re-
sults_A)
    accuracy_B = accuracy_score(true_labels[len(data)//2:], re-
sults_B)

    print(f"Model A accuracy: {accuracy_A:.2f}")
```

```
    print(f"Model B accuracy: {accuracy_B:.2f}")

# Suponiendo que tenemos un modelo existente (model_A) y un nuevo
modelo (model_B)
ab_test(model_A, model_B, X_test)
```

4. Impacto del retraining y la actualización

El retraining y la actualización de modelos pueden tener un impacto significativo en el rendimiento y la eficiencia operativa. Si bien el retraining permite que los modelos se adapten a cambios menores y mantengan su rendimiento, la actualización de modelos puede llevar a mejoras sustanciales en precisión, eficiencia y capacidad para manejar datos más complejos. Sin embargo, ambos procesos deben ser manejados cuidadosamente para evitar riesgos como la sobreoptimización o la introducción de errores en el sistema de producción.

En entornos de producción, es importante equilibrar la necesidad de mantener modelos actualizados con la estabilidad del sistema. Esto implica establecer políticas claras sobre cuándo y cómo se deben realizar los procesos de retraining y actualización, asegurando que todos los cambios sean validados y probados exhaustivamente antes de ser desplegados en producción.

El retraining y la actualización de modelos son procesos que nos permiten que nuestros modelos continúen entregando valor y se adapten a nuevas realidades y datos y por lo tanto son esenciales en el mantenimiento de modelos de Machine Learning en producción.

13.3.3. Gestión de versiones de modelos

La gestión de versiones de modelos en proyectos de Machine Learning es un aspecto fundamental para asegurar la reproducibilidad, trazabilidad y mantenimiento efectivo de los modelos a lo largo del tiempo. A medida que se despliegan y actualizan modelos, se generan múltiples versiones, cada una con potenciales diferencias en los datos, algoritmos, configuraciones de hiperparámetros y resultados. Gestionar estas versiones de manera efectiva es crucial para evitar confusiones, garantizar la integridad del sistema y permitir la rápida recuperación ante problemas.

1. Importancia de la gestión de versiones de modelos

En el desarrollo de software tradicional, la gestión de versiones es una práctica establecida para mantener el control sobre el código fuente. De manera similar, en Machine Learning, la gestión de versiones de modelos asegura que cada modelo pueda ser replicado exactamente como fue entrenado y evaluado, incluso si se despliegan múltiples versiones en diferentes momentos o entornos.

Las razones clave para implementar una sólida gestión de versiones de modelos son:

- **Trazabilidad:** Permite identificar qué versión de un modelo fue utilizada en un momento dado, esencial para auditorías y análisis retrospectivos.
- **Reproducibilidad:** Asegura que los resultados de un modelo puedan ser reproducidos en cualquier momento utilizando la misma versión del modelo, los mismos datos y configuraciones.
- **Manejo de regresiones:** Facilita la comparación entre diferentes versiones del modelo para identificar si una actualización ha mejorado o empeorado el rendimiento.
- **Recuperación ante fallos:** Permite revertir rápidamente a una versión anterior del modelo si la nueva versión introduce errores o si su rendimiento no es satisfactorio.

2. Elementos clave en la gestión de versiones de modelos

La gestión de versiones de modelos implica varios elementos clave que deben ser gestionados de manera conjunta para asegurar una versión completa y utilizable del modelo:

- **Modelo entrenado:** El archivo que contiene los pesos y estructuras del modelo después de ser entrenado.
- **Datos de entrenamiento y validación:** Los datos utilizados para entrenar y validar el modelo. Es crucial almacenar versiones de los datos junto con el modelo para asegurar la reproducibilidad.
- **Configuraciones de hiperparámetros:** Los valores específicos de los hiperparámetros que fueron utilizados para entrenar el modelo. Esto incluye configuraciones como la tasa de aprendizaje, el número de capas, y otros parámetros relevantes.
- **Código de entrenamiento:** El código que define cómo se entrenó el modelo. Esto puede incluir scripts de preprocesamiento, definiciones de arquitectura, y procedimientos de evaluación.
- **Resultados y métricas de rendimiento:** Los resultados obtenidos durante el entrenamiento y la evaluación del modelo, incluyendo métricas como la precisión, recall, F1-score, entre otros.
- **Metadatos:** Información adicional sobre el contexto en el que fue entrenado el modelo, como la fecha de creación, el entorno de hardware y software, o las condiciones bajo las cuales fue desplegado.

3. Herramientas para la gestión de versiones de modelos

Existen varias herramientas que facilitan la gestión de versiones de modelos.

- **MLflow:** MLflow es una plataforma de código abierto que facilita la gestión del ciclo de vida de los modelos de Machine Learning. Ofrece funcionalidades para el rastreo de experimentos, la gestión de versiones de modelos, y el despliegue de modelos en producción.

```
import mlflow
import mlflow.sklearn

# Guardar un modelo con MLflow
with mlflow.start_run():
    mlflow.sklearn.log_model(model, "model")
    mlflow.log_params({"param1": value1, "param2": value2})
    mlflow.log_metric("accuracy", accuracy_value)

# Recuperar un modelo guardado
model_uri = "runs:/<run_id>/model"
loaded_model = mlflow.sklearn.load_model(model_uri)
```

- **DVC (Data Version Control):** DVC es una herramienta que permite versionar datos y modelos de Machine Learning de manera similar a cómo Git maneja el código fuente. DVC permite rastrear versiones de datos, entrenamientos y resultados, integrando estos cambios directamente con Git para una gestión unificada.

- **Git LFS (Large File Storage):** Git LFS es una extensión de Git que permite gestionar archivos grandes, como modelos entrenados, dentro de repositorios de Git. Aunque Git LFS no está especializado en Machine Learning, es una solución simple para proyectos que ya utilizan Git para su control de versiones.

- **TensorFlow Model Management Tools:** TensorFlow ofrece herramientas nativas para la gestión de versiones de modelos a través de TensorFlow Serving. Estas herramientas permiten etiquetar y gestionar múltiples versiones de un modelo en un servidor, facilitando el despliegue y la actualización continua.

4. Estrategias de versionado de modelos

La implementación de una estrategia de versionado clara y bien documentada es esencial para manejar múltiples versiones de modelos de manera efectiva. A continuación, se describen algunas estrategias comunes:

- **Versionado semántico:** Similar al versionado de software, el versionado semántico asigna números de versión en un formato MAJOR.MINOR.PATCH. Un cambio en el número MAJOR indica cambios significativos en la estructura o el propósito del modelo, mientras que cambios en MINOR y PATCH indican mejoras incrementales o correcciones.

Ejemplo:

- `1.0.0`: Primera versión del modelo
- `1.1.0`: Añadido un nuevo conjunto de características al modelo
- `1.1.1`: Corrección de un error en el preprocesamiento de datos

- **Etiquetas y Branches en Git:** Usar etiquetas en Git para marcar versiones específicas del modelo o utilizar branches dedicadas para el desarrollo de nuevas versiones puede ayudar a mantener un control claro sobre qué versiones están en desarrollo, pruebas o producción.

- **Tracking de experimentos:** Además del versionado de modelos, es importante rastrear los experimentos realizados durante el desarrollo del modelo. Esto incluye diferentes configuraciones de hiperparámetros, conjuntos de datos, y arquitecturas de modelos. Herramientas como MLflow y DVC son especialmente útiles para este propósito.

5. Consideraciones de seguridad y cumplimiento

La gestión de versiones de modelos también debe tener en cuenta aspectos de seguridad y cumplimiento, especialmente en industrias reguladas como la salud o las finanzas. Algunas consideraciones incluyen:

- **Control de acceso:** Asegurar que solo personal autorizado pueda acceder o modificar versiones de modelos críticos para evitar alteraciones no autorizadas.
- **Auditoría:** Mantener registros detallados de todas las versiones de modelos, incluidos quién realizó los cambios y cuándo, para cumplir con normativas de auditoría y trazabilidad.
- **Cumplimiento con normativas:** Almacenar versiones de modelos en cumplimiento con normativas específicas de la industria, como GDPR en Europa o HIPAA en Estados Unidos, para asegurar la protección de datos sensibles.

6. Desafíos en la gestión de versiones de modelos

A pesar de las herramientas disponibles, la gestión de versiones de modelos presenta desafíos que deben ser abordados cuidadosamente:

- **Espacio de almacenamiento:** Los modelos de Machine Learning, especialmente aquellos entrenados con grandes cantidades de datos, pueden ocupar una gran cantidad de espacio de almacenamiento. Es importante tener estrategias para gestionar este espacio, como el archivado de versiones antiguas.
- **Mantenimiento de la compatibilidad:** A medida que se actualizan los modelos, es crucial mantener la compatibilidad con las aplicaciones que consumen estos modelos. Esto puede requerir mantener múltiples versiones del mismo modelo en producción.
- **Complejidad en el despliegue:** La gestión de múltiples versiones en un entorno de producción puede complicar el proceso de despliegue y actualización. Herramientas como Kubernetes y TensorFlow Serving pueden ayudar a manejar esta complejidad, pero requieren una configuración adecuada.

Implementar una estrategia robusta de versionado, respaldada por herramientas adecuadas y prácticas de seguridad, es fundamental para el éxito a largo plazo en la gestión de modelos en producción.

14. Infraestructura y escalabilidad

14.1. Consideraciones de infraestructura

14.1.1. Tipos de infraestructura (on-premise, cloud)

En el contexto del desarrollo y despliegue de sistemas de Inteligencia Artificial y Big Data, la elección del tipo de infraestructura es una decisión crítica que afecta no solo el rendimiento y la escalabilidad de los sistemas, sino también los costos, la seguridad y la flexibilidad operativa. Existen dos enfoques principales para la infraestructura: on-premise y cloud. Cada uno de estos enfoques tiene sus propias características, ventajas y desventajas, y la elección entre ellos dependerá de factores específicos del proyecto, tales como los requisitos de procesamiento, las políticas de seguridad, el presupuesto disponible y la capacidad de escalabilidad necesaria.

Infraestructura On-Premise

La infraestructura on-premise se refiere a la configuración de hardware y software que se encuentra físicamente dentro de las instalaciones de una organización. Esto incluye servidores, almacenamiento, redes y otros componentes necesarios para ejecutar aplicaciones de IA y Big Data. Tradicionalmente, este ha sido el enfoque preferido por muchas organizaciones debido al control total que proporciona sobre los recursos y la seguridad de los datos.

Una de las principales ventajas de la infraestructura on-premise es el control total sobre el entorno de TI. Las organizaciones pueden personalizar su infraestructura para cumplir con requisitos específicos de rendimiento, seguridad y cumplimiento normativo. Además, las empresas que gestionan sus propios centros de datos pueden evitar algunos de los costos recurrentes asociados con la computación en la nube, como las tarifas de suscripción y el pago por uso.

Sin embargo, el enfoque on-premise también presenta varios desafíos. La inversión inicial en hardware y software puede ser significativa, lo que representa una barrera de entrada para algunas organizaciones, especialmente las pequeñas y medianas empresas. Además, la infraestructura on-premise puede requerir un mantenimiento continuo, incluyendo actualizaciones de hardware y software, parches de seguridad y la contratación de personal especializado para la gestión de los sistemas.

Otro desafío importante es la escalabilidad. Si bien es posible escalar la infraestructura on-premise, hacerlo puede ser complejo y costoso, ya que implica la adquisición de hardware adicional y la reconfiguración del entorno de TI. En situaciones donde se necesita un aumento rápido de la capacidad de procesamiento o almacenamiento, la infraestructura on-premise puede no ser lo suficientemente ágil para responder a estas demandas.

Infraestructura en la Nube (Cloud)

La infraestructura en la nube, por otro lado, se basa en la provisión de recursos de TI a través de servicios en línea ofrecidos por proveedores como Amazon Web Services, Microsoft Azure, Google Cloud Platform, entre otros. En lugar de adquirir y mantener hardware físico, las organizaciones pueden alquilar recursos computacionales, almacenamiento y otros servicios bajo demanda, lo que les permite escalar rápidamente y adaptarse a las necesidades cambiantes del negocio.

Una de las principales ventajas de la nube es su flexibilidad y escalabilidad. Las organizaciones pueden ajustar fácilmente los recursos en función de la demanda, lo que es especialmente útil para proyectos de IA y Big Data que pueden tener picos de carga significativos. Además, los proveedores de la nube ofrecen una amplia gama de servicios gestionados, desde bases de datos hasta Machine Learning, lo que permite a las organizaciones concentrarse en desarrollar sus aplicaciones sin preocuparse por la infraestructura subyacente.

El modelo de costos de la nube también es diferente al de la infraestructura on-premise. En lugar de realizar una inversión inicial significativa, las organizaciones pagan solo por los recursos que utilizan, lo que puede ser más

rentable para proyectos con necesidades fluctuantes. Sin embargo, los costos de la nube pueden acumularse rápidamente si no se gestionan adecuadamente, especialmente en entornos donde el uso de recursos no está bien optimizado.
Otra ventaja importante de la nube es la capacidad de acceder a una infraestructura global. Los principales proveedores de la nube tienen centros de datos en múltiples regiones del mundo, lo que permite a las organizaciones desplegar sus aplicaciones cerca de sus usuarios finales para reducir la latencia y mejorar la experiencia del usuario. Además, la nube facilita la colaboración global, permitiendo que equipos distribuidos trabajen en los mismos proyectos con acceso a los mismos recursos.

Sin embargo, la nube también tiene sus desventajas. Una de las preocupaciones más importantes es la seguridad y la privacidad de los datos. Aunque los proveedores de la nube ofrecen una amplia gama de herramientas y servicios para asegurar los datos, las organizaciones deben confiar en un tercero para gestionar estos aspectos críticos. Además, el cumplimiento normativo puede ser más complejo en la nube, especialmente en industrias altamente reguladas.

Comparación y consideraciones

Al comparar la infraestructura on-premise y en la nube, es importante tener en cuenta las necesidades específicas de la organización y del proyecto. La infraestructura on-premise puede ser más adecuada para organizaciones que requieren un control total sobre sus recursos y que tienen los recursos financieros y humanos para gestionar un entorno de TI complejo. Es especialmente relevante en casos donde la seguridad de los datos es primordial y donde el cumplimiento de normativas estrictas es un requisito.

Por otro lado, la infraestructura en la nube es ideal para organizaciones que necesitan flexibilidad, escalabilidad rápida y un modelo de costos más alineado con el uso variable de recursos. Es particularmente beneficiosa para startups, pequeñas y medianas empresas, o proyectos que requieren acceso rápido a recursos avanzados sin la necesidad de una gran inversión inicial

En la práctica, muchas organizaciones optan por un enfoque híbrido que combina elementos de infraestructura on-premise y en la nube, aprovechando las fortalezas de ambos enfoques. Esto permite a las organizaciones mantener el control sobre los datos y aplicaciones más sensibles, mientras que utilizan la nube para escalar recursos o para proyectos que requieren una infraestructura ágil y flexible.

La elección entre infraestructura on-premise y en la nube no es trivial y debe basarse en un análisis cuidadoso de las necesidades del proyecto, las capacidades de la organización y los requisitos de seguridad y cumplimiento normativo.

14.1.2. Selección de infraestructura adecuada

La selección de una infraestructura adecuada para proyectos de Inteligencia Artificial y Big Data es una decisión estratégica que puede afectar significativamente el éxito del proyecto. Esta decisión debe basarse en un análisis exhaustivo de varios factores, incluyendo los requisitos técnicos del proyecto, los costos, la seguridad, la escalabilidad, la flexibilidad y el cumplimiento normativo.

1. Requisitos técnicos del proyecto

El primer paso en la selección de la infraestructura es comprender los requisitos técnicos del proyecto. Esto incluye el tipo y la cantidad de datos que se procesarán, los algoritmos y modelos de IA que se utilizarán, y las necesidades de procesamiento y almacenamiento. Los proyectos de Big Data suelen implicar la gestión de grandes volúmenes de datos, lo que requiere un sistema de almacenamiento escalable y un procesamiento eficiente. Además, los modelos de IA, especialmente los basados en Deep Learning, pueden requerir una gran cantidad de recursos computacionales, como GPUs o TPUs, para entrenar modelos de manera eficiente.

2. Análisis de costos

El costo es un factor crítico en la selección de infraestructura. Es esencial evaluar no solo los costos iniciales de implementación, sino también los costos operativos a largo plazo. La infraestructura on-premise puede requerir una inversión inicial significativa en hardware y software, además de los costos continuos de mantenimiento, energía y personal técnico. Por otro lado, la infraestructura en la nube opera bajo un modelo de pago por uso, lo que puede ser más económico para proyectos con demandas fluctuantes. Sin embargo, los costos en la nube pueden aumentar rápidamente si no se gestionan adecuadamente, por lo que es crucial monitorear y optimizar el uso de recursos.

3. Seguridad y cumplimiento normativo

La seguridad de los datos y el cumplimiento de las normativas legales son consideraciones fundamentales, especialmente en industrias reguladas como la salud, las finanzas y el sector público. La infraestructura on-premise ofrece un mayor control sobre la seguridad de los datos, ya que los datos permanecen dentro de las instalaciones de la organización. Esto puede ser esencial para cumplir con regulaciones estrictas que requieren que los datos sensibles se mantengan en servidores locales. Sin embargo, los proveedores de la nube también ofrecen herramientas avanzadas de seguridad y cumplimiento, que incluyen cifrado de datos, auditorías de seguridad y cumplimiento con normativas como GDPR y CCPA. La elección entre on-premise y nube debe tener en cuenta las políticas de seguridad de la organización y los requisitos regulatorios aplicables.

4. Escalabilidad y flexibilidad

La capacidad de escalar los recursos de TI en función de las necesidades del proyecto es otro factor importante en la selección de infraestructura. Los proyectos de IA y Big Data pueden experimentar picos de demanda durante ciertas fases, como el entrenamiento de modelos o el procesamiento de grandes volúmenes de datos. La infraestructura en la nube es particularmente ventajosa en este aspecto, ya que permite escalar recursos rápida y fácilmente. Por el contrario, la escalabilidad en una infraestructura on-premise puede ser más lenta y costosa, ya que implica la adquisición de hardware adicional. La flexibilidad también es clave, ya que los proyectos pueden evolucionar con el tiempo, requiriendo diferentes configuraciones de recursos. La nube ofrece una flexibilidad inigualable en la gestión de recursos, permitiendo a las organizaciones adaptarse a cambios en los requisitos del proyecto sin necesidad de reestructurar completamente su infraestructura.

5. Integración con herramientas y servicios existentes

Al seleccionar una infraestructura, es importante considerar cómo se integrará con las herramientas y servicios existentes que utiliza la organización. Muchas organizaciones ya tienen inversiones significativas en software y sistemas de gestión que necesitan ser compatibles con la nueva infraestructura. En el caso de la infraestructura en la nube, los principales proveedores ofrecen una amplia gama de servicios y APIs que facilitan la integración con sistemas existentes, como bases de datos, sistemas de almacenamiento y herramientas de Machine Learning. La infraestructura on-premise, por su parte, puede requerir una mayor personalización y desarrollo para asegurar una integración fluida.

6. Tolerancia a fallos y recuperación ante desastres

La capacidad de la infraestructura para manejar fallos y recuperarse de desastres es otra consideración crítica. Los sistemas de IA y Big Data suelen ser fundamentales para las operaciones de una organización, por lo que es crucial que la infraestructura elegida tenga capacidades robustas de tolerancia a fallos y recuperación ante desastres. Los proveedores de nube generalmente ofrecen opciones avanzadas para la redundancia de datos, el failover automático y la replicación en múltiples regiones geográficas, lo que asegura que los sistemas puedan continuar operando incluso en caso de un fallo catastrófico en una ubicación. En una infraestructura on-premise, la implementación de estas capacidades puede ser más compleja y costosa, ya que requiere la configuración de centros de datos secundarios y la gestión de la replicación de datos.

7. Capacidad de mantenimiento y soporte

El mantenimiento y el soporte de la infraestructura son factores clave que influyen en su viabilidad a largo plazo. La infraestructura on-premise requiere que la organización mantenga un equipo técnico capacitado para gestionar el hardware y el software, lo que puede ser un desafío si no se dispone de los recursos adecuados. En contraste, la infraestructura en la nube ofrece soporte gestionado por el proveedor, lo que puede reducir significativamente la carga operativa para la organización. Los servicios en la nube también suelen incluir actualizaciones automáticas, parches de seguridad y soporte técnico 24/7, lo que puede ser una ventaja importante para organizaciones que no desean gestionar directamente su infraestructura.

8. Tiempo de implementación

El tiempo necesario para implementar la infraestructura también es un factor importante a considerar. La infraestructura en la nube permite a las organizaciones desplegar rápidamente sus aplicaciones y servicios, ya que no es necesario esperar la adquisición e instalación de hardware. Esto es especialmente valioso en proyectos que requieren una rápida puesta en marcha o en situaciones donde el tiempo de comercialización es crítico. La infraestructura on-premise, por otro lado, puede requerir un tiempo considerable para la adquisición de hardware, la instalación física y la configuración de los sistemas, lo que puede retrasar el inicio del proyecto.

9. Consideraciones medioambientales

Las consideraciones medioambientales están ganando importancia en la selección de infraestructura. La infraestructura en la nube puede ser más eficiente desde el punto de vista energético debido a la optimización y escalabilidad que ofrecen los centros de datos gestionados por grandes proveedores. Estos proveedores suelen estar comprometidos con la sostenibilidad, utilizando energía renovable y aplicando medidas para reducir su huella de carbono. La infraestructura on-premise, en cambio, puede ser menos eficiente en términos de consumo energético, especialmente si los sistemas no están optimizados para el uso de recursos o si las instalaciones no están diseñadas con criterios de sostenibilidad.

Hagamos una valoración para establecer una comprensión de la selección de la infraestructura adecuada. Este es un proceso complejo que debe considerar múltiples factores técnicos, financieros y estratégicos. La decisión entre infraestructura on-premise y en la nube dependerá de las necesidades específicas del proyecto, las capacidades de la organización y las restricciones operativas. En muchos casos, un enfoque híbrido que combine lo mejor de ambos mundos puede ser la solución óptima, permitiendo a las organizaciones aprovechar las ventajas de la nube mientras mantienen el control y la seguridad de sus datos más sensibles en una infraestructura on-premise. Si vas a ser el responsable en tu empresa o en proyectos te recomiendo que te pongas al día.

14.1.3. Costos y rendimiento

El análisis de costos y rendimiento es otro aspecto fundamental en la selección y gestión de la infraestructura para proyectos de Inteligencia Artificial y Big Data. Estos dos factores están intrínsecamente relacionados, ya que la búsqueda de un rendimiento óptimo puede incurrir en costos significativos, mientras que la reducción de costos puede afectar negativamente el rendimiento.

1. Costos de infraestructura

Los costos de infraestructura se dividen en varias categorías principales, cada una con implicaciones directas sobre el presupuesto y la viabilidad del proyecto.

Costos iniciales de capital (CAPEX): Estos incluyen la adquisición de hardware y software, así como la construcción o alquiler de instalaciones para centros de datos en el caso de infraestructuras on-premise. En proyectos en la nube, aunque no hay una inversión inicial en hardware, puede haber costos asociados a la implementación y configuración inicial de los servicios en la nube, como el diseño de la arquitectura y la integración con sistemas existentes.

Costos operativos (OPEX): Estos son los costos recurrentes asociados con el funcionamiento diario de la infraestructura. Para infraestructuras on-premise, incluyen el mantenimiento del hardware, el consumo de energía, el enfriamiento, el personal técnico, y las licencias de software. En la nube, los costos operativos se reflejan en el modelo de pago por uso, donde las organizaciones pagan por la capacidad computacional, el almacenamiento y otros servicios en función de su consumo real. Aunque el modelo de pago por uso puede ofrecer flexibilidad, los costos pueden aumentar rápidamente si no se gestionan adecuadamente.

Costos de escalabilidad: La capacidad de escalar la infraestructura en función de las necesidades del proyecto también tiene implicaciones de costos. En la nube, la escalabilidad es más flexible, pero escalar hacia arriba o hacia abajo tiene costos asociados. Por ejemplo, el almacenamiento adicional, el aumento de la capacidad computacional o la utilización de servicios especializados como GPUs o TPUs tienen un costo directo. En infraestructuras on-premise, la escalabilidad implica la adquisición de hardware adicional, lo que supone una inversión de capital significativa y tiempos de implementación más largos.

Costos de oportunidad: Estos son costos indirectos asociados con la toma de decisiones sobre la infraestructura. Por ejemplo, elegir una solución menos costosa, pero de menor rendimiento puede llevar a tiempos de procesamiento más largos, lo que podría retrasar la obtención de insights críticos y, en última instancia, afectar la competitividad del negocio.

2. Evaluación del rendimiento

El rendimiento de la infraestructura debe evaluarse en función de varios criterios clave que impactan directamente en la eficiencia y efectividad de los proyectos de Inteligencia Artificial y Big Data.

Capacidad de procesamiento: Este es un factor crucial, especialmente en proyectos que requieren el procesamiento de grandes volúmenes de datos o el entrenamiento de modelos de aprendizaje profundo. El rendimiento de la infraestructura debe ser capaz de soportar las cargas de trabajo sin causar cuellos de botella. Esto incluye la velocidad del procesador, la cantidad de memoria RAM disponible, y la capacidad de procesamiento paralelo mediante GPUs o TPUs.

Latencia y tiempo de respuesta: En aplicaciones donde la rapidez es crítica, como en sistemas de recomendación en tiempo real o en la toma de decisiones automatizadas, la latencia y el tiempo de respuesta son métricas de rendimiento esenciales. La infraestructura en la nube puede ofrecer ventajas en términos de latencia, ya que los proveedores suelen tener centros de datos distribuidos geográficamente que permiten una menor latencia para usuarios en diferentes ubicaciones.

Disponibilidad y resiliencia: El rendimiento también debe evaluarse en términos de la capacidad de la infraestructura para mantenerse operativa en todo momento. La alta disponibilidad y la resiliencia ante fallos son cruciales para aplicaciones críticas. Esto implica contar con mecanismos de recuperación ante desastres, redundancia de datos, y sistemas de failover que permitan continuar las operaciones sin interrupciones significativas.

Eficiencia en el uso de recursos: La eficiencia en el uso de recursos es una medida del rendimiento que examina cómo se utiliza la capacidad disponible. Un sistema eficiente maximiza la utilización de CPU, memoria y almacenamiento, evitando el desperdicio de recursos. Esto es especialmente importante en infraestructuras en la nube, donde el pago por uso requiere que los recursos se utilicen de manera óptima para minimizar costos.

Escalabilidad: El rendimiento también debe medirse en términos de la capacidad de la infraestructura para escalar sin una degradación significativa del rendimiento. La infraestructura debe poder manejar aumentos en la carga de trabajo de manera eficiente, ya sea mediante el escalado horizontal (agregando más servidores o instancias) o vertical (aumentando la capacidad de los servidores existentes).

3. Comparación de costos y rendimiento entre infraestructura on-premise y en la nube

La comparación entre infraestructura on-premise y en la nube es esencial para determinar la opción que mejor se ajusta a las necesidades del proyecto.

On-premise: La infraestructura on-premise puede ofrecer un control total sobre los costos y el rendimiento, permitiendo a las organizaciones optimizar cada componente del sistema de acuerdo con sus necesidades específicas. Sin embargo, esto viene con la desventaja de altos costos iniciales y una mayor carga de mantenimiento. El rendimiento puede ser optimizado para cargas de trabajo específicas, pero la escalabilidad y la flexibilidad son más limitadas y costosas.

Nube: La infraestructura en la nube, por otro lado, ofrece una mayor flexibilidad y escalabilidad. Los costos iniciales son bajos, pero los costos operativos pueden aumentar significativamente con el tiempo si no se gestionan adecuadamente. El rendimiento en la nube puede ser muy alto debido a la disponibilidad de recursos como GPUs y TPUs bajo demanda, pero es importante monitorear el uso para evitar sorpresas en la facturación. La nube también ofrece ventajas en términos de alta disponibilidad y recuperación ante desastres, con menores tiempos de inactividad.

4. Optimización de costos y rendimiento

Para maximizar el retorno de inversión (ROI) en infraestructura, es esencial implementar estrategias de optimización que equilibren costos y rendimiento.

Monitoreo y ajuste continuo: Implementar herramientas de monitoreo para rastrear el uso de recursos y el rendimiento en tiempo real es crucial.

Esto permite ajustar dinámicamente los recursos según las necesidades del proyecto, reduciendo costos y mejorando el rendimiento.

Autoscaling y cargas elásticas: En la nube, aprovechar el autoscaling puede ayudar a ajustar automáticamente la capacidad en función de la demanda, optimizando así el uso de recursos y controlando los costos.

Optimización de la arquitectura: Diseñar la arquitectura de la infraestructura de manera eficiente puede reducir costos operativos. Por ejemplo, utilizar almacenamiento en frío para datos que no se acceden frecuentemente o dividir cargas de trabajo entre diferentes tipos de instancias en la nube según sus necesidades específicas de rendimiento.

Negociación con proveedores: Para proyectos a gran escala, la negociación con proveedores de servicios en la nube puede resultar en descuentos y tarifas personalizadas, lo que puede reducir significativamente los costos a largo plazo.

La evaluación de costos y rendimiento es un proceso continuo que requiere una revisión periódica a medida que cambian las necesidades del proyecto y evolucionan las tecnologías disponibles. Es importante mantener un equilibrio entre estos dos factores para asegurar que la infraestructura soporta los objetivos del proyecto sin incurrir en costos innecesarios o comprometer el rendimiento, básicamente para que no absorvan el Budget.

14.2. Escalabilidad y optimización de rendimiento

14.2.1. Técnicas de escalabilidad horizontal y vertical

Existen dos enfoques principales para escalar una infraestructura: la escalabilidad horizontal y la escalabilidad vertical. Cada enfoque tiene sus propios métodos, ventajas y limitaciones, y la elección entre ellos depende de las necesidades específicas del proyecto, la naturaleza de las cargas de trabajo y los recursos disponibles.

1) Escalabilidad horizontal

La escalabilidad horizontal, también conocida como escalado horizontal o escalado "out", implica agregar más máquinas o nodos a un sistema. En lugar de aumentar la capacidad de una sola máquina, se distribuyen las cargas de trabajo entre múltiples máquinas para manejar un mayor volumen de datos o usuarios simultáneos. Este enfoque es comúnmente utilizado en sistemas distribuidos y en aplicaciones basadas en la nube.

Técnicas de escalabilidad horizontal

1. Balanceo de carga: El balanceo de carga es fundamental en la escalabilidad horizontal. Se trata de distribuir el tráfico de red o las solicitudes de servicio entre varios servidores para asegurarse de que ninguno esté sobrecargado. Los balanceadores de carga pueden ser hardware especializado o software, y funcionan distribuyendo solicitudes entrantes de manera equitativa o según criterios específicos, como el menor número de conexiones actuales o el rendimiento del servidor.

2. Sharding: Sharding es una técnica utilizada principalmente en bases de datos y sistemas de almacenamiento donde los datos se dividen en segmentos más pequeños (shards) y se almacenan en diferentes servidores o nodos. Cada shard contiene una porción del conjunto de datos completo, y las operaciones se realizan solo en el shard relevante, lo que reduce la carga en cada nodo y mejora el rendimiento global del sistema.

3. Clustering: En un sistema clusterizado, múltiples servidores trabajan juntos como un único sistema cohesionado. Cada nodo en el clúster puede manejar una parte de la carga de trabajo, y si un nodo falla, otros nodos pueden asumir su carga, lo que proporciona alta disponibilidad y redundancia. Clustering es común en servidores de aplicaciones, bases de datos y sistemas de archivos distribuidos.

4. Contenedorización y orquestación: El uso de contenedores, como Docker, facilita la escalabilidad horizontal al permitir que aplicaciones y servicios se desplieguen de manera uniforme en múltiples nodos. La orquestación de contenedores con herramientas como Kubernetes permite la gestión automática de la escalabilidad, asegurando que el número adecuado de instancias esté disponible según la demanda.

5. Replicación: La replicación implica la creación de copias duplicadas de datos o servicios en múltiples nodos. Esta técnica se utiliza para mejorar la disponibilidad y la tolerancia a fallos. Por ejemplo, en bases de datos distribuidas, los datos se replican en varios nodos para asegurar que la información esté siempre disponible, incluso si un nodo falla.

Ventajas de la escalabilidad horizontal

Flexibilidad: Se puede agregar capacidad adicional simplemente añadiendo más nodos al sistema. Esto es especialmente ventajoso en entornos en la nube, donde se pueden agregar recursos rápidamente sin una inversión de capital significativa.

Alta disponibilidad y redundancia: La escalabilidad horizontal facilita la creación de sistemas altamente disponibles y redundantes, ya que la carga se distribuye entre varios nodos, y la falla de un nodo no afecta significativamente al sistema en su conjunto.

Costos escalonados: En lugar de hacer una gran inversión en hardware de alto rendimiento, las organizaciones pueden escalar gradualmente, agregando nodos a medida que crece la demanda, lo que permite una mejor gestión de los costos.

Limitaciones de la escalabilidad horizontal

Complejidad de gestión: La escalabilidad horizontal introduce complejidades en la gestión del sistema, especialmente en la coordinación entre nodos, la consistencia de datos y la recuperación ante fallos.

Latencia y sincronización: La distribución de cargas de trabajo entre varios nodos puede introducir latencias adicionales y desafíos en la sincronización de datos, especialmente en sistemas globalmente distribuidos.

2) Escalabilidad vertical

La escalabilidad vertical, también conocida como escalado vertical o escalado "up", implica aumentar la capacidad de una sola máquina añadiendo más recursos, como CPUs más rápidas, más memoria RAM, o almacenamiento adicional. En lugar de distribuir la carga entre múltiples nodos, se mejora el rendimiento de un único nodo para manejar mayores cargas de trabajo.

Técnicas de escalabilidad vertical

1. Actualización de hardware: La técnica más directa de escalabilidad vertical es la actualización del hardware del servidor existente. Esto puede incluir la adición de más memoria, la mejora del procesador, o la instalación de almacenamiento más rápido, como SSDs en lugar de discos duros tradicionales. Este enfoque permite que una máquina maneje más carga sin cambiar la arquitectura del sistema.

2. Uso de hyperthreading y overclocking: En algunos casos, el rendimiento de un servidor puede mejorarse mediante técnicas como el hyperthreading, que permite que cada núcleo de CPU maneje múltiples threads de procesamiento, o el overclocking, que aumenta la velocidad de la CPU más allá de sus especificaciones estándar. Estas técnicas pueden proporcionar aumentos de rendimiento a corto plazo, aunque con riesgos asociados a la estabilidad y el consumo de energía.

3. Aumento de la capacidad de almacenamiento: Ampliar la capacidad de almacenamiento de un servidor, ya sea añadiendo discos adicionales o utilizando tecnologías de almacenamiento más avanzadas, es otra forma de escalabilidad vertical. Esto es especialmente útil en sistemas que requieren grandes volúmenes de datos almacenados localmente, como bases de datos de alto rendimiento.

4. Optimización de software: Además de las mejoras en hardware, la optimización del software, como la afinación de bases de datos, la optimización de código, y la mejora de algoritmos, puede aumentar la eficiencia de la infraestructura existente, permitiendo que una máquina maneje más carga sin necesidad de actualizar el hardware.

Ventajas de la escalabilidad vertical

Simplicidad de gestión: La escalabilidad vertical es más sencilla de gestionar en comparación con la escalabilidad horizontal, ya que no introduce la complejidad de gestionar múltiples nodos. La administración se centra en un solo sistema.

Menor latencia: Al no tener que distribuir la carga entre varios nodos, la escalabilidad vertical puede ofrecer menor latencia en las operaciones, lo que es beneficioso en aplicaciones que requieren respuestas rápidas.

Costos iniciales claros: Aunque puede requerir una inversión significativa en hardware, los costos están claramente definidos y no dependen de la complejidad de la arquitectura distribuida.

Limitaciones de la escalabilidad vertical

Límites físicos: Existe un límite en la capacidad de recursos que se pueden agregar a una sola máquina. Una vez alcanzado ese límite, la única opción para mejorar el rendimiento es cambiar a una infraestructura más grande o pasar a la escalabilidad horizontal.

Punto único de falla: A diferencia de la escalabilidad horizontal, donde la carga se distribuye, la escalabilidad vertical coloca toda la carga en un solo nodo, lo que significa que si ese nodo falla, todo el sistema puede quedar inoperativo.

Costos elevados: Las actualizaciones de hardware de alto rendimiento pueden ser costosas, y a menudo no son rentables en comparación con la escalabilidad horizontal a gran escala.

Comparación y elección entre escalabilidad horizontal y vertical

La elección entre escalabilidad horizontal y vertical depende de varios factores, como la naturaleza de la aplicación, el presupuesto disponible, los requisitos de rendimiento, y la necesidad de alta disponibilidad.

Casos de uso para escalabilidad horizontal:
- Aplicaciones web con un gran número de usuarios simultáneos.
- Sistemas distribuidos que requieren alta disponibilidad y tolerancia a fallos.
- Procesamiento de Big Data donde los datos están distribuidos en múltiples nodos.

Casos de uso para escalabilidad vertical:
- Aplicaciones críticas que requieren baja latencia y alta velocidad de procesamiento.
- Entornos donde la simplicidad de gestión es una prioridad.
- Sistemas legacy que no pueden ser fácilmente distribuidos.

En muchos casos, las organizaciones y empresas pueden optar por una combinación de ambos enfoques, utilizando escalabilidad vertical para maximizar el rendimiento de nodos individuales y escalabilidad horizontal para distribuir la carga y aumentar la redundancia. La estrategia óptima dependerá de los objetivos específicos del proyecto, la naturaleza de la carga de trabajo, y las limitaciones del entorno operativo.

14.2.2. Optimización del rendimiento de modelos

La optimización del rendimiento de modelos es un aspecto crucial en el desarrollo y despliegue de soluciones de Inteligencia Artificial. Mejorar el rendimiento de los modelos no solo permite obtener predicciones más precisas y eficientes, sino que también reduce el tiempo de inferencia y el costo computacional, factores clave en aplicaciones en tiempo real y sistemas a gran escala. Optimizar el rendimiento implica trabajar en varias áreas, que van desde la selección y ajuste de hiperparámetros hasta la optimización del código y la infraestructura subyacente.

Optimización de hiperparámetros

Los hiperparámetros son configuraciones del modelo que no se aprenden durante el entrenamiento, sino que se establecen antes de que comience el proceso de aprendizaje. La optimización de hiperparámetros puede mejorar significativamente el rendimiento de un modelo. Existen varias técnicas para optimizar estos parámetros:

Búsqueda en cuadrícula (Grid Search): Esta técnica implica una búsqueda exhaustiva a través de un espacio predefinido de hiperparámetros Aunque es simple y garantiza encontrar el mejor conjunto de parámetros en la cuadrícula, puede ser computacionalmente costosa, especialmente si el espacio de búsqueda es grande.

Búsqueda aleatoria (Random Search): En lugar de probar todas las combinaciones posibles, la búsqueda aleatoria selecciona combinaciones aleatorias de hiperparámetros. Aunque puede no garantizar encontrar la mejor solución, es más eficiente en términos de tiempo y recursos computacionales.

Optimización bayesiana: Esta técnica se basa en la construcción de un modelo probabilístico del espacio de hiperparámetros y la selección de los valores de hiperparámetros que maximizan un criterio objetivo esperado. Es más eficiente que la búsqueda en cuadrícula y aleatoria, especialmente en espacios de búsqueda complejos.

Métodos de optimización de hiperparámetros específicos: Para algunos modelos, como las redes neuronales profundas, se utilizan técnicas especializadas como la programación de la tasa de aprendizaje, la normalización por lotes (batch normalization) y la inicialización avanzada de pesos para mejorar el rendimiento del modelo.

Optimización del modelo

Además de los hiperparámetros, el diseño y la estructura del modelo también influyen en su rendimiento.

Selección de características: Elegir un subconjunto de características relevantes puede mejorar la eficiencia del modelo y reducir el riesgo de sobreajuste. Las técnicas de selección de características y reducción de dimensionalidad, como el análisis de componentes principales y el análisis discriminante lineal, son útiles para este propósito.

Regularización: La regularización es una técnica que introduce una penalización por complejidad en el modelo, lo que ayuda a prevenir el sobreajuste. Las formas comunes de regularización incluyen la regularización L1 (Lasso) y L2 (Ridge), así como la regularización en redes neuronales mediante técnicas como Dropout.

Optimización del algoritmo de entrenamiento: Algunos modelos, como las redes neuronales profundas, pueden beneficiarse significativamente de la optimización del algoritmo de entrenamiento. Técnicas como la reducción adaptativa de la tasa de aprendizaje (Adaptive Learning Rate) y la optimización mediante algoritmos avanzados como Adam, RMSprop o AdaGrad pueden acelerar la convergencia y mejorar el rendimiento.

Reducción del tamaño del modelo: En entornos con recursos limitados o cuando se busca reducir la latencia de inferencia, es crucial minimizar el tamaño del modelo. Esto se puede lograr mediante técnicas de compresión como la poda de redes neuronales, la cuantización de pesos y la utilización de modelos ligeros como MobileNet o SqueezeNet.

Optimización del código

El rendimiento de un modelo no solo depende de su estructura y parámetros, sino también de la eficiencia del código que lo implementa. La optimización del código puede incluir:

Paralelización: Aprovechar la paralelización en el entrenamiento y la inferencia puede mejorar significativamente el rendimiento. Esto implica dividir las tareas entre múltiples núcleos de CPU o GPUs para acelerar el procesamiento. Herramientas como TensorFlow y PyTorch permiten fácilmente implementar la paralelización.

Optimización de código vectorizado: En lugar de utilizar bucles iterativos, se puede aprovechar la vectorización, que permite realizar operaciones en bloques de datos de manera simultánea, lo que reduce significativamente el tiempo de cómputo.

Uso de librerías optimizadas: Utilizar librerías optimizadas para operaciones matemáticas y de procesamiento, como cuDNN para redes neuronales en GPUs, puede mejorar considerablemente el rendimiento. Estas librerías están diseñadas para aprovechar al máximo la arquitectura subyacente del hardware.

Caching de resultados intermedios: Almacenar resultados intermedios de cálculos costosos puede evitar la necesidad de recomputarlos, lo que reduce la carga computacional y mejora la eficiencia.

Optimización de la Infraestructura

La infraestructura en la que se ejecuta un modelo también juega un papel clave en su rendimiento. Algunas consideraciones incluyen:

Elección del hardware: Seleccionar el hardware adecuado es fundamental para el rendimiento del modelo. Por ejemplo, para modelos que requieren operaciones intensivas de punto flotante, como redes neuronales profundas, las GPUs o TPUs pueden ofrecer mejoras significativas en comparación con las CPUs tradicionales.

Uso de infraestructuras en la nube: Las plataformas en la nube permiten ajustar dinámicamente los recursos según la demanda. Esto no solo mejora el rendimiento, sino que también optimiza el costo al pagar solo por los recursos utilizados.

Distribución de la carga: En aplicaciones de gran escala, la distribución de la carga entre múltiples máquinas puede mejorar el rendimiento y la resiliencia. Esto incluye el uso de clústeres de computación y servicios de balanceo de carga.

Escalabilidad automática: La capacidad de escalar automáticamente los recursos en función de la carga de trabajo permite mantener un rendimiento óptimo en todo momento. Las plataformas en la nube ofrecen servicios de escalabilidad automática que ajustan los recursos en tiempo real.

Monitoreo y mantenimiento continuo

La optimización del rendimiento no es un proceso único; requiere un monitoreo y mantenimiento continuo. El rendimiento de un modelo puede degradarse con el tiempo debido a cambios en los datos, actualizaciones de software o cambios en la infraestructura. Es crucial establecer un sistema de monitoreo que permita detectar y abordar estos problemas de manera proactiva.

Monitoreo de rendimiento: Implementar sistemas de monitoreo que registren métricas clave del modelo, como la precisión, la latencia de inferencia y el uso de recursos, permite identificar problemas de rendimiento antes de que afecten a los usuarios finales.

Retraining periódico: Con el tiempo, los datos pueden cambiar, lo que puede llevar a la degradación del rendimiento del modelo. Realizar retraining periódico con datos actualizados asegura que el modelo mantenga su precisión y relevancia.

Ajustes y mejoras continuas: Basado en los datos recopilados a través del monitoreo, es posible realizar ajustes continuos en la configuración del modelo, los hiperparámetros o la infraestructura para mejorar el rendimiento de manera sostenida.

Prácticas de depuración y pruebas

La optimización del rendimiento también implica prácticas efectivas de depuración y pruebas. Asegurarse de que el código esté libre de errores y de que el modelo funcione como se espera es esencial para evitar problemas de rendimiento.

Pruebas unitarias y de integración: Implementar un conjunto robusto de pruebas unitarias y de integración asegura que cada componente del modelo funcione correctamente y que las actualizaciones no introduzcan nuevos problemas.

Depuración de cuellos de botella: Identificar y eliminar cuellos de botella en el código o en la arquitectura del modelo puede liberar recursos y mejorar el rendimiento. Herramientas de perfilado de código y análisis de rendimiento son útiles en este proceso.

La optimización del rendimiento de modelos es un proceso multifacético que involucra la mejora de varios aspectos, desde los hiperparámetros y la arquitectura del modelo hasta la eficiencia del código y la elección de la infraestructura. Estos esfuerzos no solo garantizan que los modelos sean precisos y rápidos, sino que también aseguran que sean escalables y rentables en su operación.

14.2.3. Caching y paralelización

El caching y la paralelización son dos estrategias fundamentales para mejorar el rendimiento y la eficiencia en sistemas que manejan grandes volúmenes de datos o requieren cálculos complejos. Estas técnicas son especialmente relevantes en el contexto de Big Data, Inteligencia Artificial y aplicaciones en tiempo real, donde la optimización de los recursos computacionales es crucial para mantener la escalabilidad y minimizar los tiempos de procesamiento.

Caching

El caching es una técnica utilizada para almacenar temporalmente los resultados de cálculos o datos que son costosos de generar o recuperar repetidamente. Al guardar estos resultados en una memoria de acceso rápido, como la memoria RAM o un almacenamiento caché distribuido, se reduce significativamente el tiempo de acceso en futuras solicitudes. El uso efectivo del caching puede tener un impacto positivo tanto en la velocidad de procesamiento como en la reducción de la carga en sistemas backend o bases de datos.

Tipos de Caching:

Caching en memoria: Este es el tipo de caché más común, donde los datos se almacenan en la memoria RAM para un acceso rápido. Herramientas como Redis y Memcached son ejemplos populares de sistemas de almacenamiento en caché en memoria. Estos son especialmente útiles en aplicaciones web para almacenar datos que se consultan frecuentemente, como configuraciones de usuario o resultados de consultas de bases de datos.

Caching en disco: Aunque es más lento que el caching en memoria, el caching en disco se utiliza cuando los volúmenes de datos son demasiado grandes para almacenarlos en RAM. Los datos se escriben en discos de almacenamiento rápido, como SSDs, para que estén disponibles cuando se necesiten nuevamente. Esto es útil en aplicaciones de análisis de datos donde los datos intermedios se generan y necesitan ser reutilizados en etapas posteriores del procesamiento.

Caching distribuido: En entornos distribuidos, como clústeres de computación o servicios en la nube, el caching distribuido permite compartir datos almacenados en caché entre diferentes nodos. Esto mejora la eficiencia y reduce la redundancia en el acceso a datos comunes. Herramientas como Apache Ignite o Hazelcast son ejemplos de soluciones de caching distribuido.

Estrategias de expiración y actualización de caché:

TTL (Time to Live): Establecer un tiempo de vida para los datos en caché asegura que la información no se mantenga indefinidamente y que los datos desactualizados sean eliminados o actualizados. Esta técnica es crucial en escenarios donde los datos cambian con frecuencia.

Cache invalidation: Es el proceso de invalidar o eliminar datos almacenados en caché cuando estos han cambiado en la fuente original. Las estrategias de invalidación incluyen la invalidación basada en eventos (cuando un cambio en los datos provoca la eliminación del caché) y la invalidación manual o programada.

Cache warming: Precalentar la caché con datos que probablemente se utilizarán en el futuro puede reducir los tiempos de espera en las primeras solicitudes. Esta estrategia es útil en aplicaciones que anticipan picos de carga o en escenarios donde los cálculos previos son costosos.

Paralelización

La paralelización es el proceso de dividir una tarea en sub-tareas más pequeñas que pueden ejecutarse simultáneamente en múltiples núcleos de CPU, hilos, o incluso en diferentes máquinas en un clúster. Esto es fundamental en aplicaciones de alta demanda y grandes volúmenes de datos, ya que permite aprovechar al máximo los recursos disponibles y reducir los tiempos de procesamiento.

Tipos de paralelización:

Paralelización a nivel de datos: En esta estrategia, los datos se dividen en bloques o particiones que se procesan de manera independiente en paralelo. Este enfoque es común en algoritmos de Big Data y Machine Learning que pueden operar sobre subconjuntos de datos, como en el caso de MapReduce en Hadoop o las operaciones en RDDs (Resilient Distributed Datasets) en Apache Spark.

Paralelización a nivel de tareas: Aquí, diferentes tareas o funciones se ejecutan en paralelo. Esta técnica es útil cuando un proceso puede dividirse en diferentes etapas o funciones independientes, lo que permite su ejecución simultánea. Los pipelines de procesamiento de datos y los flujos de trabajo de análisis suelen beneficiarse de esta estrategia.

Paralelización a nivel de hilos: En los sistemas multicore, la paralelización a nivel de hilos permite que una única tarea se ejecute en múltiples hilos, cada uno manejando una parte del trabajo. Esto es común en aplicaciones de software donde se puede dividir un cálculo en partes más pequeñas para ejecutarse en paralelo en diferentes núcleos de CPU.

Implementación de la paralelización:

MapReduce: Es un modelo de programación distribuida que permite dividir una gran tarea de procesamiento de datos en pequeñas tareas que se pueden ejecutar en paralelo. Las fases de Map y Reduce permiten procesar y combinar resultados de manera eficiente. Esta técnica es ampliamente utilizada en plataformas como Hadoop.

DAGs (Directed Acyclic Graphs): En sistemas como Apache Spark, las tareas se organizan en grafos acíclicos dirigidos, donde los nodos representan tareas y los bordes indican dependencias. La ejecución paralela de tareas en un DAG optimiza el flujo de trabajo al permitir que tareas no dependientes se ejecuten simultáneamente.

MPI (Message Passing Interface): Es una librería estándar utilizada para la computación paralela en clústeres de computadoras. MPI permite que múltiples procesos en diferentes nodos se comuniquen y coordinen sus esfuerzos en tareas distribuidas. Es especialmente útil en aplicaciones científicas y de ingeniería donde se requiere un alto rendimiento computacional.

Consideraciones en la paralelización:

Sincronización y consistencia: Al paralelizar tareas, es esencial asegurarse de que las tareas sincronizadas compartan recursos correctamente para evitar condiciones de carrera y asegurar la consistencia de los datos. Mecanismos como bloqueos (locks) y semáforos son comunes para gestionar la sincronización.

Balanceo de carga: En entornos distribuidos, es importante asegurarse de que las tareas se distribuyan de manera equitativa entre los recursos disponibles. El balanceo de carga dinámico ajusta la asignación de tareas en tiempo real, según el rendimiento y la disponibilidad de los recursos.

Minimización de la comunicación: En la paralelización distribuida, la comunicación entre nodos puede convertirse en un cuello de botella. Minimizar la necesidad de comunicación y optimizar las transferencias de datos entre nodos puede mejorar significativamente el rendimiento global del sistema.

Caching y paralelización en aplicaciones reales

En la práctica, tanto el caching como la paralelización se utilizan a menudo en conjunto para maximizar el rendimiento. Por ejemplo, en sistemas de recomendación en tiempo real, como los utilizados por plataformas de streaming o comercio electrónico, el caching almacena las recomendaciones generadas previamente, mientras que la paralelización permite procesar nuevas solicitudes en paralelo.

En la Inteligencia Artificial, la paralelización es clave en el entrenamiento de modelos de Deep Learning, donde los cálculos intensivos se distribuyen entre múltiples GPUs. Al mismo tiempo, el caching se utiliza para almacenar datos intermedios y evitar recomputaciones costosas durante el entrenamiento.

La correcta implementación de el caching y la paralelización puede marcar una diferencia significativa en el rendimiento y la capacidad de manejo de grandes volúmenes de datos en aplicaciones críticas.

14.3. Uso de contenedores y orquestación (Docker, Kubernetes)

14.3.1. Conceptos básicos de contenedores

Los contenedores son una tecnología de virtualización ligera que permite empaquetar y ejecutar aplicaciones de manera consistente en diferentes entornos. A diferencia de las máquinas virtuales tradicionales, que emulan hardware completo, los contenedores comparten el mismo sistema operativo subyacente, pero se ejecutan en entornos aislados. Esto permite una mayor eficiencia y portabilidad, lo que ha hecho que los contenedores sean una opción popular para el desarrollo, despliegue y escalado de aplicaciones en la era de la computación en la nube y los microservicios.

Conceptos clave de los contenedores:

1. Imágenes de contenedores: Las imágenes de contenedores son plantillas inmutables que incluyen todo lo necesario para ejecutar una aplicación, como el código fuente, las librerías, las dependencias y las configuraciones necesarias. Una imagen se construye generalmente a partir de un archivo de definición conocido como Dockerfile (en el caso de Docker, el sistema de contenedores más común) que especifica cómo se debe construir la imagen. Una vez creada, la imagen se puede compartir y ejecutar en cualquier entorno que soporte contenedores, lo que garantiza que la aplicación se comportará de la misma manera en diferentes sistemas.

2. Contenedores: Un contenedor es una instancia de una imagen que se está ejecutando. Cada contenedor tiene su propio sistema de archivos, procesos, red y espacio de usuarios, lo que le proporciona un entorno aislado y seguro. A diferencia de las máquinas virtuales, que requieren un sistema operativo completo por cada instancia, los contenedores comparten el kernel del sistema operativo host, lo que reduce significativamente el consumo de recursos. Esta compartición permite que se ejecuten múltiples contenedores en una misma máquina de manera eficiente.

3. Aislamiento: El aislamiento es una de las características fundamentales de los contenedores. Cada contenedor opera en su propio entorno, separado del resto, lo que significa que los procesos en un contenedor no pueden interferir directamente con los procesos de otro contenedor. Este aislamiento es proporcionado por tecnologías como los namespaces y los cgroups en Linux. Los namespaces separan los recursos del sistema, como los ID de procesos, las redes y los puntos de montaje, mientras que los cgroups controlan la cantidad de recursos del sistema, como CPU, memoria y ancho de banda de red, que puede usar un contenedor.

4. Portabilidad: Una de las mayores ventajas de los contenedores es su portabilidad. Debido a que encapsulan todo lo necesario para ejecutar una aplicación, las imágenes de contenedores se pueden mover entre diferentes entornos sin que la aplicación se vea afectada. Esto facilita el desarrollo, las pruebas y la producción en diferentes plataformas, como entornos locales, servidores on-premise y nubes públicas o privadas. El contenedor garantiza que la aplicación se ejecute de la misma manera, independientemente de dónde se despliegue.

5. Persistencia de datos: Los contenedores están diseñados para ser efímeros, lo que significa que los datos generados dentro de un contenedor se perderán cuando este se elimine. Para manejar datos persistentes, es común utilizar volúmenes de datos o montar directorios del host en el contenedor. Los volúmenes son la forma recomendada de persistir datos en Docker, ya que están fuera del ciclo de vida del contenedor y pueden ser compartidos entre varios contenedores. Esto es esencial para aplicaciones que requieren almacenamiento permanente, como bases de datos.

6. Red y comunicación entre contenedores: Cada contenedor tiene su propia pila de red virtual, lo que le permite comunicarse con otros contenedores, el host o el mundo exterior. Los contenedores pueden ser conectados a redes virtuales específicas para facilitar la comunicación entre ellos. Docker, por ejemplo, ofrece varias opciones de red, como el modo bridge, host y overlay, que se utilizan dependiendo de los requisitos de conectividad y aislamiento de la aplicación. El modo bridge es el predeterminado y permite que los contenedores en el mismo host se comuniquen entre sí, mientras que el modo overlay se usa en entornos de clúster para conectar contenedores en diferentes hosts.

7. Gestión de contenedores: La gestión de contenedores incluye la orquestación, supervisión y escalado de contenedores en entornos de producción. Herramientas de orquestación como Kubernetes, Docker Swarm y OpenShift son utilizadas para automatizar la implementación, administración, escalado y redes de contenedores. Estas plataformas permiten definir políticas para la gestión de múltiples contenedores en clústeres de servidores, garantizando que las aplicaciones se mantengan disponibles y escalables según la demanda.

8. Seguridad: La seguridad en los contenedores es crítica dado que comparten el kernel del sistema operativo subyacente. Sin embargo, los contenedores ofrecen varios mecanismos de seguridad integrados, como el aislamiento de procesos, la segmentación de la red y las capacidades de control de acceso basado en roles. Además, es importante aplicar prácticas de seguridad como el escaneo de vulnerabilidades en imágenes, la ejecución de contenedores como usuarios no privilegiados y la restricción de capacidades innecesarias en contenedores.

9. Casos de uso de contenedores: Los contenedores son ideales para una amplia gama de casos de uso, incluyendo el desarrollo y prueba de aplicaciones, la implementación de microservicios, la ejecución de aplicaciones legacy en entornos modernos, y la orquestación de grandes volúmenes de servicios en la nube. En entornos DevOps, los contenedores son esenciales para construir pipelines de CI/CD eficientes, donde el mismo contenedor puede moverse desde el desarrollo hasta la producción sin cambios.

Entender los conceptos básicos de los contenedores es fundamental para aprovechar sus ventajas en la implementación y operación de aplicaciones modernas. Incluso diría que son importantes prácticamente para cualquier proyecto.

14.3.2. Orquestación con Kubernetes

Kubernetes es una plataforma de orquestación de contenedores de código abierto que automatiza la implementación, la gestión, el escalado y la operación de aplicaciones en contenedores. Desarrollado originalmente por Google y ahora mantenido por la Cloud Native Computing Foundation (CNCF), Kubernetes se ha convertido en el estándar de facto para la orquestación de contenedores en la industria. Su capacidad para manejar clústeres de contenedores distribuidos en múltiples nodos lo convierte en una herramienta esencial para gestionar aplicaciones modernas que requieren alta disponibilidad, escalabilidad y portabilidad.

Conceptos fundamentales de Kubernetes:

- **Clúster de Kubernetes:** Un clúster de Kubernetes consiste en un conjunto de nodos que ejecutan contenedores bajo la supervisión de un plano de control centralizado. El plano de control se encarga de mantener el estado deseado del clúster, mientras que los nodos ejecutan las cargas de trabajo. Un clúster típico incluye un nodo maestro (o varios para alta disponibilidad) que gestiona el plano de control y múltiples nodos trabajadores donde se ejecutan los contenedores.

- **Nodos:** Los nodos son las máquinas, físicas o virtuales, que forman parte del clúster y que ejecutan los contenedores. Cada nodo contiene un agente llamado kubelet, que es responsable de comunicarse con el plano de control para recibir instrucciones y reportar el estado del nodo. Además, cada nodo ejecuta un entorno de ejecución de contenedores (como Docker o containerd) que se encarga de ejecutar y gestionar los contenedores.

- **Pods:** El pod es la unidad mínima de despliegue en Kubernetes y representa una o más contenedores que se ejecutan en un entorno compartido. Los contenedores dentro de un pod comparten el mismo almacenamiento, red y ciclo de vida, lo que les permite comunicarse entre sí de manera eficiente. Los pods son efímeros y pueden ser creados y destruidos por Kubernetes según las necesidades de la aplicación.

- **Servicios:** Un servicio en Kubernetes es una abstracción que define un conjunto lógico de pods y una política para acceder a ellos. Los servicios proporcionan una manera estable y confiable de acceder a los pods, independientemente de su ubicación en el clúster. Esto es esencial para el descubrimiento de servicios y la carga de balanceo en aplicaciones distribuidas.

- **Controladores:** Los controladores son componentes de Kubernetes que gestionan el estado deseado de los recursos. Existen diferentes tipos de controladores, como el Deployment, que se encarga de asegurar que un número específico de réplicas de un pod se ejecuten en todo momento, o el StatefulSet, que gestiona pods con identidad y almacenamiento persistente.

- **Namespaces:** Los namespaces son una forma de dividir un clúster de Kubernetes en entornos virtuales aislados. Esto permite la separación lógica de recursos dentro de un mismo clúster, facilitando la gestión de aplicaciones que requieren aislamiento, como entornos de desarrollo, prueba y producción.

Orquestación y gestión en Kubernetes:

1. Escalabilidad automática: Kubernetes permite escalar automáticamente las aplicaciones en función de la demanda. Utilizando el Horizontal Pod Autoscaler, Kubernetes puede aumentar o disminuir el número de réplicas de un pod basado en métricas como la utilización de CPU o la carga de red. También es posible escalar el clúster en sí mismo utilizando herramientas externas para añadir o remover nodos según la carga de trabajo.

2. Gestión de configuraciones y secretos: Kubernetes proporciona mecanismos para gestionar la configuración de las aplicaciones y los secretos (información sensible como credenciales o claves). ConfigMaps y Secrets son recursos que permiten separar la configuración del código de la aplicación, facilitando la gestión y la seguridad en entornos dinámicos.

3. Actualizaciones y despliegues: Kubernetes soporta diferentes estrategias de despliegue para actualizar aplicaciones sin tiempo de inactividad. Las estrategias como Rolling Update permiten actualizar gradualmente los pods, mientras que las estrategias de despliegue Canary permiten probar nuevas versiones de la aplicación en un subconjunto de usuarios antes de un despliegue completo. Kubernetes también proporciona rollback automático en caso de fallo.

4. Balanceo de carga y networking: Kubernetes tiene capacidades integradas para el balanceo de carga, permitiendo distribuir el tráfico entre los pods que componen un servicio. Kubernetes también gestiona la red interna entre pods a través de un modelo de red plana, donde todos los pods pueden comunicarse entre sí, a menos que se apliquen políticas de red que restrinjan esta comunicación.

5. Monitorización y Logging: La monitorización y el logging son aspectos críticos en la gestión de aplicaciones en Kubernetes. Kubernetes facilita la integración con herramientas de monitorización como Prometheus y de logging como Fluentd para recopilar y analizar métricas y logs a nivel de aplicación y de sistema. Esto permite identificar y solucionar problemas de manera proactiva.

Kubernetes en la práctica

Kubernetes es ampliamente utilizado en la implementación de aplicaciones de microservicios, donde la resiliencia, la escalabilidad y la portabilidad son esenciales. Kubernetes se integra con herramientas CI/CD, facilitando un flujo de trabajo de desarrollo continuo, y soporta el despliegue de aplicaciones en nubes públicas, privadas o en entornos híbridos. El uso de Kubernetes permite a las empresas gestionar infraestructuras complejas con eficiencia y consistencia, asegurando que las aplicaciones estén siempre disponibles y listas para escalar según la demanda.

Veamos un ejemplo básico de cómo se puede definir un deployment y un servicio en Kubernetes utilizando archivos YAML:

```yaml
apiVersion: apps/v1
kind: Deployment
metadata:
  name: nginx-deployment
spec:
  replicas: 3
  selector:
    matchLabels:
      app: nginx
  template:
    metadata:
      labels:
        app: nginx
    spec:
      containers:
```

```
      - name: nginx
        image: nginx:1.14.2
        ports:
        - containerPort: 80

---
apiVersion: v1
kind: Service
metadata:
  name: nginx-service
spec:
  selector:
    app: nginx
  ports:
  - protocol: TCP
    port: 80
    targetPort: 80
  type: LoadBalancer
```

Este código define un deployment que despliega tres réplicas de un contenedor Nginx, y un servicio que balancea la carga entre estas réplicas. Kubernetes se encarga de asegurar que las tres réplicas estén en ejecución en todo momento, y que el servicio distribuya el tráfico entrante de manera uniforme entre ellas.

Este ejemplo básico apenas roza la superficie de las capacidades de Kubernetes, que incluye herramientas avanzadas para la gestión de la configuración, la seguridad, el escalado y la monitorización, haciendo de esta plataforma un estándar esencial en el desarrollo y despliegue de aplicaciones modernas.

14.3.3. Beneficios de usar contenedores

El uso de contenedores en el desarrollo y despliegue de aplicaciones ha revolucionado la manera en que las organizaciones gestionan sus infraestructuras tecnológicas. Los contenedores ofrecen una serie de beneficios que abarcan desde la consistencia en el entorno de ejecución hasta la mejora en la eficiencia de los recursos y la facilidad en la gestión de aplicaciones.

1. Portabilidad:

Los contenedores encapsulan todas las dependencias necesarias para ejecutar una aplicación, incluyendo librerías, configuraciones y código, lo que garantiza que la aplicación se ejecute de manera consistente en cualquier entorno. Esto significa que un contenedor que funciona en el entorno de desarrollo funcionará igual en producción, independientemente de las diferencias en el sistema operativo o la infraestructura subyacente. Esta portabilidad simplifica el proceso de desarrollo y despliegue, reduciendo significativamente los problemas de compatibilidad entre entornos.

2. Consistencia y reproducibilidad:

Los contenedores proporcionan un entorno de ejecución aislado y predecible. Cada vez que se ejecuta un contenedor, se inicia en el mismo estado, lo que asegura que la aplicación se comporte de manera idéntica en cada ejecución. Esto es crucial para garantizar que las pruebas, el desarrollo y la producción sean coherentes, lo que facilita la identificación y solución de errores y garantiza que las actualizaciones de la aplicación no introduzcan comportamientos inesperados.

3. Aislamiento de aplicaciones:

Cada contenedor opera en su propio espacio aislado, lo que significa que múltiples contenedores pueden ejecutarse en un solo host sin interferir entre sí. Este aislamiento mejora la seguridad y la estabilidad, ya que un problema en un contenedor no afecta a los demás. Además, permite ejecutar diferentes versiones de una misma aplicación o diferentes aplicaciones con requisitos de dependencia conflictivos en el mismo sistema sin problemas.

4. Escalabilidad:

Los contenedores son extremadamente ligeros en comparación con las máquinas virtuales tradicionales, lo que permite ejecutar un gran número de contenedores en un solo servidor. Esta eficiencia en el uso de recursos facilita el escalado horizontal, donde se pueden desplegar múltiples instancias de una aplicación en diferentes contenedores para manejar aumentos en la demanda. Plataformas de orquestación como Kubernetes automatizan este proceso, ajustando dinámicamente el número de contenedores en función de las necesidades del tráfico.

5. Eficiencia en el uso de recursos:

A diferencia de las máquinas virtuales, que requieren un sistema operativo completo para cada instancia, los contenedores comparten el kernel del sistema operativo del host, lo que los hace mucho más ligeros en términos de consumo de recursos. Esta eficiencia significa que los contenedores pueden iniciarse y detenerse rápidamente, permitiendo un uso más dinámico y eficiente de la infraestructura, lo que reduce costos y mejora la capacidad de respuesta de las aplicaciones.

6. Velocidad de despliegue y desarrollo:

Los contenedores pueden construirse, desplegarse y actualizarse rápidamente. Este ciclo de vida rápido es especialmente útil en entornos de desarrollo ágil, donde las actualizaciones y los despliegues frecuentes son comunes. Con contenedores, los desarrolladores pueden trabajar en entornos que replican con precisión el entorno de producción, lo que acelera el desarrollo, las pruebas y la implementación de nuevas características.

7. Facilidad de gestión y automatización:

La integración de herramientas de orquestación como Kubernetes permite la gestión automática de contenedores a gran escala. Estas herramientas pueden manejar la distribución de contenedores en los nodos del clúster, realizar escalado automático, gestionar actualizaciones continuas y ofrecer alta disponibilidad mediante la redistribución de contenedores en caso de fallo de un nodo. La capacidad de definir la infraestructura como código también permite la automatización de tareas repetitivas y la simplificación del mantenimiento.

8. Seguridad mejorada:

Los contenedores ofrecen varios mecanismos de seguridad inherentes, como el aislamiento de procesos y el control de acceso a recursos del sistema, lo que minimiza la superficie de ataque en caso de una vulnerabilidad. Además, las actualizaciones de seguridad pueden aplicarse rápidamente mediante la reconstrucción y redeployment de imágenes de contenedores. Herramientas como Docker también permiten la verificación de imágenes para asegurar que solo se utilicen fuentes confiables.

9. Reducción de costos operativos:

La eficiencia en el uso de recursos y la capacidad de maximizar la densidad de carga de trabajo en menos servidores físicos o instancias de nube se traduce en una reducción significativa de los costos operativos. Al aprovechar al máximo la infraestructura existente, las organizaciones pueden disminuir el gasto en hardware, energía y administración de sistemas, lo que resulta en una mayor rentabilidad y un retorno de inversión más rápido.

10. Flexibilidad y adaptabilidad:

Los contenedores son altamente adaptables y se pueden integrar fácilmente con diversas herramientas y tecnologías. Por ejemplo, pueden ser utilizados en arquitecturas de microservicios, donde cada componente de la aplicación se ejecuta en su propio contenedor y puede ser gestionado, escalado y actualizado independientemente. Esta flexibilidad permite a las organizaciones adoptar nuevas tecnologías y estrategias de despliegue sin la necesidad de reestructurar completamente su infraestructura.

11. Soporte para DevOps y CI/CD:

Los contenedores son fundamentales en la implementación de prácticas DevOps y pipelines de integración continua y despliegue continuo (CI/CD). Permiten la automatización del ciclo de vida de desarrollo, pruebas y despliegue de software, asegurando que los cambios en el código se integren y se desplieguen rápidamente en producción. Esto reduce el tiempo de comercialización de nuevas características y mejora la calidad del software mediante pruebas continuas en entornos consistentes.

Los contenedores han influenciado totalmente la forma en que las aplicaciones se desarrollan, despliegan y gestionan, y nos ofrecen beneficios que abarcan desde la portabilidad y la eficiencia hasta la seguridad y la escalabilidad. Estos beneficios hacen que los contenedores sean una de las herramientas más importantes para cualquier organización o empresa que busque optimizar su infraestructura tecnológica y mejorar la agilidad de su desarrollo de software.

PARTE VI

Ética, privacidad y futuro

Parte VI: Ética, privacidad y futuro

15. Ética y responsabilidad en IA

La ética y la responsabilidad en la Inteligencia Artificial son temas centrales en el desarrollo y la implementación de tecnologías basadas en IA.

Con este capítulo tengo como objetivo explorar los principios éticos fundamentales que deben guiar el desarrollo y la implementación de sistemas de IA, así como examinar las posibles consecuencias sociales y económicas de su uso. La tecnología de Inteligencia Artificial no es solo una herramienta técnica, sino también un agente con el potencial de influir significativamente en la sociedad. Por lo tanto, es crucial que su desarrollo y aplicación se realicen de manera que se maximicen los beneficios mientras se minimizan los riesgos.

15.1. Principios éticos en el desarrollo de IA

15.1.1. Transparencia y explicabilidad

La transparencia y la explicabilidad en los sistemas de Inteligencia Artificial son conceptos fundamentales para asegurar la confianza y la aceptabilidad de estas tecnologías en diversos campos, desde la medicina hasta la justicia. Los algoritmos de Inteligencia Artificial se vuelven más complejos y se utilizan en decisiones críticas que afectan a personas y organizaciones, y con esto la necesidad de comprender cómo y por qué se toman ciertas decisiones se vuelve cada vez más imperativa.

La transparencia en Inteligencia Artificial se refiere a la claridad con la que se pueden observar y entender las operaciones internas de un sistema de IA. Un sistema transparente permite que los desarrolladores, usuarios, y otros stakeholders puedan inspeccionar cómo el modelo procesa la información, toma decisiones y genera resultados. Esto no solo es vital para detectar y corregir errores, sino también para garantizar que el sistema opere de acuerdo con los valores éticos y normativos establecidos.

Uno de los mayores desafíos en la transparencia de los sistemas de IA es la complejidad inherente de muchos modelos, especialmente aquellos basados en redes neuronales profundas y otros algoritmos avanzados. Estos modelos, a menudo denominados "cajas negras," son difíciles de interpretar debido a la gran cantidad de parámetros y la naturaleza no lineal de sus operaciones. Aunque producen resultados altamente precisos, entender cómo llegaron a esos resultados puede ser una tarea extremadamente complicada.

Esta falta de transparencia puede llevar a una falta de confianza en el sistema, especialmente en contextos donde las decisiones tienen un impacto significativo en la vida de las personas.

Por otro lado, la explicabilidad se refiere a la capacidad de un sistema de IA para proporcionar explicaciones comprensibles sobre sus decisiones y resultados. La explicabilidad va un paso más allá de la transparencia, ya que no solo implica que el sistema sea transparente en su funcionamiento, sino que también pueda comunicar de manera efectiva y en términos comprensibles cómo llegó a una decisión específica. La explicabilidad es crucial en aplicaciones donde los usuarios finales no tienen conocimientos técnicos profundos, pero necesitan confiar en las decisiones del sistema, como en el caso de los médicos que usan IA para diagnósticos o los jueces que revisan recomendaciones generadas por algoritmos.

La falta de explicabilidad en los sistemas de IA puede llevar a varios problemas. Por ejemplo, en el ámbito legal, si un sistema de IA sugiere una sentencia para un caso judicial, pero no puede explicar claramente cómo llegó a esa conclusión, los jueces y abogados podrían cuestionar la validez de la recomendación, o al menos deberían. En contextos de atención médica, un sistema de diagnóstico basado en IA que no pueda explicar su razonamiento podría ser considerado poco fiable, poniendo en riesgo la vida de los pacientes si se confía ciegamente en sus resultados.

Para abordar estos desafíos, se han desarrollado varias técnicas que buscan mejorar la explicabilidad de los modelos de IA. Una de estas técnicas es la descomposición del modelo en componentes más simples que son más fáciles de entender. Por ejemplo, en los modelos de aprendizaje automático, los desarrolladores pueden utilizar técnicas de visualización que muestran cómo las diferentes características del input afectan al output del modelo. Otra técnica es la creación de modelos explicativos que simplifican las decisiones del modelo original. Estos modelos son menos precisos, pero su simplicidad los hace más fáciles de interpretar.

Además, se han propuesto enfoques como LIME y SHAP para mejorar la explicabilidad. LIME, por ejemplo, genera modelos lineales simplificados alrededor de una predicción específica para explicar cómo cada característica influye en esa predicción. SHAP, por otro lado, utiliza teorías de juegos para asignar valores a las diferentes características, lo que ayuda a entender su importancia en la predicción final. Ambos métodos son independientes del tipo de modelo, lo que significa que pueden aplicarse a una amplia gama de algoritmos de IA.

La implementación de sistemas de IA transparentes y explicables también está vinculada con aspectos éticos y legales. En algunas industrias la regulación ya exige niveles mínimos de explicabilidad para ciertos tipos de decisiones automatizadas. Por ejemplo, el Reglamento General de Protección de Datos de la Unión Europea incluye disposiciones que podrían interpretarse como un derecho a la explicación cuando las decisiones automatizadas afectan significativamente a los individuos. Esto implica que las empresas deben estar preparadas para proporcionar explicaciones claras y comprensibles sobre las decisiones tomadas por sus sistemas de IA.

Sin embargo, hay un equilibrio delicado que debe mantenerse entre la explicabilidad y el rendimiento del modelo. En muchos casos, hacer un modelo más explicable puede reducir su precisión, lo que plantea un dilema sobre hasta qué punto se debe priorizar la explicabilidad sobre la precisión. Este es un debate en curso en la comunidad de Inteligencia Artificial, y la solución a menudo depende del contexto en el que se esté utilizando el sistema de IA.

La cultura organizacional también juega un papel clave en la promoción de la transparencia y la explicabilidad. Las organizaciones deben fomentar un entorno donde la comprensión y la explicación de las decisiones automatizadas sean una prioridad. Esto no solo implica la adopción de herramientas y métodos que faciliten la explicabilidad, sino también la educación y formación continua de los equipos de desarrollo para que consideren la explicabilidad como un componente esencial en el diseño de sistemas de IA.

Este tema continuará evolucionando a medida que la Inteligencia Artificial se integre más profundamente en la sociedad, y la presión por una mayor transparencia y explicabilidad provenga tanto de reguladores como de la opinión pública. La capacidad para proporcionar explicaciones claras y comprensibles será crucial para el éxito y la aceptación de la Inteligencia Artificial en el futuro, sin duda alguna.

15.1.2. Justicia y equidad

La justicia y la equidad en el desarrollo y despliegue de sistemas de Inteligencia Artificial son cuestiones fundamentales que afectan directamente la legitimidad y aceptación de estas tecnologías en la sociedad. A medida que los sistemas de IA se integran cada vez más en la toma de decisiones en áreas como la contratación, la justicia penal, la asignación de recursos, y la provisión de servicios públicos, se hace imperativo garantizar que estos sistemas no perpetúen ni exacerben las desigualdades existentes.

La justicia en el contexto de la Inteligencia Artificial se refiere a la imparcialidad con la que un sistema trata a diferentes grupos o individuos. Esto implica que los algoritmos deben ser diseñados y entrenados de tal manera que no favorezcan injustamente a un grupo en detrimento de otro. La falta de justicia en un sistema de IA puede manifestarse de diversas formas, desde la discriminación directa hasta resultados sesgados que afectan negativamente a ciertos grupos demográficos, como mujeres, minorías étnicas o personas con discapacidades.

Uno de los principales retos en la promoción de la justicia en IA es la presencia de sesgos en los datos utilizados para entrenar estos modelos. Los sesgos pueden ser introducidos de manera inadvertida si los datos reflejan patrones históricos de discriminación o desigualdad. Por ejemplo, si un algoritmo de selección de personal se entrena con datos de una empresa que históricamente ha contratado principalmente a hombres para puestos de liderazgo, es probable que el sistema perpetúe este sesgo, recomendando más a hombres que a mujeres para esos roles en el futuro.

Para abordar el problema de la justicia, es crucial implementar medidas que identifiquen y mitiguen los sesgos en los datos y en los modelos. Esto puede incluir la recolección de datos más diversos que representen mejor a todas las partes de la sociedad, el uso de técnicas de preprocesamiento de datos para eliminar sesgos, y la validación rigurosa de los modelos para garantizar que los resultados no favorecen injustamente a ningún grupo.

La equidad, por su parte, se refiere a la igualdad en el tratamiento y la oportunidad para todos los individuos, independientemente de sus características demográficas, como género, raza, edad, religión, o condición socioeconómica. En el contexto de la Inteligencia Artificial, un sistema equitativo es aquel que asegura que las decisiones automatizadas no introduzcan disparidades injustas entre diferentes grupos de personas. Sin embargo, la equidad puede ser un concepto más complejo de implementar que la justicia, ya que implica no solo la ausencia de sesgo, sino también la consideración de la diversidad en la sociedad y la necesidad de diseñar sistemas que respeten y promuevan esa diversidad.

Un enfoque común para mejorar la equidad en los sistemas de IA es el uso de técnicas de fairness-aware Machine Learning. Estas técnicas buscan ajustar los algoritmos para que produzcan resultados más equitativos. Por ejemplo, en un sistema de puntuación de crédito, estas técnicas podrían modificar el modelo para asegurar que las tasas de aprobación de préstamos no favorezcan desproporcionadamente a un grupo racial sobre otro, garantizando que todos los solicitantes sean evaluados de manera justa.

Sin embargo, es importante reconocer que la equidad no siempre implica tratar a todos exactamente por igual, sino que a veces requiere un tratamiento diferenciado para compensar las desventajas históricas o estructurales que ciertos grupos han enfrentado. Este enfoque, conocido como equidad proporcional o equidad compensatoria, es particularmente relevante en contextos donde las disparidades históricas han afectado el acceso a oportunidades o recursos.

Otro aspecto crucial de la equidad es la transparencia en cómo se implementan y monitorean estas políticas en los sistemas de IA. Es necesario que los desarrolladores de IA y las organizaciones que las implementan sean transparentes sobre los criterios y las métricas utilizadas para evaluar la equidad, y que estas se comuniquen de manera clara a los usuarios y al público. Esto no solo ayuda a construir confianza en los sistemas, sino que también permite una mayor rendición de cuentas.

Además, la equidad en la Inteligencia Artificial no se limita a la etapa de desarrollo del modelo, sino que también debe considerarse durante todo el ciclo de vida del sistema. Esto incluye la monitorización continua del rendimiento del modelo para detectar cualquier desviación hacia resultados injustos o inequitativos, así como la actualización periódica de los modelos para reflejar cambios en la sociedad o en los datos subyacentes.

Un desafío adicional es que la equidad en la Inteligencia Artificial es un tema que está intrínsecamente vinculado con cuestiones éticas y filosóficas más amplias, como la definición misma de qué es "justo" y "equitativo". Diferentes culturas y sociedades pueden tener distintas percepciones sobre lo que constituye un tratamiento justo o equitativo, lo que complica aún más la tarea de desarrollar sistemas de IA que sean aceptados universalmente como justos.

Para avanzar hacia sistemas de IA más justos y equitativos, es fundamental que las organizaciones adopten una cultura de ética y responsabilidad en el desarrollo de tecnología. Esto incluye no solo la implementación de políticas y prácticas que promuevan la justicia y la equidad, sino también la creación de equipos diversos y la inclusión de voces de comunidades subrepresentadas en el proceso de desarrollo de IA. También es vital la participación de reguladores, académicos y defensores de los derechos en la creación de marcos normativos que garanticen que la Inteligencia Artificial se utilice de manera que beneficie a toda la sociedad, sin perpetuar o agravar las desigualdades existentes.

15.1.3. Responsabilidad y rendición de cuentas

La responsabilidad y la rendición de cuentas en el desarrollo y uso de sistemas de Inteligencia Artificial son aspectos fundamentales que garantizan no solo la confianza del público en estas tecnologías, sino también su uso ético y seguro. La pregunta de quién es responsable cuando las cosas salen mal se vuelve cada vez más relevante.

La responsabilidad en el contexto de la Inteligencia Artificial implica identificar quién debe rendir cuentas por las acciones y decisiones de un sistema de IA. Esta cuestión es compleja debido a la naturaleza autónoma de muchos sistemas de IA que, a menudo, toman decisiones sin intervención humana directa. Sin embargo, detrás de cada sistema de IA, hay personas, empresas y organizaciones que lo diseñaron, desarrollaron, implementaron y operaron, y estas entidades deben asumir la responsabilidad de los resultados producidos por el sistema.

Una de las primeras consideraciones en la discusión sobre responsabilidad es la fase de desarrollo del sistema de IA. Los desarrolladores y los equipos de ingeniería que crean los modelos de IA son responsables de garantizar que estos modelos se diseñen y entrenen de manera ética, segura y justa. Esto incluye la selección de datos de entrenamiento adecuados, la implementación de salvaguardias para evitar sesgos, y la validación exhaustiva del modelo para asegurarse de que funcione como se espera. Sin embargo, la responsabilidad no termina una vez que el modelo está en producción; las organizaciones que despliegan y utilizan estos modelos también deben garantizar que se monitoreen continuamente para detectar cualquier fallo o comportamiento no deseado.

Una complicación adicional es la opacidad de algunos sistemas de IA, especialmente aquellos basados en técnicas de aprendizaje profundo, que pueden dificultar la identificación de fallos o la comprensión de cómo se tomaron ciertas decisiones. Esta "caja negra" puede hacer que sea difícil determinar quién es el responsable cuando un sistema de IA falla, lo que plantea desafíos únicos para la rendición de cuentas.

La rendición de cuentas en IA también está estrechamente ligada al concepto de "trazabilidad," que es la capacidad de rastrear y documentar cómo se tomó una decisión automatizada. Esto es esencial no solo para entender el comportamiento de un sistema de IA, sino también para atribuir la responsabilidad de manera adecuada. Las organizaciones deben asegurarse de que sus sistemas de IA sean trazables, lo que implica documentar las decisiones clave en el desarrollo y la implementación del sistema, así como mantener registros detallados de cómo el sistema opera en tiempo real.

Un aspecto crítico de la responsabilidad es la cuestión de quién es legalmente responsable cuando un sistema de IA causa daño o toma una decisión incorrecta. Las leyes y regulaciones en torno a la Inteligencia Artificial están en desarrollo en muchas partes del mundo, y aún existe una considerable incertidumbre legal sobre cómo abordar estos problemas. En muchos casos, la responsabilidad puede recaer en las organizaciones que implementan el sistema de IA, aunque también pueden ser responsables los desarrolladores o incluso los proveedores de datos, dependiendo de las circunstancias. La responsabilidad también puede ser compartida, lo que implica un enfoque en red donde múltiples actores asumen diferentes grados de responsabilidad.

Otro factor importante es la creación de políticas internas dentro de las organizaciones que utilizan IA. Las empresas deben establecer mecanismos claros para la rendición de cuentas, incluyendo la designación de responsables específicos que supervisen la ética y la seguridad del uso de la IA. Esto podría incluir la creación de comités de ética de IA, la adopción de principios de responsabilidad en el diseño de productos, y la capacitación continua de los empleados sobre los riesgos y responsabilidades asociados con la IA.

Además, la rendición de cuentas en IA no solo se refiere a las acciones tomadas después de que ocurre un incidente, sino que también implica ser proactivo en la gestión de los riesgos asociados con los sistemas de IA. Esto puede incluir pruebas exhaustivas antes de la implementación, la validación rigurosa del sistema bajo diferentes condiciones, y la implementación de planes de contingencia para abordar cualquier falla o mal funcionamiento.

En cuanto a la regulación, los gobiernos y las organizaciones internacionales están comenzando a abordar estos temas de manera más directa. Por ejemplo, en la Unión Europea, el Reglamento General de Protección de Datos ya establece que las organizaciones deben ser capaces de explicar y justificar las decisiones tomadas por algoritmos, especialmente en contextos que afectan significativamente a los individuos. Este tipo de regulación es un paso hacia la formalización de la responsabilidad en la Inteligencia Artificial, aunque aún queda un largo camino por recorrer para establecer un marco global coherente.

Un desafío adicional es la velocidad a la que la tecnología de IA está avanzando, lo que a menudo supera la capacidad de los marcos legales y regulatorios para mantenerse al día. Esto significa que las organizaciones deben ser responsables no solo de cumplir con las regulaciones actuales, sino también de anticipar posibles problemas futuros y actuar de manera ética y proactiva, incluso en ausencia de requisitos legales específicos.

Es muy importante que las organizaciones sean transparentes sobre su gestión de la responsabilidad y la rendición de cuentas en IA. Esto no solo implica cumplir con las normativas legales, sino también ser abierto con el público y los stakeholders sobre cómo se están utilizando los sistemas de IA, qué riesgos están asociados con ellos, y cómo se están mitigando esos riesgos. La transparencia en estos procesos es esencial para construir y mantener la confianza pública en las tecnologías de Inteligencia Artificial.

15.2. Sesgos en los algoritmos y cómo mitigarlos

15.2.1. Tipos de sesgos en IA

Los sesgos en la Inteligencia Artificial son un desafío crítico que puede afectar significativamente la equidad, la precisión y la eficacia de los sistemas de IA. Estos sesgos surgen de diversas fuentes y pueden manifestarse de diferentes maneras, influyendo en las decisiones automatizadas que toman los algoritmos. Entender los diferentes tipos de sesgos es esencial para mitigar sus efectos y desarrollar sistemas de IA más justos y responsables.

Uno de los tipos más comunes de sesgos en IA es el sesgo de selección. Este tipo de sesgo ocurre cuando el conjunto de datos utilizado para entrenar el modelo no es representativo de la población objetivo. Por ejemplo, si se entrena un modelo de reconocimiento facial con datos que contienen principalmente imágenes de personas de una etnia específica, el modelo puede funcionar mal cuando se encuentra con imágenes de personas de otras etnias. Esto sucede porque el modelo ha aprendido a hacer suposiciones basadas en un conjunto de datos limitado y no generaliza bien a otros contextos.

Otro tipo importante es el sesgo de confirmación, que se produce cuando los diseñadores del modelo, intencionalmente o no, seleccionan características y parámetros que refuerzan sus expectativas o creencias preexistentes. Este sesgo puede llevar a la creación de modelos que perpetúan estereotipos o prejuicios, ya que el modelo refleja los sesgos implícitos del equipo de desarrollo. Por ejemplo, un sistema de recomendación de empleo que prioriza candidatos con historiales educativos similares a los empleados actuales de una empresa podría perpetuar una falta de diversidad en las contrataciones.

El sesgo de agrupamiento es otro tipo de sesgo relevante en IA, especialmente en algoritmos de clasificación y segmentación. Este sesgo ocurre cuando el modelo tiende a agrupar datos en categorías preexistentes o dominantes, ignorando la diversidad dentro de las categorías. Un ejemplo clásico de este sesgo es cuando un modelo de IA agrupa a personas de diferentes orígenes culturales en una misma categoría debido a características superficiales comunes, lo que puede resultar en recomendaciones o decisiones inapropiadas que no consideran las diferencias culturales.

El sesgo de omisión se manifiesta cuando ciertos datos o variables relevantes no se incluyen en el conjunto de entrenamiento, ya sea por descuido o por falta de disponibilidad. Esto puede llevar a modelos que no tienen en cuenta factores cruciales, resultando en decisiones subóptimas o injustas. Por ejemplo, un algoritmo de crédito que no considere las circunstancias económicas de una región específica puede otorgar puntuaciones de crédito injustas a los residentes de esa región.

El sesgo de interpretación se produce cuando los resultados del modelo se interpretan de manera incorrecta o sesgada por los usuarios o los sistemas que interactúan con el modelo. Esto puede deberse a una falta de comprensión de las limitaciones del modelo o a una tendencia a confiar ciegamente en las decisiones automatizadas sin un análisis crítico. En situaciones donde los modelos de IA se utilizan en procesos legales o médicos, este tipo de sesgo puede tener consecuencias graves.

El sesgo algorítmico está relacionado con las decisiones tomadas durante la fase de diseño del algoritmo, donde ciertas suposiciones o simplificaciones pueden introducir sesgos en el modelo final. Este sesgo es especialmente problemático en algoritmos que aprenden a partir de datos históricos que ya contienen sesgos humanos. Por ejemplo, un modelo de predicción de delincuencia que se basa en datos policiales históricos podría perpetuar los mismos sesgos que ya existían en el sistema judicial, como la discriminación racial.

El sesgo de presentación ocurre cuando la forma en que los datos o los resultados del modelo se presentan a los usuarios afecta las decisiones que se toman a partir de esos resultados. Por ejemplo, si un modelo de recomendación muestra productos o servicios de una manera que favorece a ciertas opciones sobre otras, los usuarios pueden ser influenciados de manera sesgada en sus decisiones de compra.

Otro tipo de sesgo menos discutido pero igualmente importante es el sesgo de supervivencia, que ocurre cuando solo se consideran los datos o casos que han "sobrevivido" a un cierto proceso, ignorando los que no lo han hecho. Este sesgo puede llevar a conclusiones incorrectas sobre la eficacia de un sistema o proceso. Por ejemplo, al analizar el éxito de empresas emergentes, si solo se consideran las que han tenido éxito, se ignoran las lecciones que podrían aprenderse de las que fracasaron.

El sesgo de temporalidad es un tipo de sesgo que surge cuando los modelos se entrenan con datos que reflejan una realidad temporal específica y no se adaptan bien a cambios futuros o tendencias evolutivas. Este tipo de sesgo es común en modelos financieros que utilizan datos históricos para predecir futuros movimientos del mercado sin tener en cuenta que las condiciones macroeconómicas pueden cambiar de manera significativa con el tiempo.

El sesgo de identificación ocurre en sistemas que asocian datos personales con individuos, lo que puede llevar a violaciones de la privacidad o a la toma de decisiones que afectan negativamente a ciertos individuos. Este tipo de sesgo es especialmente preocupante en aplicaciones de IA que manejan grandes volúmenes de datos personales, como en la salud o en la vigilancia.

Es importante destacar que estos tipos de sesgos no son mutuamente excluyentes; un solo sistema de IA puede verse afectado por múltiples sesgos a la vez, lo que complica aún más la identificación y mitigación de estos problemas. La existencia de sesgos en los sistemas de IA subraya la necesidad de un enfoque consciente y proactivo en el diseño, desarrollo, implementación y monitorización de estos sistemas para garantizar que sean lo más justos y equitativos posible.

15.2.2. Métodos para identificar y corregir sesgos

Para identificar y corregir sesgos en sistemas de Inteligencia Artificial, se deben emplear una serie de métodos y prácticas que abarcan desde la preparación y análisis de datos hasta la evaluación continua de los modelos en producción.

El primer paso fundamental para identificar sesgos es realizar un análisis exploratorio de datos exhaustivo antes de entrenar cualquier modelo. Este análisis implica examinar la distribución de las variables en el conjunto de datos, buscando desbalances que puedan indicar la presencia de sesgos. Por ejemplo, si una variable categórica como "género" o "etnia" está desproporcionadamente representada en el conjunto de datos, es probable que el modelo resultante refleje estos desbalances en sus predicciones. Para realizar este análisis, se pueden utilizar herramientas estadísticas y visualizaciones como histogramas, gráficos de caja, y tablas de contingencia, que ayudan a identificar posibles fuentes de sesgo en los datos.

Una vez identificado un posible sesgo, uno de los métodos más comunes para corregirlo es mediante la estratificación o el re-muestreo de datos. Este método consiste en ajustar el conjunto de datos de entrenamiento para que las categorías subrepresentadas tengan un peso adecuado en el proceso de aprendizaje del modelo. Existen diferentes técnicas para lograr esto, como el sobremuestreo de las clases minoritarias, el submuestreo de las clases mayoritarias, o la creación de muestras sintéticas mediante técnicas como SMOTE (Synthetic Minority Over-sampling Technique). Estas técnicas permiten equilibrar las representaciones dentro del conjunto de datos, reduciendo así el riesgo de que el modelo perpetúe el sesgo existente.

Además del re-muestreo, otra técnica crucial es el preprocesamiento de los datos para eliminar o transformar aquellas variables que puedan inducir sesgos. Esto puede incluir la anonimización de datos sensibles o la eliminación de variables que están correlacionadas con atributos protegidos, como la raza o el género. En algunos casos, en lugar de eliminar variables, se puede optar por técnicas de codificación y transformación que reduzcan la posibilidad de que estas variables introduzcan sesgos en el modelo.

El análisis de equidad en el modelo es otro paso importante. Este análisis se realiza después de entrenar el modelo y consiste en evaluar si el modelo produce resultados equitativos para diferentes grupos de la población. Las métricas de equidad, como la paridad de resultados, la paridad de oportunidades, o el diferencial de error entre grupos, son herramientas clave en este análisis. Estas métricas ayudan a detectar si el modelo favorece o desfavorece a ciertos grupos, lo que puede indicar la presencia de sesgos. Por ejemplo, si un modelo de crédito tiende a aprobar más solicitudes de un grupo étnico en comparación con otro, esto sugiere la necesidad de ajustar el modelo para corregir este desequilibrio.

La técnica de ajuste post-hoc es una estrategia que se emplea después de que el modelo ha sido entrenado. Este método consiste en aplicar correcciones a las predicciones del modelo para asegurar que sean justas y equitativas. Un enfoque común es la reponderación de las predicciones para asegurar que los grupos subrepresentados reciban un tratamiento equitativo. Otra técnica post-hoc es el ajuste de umbrales, donde se modifican los umbrales de decisión del modelo para diferentes grupos, con el objetivo de alcanzar una equidad en las tasas de error y aceptación.

Para garantizar que las correcciones de sesgo sean efectivas y sostenibles a largo plazo, es crucial establecer mecanismos de monitorización continua del modelo. Esto implica implementar procesos de vigilancia que evalúen el desempeño del modelo en producción, asegurando que los sesgos no se reintroduzcan o que nuevos sesgos no aparezcan a medida que cambian los datos o las condiciones del entorno. El monitoreo continuo permite detectar desviaciones en las métricas de equidad y realizar ajustes dinámicos en el modelo, manteniendo así un nivel aceptable de equidad a lo largo del tiempo.

En el contexto de la corrección de sesgos, la transparencia y explicabilidad del modelo son esenciales. Modelos más transparentes y explicables permiten a los desarrolladores y auditores identificar cómo y por qué se producen ciertos resultados, lo que facilita la detección de sesgos. Herramientas de interpretabilidad, como LIME y SHAP, son útiles para desglosar las decisiones de un modelo y comprender cómo diferentes características contribuyen a las predicciones, ayudando así a identificar posibles fuentes de sesgo.

Es importante mencionar el papel de la auditoría externa y la revisión por pares en la identificación y corrección de sesgos. Las auditorías externas realizadas por terceros independientes pueden ofrecer una perspectiva objetiva y neutral sobre el funcionamiento del modelo, identificando sesgos que el equipo interno podría haber pasado por alto. La revisión por pares, por otro lado, permite que expertos en el campo evalúen y desafíen las suposiciones y metodologías utilizadas en el desarrollo del modelo, lo que puede conducir a mejoras significativas en la equidad y el desempeño del sistema.

La identificación y corrección de sesgos en modelos de Inteligencia Artificial requiere una combinación de análisis estadístico, técnicas de preprocesamiento, monitorización continua, y herramientas de interpretabilidad.

Solo a través de un enfoque riguroso y multifacético se puede asegurar que los sistemas de IA funcionen de manera justa y equitativa, minimizando el riesgo de perpetuar o amplificar las desigualdades existentes en la sociedad.

15.2.3. Ejemplos y casos de estudio

Los ejemplos y casos de estudio son esenciales para comprender cómo los sesgos en los sistemas de Inteligencia Artificial pueden manifestarse en situaciones reales y las consecuencias que pueden tener.

Uno de los casos más conocidos es el del algoritmo de evaluación de riesgo COMPAS (Correctional Offender Management Profiling for Alternative Sanctions), utilizado en el sistema judicial de Estados Unidos para predecir la probabilidad de reincidencia de los delincuentes. Una investigación realizada por ProPublica en 2016 reveló que el algoritmo mostraba un sesgo racial significativo: los afroamericanos tenían casi el doble de probabilidades que los blancos de ser clasificados erróneamente como de alto riesgo de reincidencia. Este sesgo surgió a pesar de que la raza no era una variable explícitamente utilizada en el modelo, lo que puso de manifiesto cómo las características correlacionadas con la raza, como el historial criminal y los antecedentes socioeconómicos, pueden introducir un sesgo implícito en los resultados del modelo. Este caso subrayó la necesidad de realizar análisis de equidad en los modelos utilizados en contextos sensibles, como la justicia penal, y de emplear técnicas de corrección post-hoc para ajustar las predicciones según los grupos afectados.

Otro ejemplo notable es el sesgo de género en los modelos de reconocimiento facial. Un estudio realizado por la investigadora Joy Buolamwini en 2018 reveló que varios sistemas comerciales de reconocimiento facial, incluidos los de empresas como IBM, Microsoft y Face++, mostraban tasas de error significativamente más altas al identificar mujeres, especialmente mujeres de piel oscura, en comparación con los hombres de piel clara. Este sesgo fue atribuido a la falta de diversidad en los datos de entrenamiento utilizados para desarrollar estos modelos, que estaban predominantemente compuestos por imágenes de hombres blancos. En respuesta a estos hallazgos, las empresas involucradas se comprometieron a mejorar sus conjuntos de datos y a implementar mejores prácticas en la recolección de datos, asegurando que incluyan una representación más diversa y equitativa de la población.

En el ámbito de la Inteligencia Artificial en el reclutamiento y selección de personal, Amazon desarrolló un sistema automatizado de revisión de currículums que fue descubierto que mostraba un sesgo en contra de las mujeres. El sistema, que había sido entrenado en un conjunto de datos de currículums recibidos por la empresa en un periodo de diez años, aprendió a preferir candidatos masculinos para roles técnicos, debido a que la mayoría de los currículums históricos pertenecían a hombres. El modelo penalizaba términos como "women's" en las descripciones de los candidatos y favorecía el lenguaje comúnmente utilizado en currículums masculinos. Al identificar este problema, Amazon decidió descontinuar el uso de este sistema, reconociendo las dificultades inherentes a la eliminación de sesgos en modelos entrenados con datos históricos que reflejan desigualdades de género.

Un caso en el sector de la salud es el sesgo identificado en un algoritmo de predicción de riesgo utilizado por hospitales en Estados Unidos para determinar el acceso de pacientes a programas de atención preventiva. Investigadores descubrieron que el algoritmo subestimaba el riesgo de los pacientes negros en comparación con los blancos, lo que resultaba en que los pacientes negros recibieran menos acceso a los programas de salud. Este sesgo surgió porque el algoritmo utilizaba el costo del tratamiento médico anterior como una variable clave para predecir el riesgo, y dado que los pacientes negros históricamente han tenido menos acceso a atención médica de alta calidad, sus costos eran generalmente más bajos, lo que llevó al algoritmo a clasificar incorrectamente su riesgo. Para abordar este problema, se propuso y posteriormente se implementó la modificación del algoritmo para que incluyera variables más representativas de la salud del paciente, en lugar de basarse en el costo del tratamiento.

En el ámbito de la publicidad digital, una investigación realizada en 2015 mostró que los algoritmos de Google Ads mostraban anuncios de trabajos de alto nivel salarial con mayor frecuencia a hombres que a mujeres. Este sesgo de género en la publicidad puede tener efectos significativos, perpetuando y ampliando las desigualdades de género en el mercado laboral. La causa del sesgo no fue completamente determinada, pero se sospecha que podría estar relacionada con las decisiones del sistema de pujas automático que optimiza las impresiones de anuncios en función de la probabilidad de clic, donde el comportamiento histórico de los usuarios, influenciado por factores de género, afectaba las decisiones del algoritmo. Este caso resaltó la importancia de auditar y ajustar los algoritmos de publicidad para evitar la perpetuación de sesgos en la entrega de contenidos personalizados.

En el campo de la finanzas, se han observado sesgos en los modelos de evaluación de crédito, donde ciertos grupos étnicos y socioeconómicos tienden a recibir puntuaciones crediticias más bajas. Esto es preocupante porque afecta directamente la capacidad de las personas para acceder a préstamos y otros servicios financieros. Un caso específico ocurrió en 2019, cuando la tarjeta de crédito Apple Card, gestionada por Goldman Sachs, fue acusada de discriminar a las mujeres, otorgándoles límites de crédito significativamente más bajos que a los hombres, incluso cuando las solicitudes provenían de personas con perfiles financieros similares. Las investigaciones revelaron que las discrepancias podrían estar relacionadas con el algoritmo utilizado para determinar los límites de crédito, aunque Goldman Sachs negó que se utilizaran datos de género en el proceso. Este incidente llevó a una mayor escrutinio de los algoritmos de evaluación crediticia y a demandas para que las instituciones financieras proporcionen explicaciones claras sobre cómo se toman las decisiones.

Los sesgos en IA pueden surgir en una variedad de contextos, desde la justicia penal hasta la publicidad y la salud, y cómo las consecuencias de estos sesgos pueden ser amplias y perjudiciales. La identificación y corrección de sesgos, como ya hemos visto desde el principio del libro, es crucial para garantizar que los sistemas de IA sean justos y equitativos, y estos casos de estudio sirven como lecciones importantes para los desarrolladores y reguladores en la creación de tecnologías más inclusivas y responsables.

15.3. Implicaciones sociales y económicas

15.3.1. Impacto en el empleo

El impacto de la Inteligencia Artificial en el empleo es un tema de gran relevancia, ya que la adopción de tecnologías avanzadas en diversos sectores está transformando de manera significativa la naturaleza del trabajo. La discusión sobre este impacto involucra múltiples dimensiones, desde la automatización de tareas hasta la creación de nuevos roles laborales, pasando por la redefinición de habilidades requeridas y los cambios en la estructura del mercado laboral.

Una de las principales preocupaciones relacionadas con la IA es la automatización de tareas y la posible pérdida de empleos. La IA tiene la capacidad de automatizar tareas repetitivas y basadas en reglas, que anteriormente eran realizadas por humanos. Esto incluye trabajos en sectores como la manufactura, la logística, la atención al cliente, y la contabilidad. Por ejemplo, los sistemas de chatbots y asistentes virtuales han reducido la necesidad de agentes humanos en centros de atención al cliente, al manejar consultas básicas de manera eficiente. Del mismo modo, los sistemas de análisis contable automatizado pueden procesar facturas y llevar a cabo auditorías simples sin intervención humana. La automatización en fábricas mediante robots industriales ha desplazado a muchos trabajadores en la línea de producción. Este tipo de automatización puede llevar a una reducción de la demanda de ciertos tipos de empleo, especialmente en roles que no requieren alta cualificación.

Sin embargo, no todos los efectos de la IA en el empleo son negativos. La adopción de tecnologías de IA también tiene el potencial de crear nuevos empleos y sectores industriales. Con el desarrollo de la IA surgen necesidades adicionales en áreas como el diseño, implementación, y mantenimiento de sistemas de IA, lo que impulsa la demanda de profesionales en campos como el aprendizaje automático, la ciencia de datos, la ciberseguridad, y la ingeniería de software. Además, la necesidad de interpretar los resultados proporcionados por sistemas de IA crea oportunidades para analistas de datos y expertos en diversas industrias que puedan aplicar estos resultados de manera efectiva. Por ejemplo, la proliferación de IA en el sector de la salud ha creado una demanda creciente de bioinformáticos y especialistas en IA que trabajan en el desarrollo de sistemas de diagnóstico basados en aprendizaje automático.

Otra dimensión importante es la redefinición de habilidades y competencias. La IA está provocando un cambio en las habilidades que se valoran en el mercado laboral. Las tareas rutinarias y basadas en datos están siendo asumidas por sistemas automatizados, lo que aumenta el valor de las habilidades humanas que no pueden ser replicadas por la IA, como el pensamiento crítico, la creatividad, la empatía, y la capacidad para gestionar situaciones complejas. Por ejemplo, aunque la IA puede automatizar muchos aspectos del diagnóstico médico, el juicio clínico y la empatía en la interacción con los pacientes siguen siendo dominios exclusivos de los profesionales de la salud humanos. Esta tendencia está llevando a una mayor inversión en programas de reentrenamiento y educación continua para equipar a la fuerza laboral con las competencias necesarias para adaptarse a un entorno laboral en constante evolución. Empresas y gobiernos están colaborando en iniciativas para capacitar a los trabajadores en nuevas tecnologías, asegurando que puedan transitar hacia roles más avanzados o emergentes.

Además, es importante considerar el efecto de la IA en la desigualdad económica. Existe la preocupación de que la automatización impulsada por la IA podría exacerbar la desigualdad, ya que los beneficios económicos de la automatización podrían concentrarse en manos de unos pocos, mientras que los trabajadores desplazados podrían enfrentar dificultades para encontrar nuevos empleos de calidad. Los trabajos que son más vulnerables a la automatización suelen ser aquellos ocupados por personas con niveles más bajos de educación y habilidades, lo que podría llevar a una polarización del mercado laboral. Los empleos altamente cualificados que requieren habilidades técnicas avanzadas podrían ver un aumento en la demanda y en los salarios, mientras que los trabajos de menor cualificación podrían volverse más escasos y menos remunerados.

Un aspecto que no debe pasarse por alto es el impacto psicológico y social de la IA en el empleo. La incertidumbre sobre la seguridad laboral y la necesidad de adquirir nuevas habilidades pueden generar estrés y ansiedad en los trabajadores. Este impacto puede ser especialmente pronunciado en sectores y regiones donde la automatización está avanzando rápidamente. Las empresas tienen la responsabilidad de gestionar estos cambios de manera ética, proporcionando apoyo y recursos para facilitar la transición de los trabajadores hacia nuevas oportunidades laborales. Programas de bienestar, asesoramiento, y formación continua pueden ayudar a mitigar el impacto negativo de estos cambios.

La implementación de IA en el lugar de trabajo también plantea cuestiones sobre la gobernanza y la regulación del empleo. Los gobiernos y las organizaciones laborales están debatiendo cómo regular el uso de IA para proteger a los trabajadores y asegurar que los beneficios de la automatización se distribuyan de manera equitativa. Las políticas de empleo deberán adaptarse para abordar desafíos como la protección de los derechos de los trabajadores desplazados, la promoción de la igualdad de oportunidades en la economía digital, y la garantía de que las tecnologías de IA se desarrollen y utilicen de manera que respeten la dignidad y el bienestar de los trabajadores.

Si bien la IA tiene el potencial de automatizar tareas y desplazar a trabajadores, también ofrece oportunidades para la creación de nuevos empleos la mejora de la productividad, y la redefinición de las habilidades requeridas en el mercado laboral. La clave para enfrentar estos desafíos radica en una gestión proactiva de la transición hacia un entorno laboral impulsado por la tecnología, asegurando que los beneficios de la IA sean compartidos de manera justa y equitativa en toda la sociedad.

15.3.2. Privacidad y vigilancia

El tema de la privacidad y la vigilancia en el contexto de la Inteligencia Artificial es uno de los más controvertidos y relevantes en la era digital. A medida que las tecnologías de IA se integran cada vez más en diversas áreas de la vida cotidiana, la cantidad de datos personales recopilados y procesados por estas tecnologías ha aumentado significativamente. Esto ha generado preocupaciones sobre cómo se manejan esos datos, quién tiene acceso a ellos y cómo se utilizan para influir en el comportamiento y las decisiones de los individuos.

La privacidad de los datos es una de las principales preocupaciones en este ámbito. Con la creciente capacidad de los sistemas de IA para recopilar, analizar y utilizar grandes volúmenes de datos personales, se ha vuelto crucial garantizar que la privacidad de los individuos esté protegida. Los datos recopilados por estos sistemas pueden incluir información altamente sensible, como historial médico, preferencias personales, ubicación geográfica, comportamiento en línea y comunicaciones privadas. La preocupación radica en que estos datos pueden ser utilizados para fines que los individuos no anticipan ni consienten, lo que podría llevar a violaciones de su privacidad.

Un ejemplo claro es el uso de datos personales para publicidad dirigida. Las plataformas en línea utilizan algoritmos de IA para analizar el comportamiento de los usuarios y predecir sus intereses, lo que les permite mostrar anuncios personalizados. Si bien esto puede mejorar la relevancia de la publicidad, también plantea serias preguntas sobre el nivel de intrusión en la vida privada de las personas. Además, existe el riesgo de que los datos recopilados puedan ser vendidos a terceros sin el conocimiento o consentimiento explícito de los usuarios, lo que agrava aún más la situación.

La vigilancia masiva es otro tema crucial vinculado al uso de la IA. Los gobiernos y las corporaciones tienen la capacidad de utilizar sistemas de IA para monitorear a grandes poblaciones de manera continua. Tecnologías como el reconocimiento facial, la vigilancia de redes sociales, y la recopilación de datos de dispositivos inteligentes permiten rastrear y analizar las actividades de los individuos en tiempo real. Este nivel de vigilancia puede utilizarse para una amplia gama de propósitos, desde la prevención del crimen hasta la supresión de la disidencia política. En regímenes autoritarios, estas tecnologías pueden ser empleadas para controlar a la población, identificar y reprimir opositores, y mantener un control estricto sobre la información.

La falta de transparencia en cómo se recogen, procesan y utilizan los datos también es una fuente de preocupación. En muchos casos, los usuarios no son plenamente conscientes de la cantidad de datos que se están recopilando sobre ellos, cómo se están utilizando esos datos, o quién tiene acceso a ellos. Esta falta de transparencia puede socavar la confianza en las tecnologías de IA y en las instituciones que las utilizan. La opacidad en los algoritmos y en los modelos de toma de decisiones puede dificultar la identificación de sesgos y errores, lo que a su vez puede llevar a decisiones injustas o discriminatorias.

Además, la capacidad de anonimización de los datos es un aspecto crítico en la protección de la privacidad. Si bien se pueden implementar técnicas para anonimizar los datos personales antes de su uso en análisis de IA, la efectividad de estas técnicas puede ser limitada. La desanonimización, es decir, la capacidad de volver a identificar a un individuo a partir de datos supuestamente anónimos, es una preocupación creciente, especialmente a medida que los algoritmos de IA se vuelven más sofisticados y capaces de cruzar diferentes fuentes de datos para reconstruir identidades.

La vigilancia basada en IA también plantea desafíos en términos de discriminación y derechos humanos. Las tecnologías de reconocimiento facial, por ejemplo, han sido criticadas por su propensión a errores y sesgos, especialmente en el reconocimiento de personas de color, mujeres, y otros grupos minoritarios. Estos sesgos pueden llevar a la aplicación injusta de la ley y a violaciones de derechos civiles, como la detención indebida de individuos inocentes o la discriminación en el acceso a servicios públicos y privados.

Otro desafío importante es la gestión y regulación de la privacidad y la vigilancia en un entorno global. Las leyes y regulaciones de protección de datos varían ampliamente entre países y regiones. Por ejemplo, mientras que la Unión Europea ha implementado el Reglamento General de Protección de Datos para garantizar la privacidad de los datos, otros países tienen normativas mucho menos estrictas. Esta disparidad crea desafíos para la protección efectiva de la privacidad a nivel global, especialmente en un mundo donde los datos cruzan fronteras con facilidad.

En el ámbito corporativo, las empresas tienen la responsabilidad de asegurar que sus prácticas de recopilación y uso de datos sean transparentes, éticas y conformes a las normativas vigentes. Esto incluye informar a los usuarios sobre cómo se recopilan y utilizan sus datos, implementar medidas de seguridad robustas para proteger los datos contra accesos no autorizados, y respetar los derechos de los usuarios a controlar sus propios datos, incluyendo el derecho a ser olvidado.

La vigilancia y la privacidad en la era de la IA también exigen una reflexión ética sobre los límites de la tecnología. Es crucial que tanto los desarrolladores de tecnología como los responsables políticos consideren los impactos a largo plazo de la vigilancia masiva y el uso extensivo de datos personales. Esto implica no solo una regulación adecuada, sino también un compromiso con principios éticos que prioricen la dignidad humana y el respeto por los derechos fundamentales.

La relación entre privacidad, vigilancia y la Inteligencia Artificial es compleja y requiere un enfoque equilibrado que promueva la innovación tecnológica sin sacrificar los derechos individuales. La protección de la privacidad y la gestión de la vigilancia en la era de la IA son desafíos que deben abordarse de manera integral, a través de la legislación, la tecnología, y un compromiso ético por parte de todos los actores involucrados.

15.3.3. Regulación y políticas públicas

La regulación y las políticas públicas en el ámbito de la Inteligencia Artificial son temas de vital importancia que están ganando relevancia a medida que las tecnologías de IA se integran en más aspectos de la vida diaria y por lo tanto se han convertido en un debate crucial en nuestra sociedad. La necesidad de establecer un marco regulatorio adecuado se deriva de los riesgos y desafíos asociados con la IA, incluyendo la privacidad, la vigilancia, el sesgo algorítmico, el impacto en el empleo, y las implicaciones éticas de las decisiones automatizadas.

Uno de los primeros desafíos en la regulación de la IA es la definición clara de lo que constituye la Inteligencia Artificial. La IA es un campo amplio y diverso que abarca desde algoritmos simples de automatización hasta sistemas complejos de aprendizaje profundo que pueden tomar decisiones en tiempo real. Esta amplitud dificulta la creación de regulaciones específicas y adecuadas que aborden todas las posibles aplicaciones de la IA. Para abordar este problema, los legisladores deben trabajar en conjunto con expertos técnicos para desarrollar definiciones precisas y categorizaciones que puedan guiar la regulación sin sofocar la innovación.

Otro aspecto crítico es la protección de la privacidad de los datos. Como se discutió anteriormente, la IA depende en gran medida del acceso a grandes volúmenes de datos para entrenar modelos y hacer predicciones. Sin embargo, la recopilación, almacenamiento y uso de estos datos plantea riesgos significativos para la privacidad de los individuos. La legislación en este campo debe asegurar que los datos se manejen de manera responsable y ética, con medidas adecuadas para proteger la información personal. En este sentido, regulaciones como el Reglamento General de Protección de Datos en la Unión Europea han establecido estándares estrictos para la protección de datos, sirviendo como un modelo para otras jurisdicciones. Sin embargo, aún queda mucho por hacer para garantizar que la protección de la privacidad se mantenga en un mundo donde las tecnologías de IA evolucionan rápidamente.

La responsabilidad y rendición de cuentas también son elementos clave en la regulación de la IA. A medida que los sistemas de IA asumen funciones que anteriormente eran realizadas por humanos, surge la pregunta de quién es responsable cuando estos sistemas fallan o causan daño. La regulación debe establecer claramente las responsabilidades legales de los desarrolladores, proveedores y usuarios de tecnologías de IA. Esto incluye definir las obligaciones de quienes implementan sistemas de IA en cuanto a la supervisión, la transparencia en los procesos de toma de decisiones automatizados, y la capacidad de explicar y justificar las decisiones de la IA. Además, debe considerarse la creación de mecanismos legales que permitan a las personas afectadas por decisiones automatizadas buscar reparaciones.

La gestión del sesgo algorítmico es otra área donde las políticas públicas son fundamentales. Los algoritmos de IA, al ser entrenados con datos históricos, pueden perpetuar y amplificar sesgos existentes, lo que puede llevar a decisiones injustas y discriminatorias. La regulación debe exigir que las organizaciones implementen procedimientos para detectar, mitigar y corregir sesgos en sus modelos de IA. Esto podría incluir la auditoría regular de los algoritmos, la diversificación de los conjuntos de datos utilizados para el entrenamiento, y la promoción de la transparencia en los criterios utilizados por los modelos de IA. Además, las políticas deben fomentar la investigación y el desarrollo de técnicas para garantizar que la IA sea justa y equitativa.

El impacto en el empleo de la automatización y la IA es otra área donde las políticas públicas deben intervenir. A medida que la IA y la automatización reemplazan trabajos que anteriormente realizaban humanos, es probable que haya una dislocación significativa en el mercado laboral. Las políticas públicas deben prever y mitigar estos efectos mediante la creación de programas de capacitación y reciclaje para los trabajadores afectados, la promoción de nuevas oportunidades de empleo en sectores emergentes, y la creación de una red de seguridad social que pueda apoyar a los trabajadores en transición. Además, es necesario un enfoque en la educación para preparar a las futuras generaciones para un mercado laboral cada vez más dominado por la tecnología.

Además, la vigilancia y seguridad pública son áreas que requieren regulación cuidadosa. Las tecnologías de IA, especialmente en combinación con la recopilación masiva de datos y la vigilancia, pueden ser herramientas poderosas para mantener el orden y la seguridad pública, pero también pueden ser utilizadas para fines más oscuros, como la vigilancia masiva y la represión política. La regulación debe establecer límites claros sobre el uso de la IA para la vigilancia, asegurando que se respeten los derechos humanos y las libertades civiles. Esto incluye la necesidad de transparencia en cómo se utilizan estas tecnologías, quién tiene acceso a los datos recopilados, y qué medidas se implementan para evitar abusos.

A nivel internacional, la cooperación entre países es esencial para la regulación efectiva de la IA. Dado que la IA es una tecnología global, las políticas nacionales aisladas pueden ser insuficientes para abordar problemas que trascienden fronteras, como el uso de la IA en la ciberseguridad, la competencia en el mercado global, y la protección de la privacidad en internet. Organismos internacionales como la ONU, la OCDE y la Unión Europea están comenzando a desarrollar marcos de cooperación para la regulación de la IA, pero este es un campo en rápido desarrollo que requerirá una coordinación continua y efectiva.

La regulación de la IA debe equilibrar la protección de los derechos y la promoción de la innovación. Las políticas públicas deben ser diseñadas de manera que no sofocen el desarrollo tecnológico, que es crucial para el progreso económico y social. Esto significa que las regulaciones deben ser flexibles y adaptativas, permitiendo ajustes a medida que la tecnología evoluciona y nuevas aplicaciones de la IA emergen. Además, es crucial involucrar a todas las partes interesadas, incluyendo gobiernos, empresas, investigadores, y la sociedad civil, en el proceso de creación de políticas para garantizar que las regulaciones reflejen una amplia gama de perspectivas y necesidades.

La regulación y las políticas públicas en torno a la Inteligencia Artificial son esenciales para garantizar que esta tan importante tecnología se desarrolle y utilice de manera que beneficie a la sociedad en su conjunto. La protección de la privacidad, la responsabilidad, la equidad, y el equilibrio entre seguridad e innovación son temas centrales que deben abordarse con urgencia y precisión en la era de la IA.

16. Privacidad y seguridad de datos

El tema de la privacidad y la seguridad de los datos es uno de los aspectos más críticos en el desarrollo y despliegue de tecnologías de Inteligencia Artificial y Big Data. A medida que estas tecnologías se integran cada vez más en diferentes sectores, desde la salud hasta las finanzas, el manejo adecuado de los datos se ha convertido en una preocupación central tanto para los desarrolladores como para los usuarios. La capacidad de recopilar, almacenar, procesar y analizar grandes volúmenes de datos conlleva riesgos significativos, especialmente en relación con la privacidad individual y la seguridad de la información.

Uno de los principales desafíos que plantea el uso de grandes volúmenes de datos es garantizar que la privacidad de los individuos se mantenga intacta. La Inteligencia Artificial y el Big Data dependen en gran medida de la recopilación masiva de datos, que a menudo incluyen información personal sensible, como datos médicos, financieros y de comportamiento. Esto plantea preocupaciones sobre cómo se utilizan estos datos, quién tiene acceso a ellos y cómo se protegen contra el mal uso o el acceso no autorizado. La privacidad no es solo una cuestión técnica, sino también ética y legal, lo que implica la necesidad de regulaciones estrictas y claras que protejan los derechos de los individuos.

Para abordar estas preocupaciones, se han desarrollado normativas y regulaciones en diferentes partes del mundo que establecen directrices sobre cómo deben manejarse los datos personales. Estas regulaciones incluyen leyes como el Reglamento General de Protección de Datos en la Unión Europea y la Ley de Privacidad del Consumidor de California en los Estados Unidos. Estas leyes no solo imponen restricciones sobre la recopilación y el uso de datos personales, sino que también otorgan a los individuos ciertos derechos sobre sus datos, como el derecho a saber qué datos se recopilan, cómo se utilizan y con quién se comparten, así como el derecho a solicitar la eliminación de sus datos.

A pesar de la existencia de estas regulaciones, la implementación efectiva de políticas de privacidad y seguridad de datos requiere el uso de técnicas avanzadas de protección de datos. Estas técnicas incluyen la anonimización, que busca eliminar o modificar la información personal en los datos para que no puedan ser asociados fácilmente con un individuo específico, y el cifrado, que protege los datos durante su transmisión y almacenamiento, asegurando que solo las partes autorizadas puedan acceder a ellos. Estas técnicas son esenciales para minimizar los riesgos de violaciones de datos y para cumplir con los requisitos legales y éticos.

Además, la ciberseguridad es un componente clave en la protección de datos en el contexto de la Inteligencia Artificial y el Big Data. Los sistemas que manejan grandes volúmenes de datos son objetivos atractivos para los ataques cibernéticos, que pueden tener consecuencias graves, como el robo de datos personales, la manipulación de información o la interrupción de servicios críticos. La ciberseguridad no solo implica la protección contra ataques externos, sino también la implementación de controles internos que limiten el acceso a los datos y aseguren que solo las personas autorizadas puedan realizar ciertas acciones.

El avance de la tecnología también ha traído nuevas amenazas y vulnerabilidades en el ámbito de la ciberseguridad, lo que exige una estrategia integral de seguridad que combine medidas preventivas, como la vigilancia continua y la actualización de sistemas, con respuestas rápidas y efectivas en caso de incidentes. Las herramientas de seguridad deben ser capaces de detectar y mitigar amenazas en tiempo real, y las organizaciones deben estar preparadas para gestionar crisis y recuperarse rápidamente de cualquier brecha de seguridad.

La seguridad de los datos no es solo una cuestión técnica, sino también un asunto estratégico que afecta la confianza del público y la reputación de las organizaciones. Los consumidores y los usuarios finales son cada vez más conscientes de los riesgos asociados con el manejo de sus datos, y esperan que las empresas y las instituciones adopten medidas rigurosas para proteger su privacidad. La falta de medidas adecuadas no solo puede resultar en sanciones legales, sino también en la pérdida de confianza y en daños a largo plazo a la imagen de la organización.

Es importante reconocer que la privacidad y la seguridad de los datos en el ámbito de la Inteligencia Artificial y el Big Data son temas en constante evolución. A medida que las tecnologías avanzan y se desarrollan nuevas aplicaciones, surgen nuevos desafíos y amenazas, lo que exige una vigilancia constante y una adaptación continua de las políticas y prácticas de seguridad. Las organizaciones deben estar preparadas para actualizar sus enfoques de privacidad y seguridad de datos de manera proactiva, asegurando que se mantengan al día con las mejores prácticas y las normativas más recientes.

La protección de la información personal, el cumplimiento de las regulaciones, la implementación de técnicas avanzadas de seguridad y la preparación ante amenazas cibernéticas son tareas primordiales para garantizar que el uso de estas tecnologías sea seguro, ético y respetuoso con los derechos de los individuos. La responsabilidad de mantener la privacidad y la seguridad de los datos recae no solo en los desarrolladores y las organizaciones, sino también en los gobiernos y los reguladores, que deben establecer un marco legal y ético adecuado para guiar el desarrollo y la aplicación de estas tecnologías.

16.1. Normativas y regulaciones (GDPR, CCPA)

16.1.1. Principios y requisitos de GDPR

El Reglamento General de Protección de Datos es una de las normativas más rigurosas y exhaustivas en cuanto a la protección de datos personales a nivel mundial. Adoptado por la Unión Europea y aplicable desde el 25 de mayo de 2018, el GDPR establece un marco legal que protege los derechos de los ciudadanos europeos en lo que respecta al tratamiento y la protección de sus datos personales. La normativa no solo afecta a las organizaciones dentro de la UE, sino que también tiene un alcance extraterritorial, afectando a cualquier entidad que procese datos de ciudadanos de la UE, independientemente de su ubicación.

Uno de los aspectos centrales del GDPR son sus principios fundamentales, que guían cómo deben manejarse los datos personales. Estos principios son:

1. Licitud, lealtad y transparencia: Este principio establece que los datos personales deben ser procesados de manera legal, leal y transparente en relación con el individuo al que pertenecen. La legalidad se refiere a la necesidad de contar con una base legal válida para el procesamiento de datos, como el consentimiento explícito del individuo, el cumplimiento de una obligación legal o la protección de intereses vitales. La lealtad y la transparencia exigen que las organizaciones sean claras sobre cómo y por qué se están recopilando y utilizando los datos, proporcionando a los individuos información fácil de entender sobre estas prácticas.

2. Limitación de la finalidad: Según este principio, los datos personales solo deben ser recogidos para fines específicos, explícitos y legítimos, y no deben ser procesados posteriormente de una manera incompatible con esos fines. Esto significa que las organizaciones deben definir claramente el propósito de la recopilación de datos desde el principio y no pueden utilizar los datos para otros fines sin obtener un nuevo consentimiento del individuo o sin cumplir con una nueva base legal.

3. Minimización de datos: Este principio dicta que los datos personales recopilados deben ser adecuados, pertinentes y limitados a lo necesario en relación con los fines para los cuales son procesados. En otras palabras, las organizaciones deben asegurarse de no recopilar más datos de los que realmente necesitan para cumplir con los fines establecidos, evitando así el almacenamiento innecesario de información.

4. Exactitud: Los datos personales deben ser precisos y, cuando sea necesario, actualizados. Este principio obliga a las organizaciones a tomar medidas razonables para garantizar que los datos inexactos se corrijan o eliminen de inmediato. La exactitud es crucial para evitar decisiones incorrectas basadas en datos erróneos.

5. Limitación del plazo de conservación: Los datos personales deben ser conservados en una forma que permita la identificación de los interesados solo durante el tiempo necesario para los fines para los cuales son procesados. Una vez que los datos ya no son necesarios para estos fines, deben ser eliminados o anonimizados. Este principio ayuda a reducir el riesgo de que los datos sean mal utilizados o accedidos sin autorización.

6. Integridad y confidencialidad: Los datos personales deben ser procesados de manera que se garantice una seguridad adecuada, incluida la protección contra el procesamiento no autorizado o ilegal y contra la pérdida, destrucción o daño accidentales, mediante la aplicación de medidas técnicas y organizativas adecuadas. Esto implica que las organizaciones deben implementar medidas de seguridad como el cifrado, el control de acceso y la auditoría de sistemas para proteger los datos.

7. Responsabilidad proactiva: Este principio, conocido también como "accountability", obliga a las organizaciones a ser responsables del cumplimiento de todos los principios antes mencionados y a poder demostrar dicho cumplimiento. Esto incluye la adopción de medidas como la realización de evaluaciones de impacto sobre la protección de datos, la designación de un delegado de protección de datos cuando sea necesario, y la documentación adecuada de todas las decisiones relacionadas con la protección de datos.

Además de estos principios, el GDPR establece varios requisitos específicos que las organizaciones deben cumplir:

Consentimiento: Cuando el procesamiento de datos personales se basa en el consentimiento, este debe ser explícito, informado y otorgado libremente. Las organizaciones deben ser capaces de demostrar que se ha obtenido el consentimiento válido y que los individuos han sido informados adecuadamente sobre cómo se utilizarán sus datos. Asimismo, las personas tienen el derecho de retirar su consentimiento en cualquier momento.

Derechos de los interesados: El GDPR otorga a los individuos varios derechos sobre sus datos personales, incluidos el derecho a acceder a sus datos, el derecho a la rectificación, el derecho a la eliminación (también conocido como "derecho al olvido"), el derecho a la restricción del procesamiento, el derecho a la portabilidad de los datos y el derecho a oponerse al procesamiento. Las organizaciones deben tener procedimientos en marcha para responder a las solicitudes de los interesados de manera oportuna y efectiva.

Evaluación de impacto sobre la protección de datos (DPIA): En situaciones donde el procesamiento de datos pueda implicar un alto riesgo para los derechos y libertades de los individuos, las organizaciones deben realizar una evaluación de impacto sobre la protección de datos. Esta evaluación debe identificar los riesgos potenciales y las medidas que se tomarán para mitigarlos.

Notificación de violaciones de datos: El GDPR establece que, en caso de una violación de datos personales, las organizaciones deben notificar a la autoridad de supervisión competente sin demora indebida y, en la mayoría de los casos, dentro de las 72 horas posteriores a tener conocimiento de la violación. Si la violación representa un alto riesgo para los derechos y libertades de los individuos, también es necesario informar a los afectados directamente.

Transferencias internacionales de datos: El GDPR impone restricciones estrictas sobre la transferencia de datos personales fuera del Espacio Económico Europeo (EEE) para garantizar que los datos continúen siendo protegidos adecuadamente. Estas transferencias solo pueden realizarse a países que ofrecen un nivel adecuado de protección de datos, o mediante el uso de mecanismos de transferencia aprobados, como cláusulas contractuales estándar o reglas corporativas vinculantes.

El cumplimiento del GDPR no solo es una obligación legal, sino que también es fundamental para proteger la privacidad de los individuos y mantener la confianza del público en las organizaciones que manejan datos personales. Las sanciones por incumplimiento pueden ser severas, con multas que pueden alcanzar hasta el 4 % de la facturación global anual de la organización o 20 millones de euros, lo que sea mayor. Por lo tanto, es esencial que las organizaciones adopten un enfoque proactivo para asegurar que todos los aspectos del GDPR se implementen y mantengan de manera continua.

16.1.2. Requisitos de CCPA

La Ley de Privacidad del Consumidor de California (California Consumer Privacy Act, CCPA) es una de las normativas más importantes en los Estados Unidos que regula cómo las empresas deben manejar y proteger la información personal de los residentes de California. Promulgada en 2018 y vigente desde el 1 de enero de 2020, la CCPA representa un hito en la legislación de privacidad en los Estados Unidos, ofreciendo a los consumidores un mayor control sobre sus datos personales y estableciendo requisitos estrictos para las empresas que los recopilan y procesan.

Ámbito de aplicación

La CCPA se aplica a cualquier empresa que haga negocios en California y que cumpla con al menos uno de los siguientes criterios:

1. Tenga ingresos brutos anuales superiores a 25 millones de dólares.
2. Compre, reciba o venda información personal de 50,000 o más consumidores, hogares o dispositivos.
3. Obtenga al menos el 50 % de sus ingresos anuales de la venta de información personal de consumidores.

Estas disposiciones aseguran que tanto las grandes corporaciones como las empresas de tecnología que dependen del comercio de datos están obligadas a cumplir con la CCPA.

Requisitos fundamentales de la CCPA

1. Derecho a saber: La CCPA otorga a los consumidores el derecho a saber qué información personal se está recopilando sobre ellos, las fuentes de esa información, los propósitos para los que se está utilizando, las categorías de terceros con los que se comparte, y la información específica que se ha recopilado sobre ellos en los últimos 12 meses. Las empresas deben proporcionar esta información de manera accesible y comprensible, generalmente a través de políticas de privacidad detalladas y actualizadas.

2. Derecho a eliminar: Los consumidores tienen el derecho de solicitar que una empresa elimine cualquier información personal que haya recopilado sobre ellos, con ciertas excepciones. Las empresas pueden negarse a eliminar los datos si son necesarios para completar una transacción, cumplir con una obligación legal, detectar incidentes de seguridad, proteger contra actividades maliciosas, realizar investigaciones científicas, históricas o estadísticas, y otras excepciones estipuladas en la ley.

3. Derecho a optar por no participar en la venta de datos: Uno de los aspectos más destacados de la CCPA es el derecho del consumidor a optar por no participar en la venta de sus datos personales. Las empresas deben proporcionar un enlace claro en su sitio web titulado "Do Not Sell My Personal Information" para que los consumidores puedan ejercer fácilmente este derecho. Este derecho se extiende también a los menores de 16 años, para quienes es obligatorio el consentimiento explícito de los padres o tutores antes de que se puedan vender sus datos.

4. Derecho a la no discriminación: La CCPA prohíbe a las empresas discriminar a los consumidores que ejercen sus derechos bajo la ley. Esto significa que las empresas no pueden negar bienes o servicios, cobrar precios diferentes, o proporcionar un nivel de servicio diferente a los consumidores que elijan ejercer sus derechos. Sin embargo, la ley permite que las empresas ofrezcan incentivos financieros a cambio de la recopilación, venta o retención de información personal, siempre que dichos incentivos sean legales y se divulguen claramente.

5. Notificación de la recolección de datos: Las empresas deben informar a los consumidores, en el momento de la recolección de datos, sobre las categorías de información personal que se recopilarán y los propósitos para los cuales se utilizarán. Esta obligación de transparencia exige que las empresas mantengan a los consumidores informados sobre cómo y por qué se están utilizando sus datos, permitiendo una mayor claridad y confianza en las interacciones entre consumidores y empresas.

6. Seguridad de los datos: Aunque la CCPA no prescribe requisitos técnicos específicos, establece que las empresas deben implementar y mantener procedimientos razonables de seguridad para proteger la información personal. La ley permite a los consumidores iniciar demandas privadas si se produce una violación de seguridad debido a la falta de medidas de seguridad adecuadas. Las sanciones pueden incluir daños estatutarios de hasta $750 por incidente por consumidor afectado, lo que incentiva a las empresas a fortalecer sus prácticas de ciberseguridad.

Cumplimiento y sanciones

El cumplimiento de la CCPA es supervisado por el Fiscal General de California, quien tiene la autoridad para imponer multas por incumplimiento. Las multas pueden alcanzar los $2,500 por cada violación no intencionada y hasta $7,500 por cada violación intencionada. Además, como se mencionó anteriormente, la CCPA otorga a los consumidores el derecho a demandar en caso de una violación de seguridad que resulte de la falta de medidas de seguridad razonables.

Para cumplir con la CCPA, las empresas deben revisar y posiblemente rediseñar sus políticas de privacidad, sistemas de gestión de datos, y prácticas de seguridad para garantizar que cumplen con los requisitos de transparencia, acceso, eliminación y protección de datos. También deben establecer procedimientos claros para responder a las solicitudes de los consumidores dentro de los plazos establecidos por la ley, que generalmente es de 45 días, con la posibilidad de una extensión de 45 días adicionales bajo ciertas circunstancias.

Consideraciones adicionales

Además de los requisitos descritos, la CCPA está sujeta a enmiendas y actualizaciones que pueden alterar sus disposiciones. Por ejemplo, la California Privacy Rights Act (CPRA), aprobada en noviembre de 2020, modifica y expande varios aspectos de la CCPA, incluyendo la creación de una agencia específica para la protección de la privacidad y el fortalecimiento de los derechos de los consumidores en torno a la información personal sensible.

Las empresas que operan en múltiples jurisdicciones también deben considerar cómo la CCPA interactúa con otras leyes de privacidad, como el GDPR en Europa, para garantizar un cumplimiento coherente y global. Esto es especialmente relevante para empresas internacionales que deben navegar las complejidades de múltiples marcos regulatorios simultáneamente.

La CCPA es un marco legal complejo que requiere que las empresas adopten un enfoque riguroso y proactivo para la gestión de datos personales. El cumplimiento no solo es esencial para evitar sanciones, sino también para mantener la confianza de los consumidores en un entorno digital cada vez más consciente de la privacidad.

16.1.3. Cumplimiento y mejores prácticas

El cumplimiento de la normativa de protección de datos, como el Reglamento General de Protección de Datos y la Ley de Privacidad del Consumidor de California, es esencial para las empresas que manejan información personal. La correcta implementación de estas normativas no solo evita sanciones legales, sino que también protege la reputación de la empresa y refuerza la confianza de los clientes. Para asegurar el cumplimiento efectivo, es fundamental que las empresas adopten una serie de mejores prácticas que aborden los diferentes aspectos de la gestión de datos personales, desde la recopilación hasta la eliminación.

1. Evaluación de impacto sobre la protección de datos (DPIA)

Una evaluación de impacto sobre la protección de datos (DPIA) es una herramienta clave para identificar y mitigar riesgos asociados con el procesamiento de datos personales. Esta evaluación es particularmente relevante cuando se introduce una nueva tecnología o proceso que podría afectar la privacidad de los individuos. Las DPIA permiten a las organizaciones anticiparse a los problemas de privacidad y adoptar medidas preventivas antes de que ocurran. Aunque no siempre es obligatoria bajo el GDPR, realizar una DPIA es considerado una mejor práctica cuando se procesan datos de manera que podrían resultar en un alto riesgo para los derechos y libertades de las personas.

2. Políticas de privacidad claras y transparentes

Las políticas de privacidad deben ser claras, accesibles y comprensibles para todos los usuarios. Deben detallar explícitamente qué tipo de datos se recopilan, cómo se utilizan, con quién se comparten y los derechos que los usuarios tienen en relación con sus datos. Es esencial que estas políticas estén disponibles en todos los puntos de recopilación de datos, incluyendo formularios en línea, aplicaciones móviles y cualquier otro canal digital. La transparencia es un principio fundamental del GDPR y de la CCPA, y las empresas deben esforzarse por comunicar sus prácticas de privacidad de manera que no deje dudas al consumidor.

3. Mecanismos para la obtención de consentimiento

Bajo el GDPR, el consentimiento debe ser explícito, informado y otorgado libremente. Esto significa que las organizaciones deben implementar mecanismos que permitan a los usuarios consentir activamente al procesamiento de sus datos personales. Es importante que el consentimiento no sea implícito ni combinado con otros términos y condiciones. Las empresas deben proporcionar opciones claras para que los usuarios puedan aceptar o rechazar la recopilación de sus datos, y deben permitir que los usuarios retiren su consentimiento en cualquier momento. Estos mecanismos deben estar claramente documentados para que la empresa pueda demostrar cumplimiento en caso de una auditoría o investigación.

4. Implementación de medidas de seguridad apropiadas

La seguridad de los datos es un componente crucial del cumplimiento normativo. Las empresas deben adoptar medidas técnicas y organizativas apropiadas para proteger los datos personales contra accesos no autorizados, pérdida, alteración o divulgación. Esto puede incluir el cifrado de datos en tránsito y en reposo, la implementación de políticas de acceso basado en roles (RBAC), y la auditoría regular de sistemas y procesos. Además, es fundamental realizar pruebas periódicas de seguridad para identificar y corregir vulnerabilidades antes de que puedan ser explotadas. La formación continua del personal en temas de ciberseguridad también es vital para garantizar que los empleados comprendan y sigan las mejores prácticas de seguridad.

5. Mantenimiento de registros de actividades de procesamiento

El GDPR exige que las organizaciones mantengan registros detallados de las actividades de procesamiento de datos. Estos registros deben incluir información sobre las categorías de datos procesados, los propósitos del procesamiento, las transferencias de datos a terceros países, y las medidas de seguridad implementadas. Mantener estos registros no solo es una obligación legal, sino que también facilita la gestión de datos y ayuda a las organizaciones a identificar posibles riesgos o incumplimientos. Estos registros deben actualizarse regularmente y estar disponibles para su revisión en caso de una auditoría por parte de las autoridades de protección de datos.

6. Gestión de solicitudes de derechos de los sujetos

Tanto el GDPR como la CCPA otorgan a los individuos derechos específicos en relación con sus datos personales, como el derecho de acceso, rectificación, eliminación y oposición al procesamiento. Las empresas deben establecer procedimientos eficaces para gestionar y responder a estas solicitudes dentro de los plazos establecidos por la ley. Es esencial que estos procedimientos sean conocidos por todos los empleados relevantes y que se disponga de las herramientas necesarias para cumplir con las solicitudes de manera eficiente y completa. La documentación y el seguimiento de estas solicitudes son fundamentales para demostrar el cumplimiento en caso de que surjan disputas o investigaciones.

7. Evaluaciones y auditorías regulares

Para garantizar el cumplimiento continuo con las normativas de protección de datos, es recomendable que las organizaciones realicen evaluaciones y auditorías periódicas. Estas revisiones permiten a las empresas identificar áreas de mejora y ajustar sus prácticas según sea necesario. Las auditorías también proporcionan una oportunidad para revisar los registros de procesamiento de datos, verificar que las políticas y procedimientos están actualizados y asegurar que todos los mecanismos de seguridad están funcionando correctamente. Además, las auditorías pueden ayudar a las organizaciones a prepararse para posibles inspecciones por parte de las autoridades de protección de datos.

8. Formación y sensibilización del personal

El cumplimiento normativo es una responsabilidad compartida por toda la organización. Es crucial que todos los empleados, desde la alta dirección hasta el personal de operaciones, comprendan los principios básicos de la protección de datos y su papel en el cumplimiento. La formación regular y las campañas de sensibilización pueden ayudar a prevenir incidentes de seguridad y a fomentar una cultura organizativa centrada en la privacidad y la protección de datos. La formación debe adaptarse a las responsabilidades específicas de cada grupo de empleados y debe incluir actualizaciones sobre cambios normativos y nuevas amenazas a la privacidad.

9. Respuesta a incidentes y notificación de brechas

El GDPR establece que las empresas deben notificar a las autoridades de protección de datos sobre cualquier brecha de seguridad que afecte a los datos personales dentro de las 72 horas siguientes a su detección. La CCPA también tiene requisitos de notificación para brechas de datos, aunque con diferentes plazos y condiciones. Las organizaciones deben contar con un plan de respuesta a incidentes bien definido, que incluya procedimientos para la detección, contención, mitigación y notificación de brechas de seguridad. Es fundamental que este plan esté probado y sea conocido por todo el personal relevante, para asegurar una respuesta rápida y eficaz en caso de un incidente.

10. Compromiso con la mejora continua

El entorno regulatorio y tecnológico en torno a la protección de datos está en constante evolución. Las mejores prácticas de hoy pueden no ser suficientes mañana, por lo que las organizaciones deben comprometerse con la mejora continua de sus políticas y procedimientos de cumplimiento. Esto implica estar al tanto de las novedades normativas, actualizar las tecnologías de seguridad y revisar regularmente las políticas internas para asegurar que siguen siendo efectivas. Además, las organizaciones deben estar preparadas para adaptar sus prácticas a medida que surgen nuevas normativas y expectativas en el ámbito de la protección de datos.

El cumplimiento con el GDPR, la CCPA y otras normativas de privacidad es un proceso complejo que requiere una combinación de políticas robustas, medidas técnicas y organizativas, y un compromiso organizacional con la privacidad. Adoptar estas mejores prácticas no solo ayuda a garantizar el cumplimiento normativo, sino que también contribuye a fortalecer la confianza de los clientes y a proteger la reputación de la organización en un mundo cada vez más consciente de la importancia de la privacidad y la seguridad de los datos.

16.2. Técnicas de anonimización y protección de datos

16.2.1. Técnicas de anonimización (k-anonimato, l-diversidad)

La anonimización es una técnica fundamental en el manejo de datos personales para proteger la privacidad de los individuos. Esta práctica se enfoca en modificar los datos de tal manera que las personas a las que pertenecen no puedan ser identificadas directa o indirectamente. Dado que el tratamiento de datos personales es una preocupación creciente en la era digital, la anonimización se ha convertido en una herramienta crucial para cumplir con regulaciones como el GDPR y la CCPA, así como para proteger la privacidad en proyectos de Big Data y Machine Learning.

k-Anonimato

El concepto de k-anonimato es una de las técnicas más utilizadas para la anonimización de datos. La idea básica detrás del k-anonimato es garantizar que cada registro en un conjunto de datos sea indistinguible de al menos k-1 otros registros en términos de ciertos atributos que pueden ser utilizados para identificar a una persona, conocidos como cuasi-identificadores.
En un conjunto de datos que cumple con k-anonimato, cada combinación de valores de cuasi-identificadores se repite al menos k veces. Esto significa que, para cualquier intento de reidentificación basado en estos atributos, el

atacante no puede distinguir a un individuo de al menos k-1 otros, lo que reduce significativamente la posibilidad de identificación.

Para lograr k-anonimato, se suelen utilizar técnicas como la generalización y la supresión de datos. La generalización implica reemplazar valores específicos de los atributos con valores más generales (por ejemplo, reemplazar fechas de nacimiento exactas por rangos de edades). La supresión, por otro lado, consiste en eliminar ciertos valores que podrían hacer que un registro sea único.

Un ejemplo práctico de k-anonimato sería un conjunto de datos de pacientes donde las fechas de nacimiento se reemplazan por rangos de edad de cinco años y los códigos postales se reducen a solo los primeros dos dígitos. Si cada combinación de estos atributos se repite en al menos k registros, el conjunto de datos se considera k-anónimo.

l-Diversidad

El k-anonimato, aunque eficaz, tiene limitaciones importantes, especialmente en escenarios donde los valores de un atributo sensible son homogéneos dentro de un grupo de k-anónimos. Esto puede llevar a vulnerabilidades en los casos en que la información sensible de un grupo k-anónimo es la misma o presenta poca variabilidad. Para abordar esta limitación, se introdujo el concepto de l-diversidad.

La l-diversidad extiende el k-anonimato al requerir que, para cada conjunto de registros indistinguibles en términos de cuasi-identificadores, haya al menos l "valores bien representados" del atributo sensible. Es decir, cada grupo k-anónimo debe contener al menos l valores distintos y frecuentes para los atributos sensibles, lo que dificulta aún más la posibilidad de identificar a un individuo o inferir información sensible.

Existen diferentes variantes de l-diversidad para asegurar que los valores sensibles estén distribuidos de manera adecuada dentro de los grupos:

1. **l-Diversidad distinta:** Exige que existan al menos l valores distintos del atributo sensible en cada grupo de k-anónimos.
2. **l-Diversidad entropía:** Utiliza la entropía para medir la diversidad dentro de un grupo, asegurando que los valores sensibles estén distribuidos equitativamente.
3. **l-Diversidad clásica:** Asegura que los valores más comunes no dominen el grupo de k-anónimos.

La aplicación de l-diversidad es particularmente útil en conjuntos de datos donde la simple anonimización a través de k-anonimato podría llevar a la divulgación de información sensible. Por ejemplo, si todos los registros dentro de un grupo k-anónimo tienen el mismo diagnóstico médico, un atacante podría inferir esa condición para cualquier individuo dentro de ese grupo, incluso si no puede identificar directamente al paciente.

Limitaciones y desafíos

Aunque k-anonimato y l-diversidad son técnicas poderosas, no son infalibles. Uno de los principales desafíos es que, al aplicar estas técnicas, se puede perder una cantidad significativa de información, lo que puede reducir la utilidad del conjunto de datos para análisis o Machine Learning. Además, estas técnicas no protegen contra ataques más sofisticados, como el ataque de correlación, donde un atacante utiliza información adicional externa para reidentificar datos anónimos.

Otro desafío es que, en conjuntos de datos muy grandes y complejos, asegurar k-anonimato y l-diversidad puede requerir un procesamiento computacional significativo, lo que puede ser un obstáculo para la implementación en tiempo real. Además, la elección de los valores de k y l es crítica; un valor de k o l demasiado bajo podría no proporcionar una anonimización adecuada, mientras que un valor demasiado alto podría eliminar tanta información que el conjunto de datos pierde su valor.

Implementación práctica

En la práctica, la implementación de k-anonimato y l-diversidad a menudo implica el uso de algoritmos específicos diseñados para modificar los datos mientras se minimiza la pérdida de información. Aquí os dejo un ejemplo de código en Python que ilustra cómo se puede realizar la anonimización de un conjunto de datos utilizando la técnica de k-anonimato:

```
import pandas as pd
from sklearn.preprocessing import KBinsDiscretizer

# Ejemplo de datos
data = {
    'age': [34, 45, 56, 67, 78, 89],
    'zipcode': [12345, 12345, 12345, 67890, 67890, 67890],
    'disease': ['diabetes', 'cancer', 'diabetes', 'flu', 'flu',
'cancer']
}

df = pd.DataFrame(data)

# Generalizar la edad en rangos (generalización)
k_bins = KBinsDiscretizer(n_bins=3, encode='ordinal', strategy='uni-
form')
df['age_group'] = k_bins.fit_transform(df[['age']])
```

```
# Supresión parcial de código postal (generalización)
df['zipcode'] = df['zipcode'].astype(str).str[:3] + 'XX'

print(df)
```

Este código crea grupos de edad generalizados y suprime parte del código postal para ayudar a asegurar k-anonimato. Sin embargo, este es un ejemplo simplificado, y en la práctica, la implementación requeriría ajustes adicionales y una evaluación cuidadosa para garantizar que se cumple con el nivel adecuado de anonimización sin comprometer la utilidad de los datos.

En resumen, tanto k-anonimato como l-diversidad son herramientas valiosas en el arsenal de técnicas de protección de datos. Sin embargo, deben ser implementadas con cuidado y en combinación con otras técnicas de seguridad para garantizar una protección robusta de la privacidad, sin sacrificar la calidad y utilidad de los datos anonimizados.

16.2.2. Cifrado de datos

El cifrado de datos es una técnica de seguridad fundamental que protege la información convirtiéndola en un formato ilegible para cualquier persona que no tenga la clave necesaria para descifrarla. En el contexto de la privacidad y la seguridad de datos, el cifrado juega un papel crucial al garantizar que los datos sensibles, ya sea en tránsito o en reposo, estén protegidos contra accesos no autorizados, incluso en caso de que sean interceptados o robados.

Tipos de cifrado

Existen varios tipos de cifrado que se utilizan comúnmente para proteger los datos, cada uno con sus propios métodos y casos de uso específicos. Los dos enfoques principales son el cifrado simétrico y el cifrado asimétrico.

- **Cifrado simétrico:** En este tipo de cifrado, la misma clave se utiliza tanto para cifrar como para descifrar los datos. Este enfoque es rápido y eficiente, lo que lo hace ideal para cifrar grandes volúmenes de datos. Sin embargo, la seguridad de este método depende de mantener la clave en secreto. Algunos de los algoritmos de cifrado simétrico más utilizados son AES (Advanced Encryption Standard), DES (Data Encryption Standard) y 3DES (Triple DES).

- **Cifrado asimétrico:** A diferencia del cifrado simétrico, el cifrado asimétrico utiliza un par de claves: una clave pública para cifrar los datos y una clave privada para descifrarlos. Este enfoque es más seguro en la distribución de claves, ya que la clave pública puede ser compartida libremente mientras que la clave privada se mantiene en secreto. Sin embargo, es más lento y, por lo tanto, generalmente se utiliza para cifrar pequeños bloques de datos o para establecer canales seguros a través de los cuales se pueden compartir claves simétricas. Ejemplos comunes de algoritmos de cifrado asimétrico incluyen RSA (Rivest-Shamir-Adleman) y ECC (Elliptic Curve Cryptography).

Cifrado en tránsito y en reposo

El cifrado de datos se puede aplicar tanto cuando los datos están en tránsito (es decir, cuando se están enviando a través de una red) como cuando están en reposo (almacenados en dispositivos o sistemas de almacenamiento). Asegurar ambos estados es crucial para una protección completa de la información.

- **Cifrado en tránsito:** Este tipo de cifrado protege los datos mientras se mueven a través de redes, como internet. Sin cifrado en tránsito, los datos pueden ser vulnerables a ataques como la interceptación y el espionaje. Para proteger los datos en tránsito, se utilizan protocolos como TLS (Transport Layer Security) o SSL (Secure Sockets Layer), que aseguran la comunicación entre dispositivos mediante la creación de un canal cifrado.

- **Cifrado en reposo:** El cifrado en reposo asegura que los datos almacenados, ya sea en discos duros, bases de datos, o en la nube, estén protegidos contra accesos no autorizados. Incluso si los dispositivos de almacenamiento son robados o comprometidos, el acceso a los datos requiere la clave de cifrado. Herramientas como BitLocker (para discos duros) y cifrados de bases de datos integrados, como Transparent Data Encryption (TDE) en SQL Server, son ejemplos de cifrado en reposo.

Métodos y algoritmos comunes

- **AES (Advanced Encryption Standard):** AES es el estándar de cifrado simétrico más utilizado y es conocido por su seguridad y eficiencia. AES soporta tamaños de clave de 128, 192 y 256 bits, siendo el AES-256 el más robusto. AES se utiliza ampliamente en aplicaciones de software y hardware, desde el cifrado de discos hasta la seguridad de la red.

- **RSA (Rivest-Shamir-Adleman):** RSA es un algoritmo de cifrado asimétrico ampliamente utilizado en la seguridad de datos. Se basa en la dificultad de factorizar grandes números enteros, lo que proporciona una fuerte seguridad. RSA se utiliza comúnmente para asegurar la transmisión de datos sensibles y para la autenticación de identidades.

- **ECC (Elliptic Curve Cryptography)**: ECC es una forma de cifrado asimétrico que ofrece un nivel de seguridad comparable a RSA pero con claves mucho más pequeñas, lo que lo hace más eficiente en términos de uso de recursos. ECC es especialmente útil en dispositivos con recursos limitados, como teléfonos móviles y dispositivos IoT.

Implementación de cifrado en Python

Para ilustrar cómo se puede implementar el cifrado de datos, aquí os ofrezco un ejemplo de código en Python utilizando la librería `cryptography`, que permite aplicar AES para cifrar y descifrar un mensaje (veremos otro ejemplo diferente con la misma librería más adelante):

```
from cryptography.hazmat.primitives.ciphers import Cipher, algo-
rithms, modes
from cryptography.hazmat.backends import default_backend
import os

# Generar una clave de 256 bits (32 bytes)
key = os.urandom(32)

# Generar un vector de inicialización (IV) de 128 bits (16 bytes)
iv = os.urandom(16)

# Crear el cifrador AES en modo CBC
cipher = Cipher(algorithms.AES(key), modes.CBC(iv), backend=de-
fault_backend())
encryptor = cipher.encryptor()

# Mensaje a cifrar (debe ser un múltiplo del tamaño de bloque de 128
bits)
plaintext = b'Este es un mensaje secreto'

# Asegurarse de que el mensaje sea un múltiplo del tamaño de bloque
mediante el padding
from cryptography.hazmat.primitives import padding
padder = padding.PKCS7(algorithms.AES.block_size).padder()
padded_data = padder.update(plaintext) + padder.finalize()

# Cifrar el mensaje
ciphertext = encryptor.update(padded_data) + encryptor.finalize()

print(f'Ciphertext: {ciphertext}')

# Para descifrar el mensaje
decryptor = cipher.decryptor()
decrypted_padded_data = decryptor.update(ciphertext) + decryptor.fi-
nalize()
# Eliminar el padding
unpadder = padding.PKCS7(algorithms.AES.block_size).unpadder()
decrypted_data = unpadder.update(decrypted_padded_data) + unpad-
der.finalize()
```

```
print(f'Decrypted message: {decrypted_data}')
```

Este código genera una clave y un vector de inicialización (IV), luego utiliza AES en modo CBC para cifrar y descifrar un mensaje. El padding se asegura de que el mensaje tenga el tamaño adecuado para el cifrado. Aunque este es un ejemplo simple, en la práctica, el manejo de claves y la gestión de cifrado/desencriptado debe hacerse con cuidado para evitar vulnerabilidades así que no te vengas arriba y juegues a ser Mr. Robot.

Desafíos del cifrado

A pesar de su efectividad, el cifrado presenta varios desafíos. Uno de los principales es la gestión segura de las claves. Si una clave de cifrado es comprometida, todos los datos cifrados con esa clave también lo estarán. Por lo tanto, las organizaciones deben implementar políticas estrictas para la gestión de claves, incluyendo el uso de módulos de seguridad de hardware (HSM), almacenamiento seguro y rotación regular de claves.

Otro desafío es el rendimiento. El cifrado, especialmente en grandes volúmenes de datos o en tiempo real, puede ser intensivo en recursos. Las organizaciones deben equilibrar la necesidad de seguridad con los requisitos de rendimiento, optando por soluciones que ofrezcan un buen compromiso entre ambos.

El cifrado no es una solución universal para la seguridad de datos. Aunque protege la confidencialidad de los datos, no garantiza la integridad o la disponibilidad. Por lo tanto, debe ser parte de una estrategia de seguridad más amplia que incluya controles de acceso, monitoreo continuo, y medidas de respuesta a incidentes.

Como ya sabes, el cifrado de datos es una herramienta esencial para proteger la información sensible en entornos digitales, desde mensajes hasta fotos, E-Mails y en general todos nuestros datos. Al implementar cifrado, las organizaciones pueden asegurar que los datos permanecen confidenciales, incluso en caso de que sean comprometidos. Sin embargo, el éxito del cifrado depende de la correcta gestión de claves, la elección de algoritmos adecuados, y la integración con otras medidas de seguridad.

16.2.3. Herramientas de protección de datos

Las herramientas de protección de datos son esenciales para garantizar la privacidad y seguridad de la información en un entorno cada vez más digital y conectado. Estas herramientas abarcan una amplia gama de tecnologías diseñadas para proteger los datos contra accesos no autorizados, pérdidas, alteraciones y otros riesgos. Ahora vamos a explorar algunas de las herramientas más importantes que pueden ser empleadas en diferentes contextos y niveles de una organización para proteger datos sensibles.

Herramientas de cifrado

El cifrado es una de las técnicas más efectivas para proteger datos, tanto en tránsito como en reposo. Ya se han discutido las técnicas y algoritmos más comunes, como AES y RSA, pero es igualmente importante considerar las herramientas que facilitan la implementación de estas técnicas de manera segura y eficiente.

- **VeraCrypt:** VeraCrypt es una herramienta de código abierto que permite crear volúmenes cifrados. Es ampliamente utilizada para cifrar discos duros completos, particiones, o simplemente archivos específicos. Su facilidad de uso la hace accesible tanto para usuarios individuales como para pequeñas organizaciones.

- **BitLocker:** BitLocker es una herramienta de cifrado de disco completa integrada en sistemas operativos Windows. Permite el cifrado de unidades de disco completo, protegiendo así los datos almacenados en dispositivos como computadoras portátiles que pueden ser robadas o perdidas. BitLocker utiliza cifrado AES, y puede ser gestionado a través de políticas de grupo en entornos corporativos.

- **OpenSSL:** OpenSSL es una librería robusta que proporciona una implementación de los protocolos SSL y TLS para cifrado de datos en tránsito. También soporta una variedad de algoritmos de cifrado simétricos y asimétricos, y es ampliamente utilizada para asegurar comunicaciones en redes, incluyendo conexiones HTTPS.

Herramientas de anonimización de datos

Anonimizar los datos es crucial para proteger la privacidad de los individuos cuando se trabaja con conjuntos de datos que podrían contener información personal identificable (PII). Existen diversas herramientas y técnicas para lograr esto, algunas de las cuales se detallan a continuación.

- **ARX Data Anonymization Tool:** ARX es una herramienta avanzada de anonimización de datos que soporta una variedad de técnicas, incluyendo k-anonimato, l-diversidad, y t-closeness. ARX permite a los usuarios aplicar estas técnicas a conjuntos de datos y evaluar el impacto de la anonimización en la utilidad de los datos. Es útil para cumplir con regulaciones como el GDPR, que requieren la protección de datos personales.

- **SdcMicro:** SdcMicro es una herramienta en R para la protección estadística de datos micro, utilizada para aplicar técnicas de anonimización como la perturbación de datos y la supresión de valores. Es ideal para organizaciones que manejan datos estadísticos y necesitan garantizar la privacidad sin comprometer la calidad de la información.

Herramientas de prevención de pérdida de datos (DLP)

Las soluciones de prevención de pérdida de datos son fundamentales para asegurar que la información sensible no salga de la organización sin autorización. Estas herramientas monitorean, detectan y bloquean el acceso no autorizado a datos sensibles, tanto dentro como fuera de la red corporativa.

- **Symantec Data Loss Prevention**: Symantec DLP es una solución completa que ofrece una amplia gama de características, incluyendo la monitorización de datos en uso, en tránsito y en reposo. Utiliza políticas predefinidas o personalizables para identificar y proteger información sensible, asegurando el cumplimiento de normativas.

- **McAfee Total Protection para la prevención de perdida de datos:** Esta herramienta ofrece capacidades avanzadas de monitoreo y control, permitiendo a las organizaciones proteger datos en endpoint, en red y en la nube. Es ideal para grandes organizaciones que requieren un enfoque integral para la protección de datos.

- **Digital Guardian:** Digital Guardian es otra solución DLP que se centra en la protección de datos confidenciales. Ofrece monitoreo en tiempo real y protección para datos estructurados y no estructurados, proporcionando visibilidad y control sobre cómo se utilizan los datos dentro y fuera de la organización.

Herramientas de gestión de claves

La correcta gestión de claves criptográficas es crucial para el éxito de cualquier estrategia de cifrado. Sin una gestión adecuada, las claves pueden ser vulnerables a robos o pérdidas, lo que compromete la seguridad de los datos cifrados.

- **AWS Key Management Service (KMS):** AWS KMS permite la gestión centralizada de claves criptográficas utilizadas para cifrar datos almacenados en los servicios de AWS. Ofrece un alto nivel de seguridad y cumple con las regulaciones más estrictas. Además, KMS facilita la rotación y auditoría de claves.

- **HashiCorp Vault:** Vault es una herramienta de código abierto que permite a las organizaciones gestionar de manera segura secretos, incluidos certificados, contraseñas y claves de cifrado. Ofrece funciones avanzadas como la rotación automática de claves y la auditoría detallada de accesos.

- **Microsoft Azure Key Vault:** Similar a AWS KMS, Azure Key Vault es un servicio que permite la gestión segura de claves criptográficas en la nube de Microsoft Azure. Proporciona capacidades como la generación, almacenamiento, y administración de claves, con integración directa con otros servicios de Azure para proteger datos y aplicaciones.

Herramientas de auditoría y cumplimiento

Para asegurar que las organizaciones cumplen con las normativas y regulaciones sobre protección de datos, es esencial contar con herramientas que faciliten la auditoría y el cumplimiento continuo.

- **Splunk:** Splunk es una plataforma de análisis de datos que permite a las organizaciones monitorear y analizar actividades en su infraestructura en tiempo real. En el contexto de la protección de datos, Splunk puede ser utilizado para auditar el acceso y uso de datos sensibles, detectando y respondiendo a incidentes de seguridad.

- **Varonis Data Security Platform:** Varonis proporciona una solución integral para la seguridad de datos, ofreciendo capacidades de auditoría, monitoreo, y análisis de riesgos. Es particularmente útil para cumplir con regulaciones de protección de datos, ya que permite a las organizaciones identificar y mitigar amenazas internas y externas.

- **Netwrix Auditor:** Netwrix Auditor es una herramienta diseñada para facilitar la auditoría de cambios y accesos a la infraestructura de TI. Permite a las organizaciones rastrear cómo se utilizan los datos sensibles y asegurar el cumplimiento con regulaciones como GDPR y CCPA.

Herramientas de protección en la nube

Dado que muchas organizaciones han migrado sus operaciones y almacenamiento de datos a la nube, es vital utilizar herramientas que protejan los datos en estos entornos. Estas herramientas ofrecen cifrado, control de acceso y monitoreo específico para servicios en la nube.

- **Microsoft Azure Security Center:** Azure Security Center proporciona una vista unificada de la seguridad en todas las cargas de trabajo de Azure. Ofrece recomendaciones de seguridad, detección de amenazas y respuesta automática a incidentes, asegurando que los datos almacenados en Azure estén protegidos.

- **Google Cloud Security Command Center:** Esta herramienta de Google Cloud ofrece visibilidad centralizada sobre la seguridad de los recursos en la nube. Permite detectar vulnerabilidades, mitigar riesgos y asegurar que los datos almacenados en Google Cloud cumplan con las normativas de seguridad.

- **AWS CloudTrail:** AWS CloudTrail es un servicio que permite a las organizaciones monitorear y registrar la actividad en sus cuentas de AWS. Esto incluye la auditoría de acceso y uso de datos, facilitando el cumplimiento con políticas de seguridad y regulaciones.

Implementación de herramientas de protección en Python

Aunque las herramientas mencionadas anteriormente son productos completos, es posible implementar ciertas funcionalidades básicas de protección de datos utilizando código. El siguiente es un ejemplo diferente al anterior y simple de cómo se podría utilizar la librería `cryptography` en Python para implementar otro cifrado de datos:

```
from cryptography.hazmat.primitives.kdf.pbkdf2 import PBKDF2HMAC
from cryptography.hazmat.primitives import hashes
from cryptography.hazmat.primitives.ciphers import Cipher, algo-
rithms, modes
from cryptography.hazmat.backends import default_backend
import os
import base64

# Función para generar una clave derivada de una contraseña
def generate_key(password, salt):
    kdf = PBKDF2HMAC(
        algorithm=hashes.SHA256(),
        length=32,  # 32 bytes = 256 bits
        salt=salt,
        iterations=100000,
        backend=default_backend()
    )
    return kdf.derive(password)  # No usamos Base64 aquí

# Función para cifrar un mensaje
def encrypt_message(key, message):
    iv = os.urandom(16)
    cipher = Cipher(algorithms.AES(key), modes.CFB(iv), backend=de-
fault_backend())
    encryptor = cipher.encryptor()
    ciphertext = iv + encryptor.update(message) + encryptor.final-
ize()
    return base64.urlsafe_b64encode(ciphertext)
```

```
# Ejemplo de uso
password = b'my_secret_password'
salt = os.urandom(16)
key = generate_key(password, salt)

message = b'Sensitive data that needs protection'
ciphertext = encrypt_message(key, message)

print(f'Ciphertext: {ciphertext}')
```

Este código genera una clave basada en una contraseña utilizando PBKDF2, un algoritmo derivado de claves, y luego cifra un mensaje utilizando AES en modo CFB. Esta implementación es un ejemplo simplificado de cómo las organizaciones pueden integrar técnicas de cifrado en sus aplicaciones para proteger datos sensibles.

Consideraciones finales

La elección de herramientas de protección de datos debe alinearse con las necesidades específicas de la organización, teniendo en cuenta factores como el tipo de datos que se manejan, las normativas aplicables, y el entorno tecnológico en el que se operan. Además, es fundamental que las organizaciones mantengan un enfoque holístico en la protección de datos, combinando estas herramientas con políticas de seguridad robustas, educación y capacitación para los empleados, y monitoreo continuo de las amenazas emergentes. De esta manera, se puede asegurar que la información sensible esté protegida contra una amplia gama de riesgos en el complejo panorama digital actual.

16.3. Ciberseguridad en proyectos de Big Data

16.3.1. Amenazas y vulnerabilidades

Las amenazas y vulnerabilidades en proyectos de Big Data son cuestiones críticas que pueden comprometer la integridad, confidencialidad y disponibilidad de los datos, lo que puede tener consecuencias devastadoras para una organización y ya no te digo para una pequeña o mediana empresa. Con el incremento del volumen, variedad y velocidad de los datos procesados, las superficies de ataque se expanden, lo que introduce nuevos desafíos en la seguridad de los sistemas de Big Data.

Amenazas comunes en proyectos de Big Data

- **Ciberataques y brechas de seguridad:** Los ciberataques representan una de las amenazas más significativas para cualquier infraestructura de Big

Data. Estos ataques pueden tomar diversas formas, desde ataques de denegación de servicio (DDoS) que intentan sobrecargar los sistemas, hasta inyecciones de SQL y ataques de phishing diseñados para obtener acceso no autorizado a los datos. Las brechas de seguridad resultantes pueden exponer grandes volúmenes de información sensible, lo que puede tener consecuencias legales y de reputación para las organizaciones.

- **Ransomware**: El ransomware es una forma de malware que cifra los datos de una organización, bloqueando el acceso a los mismos hasta que se pague un rescate. Este tipo de ataque puede paralizar la operación de una organización, especialmente cuando afecta sistemas críticos de Big Data que soportan funciones empresariales esenciales. Dado el volumen de datos involucrados, la restauración de estos sistemas puede ser costosa y llevar mucho tiempo.

- **Exfiltración de datos:** La exfiltración de datos es el proceso mediante el cual un atacante transfiere información valiosa de una organización a un lugar externo, sin autorización. Esto puede suceder debido a la explotación de vulnerabilidades en la red, o a través de ataques internos, donde empleados con acceso legítimo a los datos los extraen para fines maliciosos.

- **Ataques internos:** Los ataques internos, perpetrados por empleados actuales o antiguos con acceso privilegiado, son una amenaza considerable en entornos de Big Data. Estos individuos pueden abusar de sus permisos para acceder, manipular o robar datos confidenciales. Dado que estos usuarios suelen tener acceso autorizado, la detección de estos ataques puede ser más complicada y dañina.

- **Compromiso de la cadena de suministro:** Los sistemas de Big Data suelen depender de una compleja red de proveedores y servicios de terceros, desde almacenamiento en la nube hasta software de análisis. El compromiso de uno de estos componentes puede llevar a un ataque en cadena, donde el acceso no autorizado a un servicio externo compromete la seguridad de todo el sistema. Esta amenaza se ha incrementado con la dependencia creciente en servicios en la nube y la integración de múltiples plataformas.

- **Manipulación de datos:** La manipulación de datos es una amenaza donde los datos son alterados de forma maliciosa, comprometiendo su integridad y la toma de decisiones basada en esos datos. Esto puede tener efectos devastadores en sectores como la banca, donde la integridad de los datos es crucial para la evaluación de riesgos y la toma de decisiones financieras

- **Infecciones por malware:** Los sistemas de Big Data, especialmente aquellos que dependen de múltiples nodos y servidores distribuidos, son vulnerables a infecciones por malware. Estos pueden propagarse rápidamente a través de la red, afectando la disponibilidad y rendimiento del sistema, y poniendo en riesgo la confidencialidad de los datos.

Vulnerabilidades en proyectos de Big Data

- **Mala configuración de la seguridad:** La configuración incorrecta de sistemas y servicios es una de las vulnerabilidades más comunes en infraestructuras de Big Data. Esto incluye configuraciones de seguridad débiles, como puertos abiertos innecesarios, políticas de contraseñas débiles, o la falta de cifrado en la transmisión y almacenamiento de datos. Estas malas prácticas pueden ser fácilmente explotadas por atacantes para acceder a los sistemas.

- **Vulnerabilidades en software y aplicaciones:** El software utilizado en proyectos de Big Data, incluidas las plataformas de almacenamiento, procesamiento y análisis, puede contener vulnerabilidades que pueden ser explotadas. Ejemplos incluyen vulnerabilidades en sistemas de bases de datos NoSQL, en frameworks como Hadoop o Spark, o en aplicaciones de análisis de datos que no han sido actualizadas o parchadas.

- **Problemas en la gestión de accesos y permisos:** La gestión inadecuada de accesos y permisos es una vulnerabilidad significativa. Si los usuarios tienen más privilegios de los necesarios, o si los permisos no se revocan adecuadamente cuando un usuario deja de necesitar acceso, se incrementa el riesgo de un ataque exitoso. Esta situación es particularmente crítica en entornos de Big Data, donde múltiples usuarios pueden necesitar acceso a grandes volúmenes de datos.

- **Falta de encriptación:** No cifrar adecuadamente los datos, tanto en reposo como en tránsito, es una vulnerabilidad crítica. Si los datos no están cifrados, pueden ser interceptados y leídos por atacantes durante su transmisión o si acceden a medios de almacenamiento. Esto es particularmente grave en sistemas de Big Data, donde los volúmenes de información pueden incluir datos altamente sensibles.

- **Vulnerabilidades en la infraestructura de red:** La infraestructura de red que soporta sistemas de Big Data puede tener vulnerabilidades, como enrutadores mal configurados, falta de segmentación de red o la ausencia de firewalls adecuados. Estas vulnerabilidades pueden ser explotadas para interceptar datos o introducir tráfico malicioso en el sistema.

- **Falta de monitorización y detección:** La ausencia de sistemas de monitorización y detección efectivos es una vulnerabilidad que puede permitir a los atacantes operar sin ser detectados por largos periodos. Sin herramientas de monitorización, como IDS/IPS (Sistemas de Detección y Prevención de

Intrusiones), SIEM (Gestión de Eventos e Información de Seguridad), o herramientas de análisis de comportamiento, es difícil detectar actividad anómala o ataques en curso.

- **Dependencia en terceros y servicios en la nube**: La dependencia de servicios de terceros, como proveedores de almacenamiento en la nube, introduce vulnerabilidades que están fuera del control directo de la organización. Si estos proveedores no aplican medidas de seguridad adecuadas, la organización que confía en ellos también queda expuesta. La seguridad compartida en la nube requiere una comprensión clara de las responsabilidades y riesgos asociados.

Factores que incrementan las vulnerabilidades

1. Escalabilidad y complejidad del sistema: Los sistemas de Big Data son, por su naturaleza, altamente escalables y complejos. A medida que se añaden más nodos, servicios y usuarios al sistema, la superficie de ataque se expande, haciendo que sea más difícil asegurar cada componente de manera efectiva. La complejidad también puede dificultar la identificación y mitigación de vulnerabilidades.

2. Actualización y parcheo inadecuado: Mantener los sistemas actualizados con los últimos parches de seguridad es crucial para protegerse contra vulnerabilidades conocidas. Sin embargo, en entornos de Big Data, donde múltiples sistemas y aplicaciones están interconectados, aplicar actualizaciones puede ser complejo y propenso a errores, lo que podría dejar abiertas brechas de seguridad.

3. Falta de cultura de seguridad: La falta de concienciación y formación en ciberseguridad entre los empleados puede convertirlos en el eslabón más débil de la cadena de seguridad. Sin una cultura de seguridad adecuada, los usuarios pueden caer en trampas de phishing, utilizar contraseñas débiles o no seguir las políticas de seguridad establecidas.

4. Uso de tecnologías emergentes: El rápido ritmo de la innovación tecnológica en el campo de Big Data y la IA significa que las organizaciones a menudo adoptan nuevas tecnologías que aún no han sido completamente probadas o que carecen de controles de seguridad robustos. Esto puede introducir nuevas vulnerabilidades que los atacantes pueden explotar.

Ejemplos de amenazas y vulnerabilidades en acción

Ataque a Equifax (2017): Uno de los ataques más notorios en la historia reciente fue el hackeo a Equifax, una de las mayores agencias de crédito del mundo. Los atacantes explotaron una vulnerabilidad en el software Apache

Struts para obtener acceso a la red de Equifax. Como resultado, se expusieron datos personales de aproximadamente 147 millones de personas. Este incidente subraya la importancia de parchear vulnerabilidades de software de manera oportuna y adecuada.

Exposición de datos en MongoDB (2019): En 2019, múltiples instancias de bases de datos MongoDB fueron encontradas abiertas y sin protección, exponiendo millones de registros de datos personales. Esta situación fue causada por configuraciones de seguridad deficientes que dejaron las bases de datos accesibles públicamente sin autenticación. Los atacantes aprovecharon estas vulnerabilidades para extraer y, en algunos casos, borrar datos, exigiendo rescates para su restauración.

Vulnerabilidad en Hadoop YARN (2018): En 2018, se descubrió una vulnerabilidad crítica en Hadoop YARN (Yet Another Resource Negotiator) que permitía a atacantes ejecutar código remotamente en los servidores de Hadoop. Si no se parcheaba, esta vulnerabilidad podía ser explotada para comprometer completamente un clúster de Hadoop, lo que subraya la importancia de monitorear y aplicar parches de seguridad de manera proactiva en infraestructuras de Big Data.

La identificación y mitigación proactiva de estas vulnerabilidades no solo protege los activos de la organización, sino que también asegura la confianza de los usuarios y el cumplimiento normativo en un entorno cada vez más regulado.

16.3.2. Estrategias de mitigación

Para mitigar las amenazas y vulnerabilidades en proyectos de Big Data, es crucial implementar un conjunto robusto de estrategias que aborden tanto la protección preventiva como la respuesta reactiva ante incidentes. Dado que los entornos de Big Data son complejos y manejan grandes volúmenes de información, estas estrategias deben ser integrales, abarcando desde la infraestructura hasta las políticas organizacionales.

Estrategias de mitigación proactiva

- **Evaluación continua de riesgos:** Realizar evaluaciones de riesgos regulares es fundamental para identificar y priorizar las amenazas más relevantes para la infraestructura de Big Data. Esta evaluación debe incluir análisis de vulnerabilidades, modelado de amenazas y la implementación de pruebas de penetración (pentesting) para identificar debilidades antes de que puedan ser explotadas.

- **Implementación de seguridad en capas (defensa en profundidad)**: Una estrategia de defensa en profundidad implica la implementación de múltiples capas de seguridad que protejan los sistemas de Big Data. Esto incluye la segmentación de la red, firewalls, sistemas de detección y prevención de intrusiones (IDS/IPS), cifrado de datos en reposo y en tránsito, y la gestión rigurosa de accesos y permisos. Cada capa actúa como una barrera adicional para detener o ralentizar a los atacantes.

- **Cifrado robusto de datos:** Implementar cifrado fuerte para los datos en reposo y en tránsito es esencial para proteger la confidencialidad de la información. Las claves de cifrado deben ser gestionadas de manera segura, utilizando prácticas como la rotación regular de claves y el almacenamiento de estas en módulos de seguridad de hardware (HSM) para evitar accesos no autorizados.

- **Gestión de identidades y accesos (IAM):** La implementación de controles estrictos sobre quién tiene acceso a qué datos es clave para minimizar el riesgo de acceso no autorizado. Esto incluye el uso de autenticación multifactor (MFA), políticas de privilegios mínimos, y la monitorización constante de accesos para detectar y responder rápidamente a actividades sospechosas.

- **Actualización y parcheo regular de sistemas:** Dado que muchas vulnerabilidades son explotadas a través de software desactualizado, es crucial mantener todos los componentes de la infraestructura de Big Data, incluyendo sistemas operativos, bases de datos, frameworks y aplicaciones, actualizados con los últimos parches de seguridad. Las actualizaciones deben ser aplicadas de manera regular y en un entorno controlado para minimizar el impacto en la operación.

- **Segmentación y aislamiento de redes:** La segmentación de la red mediante la creación de subredes aisladas ayuda a contener cualquier incidente de seguridad, limitando el movimiento lateral de los atacantes dentro de la infraestructura. Este aislamiento puede incluir la separación de redes de producción, desarrollo y datos sensibles, así como el uso de zonas desmilitarizadas (DMZ) para controlar el tráfico de red hacia y desde sistemas críticos.

- **Monitoreo continuo y análisis de seguridad:** Implementar un sistema de monitoreo continuo para supervisar el tráfico de red, accesos a datos, y la actividad de los usuarios es esencial para detectar comportamientos anómalos y posibles amenazas en tiempo real. Las herramientas de Security Information and Event Management (SIEM) son útiles para recopilar, correlacionar y analizar eventos de seguridad, proporcionando alertas tempranas sobre posibles incidentes.

- **Uso de Inteligencia Artificial y Machine Learning:** Las tecnologías de IA y Machine Learning pueden ser empleadas para mejorar la detección de amenazas al identificar patrones inusuales que podrían indicar un ataque. Estas tecnologías pueden analizar grandes volúmenes de datos de manera eficiente, ayudando a descubrir amenazas que podrían pasar desapercibidas con métodos tradicionales.

Estrategias de mitigación reactiva

- **Planes de respuesta a incidentes (IRP):** Tener un plan de respuesta a incidentes bien definido es esencial para gestionar eficazmente cualquier brecha de seguridad. El plan debe incluir protocolos claros para la identificación, contención, erradicación y recuperación de incidentes, así como la comunicación interna y externa durante y después del incidente.

- **Backup y recuperación de datos:** Mantener copias de seguridad regulares y seguras es una estrategia crítica para asegurar la recuperación rápida tras un incidente, como un ataque de ransomware. Las copias de seguridad deben ser cifradas y almacenadas en ubicaciones seguras, con pruebas regulares de restauración para garantizar que los datos pueden ser recuperados cuando sea necesario.

- **Análisis forense digital:** En caso de un incidente de seguridad, realizar un análisis forense digital permite comprender cómo ocurrió el ataque, qué sistemas fueron comprometidos, y qué datos fueron afectados. Esta información es vital para mejorar las defensas y prevenir futuros ataques similares.

- **Comunicación y transparencia:** En caso de una brecha de seguridad, es importante tener un plan de comunicación que aborde cómo informar a las partes interesadas, incluyendo empleados, clientes y reguladores. La transparencia en la comunicación puede ayudar a mitigar el daño a la reputación y cumplir con las obligaciones legales y regulatorias.

- **Mejora continua y lecciones aprendidas:** Después de gestionar un incidente de seguridad, es crucial revisar lo sucedido, identificar las áreas de mejora, y actualizar las políticas, procedimientos y controles de seguridad en consecuencia. La mejora continua debe ser parte integral de la estrategia de seguridad, garantizando que la organización aprende y se fortalece con cada incidente.

Herramientas y tecnologías para la mitigación

Sistemas de detección y prevención de intrusiones (IDS/IPS): Estas herramientas son esenciales para identificar y bloquear ataques en tiempo real.

Los IDS/IPS analizan el tráfico de red en busca de patrones conocidos de ataque y toman medidas para prevenir que esos ataques tengan éxito.

Herramientas de cifrado: Soluciones como OpenSSL, BitLocker y las ofrecidas por servicios en la nube (AWS KMS, Google Cloud KMS) facilitan la implementación de cifrado robusto tanto para datos en reposo como en tránsito, asegurando que la información sensible permanezca protegida incluso si es interceptada.

Plataformas SIEM: Herramientas como Splunk, IBM QRadar y ArcSight recopilan, analizan y correlacionan eventos de seguridad a partir de múltiples fuentes, proporcionando una visión centralizada de la postura de seguridad de la organización y alertas en tiempo real sobre posibles incidentes.

Sistemas de gestión de identidades y accesos (IAM): Soluciones como Azure Active Directory, Okta, y AWS IAM permiten una gestión granular de los accesos, asegurando que solo las personas adecuadas tienen acceso a los datos y sistemas que necesitan para su trabajo, y nada más.

Firewalls de nueva generación (NGFW): Estos dispositivos no solo filtran el tráfico basado en reglas predefinidas, sino que también ofrecen inspección profunda de paquetes (DPI) y pueden bloquear tráfico basado en aplicaciones y usuarios específicos, proporcionando una capa adicional de defensa contra amenazas avanzadas.

Consideraciones

La implementación efectiva de estrategias de mitigación en proyectos de Big Data requiere una combinación de tecnologías avanzadas, buenas prácticas de gestión y una cultura organizacional que priorice la seguridad. Las amenazas son dinámicas y evolucionan constantemente, lo que demanda una actitud proactiva y adaptativa por parte de las organizaciones. La colaboración entre equipos de seguridad, desarrollo y operaciones, junto con la capacitación continua de todos los miembros de la organización, es crucial para crear un entorno de Big Data que no solo sea eficiente, sino también seguro.

16.3.3. Herramientas de seguridad

En el contexto de Big Data, donde se manejan grandes volúmenes de información y se utilizan infraestructuras complejas, la implementación de herramientas de seguridad es fundamental para proteger los datos, garantizar la privacidad y cumplir con las normativas legales. Estas herramientas ayudan a identificar, mitigar y responder a amenazas y vulnerabilidades. A continuación, se detallan las principales categorías de herramientas de seguridad, así como ejemplos específicos que son particularmente relevantes para entornos de Big Data.

1. Sistemas de gestión de información y eventos de seguridad (SIEM)

Las herramientas SIEM recopilan y analizan en tiempo real los eventos de seguridad generados por todos los sistemas dentro de una organización, proporcionando una visión centralizada de la postura de seguridad y permitiendo la detección temprana de amenazas.

Ejemplos de herramientas SIEM:

- **Splunk:** Es una de las plataformas más populares de SIEM, utilizada para la monitorización, análisis y visualización de datos de máquina en tiempo real. Splunk permite la recolección de grandes volúmenes de datos de diversas fuentes y facilita la detección de anomalías, la generación de alertas y la elaboración de informes.

- **IBM QRadar:** Este sistema SIEM es conocido por su capacidad para correlacionar eventos de seguridad en tiempo real y su facilidad para integrarse con otras herramientas de seguridad. QRadar ofrece funcionalidades avanzadas de análisis forense, lo que permite investigar incidentes de seguridad de manera eficiente.

- **ArcSight:** De Micro Focus, ArcSight es otra solución SIEM ampliamente utilizada, que se destaca por su capacidad de manejar grandes volúmenes de datos y su flexibilidad para integrarse con diversas fuentes de datos, lo que lo convierte en una herramienta adecuada para entornos de Big Data.

2. Herramientas de protección de puntos finales (EPP) y detección y respuesta de puntos finales (EDR)

Las soluciones EPP y EDR se centran en proteger los dispositivos individuales dentro de la red (puntos finales) contra amenazas como malware, ransomware y otros ataques dirigidos.

Ejemplos de herramientas EPP/EDR:

- **CrowdStrike Falcon:** Este EDR es conocido por su capacidad para prevenir y responder a amenazas avanzadas en puntos finales. Utiliza Inteligencia Artificial para detectar comportamientos sospechosos y tomar medidas automáticas para neutralizar amenazas.

- **Symantec Endpoint Protection:** Ofrece una protección integral contra amenazas para dispositivos finales, combinando la protección contra malware, firewall y controles de dispositivos en una sola solución. Es altamente escalable y adecuado para entornos empresariales con grandes volúmenes de datos.

- **Carbon Black:** Ofrecido por VMware, Carbon Black proporciona una plataforma de EDR que permite la monitorización continua y en tiempo real de los puntos finales, identificando y respondiendo rápidamente a amenazas que puedan surgir.

3. Herramientas de gestión de identidades y accesos (IAM)

Las herramientas IAM son esenciales para controlar quién tiene acceso a qué recursos dentro de una organización. Garantizan que solo las personas autorizadas puedan acceder a datos sensibles y permiten la aplicación de políticas de acceso estrictas.

Ejemplos de herramientas IAM:

- **Okta:** Es una solución IAM basada en la nube que facilita la gestión de identidades y accesos para aplicaciones y dispositivos. Ofrece características como autenticación multifactor, inicio de sesión único (SSO) y gestión de permisos detallada.

- **Azure Active Directory (AAD):** De Microsoft, AAD es una solución IAM que proporciona autenticación y autorización para aplicaciones y servicios en la nube de Azure. Es particularmente útil en entornos empresariales que utilizan infraestructuras híbridas o completamente en la nube.

- **AWS Identity and Access Management (IAM):** Esta herramienta es utilizada para gestionar el acceso a los servicios y recursos de Amazon Web Services. AWS IAM permite definir políticas detalladas de acceso para usuarios y roles, y se integra con otras herramientas de seguridad de AWS para una gestión integral.

4. Firewalls de nueva generación (NGFW)

Los NGFWs ofrecen una protección avanzada al ir más allá de las funciones básicas de los firewalls tradicionales. Proveen inspección profunda de paquetes, control de aplicaciones, y protecciones contra amenazas avanzadas como ataques de día cero.

Ejemplos de NGFW:

- **Palo Alto Networks:** Los firewalls de Palo Alto Networks se destacan por su capacidad de integrar la inspección profunda de paquetes, prevención de amenazas y control de aplicaciones en una sola plataforma. Son conocidos por su efectividad en detener ataques sofisticados.

- **Cisco ASA con FirePOWER:** Este NGFW combina la funcionalidad de firewall con la protección avanzada contra amenazas. Ofrece una defensa integral contra ataques en redes corporativas y es altamente escalable.

- **Fortinet FortiGate:** Es una solución NGFW que ofrece una protección robusta contra una amplia gama de amenazas, incluyendo malware y ataques de red. FortiGate se integra fácilmente con otras soluciones de seguridad y ofrece una administración centralizada.

5. Herramientas de monitoreo y detección de intrusiones (IDS/IPS)

Las herramientas IDS/IPS son fundamentales para identificar y bloquear intentos de intrusión en tiempo real. Monitorean el tráfico de red en busca de comportamientos sospechosos y toman medidas para prevenir que estos se conviertan en incidentes de seguridad.

Ejemplos de herramientas IDS/IPS:

- **Snort:** Es uno de los IDS de código abierto más populares, utilizado para detectar ataques mediante la inspección del tráfico de red en tiempo real. Snort es altamente configurable y soporta la creación de reglas personalizadas para la detección de amenazas específicas.

- **Suricata:** Similar a Snort, Suricata es una herramienta IDS/IPS que ofrece inspección profunda de paquetes y monitoreo de la red para detectar actividades maliciosas. Se destaca por su capacidad de procesar tráfico a altas velocidades, lo que es ideal para entornos de Big Data.

- **Cisco Firepower:** Combina la funcionalidad de IDS/IPS con la de un firewall de nueva generación, proporcionando una protección avanzada contra amenazas tanto conocidas como desconocidas. Es una solución integral que se adapta a redes de cualquier tamaño.

6. Herramientas de auditoría y cumplimiento

Estas herramientas ayudan a las organizaciones a garantizar que cumplen con las normativas y regulaciones de seguridad, así como a realizar auditorías internas y externas.

Ejemplos de herramientas de auditoría y cumplimiento:

- **AuditBoard:** Es una plataforma que facilita la gestión del cumplimiento y la realización de auditorías internas. Proporciona herramientas para la automatización de procesos de auditoría y la documentación de cumplimiento normativo.

- **Qualys Compliance Suite:** Ofrece una gama de servicios para la gestión de la seguridad y el cumplimiento normativo, incluyendo auditorías de configuración, evaluaciones de cumplimiento y monitoreo continuo.

- **Netwrix Auditor:** Es una solución de auditoría que permite monitorear cambios en la configuración, accesos a archivos y otros eventos críticos en sistemas de TI. Es útil para garantizar el cumplimiento de políticas de seguridad y normativas como GDPR o CCPA.

7. Herramientas de respuesta a incidentes

Las herramientas de respuesta a incidentes permiten a las organizaciones gestionar eficazmente los incidentes de seguridad, desde su detección hasta su resolución.

Ejemplos de herramientas de respuesta a incidentes:

- **TheHive:** Es una plataforma de código abierto diseñada para la gestión de incidentes de seguridad. Ofrece funcionalidades para la creación, seguimiento y resolución de incidentes, y se integra con herramientas de análisis forense como Cortex.

- **Cortex XSOAR (anteriormente Demisto):** De Palo Alto Networks, esta herramienta facilita la automatización de la respuesta a incidentes, coordinando acciones entre diferentes sistemas de seguridad y proporcionando un marco unificado para la gestión de incidentes.

- **Splunk Phantom:** Es una plataforma de automatización de seguridad que permite a los equipos de seguridad responder rápidamente a incidentes mediante la automatización de tareas repetitivas y la orquestación de respuestas a través de múltiples herramientas.

La elección e implementación de herramientas de seguridad adecuadas en un entorno de Big Data es un desafío complejo, que requiere un enfoque holístico. Las empresas y organizaciones deben considerar tanto las amenazas externas como las vulnerabilidades internas, asegurando que cada componente de la infraestructura esté protegido de manera integral. Es importante integrar estas herramientas de seguridad dentro de una estrategia de seguridad coherente, que incluya capacitación constante, pruebas regulares de vulnerabilidades y una revisión continua de las políticas de seguridad.

17. El futuro de la IA y el Big Data

El futuro de la Inteligencia Artificial y el Big Data se perfila como uno de los más emocionantes y transformadores en la historia de la tecnología y la ciencia. Ya que estas dos disciplinas continúan evolucionando, es importante comprender no solo las tendencias emergentes y las tecnologías disruptivas que están dando forma a este panorama, sino también las implicaciones más amplias que tendrán en la sociedad, la economía y diversas industrias.

En la actualidad, estamos presenciando un ritmo acelerado, sin precedentes, de innovación en el campo de la IA y el Big Data. Esto está impulsado por una combinación de avances en hardware, algoritmos y la disponibilidad de datos masivos. Estas innovaciones están allanando el camino para nuevas aplicaciones que eran impensables hace solo una década.

El futuro de la IA y el Big Data es, sin duda, brillante y lleno de posibilidades, pero también está plagado de desafíos que deberán ser abordados colectivamente por la comunidad global. Es un campo en rápida evolución, donde las decisiones que tomemos hoy tendrán repercusiones duraderas en la sociedad del mañana.

17.1. Tendencias emergentes y tecnologías disruptivas

17.1.1. IA generativa (GANs, transformers)

La Inteligencia Artificial generativa es una rama emergente de la Inteligencia Artificial que ha capturado la atención de la comunidad científica y de la industria debido a su capacidad para generar contenido nuevo y realista, como imágenes, texto, música y más. Dentro de este campo, dos de las tecnologías más destacadas son las Redes Generativas Antagónicas (GANs) y los modelos Transformers. Estas tecnologías han demostrado un potencial significativo para transformar diversas industrias y abrir nuevas posibilidades creativas y técnicas.

Las Redes Generativas Antagónicas fueron introducidas en 2014 por Ian Goodfellow y su equipo, y se han convertido en una herramienta clave en la generación de contenido sintético. Una GAN consiste en dos redes neuronales, conocidas como el generador y el discriminador, que compiten entre sí en un juego de suma cero. El generador crea datos falsos (como imágenes o texto) que intenta hacer pasar por datos reales, mientras que el discriminador evalúa estos datos y trata de distinguir entre los datos reales y los generados. A medida que este proceso iterativo continúa, el generador mejora su capacidad para producir datos cada vez más realistas, mientras que el discriminador se vuelve más hábil en detectar falsificaciones. Este enfoque ha dado lugar a impresionantes aplicaciones, como la generación de rostros humanos que no existen en la realidad, la creación de obras de arte originales, y la mejora de imágenes de baja resolución. Así que en este punto seguro que ya dejas de preguntarte como consiguen las Ias generativas rostros tan reales.

Bien, sin embargo, a pesar de sus avances, las GANs presentan varios desafíos. Uno de los principales problemas es la estabilidad del entrenamiento. Dado que las GANs dependen de un delicado equilibrio entre el generador y el discriminador, es común que uno de los modelos supere al otro, lo que puede llevar a un entrenamiento ineficaz o a la convergencia a soluciones subóptimas. Además, las GANs pueden ser propensas a lo que se conoce como "mode collapse," donde el generador aprende a producir solo un conjunto limitado de salidas, en lugar de generar una variedad diversa de ejemplos.

Por otro lado, los modelos Transformers, introducidos por Vaswani et al. en 2017, han revolucionado la forma en que se abordan las tareas de procesamiento del lenguaje natural y, más recientemente, la generación de contenido. Los Transformers utilizan un mecanismo de atención que les permite enfocarse en diferentes partes de una secuencia de datos, como palabras en una oración, para capturar relaciones a largo plazo de manera más efectiva que las arquitecturas anteriores, como las redes neuronales recurrentes. Este enfoque ha permitido avances significativos en tareas como la traducción automática, la generación de texto y el resumen de documentos. Por decirlo claro, los transformers marcaron un antes y un después brutal.

Un desarrollo clave basado en Transformers es el modelo GPT (Generative Pre-trained Transformer), que ha demostrado una notable capacidad para generar texto coherente y contextualmente relevante. El GPT-3, por ejemplo, es un modelo con 175 mil millones de parámetros que puede escribir ensayos, responder preguntas, y realizar tareas complejas de manera casi indistinguible de un humano. Y digo "casi indistinguible", porque es obvio que no lo es. Es tan fácil reconocer un texto generado por IA, como sencillo reconocer una imagen generada por IA. Este tipo de modelos no solo ha mostrado un alto nivel de competencia en tareas específicas, sino que también ha planteado preguntas importantes sobre la creatividad y el rol de la IA en la producción de contenido.

Sin embargo, al igual que las GANs, los Transformers también enfrentan desafíos. Uno de los principales problemas es la necesidad de grandes cantidades de datos y recursos computacionales para entrenar modelos de gran tamaño, lo que los hace inaccesibles para muchos investigadores y organizaciones pequeñas. Además, la complejidad de estos modelos plantea desafíos en términos de interpretabilidad, lo que dificulta entender cómo y por qué el modelo genera ciertas salidas, lo que es crítico en aplicaciones donde se requiere transparencia y responsabilidad.

A pesar de estos desafíos, la IA generativa, impulsada por tecnologías como GANs y Transformers, está en la cúspide de muchas innovaciones. En la industria del entretenimiento, estas tecnologías están siendo utilizadas para crear nuevos personajes, guiones y efectos visuales. En el ámbito del diseño, se están utilizando para generar prototipos y bocetos que los diseñadores pueden luego refinar. Incluso en la medicina, las GANs se están explorando para mejorar la calidad de las imágenes médicas y para generar datos sintéticos que pueden ayudar en la investigación sin comprometer la privacidad de los pacientes.

La proliferación de IA generativa también ha generado preocupaciones éticas y de seguridad. Dado que estas tecnologías pueden generar contenido altamente realista, existe el riesgo de que se utilicen para crear información falsa o para suplantar la identidad de personas, lo que plantea desafíos significativos para la veracidad de la información y la seguridad digital. Por tanto, es crucial desarrollar marcos éticos y regulaciones que guíen el desarrollo y uso de la IA generativa, asegurando que se utilice de manera responsable y con el menor riesgo posible.

Las GANs y los Transformers representan dos de las tecnologías más innovadoras en el campo de la IA generativa. Aunque ambas enfrentan desafíos técnicos y éticos, su capacidad para crear contenido nuevo y realista tiene el potencial de transformar una amplia gama de industrias y aplicaciones. El futuro de la IA generativa es prometedor, y a medida que estas tecnologías continúan evolucionando, es probable que veamos un impacto aún mayor en la creatividad, el entretenimiento, la medicina, y más allá.

17.1.2. Computación cuántica y su impacto en IA

La computación cuántica es una de las fronteras más emocionantes y complejas de la ciencia y la tecnología contemporáneas. A diferencia de la computación clásica, que se basa en bits que representan estados binarios (0 y 1), la computación cuántica utiliza cúbits, que pueden existir en superposición de estados, permitiendo la representación de múltiples valores simultáneamente. Este enfoque abre la puerta a capacidades de procesamiento exponencialmente más rápidas para ciertos tipos de problemas, lo que tiene el potencial de revolucionar muchos campos, incluida la Inteligencia Artificial.

La superposición es uno de los principios fundamentales de la computación cuántica. Mientras que un bit clásico puede estar en un estado de 0 o 1, un cúbit puede estar en una combinación de ambos, gracias a la superposición. Esta capacidad permite que los cúbits realicen cálculos en paralelo, lo que incrementa la potencia de procesamiento de manera exponencial en comparación con los sistemas clásicos. Además de la superposición, otro principio clave es el entrelazamiento cuántico, que permite que dos cúbits estén correlacionados de tal manera que el estado de uno determine instantáneamente el estado del otro, independientemente de la distancia que los separe. Este fenómeno puede ser aprovechado para crear sistemas de comunicación y procesamiento de datos increíblemente rápidos y seguros.

En el contexto de la IA, la computación cuántica podría abordar algunos de los desafíos más significativos en términos de procesamiento y optimización. Los algoritmos de Machine Learning, que a menudo requieren explorar un espacio de soluciones muy grande, podrían beneficiarse enormemente de la velocidad y eficiencia de los algoritmos cuánticos. Por ejemplo, los métodos de búsqueda y optimización, que son fundamentales en muchos problemas de IA, podrían acelerarse drásticamente mediante el uso de algoritmos cuánticos como el algoritmo de Grover, que ofrece una ventaja cuadrática en la búsqueda no estructurada. Esta capacidad podría hacer que la resolución de problemas complejos, que actualmente son intratables con computadoras clásicas, se vuelva factible.

Un área donde la computación cuántica podría tener un impacto transformador es en el entrenamiento de redes neuronales profundas. El entrenamiento de estos modelos es un proceso intensivo en recursos que involucra la optimización de millones, o incluso miles de millones, de parámetros. Este proceso puede beneficiarse de algoritmos cuánticos, como los algoritmos de optimización cuántica variacional (VQA), que pueden encontrar mínimos globales en funciones de pérdida de alta dimensión de manera más eficiente que los métodos clásicos. Esto podría reducir significativamente el tiempo y el costo asociados con el entrenamiento de modelos complejos, haciendo que la IA avanzada sea más accesible y aplicable a una gama más amplia de problemas.

Otro campo prometedor es la simulación cuántica, que puede utilizarse para modelar sistemas complejos de manera mucho más eficiente que los métodos tradicionales. En IA, esto podría permitir simulaciones más precisas de redes neuronales o de otros sistemas inteligentes, permitiendo avances en áreas como la simulación de comportamiento, la predicción de resultados, y la creación de modelos más robustos y precisos. Las simulaciones cuánticas también podrían ser utilizadas para modelar procesos naturales complejos, como la química cuántica, lo que podría llevar a descubrimientos en áreas como el diseño de fármacos o materiales avanzados, con implicaciones directas para la IA en la biomedicina y la nanotecnología.

Sin embargo, a pesar de su potencial, la computación cuántica aún enfrenta varios desafíos antes de que pueda integrarse de manera efectiva en sistemas de IA. Uno de los principales desafíos es la creación de hardware cuántico estable y escalable. Los cúbits actuales son extremadamente sensibles a la interferencia ambiental, lo que resulta en errores de cálculo que deben ser corregidos mediante sofisticadas técnicas de corrección de errores cuánticos. Además, la creación de un número suficiente de cúbits entrelazados para realizar cálculos útiles sigue siendo un reto significativo. La implementación práctica de la computación cuántica también requerirá el desarrollo de nuevas técnicas de programación y algoritmos cuánticos, lo que demanda un cambio en la forma en que los ingenieros de software y los científicos de datos abordan los problemas.

Otra consideración importante es la seguridad y la privacidad. La computación cuántica tiene el potencial de romper muchos de los sistemas criptográficos actuales, lo que plantea riesgos significativos para la seguridad de los datos. Al mismo tiempo, también ofrece la posibilidad de desarrollar nuevas formas de criptografía cuántica, que podrían proteger los datos de maneras que son imposibles con la tecnología actual. Para la IA, esto significa que, si bien la computación cuántica podría permitir avances en la privacidad y la seguridad de los sistemas de datos, también podría requerir una reevaluación completa de las técnicas de protección de datos en uso hoy en día.

A medida que la tecnología avanza, la convergencia de la computación cuántica y la IA promete crear una nueva era de capacidades computacionales, permitiendo resolver problemas que actualmente están fuera del alcance incluso de las computadoras más avanzadas. Las aplicaciones potenciales van desde la optimización y el modelado hasta la creación de nuevas formas de Inteligencia Artificial que podrían aprender y adaptarse a niveles que hoy parecen ciencia ficción. Sin embargo, es importante reconocer que estos avances también traerán consigo desafíos éticos y técnicos que deberán ser cuidadosamente gestionados para asegurar que los beneficios de la computación cuántica en IA se realicen de manera segura y equitativa.

17.2. El impacto de la IA y el Big Data en diversas industrias

17.2.1. Industria 4.0

Industria 4.0 es un término que describe la transformación de las industrias manufactureras mediante la integración de tecnologías avanzadas como la Inteligencia Artificial, el Internet de las Cosas, la robótica, la computación en la nube, y la automatización, con el objetivo de crear fábricas inteligentes. Esta nueva era industrial se caracteriza por la interconexión y la digitalización de todos los procesos de producción, lo que permite una mayor flexibilidad, eficiencia y personalización en la producción de bienes. El término en sí no es nuevo, pero si te despertaste ayer después de un largo letargo invernal, pues seguramente te suene a nuevo.

Uno de los aspectos más destacados de Industria 4.0 es la interconexión de dispositivos y sistemas. A través del IoT, los sensores, las máquinas y los sistemas de gestión están conectados en red, lo que permite la comunicación en tiempo real entre ellos. Esta interconexión permite recopilar y analizar grandes volúmenes de datos a lo largo de la cadena de valor, desde el suministro de materias primas hasta la entrega del producto final. Los datos recopilados pueden utilizarse para optimizar los procesos de producción, predecir el mantenimiento de las máquinas y reducir el desperdicio de recursos.

La IA juega un papel fundamental en la Industria 4.0, ya que permite el análisis avanzado de datos y la toma de decisiones automatizadas. Los algoritmos de IA se utilizan para detectar patrones en los datos de producción, predecir fallos en los equipos, optimizar las rutas de producción, y ajustar los parámetros de fabricación en tiempo real para mejorar la calidad del producto y reducir los costos. Además, la IA permite la implementación de sistemas de mantenimiento predictivo, donde las máquinas son monitoreadas constantemente y las reparaciones se realizan antes de que ocurran fallos, lo que reduce el tiempo de inactividad y aumenta la productividad.

La automatización avanzada es otro componente clave de Industria 4.0. Las fábricas inteligentes están equipadas con robots y sistemas automatizados que pueden realizar tareas complejas con alta precisión y rapidez. Estos sistemas son capaces de trabajar de manera autónoma o en colaboración con los trabajadores humanos, lo que se conoce como robótica colaborativa o "cobots". La automatización no solo mejora la eficiencia de la producción, sino que también permite la fabricación personalizada en masa, donde los productos pueden ser adaptados a las necesidades específicas de los clientes sin comprometer la velocidad o el costo de producción.

Otro aspecto importante de Industria 4.0 es la personalización de la producción. Gracias a las tecnologías avanzadas, las fábricas pueden producir lotes pequeños de productos personalizados a un costo similar al de la producción en masa. Esto es posible mediante el uso de técnicas como la fabricación aditiva (impresión 3D), que permite la producción rápida de piezas personalizadas sin necesidad de herramientas o moldes especiales. La personalización masiva es una respuesta a la creciente demanda de los consumidores por productos únicos y adaptados a sus necesidades individuales.

La computación en la nube también es un componente esencial de Industria 4.0. Las plataformas en la nube permiten el almacenamiento y procesamiento de grandes volúmenes de datos generados por las fábricas inteligentes. Estos datos pueden ser accedidos y analizados en tiempo real desde cualquier lugar del mundo, lo que facilita la toma de decisiones informadas y la colaboración entre diferentes partes de la cadena de suministro. Además, la computación en la nube permite la implementación de sistemas de gestión de la producción basados en SaaS (Software as a Service), que pueden ser escalados según las necesidades de la empresa sin la necesidad de una infraestructura física costosa.

En la gestión de la cadena de suministro, la Industria 4.0 introduce la trazabilidad completa de los productos a lo largo de su ciclo de vida. Mediante el uso de tecnologías como blockchain y sensores IoT, las empresas pueden rastrear las materias primas desde su origen hasta su transformación en productos terminados y su entrega a los consumidores. Esto no solo mejora la transparencia y la eficiencia de la cadena de suministro, sino que también permite a las empresas responder rápidamente a cambios en la demanda, problemas de calidad o interrupciones en el suministro.

La ciberseguridad es un desafío importante en la Industria 4.0, debido a la alta interconexión de los sistemas y la creciente dependencia de la tecnología digital. A medida que más dispositivos y sistemas se conectan a la red, aumenta el riesgo de ciberataques que pueden comprometer la producción o la integridad de los datos. Para mitigar estos riesgos, las empresas deben implementar medidas de seguridad avanzadas, como la encriptación de datos, la autenticación multifactor, y la monitorización continua de la red para detectar y responder a amenazas en tiempo real.

La sostenibilidad es un tema central en la Industria 4.0. La capacidad de monitorear y optimizar el uso de recursos en tiempo real permite a las empresas reducir su impacto ambiental y aumentar la eficiencia energética. Las fábricas inteligentes pueden implementar procesos de producción más sostenibles, como el reciclaje de materiales, la reducción del desperdicio, y el uso de fuentes de energía renovables. La sostenibilidad no solo es beneficiosa para el medio ambiente, sino que también puede ser un factor competitivo clave, ya que los consumidores y las regulaciones exigen cada vez más prácticas empresariales responsables.

En pocas palabras, el término Industria 4.0 representa una transformación profunda en la manera en que se fabrican los productos y se gestionan las cadenas de suministro. A través de la integración de tecnologías avanzadas como la IA, IoT, robótica, y computación en la nube, las fábricas inteligentes están redefiniendo la eficiencia, la personalización, la sostenibilidad y la seguridad en la producción industrial. Sin embargo, también presenta desafíos significativos, especialmente en términos de ciberseguridad y la necesidad de una mano de obra altamente capacitada para gestionar y operar estas nuevas tecnologías.

17.2.2. Salud y biotecnología

La convergencia de la Inteligencia Artificial y la biotecnología ha revolucionado el campo de la salud, ofreciendo nuevas posibilidades para el diagnóstico, tratamiento y prevención de enfermedades, así como para la investigación biotecnológica. Y digo "ha", porque en este caso ya se está viviendo la revolución como nunca antes se había visto en este campo. Esta intersección de tecnologías está transformando la forma en que entendemos y tratamos las enfermedades, al tiempo que promueve avances significativos en áreas como la medicina personalizada, la ingeniería genética y el desarrollo de fármacos.

Una de las aplicaciones más impactantes de la IA en el ámbito de la salud es el diagnóstico médico asistido por IA. Los algoritmos de IA, especialmente los basados en aprendizaje profundo, están siendo entrenados para analizar imágenes médicas, como radiografías, tomografías computarizadas y resonancias magnéticas, con una precisión que rivaliza o incluso supera a la de los radiólogos humanos. Por ejemplo, en la detección temprana de cáncer de mama, las redes neuronales convolucionales han demostrado una capacidad notable para identificar tumores en mamografías, lo que permite un diagnóstico más rápido y preciso, crucial para el tratamiento efectivo.

Además del análisis de imágenes, la IA se está utilizando para predecir la progresión de enfermedades y la respuesta al tratamiento. Mediante el análisis de grandes volúmenes de datos clínicos, incluyendo historiales médicos, resultados de pruebas de laboratorio y datos genómicos, los modelos de IA pueden identificar patrones que predicen cómo evolucionará una enfermedad en un paciente específico. Esto es especialmente útil en enfermedades crónicas como la diabetes o el Alzheimer, donde la IA puede ayudar a los médicos a personalizar los planes de tratamiento basándose en las características individuales de cada paciente.

En el campo de la medicina personalizada, la IA y la biotecnología están trabajando juntas para desarrollar tratamientos que se adapten a las necesidades específicas de cada paciente. Este enfoque se basa en la idea de que cada persona tiene una composición genética única, lo que significa que las enfermedades pueden manifestarse y progresar de manera diferente en cada individuo. La IA se utiliza para analizar datos genómicos y otros biomarcadores, lo que permite a los médicos identificar las terapias que serán más efectivas para cada paciente. Este enfoque está demostrando ser particularmente prometedor en el tratamiento del cáncer, donde las terapias dirigidas basadas en el perfil genético del tumor están mejorando las tasas de éxito y reduciendo los efectos secundarios.

Otro avance significativo es el uso de la IA en la ingeniería genética. Las herramientas de edición de genes, como CRISPR-Cas9, han abierto nuevas posibilidades para la modificación del ADN, y la IA está desempeñando un papel crucial en la optimización de estos procesos. La IA se utiliza para diseñar secuencias de ARN guía que dirigen a CRISPR a las ubicaciones correctas en el genoma, lo que aumenta la precisión y reduce el riesgo de efectos fuera del objetivo. Además, la IA está ayudando a los científicos a explorar vastas librerías de datos genéticos para identificar nuevas dianas terapéuticas y desarrollar tratamientos innovadores para enfermedades genéticas.

En el desarrollo de fármacos, la combinación de IA y biotecnología está acelerando significativamente el proceso, que tradicionalmente ha sido costoso y prolongado. Los algoritmos de IA pueden analizar grandes bases de datos de compuestos químicos para identificar aquellos que tienen el potencial de convertirse en nuevos medicamentos. Este enfoque, conocido como descubrimiento de fármacos asistido por IA, permite a los investigadores identificar candidatos prometedores en una fracción del tiempo que tomaría utilizando métodos convencionales. Además, la IA se está utilizando para optimizar las fases de prueba y desarrollo clínico, prediciendo cómo responderán diferentes poblaciones de pacientes a nuevos tratamientos y ayudando a diseñar ensayos clínicos más eficientes.

El impacto de la IA y la biotecnología en la gestión de la salud pública también es significativo. Los modelos de IA están siendo utilizados para predecir la propagación de enfermedades infecciosas, lo que permite a los gobiernos y organizaciones de salud tomar medidas proactivas para contener brotes antes de que se conviertan en epidemias. Durante la pandemia de COVID-19, la IA jugó un papel clave en el seguimiento de la propagación del virus, la identificación de mutaciones y la aceleración del desarrollo de vacunas.

A pesar de estos avances, la integración de IA y biotecnología en la salud plantea desafíos éticos y regulatorios. La manipulación genética, por ejemplo, plantea preguntas sobre las implicaciones a largo plazo para la humanidad y el medio ambiente. Además, la recopilación y análisis de grandes cantidades de datos personales de salud requiere salvaguardias estrictas para proteger la privacidad de los pacientes. Los reguladores y la comunidad científica están trabajando juntos para establecer marcos éticos y normativos que guíen el desarrollo y uso de estas tecnologías de manera que maximicen sus beneficios mientras minimizan los riesgos.

17.2.3. Finanzas y seguros

El impacto de la IA y el Big Data en los sectores de finanzas y seguros ha sido transformador, reconfigurando procesos, mejorando la toma de decisiones, y optimizando la eficiencia operativa. La integración de estas tecnologías está permitiendo a las instituciones financieras y aseguradoras innovar en áreas críticas como la gestión de riesgos, la detección de fraudes, la personalización de servicios, y el análisis predictivo.
A continuación, veremos algunas de las aplicaciones más significativas de la IA y el Big Data en estos sectores.

En el ámbito financiero, una de las aplicaciones más importantes es la gestión de riesgos. Las instituciones financieras han adoptado modelos avanzados de IA para evaluar y mitigar riesgos asociados con inversiones, préstamos y otras operaciones financieras. Los algoritmos de Machine Learning analizan grandes volúmenes de datos históricos y en tiempo real para identificar patrones y prever riesgos potenciales. Por ejemplo, en el caso del riesgo crediticio, la IA puede evaluar la probabilidad de que un cliente incumpla un préstamo, basándose en múltiples variables como historial crediticio, ingresos, comportamiento de gasto, y hasta variables macroeconómicas. Estos modelos no solo aumentan la precisión en la toma de decisiones, sino que también permiten una evaluación continua y dinámica del riesgo, ajustándose a los cambios en el mercado y el comportamiento del cliente.

La detección de fraudes es otra área donde la IA ha demostrado ser crucial. Los sistemas tradicionales de detección de fraudes se basaban en reglas predefinidas que a menudo eran insuficientes para identificar nuevos patrones de fraude. En contraste, los modelos de IA, particularmente los basados en Machine Learning y análisis predictivo, pueden detectar comportamientos anómalos en tiempo real, adaptándose rápidamente a nuevas tácticas de fraude. Estos sistemas analizan millones de transacciones financieras al instante, identificando patrones sospechosos que podrían indicar actividades fraudulentas, como el uso inusual de tarjetas de crédito o transferencias bancarias atípicas. Además, los algoritmos de IA pueden mejorar continuamente a medida que procesan más datos, lo que aumenta su capacidad para detectar fraudes con mayor precisión y rapidez.

En el sector de seguros, la personalización de pólizas y la evaluación de riesgos se han beneficiado enormemente del uso de IA y Big Data. Las aseguradoras ahora pueden diseñar productos personalizados para sus clientes, basados en análisis detallados de datos de comportamiento, historial de reclamaciones, estilo de vida y otros factores relevantes. Por ejemplo, en el seguro de automóviles, las compañías pueden ofrecer pólizas basadas en el comportamiento de conducción del asegurado, recopilado a través de dispositivos telemáticos instalados en los vehículos. Esta personalización permite a las aseguradoras ajustar las primas de manera más precisa, recompensando a los conductores seguros y mitigando los riesgos para la empresa. Del mismo modo, en el seguro de salud, los datos recogidos de dispositivos de salud portátiles pueden utilizarse para crear planes de seguro más adaptados a las necesidades individuales, promoviendo un enfoque más proactivo en la gestión de la salud.

El trading algorítmico, otra aplicación clave de la IA en finanzas, utiliza algoritmos avanzados para ejecutar órdenes de compra y venta de activos financieros a velocidades y volúmenes imposibles para los traders humanos. Estos algoritmos están diseñados para analizar grandes cantidades de datos de mercado en fracciones de segundo, identificando oportunidades de arbitraje, patrones de precios y señales de trading que pueden ser explotadas para obtener beneficios. La IA permite no solo la ejecución de estas estrategias a alta velocidad, sino también la optimización continua de los algoritmos basados en el aprendizaje automático, lo que mejora la precisión y rentabilidad de las operaciones. Además, el uso de IA en el trading reduce el impacto del sesgo humano en la toma de decisiones, ya que las operaciones se basan en datos y reglas predefinidas en lugar de emociones o intuiciones.

La optimización de procesos operativos es otra área donde la IA y el Big Data han demostrado su valor en finanzas y seguros. Las instituciones están utilizando chatbots y asistentes virtuales impulsados por IA para mejorar la experiencia del cliente, proporcionando respuestas inmediatas y precisas a consultas comunes, procesando reclamaciones, y gestionando transacciones básicas. Estas herramientas no solo mejoran la eficiencia operativa al reducir la carga de trabajo de los empleados humanos, sino que también aumentan la satisfacción del cliente al ofrecer un servicio más rápido y accesible.

Además, la IA en la previsión financiera está transformando la planificación y la estrategia empresarial. Los modelos predictivos analizan grandes volúmenes de datos históricos y en tiempo real para prever tendencias económicas, fluctuaciones del mercado, y cambios en el comportamiento del consumidor. Estos modelos permiten a las instituciones financieras y aseguradoras anticipar movimientos del mercado, ajustar sus estrategias en consecuencia, y tomar decisiones más informadas que minimicen los riesgos y maximicen las oportunidades.

En el contexto de la regulación y el cumplimiento normativo, la IA también juega un papel fundamental. Las instituciones financieras están obligadas a cumplir con regulaciones complejas que varían según la jurisdicción. La IA puede automatizar gran parte del proceso de cumplimiento, analizando transacciones y documentación para asegurar que cumplen con las normativas vigentes. Esto no solo reduce el riesgo de incumplimiento y las sanciones asociadas, sino que también libera recursos humanos para centrarse en tareas de mayor valor añadido.

Sin embargo, la adopción de IA y Big Data en finanzas y seguros no está exenta de desafíos. La necesidad de garantizar la transparencia en los modelos de IA, particularmente en decisiones críticas como la aprobación de préstamos o la fijación de primas, es fundamental para mantener la confianza del cliente y cumplir con las regulaciones. Además, la seguridad y privacidad de los datos siguen siendo una preocupación importante, dada la naturaleza sensible de la información financiera y personal que manejan estas instituciones.

Para capitalizar plenamente estos avances, las instituciones deben abordar los desafíos éticos, de seguridad y normativos asociados, asegurando que el uso de estas tecnologías se alinee con los estándares más altos de transparencia, responsabilidad y protección de datos.

PARTE VII

Casos prácticos y proyectos reales

Parte VII: Casos prácticos y proyectos reales

18. Casos de estudio

Desde el principio del libro te he estado hablando y dando diferentes ejemplos del uso de la IA, en diferentes sectores y en multitud de contextos. Ya casi estás acabando el libro y quiero aprovechar para profundizar en casos reales, para que con todo lo que has aprendido, ganes más conocimiento en este aspecto y así mismo fortalecer la idea de la importancia, tanto de los datos a la hora del desarrollo, como de la IA a nivel empresarial y social.

En la actualidad, la IA se encuentra en una etapa en la que no solo mejora procesos existentes, sino que también habilita nuevas posibilidades que antes eran impensables. Desde el diagnóstico médico asistido por algoritmos hasta la optimización de cadenas de producción en fábricas inteligentes, la IA demuestra su capacidad para aumentar la eficiencia, reducir costos y potenciar la toma de decisiones basada en datos. Su impacto se extiende a prácticamente todos los sectores, redefiniendo la manera en que interactuamos con la tecnología y con el mundo que nos rodea.

Las aplicaciones actuales de la IA se pueden clasificar en una amplia variedad de áreas. En el ámbito de la salud, por hacer un repaso, la IA es utilizada para mejorar la precisión de los diagnósticos, personalizar tratamientos y acelerar la investigación de nuevos medicamentos. En la industria, los sistemas inteligentes optimizan procesos de manufactura, mantenimiento predictivo y control de calidad. En el sector del transporte, la IA se emplea para mejorar la seguridad y eficiencia de los vehículos autónomos y para la gestión del tráfico en ciudades inteligentes.

Además, la IA ha encontrado un espacio significativo en la atención al cliente, donde los chatbots y asistentes virtuales han revolucionado la forma en que las empresas interactúan con sus consumidores. En el sector alimentario, la IA contribuye a la optimización de cultivos mediante el análisis de datos climáticos y de suelo, además de mejorar la logística de distribución. En el ámbito científico, la Inteligencia Artificial es una herramienta fundamental en la física y la química, ayudando a modelar fenómenos complejos y a descubrir nuevos materiales. Asimismo, su aplicación en la preservación del medio ambiente y la biodiversidad permite la monitorización de ecosistemas y la detección temprana de amenazas ambientales.

A lo largo de los siguientes apartados, exploraremos en detalle cómo la Inteligencia Artificial está transformando cada uno de estos sectores, presentando casos concretos que ilustran su impacto y las oportunidades que ofrece para el futuro. En todos mis libros intento siempre dar ejemplos diferentes y poner al lector en diferentes contextos, asi que aquí intentaré también hacer lo mismo. También reflexionaremos sobre el papel de los datos en la evolución de la IA y sobre los desafíos que enfrenta en su desarrollo e implementación. Como si no hubieras tenido ya bastante, ¿verdad?.

A pesar de que ya hemos mecionado muchos ejemplos, he preparado una sección en la que te voy a contar cómo la Inteligencia Artificial y el Big Data están siendo utilizados en sectores muy importantes. La idea es que, a través de ejemplos concretos, puedas ver no solo cómo estas tecnologías están revolucionando estas áreas, sino también los retos y consideraciones que surgen al aplicarlas. Todo ejemplo es poco para comprender el potencial de la IA y la importancia del Big Data para esta, y estoy seguro de que el final del libro no será menos en ese aspecto.

En salud, por ejemplo, te mostraré cómo la IA está ayudando a los médicos a hacer diagnósticos más precisos y rápidos, algo que ya hemos comentado varias veces a lo largo del libro, pero porque es algo que realmente está cambiando la vida de los pacientes. Luego, pasamos al marketing, donde el Big Data permite a las empresas entender mejor a sus clientes y crear campañas más personalizadas y efectivas. También vamos a ver cómo, en el mundo de las finanzas, la IA está transformando la manera en que se gestionan los riesgos y se toman decisiones de inversión. Y finalmente terminaré el capítulo dandote multitud de ejemplos en otras áreas que te van a sorprender. Bueno, esto según la experiencia que ya tengas.

Lo que quiero que te lleves de esta sección es una visión clara de cómo la IA y el Big Data pueden aplicarse en el mundo real, y cómo, aunque traen muchos beneficios, también hay desafíos que no podemos ignorar. Mi objetivo es que al final, tras esta parte del libro, te sientas inspirado y con una comprensión más profunda de cómo estas tecnologías pueden marcar la diferencia en tu campo de trabajo.

18.1. IA en salud: Diagnóstico y tratamiento

La Inteligencia Artificial ha demostrado ser una herramienta revolucionaria en el campo de la medicina, no solo en áreas ampliamente conocidas como el diagnóstico por imágenes o el desarrollo de fármacos, sino también en aplicaciones menos evidentes, pero igual de impactantes.

Detección temprana de enfermedades neurodegenerativas a través del habla
Uno de los campos más innovadores en la aplicación de la IA en la medicina es el análisis del habla para la detección temprana de enfermedades neurodegenerativas como el Parkinson y el Alzheimer. Algoritmos de Machine

Learning pueden analizar patrones de voz y microvariaciones en la entonación, la velocidad del habla y las pausas para identificar biomarcadores tempranos de estas enfermedades. Este enfoque no solo permite una detección más temprana que los métodos tradicionales, sino que también facilita un seguimiento no invasivo del progreso de la enfermedad a lo largo del tiempo.

Optimización de trasplantes de órganos
La asignación de órganos para trasplantes es un proceso complejo que depende de múltiples factores, como compatibilidad genética, estado de salud del receptor y tiempo de isquemia del órgano. Modelos de IA pueden analizar bases de datos de donantes y receptores en tiempo real, optimizando la asignación de órganos y reduciendo el tiempo de espera. Además, se están desarrollando algoritmos que pueden predecir la probabilidad de éxito de un trasplante en función de variables como el historial médico del paciente y la calidad del órgano donado, mejorando así las tasas de supervivencia postoperatoria.

Detección de enfermedades a través del análisis del olfato artificial
Otra aplicación sorprendente de la IA en medicina es el uso de sensores electrónicos, conocidos como narices electrónicas, combinados con algoritmos de aprendizaje profundo para detectar enfermedades a través del análisis de compuestos químicos presentes en el aliento de los pacientes. Este método ha demostrado ser eficaz en la detección de enfermedades como el cáncer de pulmón, la diabetes e incluso infecciones bacterianas, permitiendo diagnósticos rápidos y no invasivos.

IA en la monitorización de la salud mental
Las enfermedades mentales como la depresión y la ansiedad pueden ser difíciles de diagnosticar debido a la subjetividad de los síntomas. La IA está revolucionando este campo mediante el análisis de datos de comportamiento obtenidos de dispositivos móviles, redes sociales y patrones de sueño. Algoritmos pueden detectar signos tempranos de deterioro mental mediante el análisis de la actividad en aplicaciones, cambios en la forma de escribir mensajes de texto o variaciones en la actividad física, proporcionando alertas tempranas y recomendaciones personalizadas para intervención.

Uso de IA para la regeneración de tejidos
Una de las áreas más prometedoras en medicina regenerativa es la bioimpresión en 3D asistida por IA. Algoritmos de Machine Learning pueden optimizar la combinación de biomateriales y células madre para imprimir tejidos funcionales, lo que podría revolucionar el tratamiento de lesiones graves y enfermedades degenerativas. Esta tecnología ya ha demostrado su

potencial en la impresión de piel para pacientes con quemaduras graves y en la creación de estructuras vasculares para mejorar la cicatrización de heridas.

Predicción de brotes de enfermedades infecciosas
El análisis de Big Data junto con la Inteligencia Artificial permite predecir brotes de enfermedades infecciosas analizando patrones de búsqueda en internet, datos meteorológicos y reportes médicos en tiempo real. Este tipo de predicción ha sido clave en la lucha contra pandemias, permitiendo a los sistemas de salud prepararse con antelación y responder de manera más efectiva a la propagación de enfermedades.

18.1.1. Aplicaciones en diagnóstico por imagen

El uso de la Inteligencia Artificial en el diagnóstico por imagen ha revolucionado la práctica médica, permitiendo una mayor precisión y rapidez en la detección de enfermedades. Este avance se basa en la aplicación de algoritmos de aprendizaje profundo, especialmente redes neuronales convolucionales, que son particularmente efectivas en el análisis de imágenes médicas como radiografías, tomografías computarizadas, resonancias magnéticas y mamografías.

Uno de los primeros y más destacados ejemplos de IA en diagnóstico por imagen es su aplicación en la detección temprana del cáncer de mama. Los algoritmos entrenados con miles de imágenes de mamografías han demostrado ser capaces de identificar anomalías con una precisión comparable, y en algunos casos superior, a la de los radiólogos humanos. Esto no solo mejora la tasa de detección temprana, sino que también reduce la carga de trabajo de los profesionales de la salud, permitiéndoles enfocarse en casos más complejos.

Otra área en la que la IA ha mostrado un impacto significativo es en el diagnóstico de enfermedades pulmonares, como la neumonía y la tuberculosis, a través del análisis de radiografías de tórax. Los algoritmos pueden detectar patrones sutiles que podrían pasar desapercibidos para el ojo humano, lo que permite una identificación más precisa y temprana de estas enfermedades. Además, durante la pandemia de COVID-19, la IA fue utilizada para analizar tomografías computarizadas del tórax, ayudando a los médicos a evaluar la gravedad de la infección y a tomar decisiones informadas sobre el tratamiento.

En el campo de la neurología, la IA se ha utilizado para analizar imágenes de resonancia magnética cerebral, facilitando el diagnóstico de trastornos neurológicos como la esclerosis múltiple, el alzhéimer y los accidentes

cerebrovasculares. Los algoritmos pueden medir con precisión los volúmenes de diferentes regiones cerebrales, detectar lesiones y monitorizar cambios en el cerebro a lo largo del tiempo, lo que es crucial para el seguimiento de enfermedades degenerativas.
Además de estos ejemplos específicos, la IA también se está utilizando para mejorar la precisión del diagnóstico en otras áreas, como la detección de lesiones cutáneas en dermatología, donde los algoritmos pueden diferenciar entre diferentes tipos de lesiones y ayudar en la identificación temprana de melanomas. En oftalmología, la IA se emplea para analizar imágenes de la retina, permitiendo la detección temprana de enfermedades oculares como la retinopatía diabética y la degeneración macular.

El entrenamiento de estos modelos de IA se realiza utilizando grandes conjuntos de datos que incluyen imágenes etiquetadas por expertos humanos. A medida que los algoritmos aprenden a identificar patrones y características específicas en las imágenes, su precisión mejora con el tiempo. Sin embargo, es importante destacar que, aunque la IA ha demostrado ser una herramienta valiosa en el diagnóstico por imagen, su aplicación debe considerarse como un complemento al juicio clínico de los profesionales de la salud, y no como un reemplazo.

La implementación de IA en el diagnóstico por imagen también plantea importantes consideraciones éticas y de privacidad, especialmente en lo que respecta al manejo de los datos de los pacientes. Los sistemas de IA deben cumplir con las normativas de protección de datos y garantizar la privacidad y seguridad de la información médica. Además, es fundamental asegurar que los algoritmos sean transparentes y explicables, para que los profesionales de la salud puedan confiar en las decisiones tomadas por la IA y comprender cómo se han alcanzado dichas conclusiones.

Su éxito depende de la calidad de los datos utilizados para entrenar los modelos, la integración efectiva con el trabajo clínico y la adherencia a principios éticos rigurosos.

18.1.2. Modelos predictivos para tratamientos

Los modelos predictivos para tratamientos en el ámbito médico representan una de las aplicaciones más revolucionarias de la Inteligencia Artificial y el aprendizaje automático. Estos modelos permiten predecir la respuesta de un paciente a diferentes opciones de tratamiento, facilitando la toma de decisiones clínicas y personalizando la atención médica de acuerdo con las características individuales de cada paciente.

Una de las principales áreas en las que los modelos predictivos han demostrado ser valiosos es en la oncología. El tratamiento del cáncer a menudo implica una combinación de cirugía, radioterapia, quimioterapia y terapias dirigidas. Sin embargo, la respuesta de los pacientes a estos tratamientos puede variar significativamente según factores como el tipo de cáncer, la genética del paciente y la etapa de la enfermedad. Los modelos predictivos ayudan a los oncólogos a anticipar qué tratamientos serán más efectivos para un paciente en particular, minimizando los efectos secundarios y mejorando los resultados clínicos.

Estos modelos se construyen utilizando datos históricos de pacientes, que incluyen información sobre diagnósticos, tratamientos previos, resultados de tratamientos y características demográficas y genéticas. Mediante el uso de técnicas de aprendizaje supervisado, los algoritmos analizan estos datos para identificar patrones y relaciones que no son evidentes para los seres humanos. Por ejemplo, un modelo predictivo podría identificar que ciertos perfiles genéticos están asociados con una mejor respuesta a un tipo específico de quimioterapia, mientras que otros perfiles pueden indicar una mayor probabilidad de efectos adversos.

Otra área de aplicación clave es la predicción de la efectividad de los tratamientos en enfermedades crónicas como la diabetes y las enfermedades cardiovasculares. En estos casos, los modelos predictivos pueden evaluar la probabilidad de que un paciente experimente complicaciones graves, como un ataque cardíaco o un accidente cerebrovascular, en función de su historial médico, hábitos de vida y otros factores de riesgo. Esto permite a los médicos ajustar los planes de tratamiento de manera proactiva, por ejemplo, intensificando la medicación o recomendando cambios en el estilo de vida para prevenir eventos adversos.

Además de predecir la respuesta a los tratamientos, estos modelos también son útiles en la planificación de estrategias de tratamiento a largo plazo. En el caso de enfermedades neurodegenerativas como el alzhéimer, los modelos predictivos pueden ayudar a determinar qué intervenciones pueden retrasar la progresión de la enfermedad, basándose en la evolución clínica de pacientes anteriores. Esto es particularmente importante en enfermedades donde los tratamientos actuales solo pueden gestionar los síntomas en lugar de ofrecer una cura.

En el ámbito de la medicina personalizada, los modelos predictivos desempeñan un papel crucial en la optimización de tratamientos farmacológicos. La farmacogenómica, que estudia cómo los genes de una persona afectan su respuesta a los medicamentos, se beneficia enormemente de estos modelos. Por ejemplo, los pacientes con ciertas variantes genéticas pueden metabolizar los medicamentos más lentamente, lo que podría llevar a una acumulación de fármacos y un mayor riesgo de efectos secundarios. Los modelos predictivos pueden sugerir ajustes en la dosis o el cambio a un medicamento diferente, basándose en la genética del paciente, lo que resulta en un tratamiento más seguro y eficaz.

Sin embargo, la implementación de modelos predictivos en la práctica clínica no está exenta de desafíos. Uno de los principales retos es la necesidad de datos de alta calidad y bien etiquetados. La precisión de los modelos depende en gran medida de la cantidad y calidad de los datos disponibles. Además, es crucial que los datos utilizados sean representativos de la población a la que se aplicarán los modelos, para evitar sesgos y garantizar que los resultados sean generalizables.

Otro desafío es la integración de estos modelos en el flujo de trabajo clínico. Los médicos deben estar capacitados para interpretar las predicciones generadas por los modelos y utilizarlas como una herramienta de apoyo a la toma de decisiones, en lugar de depender únicamente de ellas. La colaboración entre desarrolladores de IA y profesionales de la salud es esencial para diseñar interfaces de usuario que presenten la información de manera clara y accesible, y para garantizar que las recomendaciones sean comprensibles y útiles en el contexto clínico.

Además, los modelos predictivos deben cumplir con estrictos estándares éticos y de privacidad. Dado que estos modelos a menudo se entrenan con datos sensibles de pacientes, es fundamental que se implementen medidas robustas de protección de datos para garantizar que la privacidad de los pacientes no se vea comprometida. Asimismo, es importante que los modelos sean transparentes y explicables, para que los médicos y pacientes comprendan cómo se generan las predicciones y puedan confiar en su fiabilidad.

A medida que la tecnología avanza, se espera que los modelos predictivos se vuelvan cada vez más precisos y personalizados. Con la integración de datos genómicos, biomarcadores y otras fuentes de datos avanzadas, estos modelos tendrán el potencial de transformar la medicina, permitiendo tratamientos más precisos, efectivos y personalizados. No obstante, el éxito de estos modelos dependerá de la colaboración continua entre la tecnología y la medicina, así como del compromiso con los principios éticos y la protección de la privacidad de los pacientes.

18.1.3. Ética en el uso de IA en salud

El uso de la Inteligencia Artificial en el ámbito de la salud ha generado avances significativos en diagnóstico, tratamiento y prevención de enfermedades. Sin embargo, también plantea una serie de desafíos éticos que deben ser considerados cuidadosamente para asegurar que su aplicación beneficie a los pacientes sin comprometer los principios fundamentales de la medicina y los derechos humanos.

Uno de los principales desafíos éticos en el uso de IA en salud es la cuestión de la transparencia y la explicabilidad. Muchas herramientas de IA, especialmente aquellas basadas en algoritmos de aprendizaje profundo, operan como "cajas negras", donde las decisiones o recomendaciones generadas no pueden ser fácilmente explicadas o entendidas por los humanos. En un entorno tan delicado como la medicina, donde las decisiones pueden afectar la vida o la muerte, la falta de explicabilidad puede generar desconfianza tanto entre los profesionales de la salud como entre los pacientes. La transparencia en cómo se entrenan, validan y utilizan estos sistemas es esencial para asegurar que las decisiones basadas en IA sean confiables y puedan ser auditadas si es necesario.

Otro aspecto ético crítico es el sesgo inherente en los datos que se utilizan para entrenar los algoritmos de IA. Si los datos de entrenamiento no son representativos de la población general, los modelos pueden perpetuar o incluso amplificar desigualdades existentes en el sistema de salud. Por ejemplo, si un modelo se entrena principalmente con datos de pacientes de un determinado grupo étnico o socioeconómico, podría no generalizar adecuadamente a otros grupos, lo que resultaría en disparidades en el diagnóstico y tratamiento. Abordar estos sesgos requiere un enfoque consciente y proactivo en la recopilación y el uso de datos, asegurando que los modelos se desarrollen con datos diversos y representativos.

La privacidad y la protección de datos son también preocupaciones éticas fundamentales en el uso de IA en salud. Los sistemas de IA requieren grandes cantidades de datos personales para funcionar eficazmente, lo que incluye información altamente sensible como historiales médicos, datos genómicos y otros detalles íntimos de la vida de los pacientes. El manejo inapropiado o la vulnerabilidad de estos datos pueden llevar a violaciones de la privacidad, lo que podría tener consecuencias devastadoras para los individuos afectados. Además, la posibilidad de que estos datos sean utilizados con fines comerciales o sin el consentimiento adecuado plantea serias preocupaciones éticas. Por lo tanto, es crucial que las organizaciones que implementan IA en salud adopten prácticas rigurosas de protección de datos y respeten las normativas legales como el Reglamento General de Protección de Datos en Europa.

La responsabilidad y rendición de cuentas en el uso de IA en salud es otro tema ético de gran relevancia. Cuando un sistema de IA comete un error o falla en su desempeño, surge la pregunta de quién es responsable: los desarrolladores del software, los proveedores de datos, los profesionales de la salud que utilizaron la IA para tomar decisiones, o las instituciones que implementaron la tecnología. La falta de claridad en esta área puede llevar a situaciones donde las víctimas de errores no pueden obtener justicia o compensación adecuada. Es esencial que se establezcan marcos claros de responsabilidad que definan quién responde por las fallas de los sistemas de IA en salud.

Además, el uso de IA en la medicina también toca aspectos éticos relacionados con la autonomía del paciente y el consentimiento informado. A medida que los sistemas de IA se integran más en la toma de decisiones médicas, existe el riesgo de que los pacientes y los médicos confíen ciegamente en las recomendaciones de la IA, sin cuestionar o comprender completamente los procesos detrás de esas recomendaciones. Esto podría socavar la autonomía del paciente, ya que las decisiones de tratamiento podrían estar más influenciadas por algoritmos que por el juicio humano. Por lo tanto, es vital que los pacientes sean informados de la participación de IA en su atención y que den su consentimiento informado antes de que se tomen decisiones basadas en estas tecnologías.

El uso de IA en salud también plantea preguntas sobre el acceso y la equidad. La implementación de tecnologías avanzadas de IA puede exacerbar las desigualdades existentes en el acceso a la atención médica, especialmente en regiones o comunidades con menos recursos. Si las tecnologías de IA están disponibles solo para aquellos que pueden pagarlas o que viven en áreas con infraestructura avanzada, se corre el riesgo de que se amplíen las brechas en salud entre diferentes poblaciones. Es fundamental que las políticas de salud pública promuevan el acceso equitativo a las innovaciones tecnológicas y que se considere cómo las herramientas de IA pueden beneficiar a todos los pacientes, independientemente de su ubicación o condición económica.

18.2. Big Data en marketing: Segmentación y personalización

18.2.1. Análisis de comportamiento del cliente

El análisis del comportamiento del cliente es una herramienta fundamental en el marketing moderno, especialmente en el contexto del Big Data y la Inteligencia Artificial. Este tipo de análisis permite a las empresas comprender mejor las necesidades, preferencias y patrones de compra de sus clientes, lo que a su vez les ayuda a tomar decisiones más informadas y a personalizar sus ofertas de manera más efectiva.

El proceso de análisis del comportamiento del cliente implica la recopilación y el examen de grandes volúmenes de datos provenientes de diversas fuentes, como transacciones de compra, interacciones en línea, encuestas de satisfacción, redes sociales y más. Estos datos se analizan para identificar patrones, tendencias y comportamientos recurrentes que pueden ofrecer una visión profunda del perfil del cliente. La clave está en utilizar herramientas avanzadas de análisis de datos y modelos de Machine Learning para detectar patrones ocultos que no serían evidentes con métodos de análisis tradicionales.

Una de las aplicaciones más comunes del análisis del comportamiento del cliente es la segmentación de clientes. Este proceso consiste en dividir a los clientes en grupos más pequeños y homogéneos según características específicas, como demografía, comportamiento de compra, intereses y valores. La segmentación permite a las empresas dirigir sus esfuerzos de marketing de manera más precisa, personalizando los mensajes y las ofertas para cada grupo específico. Por ejemplo, una tienda en línea podría identificar un segmento de clientes que tienden a comprar productos de lujo y diseñar campañas específicas para este grupo, maximizando así la efectividad de sus esfuerzos de marketing.

Otro aspecto crítico del análisis del comportamiento del cliente es la predicción del comportamiento futuro. Utilizando modelos predictivos, las empresas pueden anticipar qué productos o servicios es probable que compre un cliente, cuándo es más probable que lo haga, e incluso cuánto está dispuesto a gastar. Estos modelos se basan en datos históricos y en patrones de comportamiento, y pueden ser utilizados para optimizar la gestión de inventarios, mejorar la planificación de la producción y diseñar promociones más efectivas. Por ejemplo, un minorista podría utilizar modelos predictivos para identificar clientes que están a punto de abandonar su servicio y dirigirles ofertas personalizadas para retenerlos.

El análisis del comportamiento del cliente también se utiliza para mejorar la experiencia del cliente. Al entender mejor las preferencias y las expectativas de los clientes, las empresas pueden personalizar la experiencia de compra, ofrecer recomendaciones de productos más acertadas y reducir las fricciones en el proceso de compra. Un ejemplo de esto es el uso de motores de recomendación en plataformas de comercio electrónico, que sugieren productos basados en compras anteriores y en el comportamiento de navegación del cliente. Este tipo de personalización no solo mejora la satisfacción del cliente, sino que también aumenta la probabilidad de ventas adicionales.

Además, el análisis del comportamiento del cliente es crucial para la detección de fraudes y la gestión del riesgo. Al monitorear las transacciones y el comportamiento de los clientes en tiempo real, los algoritmos de Machine Learning pueden identificar patrones anómalos que podrían indicar actividades fraudulentas. Por ejemplo, si un cliente que normalmente realiza pequeñas compras de repente hace una compra muy grande en un país extranjero, esto podría ser una señal de fraude. Las empresas pueden configurar alertas automáticas para investigar estos casos y tomar medidas preventivas.

En términos de implementación, el análisis del comportamiento del cliente requiere una infraestructura robusta de Big Data que pueda manejar y procesar grandes volúmenes de datos en tiempo real. Además, es esencial contar con un equipo de analistas de datos y científicos de datos que puedan diseñar, implementar y refinar modelos analíticos. Las herramientas de visualización de datos también son importantes, ya que permiten a los equipos de marketing y ventas interpretar los resultados del análisis de manera más intuitiva y tomar decisiones informadas basadas en los insights obtenidos.

El desafío de este tipo de análisis radica en la integración de datos provenientes de múltiples fuentes, que a menudo están en diferentes formatos y pueden ser de calidad variable. La limpieza y normalización de datos son pasos cruciales para asegurar que los modelos analíticos produzcan resultados precisos y útiles.

El análisis del comportamiento del cliente no solo beneficia a las empresas, sino que también puede mejorar la experiencia del cliente al hacer que las interacciones con la empresa sean más relevantes y satisfactorias. Sin embargo, es importante que las empresas utilicen estos datos de manera ética, respetando la privacidad del cliente y asegurándose de que el uso de la IA y el Big Data esté alineado con los valores y expectativas de sus clientes.

La Inteligencia Artificial ha revolucionado la atención al cliente, transformando la forma en que las empresas interactúan con sus usuarios, y así mismo los usuarios con estas, pero, y a pesar de que los chatbots y los asistentes virtuales son las aplicaciones más conocidas, existen otras formas atípicas e igualmente relevantes en las que la IA está impactando este ámbito.

Detección de emociones en llamadas de servicio
Algunas empresas han implementado IA para analizar el tono de voz y las emociones de los clientes durante las llamadas telefónicas. Los algoritmos pueden detectar si un cliente está frustrado, impaciente o satisfecho, permitiendo que los agentes ajusten su tono de respuesta o que el sistema derive la llamada a un agente más experimentado en la gestión de crisis.

Sistemas de IA para la interpretación del lenguaje de señas
Empresas enfocadas en la inclusión han desarrollado herramientas que utilizan redes neuronales para traducir el lenguaje de señas en tiempo real a

texto o voz, facilitando la comunicación entre personas sordas y agentes de atención al cliente.

Motores de personalización basados en IA
En el comercio electrónico, algunas empresas han implementado sistemas de IA que personalizan la navegación y recomendaciones según el comportamiento del usuario. Sin que el cliente tenga que comunicarse con un representante, la IA anticipa sus necesidades y adapta la experiencia de compra, generando interacciones sin fricción.

Análisis de microexpresiones en videollamadas
En el sector de servicios financieros y de lujo, algunas entidades utilizan IA para analizar microexpresiones faciales durante interacciones por videollamada. Esto ayuda a detectar niveles de interés, preocupación o duda en los clientes, permitiendo a los agentes ajustar su estrategia de ventas o asesoramiento en tiempo real.

Optimización de respuestas en emails con IA contextual
Sistemas avanzados de IA pueden analizar correos electrónicos entrantes y generar respuestas automáticas altamente personalizadas. Estos modelos no solo utilizan el contenido del correo recibido, sino también el historial de interacciones previas para asegurar que las respuestas sean coherentes y relevantes.

Robots de atención en tiendas físicas
Algunas cadenas de tiendas han incorporado robots con IA que pueden guiar a los clientes dentro del establecimiento, responder preguntas sobre productos en tiempo real y hasta realizar gestiones como la tramitación de devoluciones o asistencia con compras online.

Predicción de necesidades del cliente a través de IA predictiva
Sistemas de IA pueden analizar grandes volúmenes de datos sobre interacciones previas de los clientes y predecir cuándo podrían necesitar asistencia. Por ejemplo, en el sector de telecomunicaciones, la IA puede prever problemas técnicos inminentes en un servicio y alertar al usuario antes de que ocurra el problema, ofreciendo soluciones proactivas.

IA para la gestión de reclamaciones con reconocimiento de documentos
En sectores como los seguros y la banca, la IA se utiliza para analizar documentos enviados por clientes en reclamaciones o solicitudes de soporte. Los algoritmos pueden identificar errores, validar información y acelerar el proceso de aprobación, reduciendo significativamente los tiempos de espera.

18.2.2. Personalización de ofertas y campañas

La personalización de ofertas y campañas es una de las aplicaciones más poderosas del análisis de datos y la Inteligencia Artificial en el ámbito del marketing. Esta estrategia consiste en adaptar productos, servicios, promociones y mensajes a las necesidades y preferencias individuales de los clientes. A diferencia del marketing tradicional, que utiliza un enfoque generalizado para llegar a la mayor cantidad de personas posible, la personalización busca crear una conexión más profunda y relevante con cada cliente, lo que puede aumentar significativamente la efectividad de las campañas y la satisfacción del cliente.

La personalización comienza con la recopilación y el análisis de datos del cliente. Estos datos pueden provenir de múltiples fuentes, como el historial de compras, la actividad en línea, las interacciones en redes sociales, y las respuestas a encuestas. A través del análisis de estos datos, las empresas pueden identificar patrones de comportamiento, preferencias y necesidades específicas de cada cliente. Por ejemplo, una tienda en línea podría identificar que un cliente ha mostrado un interés recurrente en productos de tecnología, y por lo tanto, podría personalizar su oferta para este cliente, sugiriéndole productos relacionados o enviándole promociones específicas sobre tecnología.

Una de las técnicas más comunes utilizadas en la personalización es la segmentación avanzada. Mientras que la segmentación básica divide a los clientes en grandes grupos basados en características generales como la edad o la ubicación, la segmentación avanzada utiliza algoritmos de Machine Learning para crear segmentos mucho más específicos y dinámicos. Estos segmentos pueden basarse en comportamientos recientes, en la propensión a realizar ciertas acciones, o incluso en factores psicológicos y emocionales. Esto permite a las empresas diseñar campañas que resuenen de manera más precisa con las motivaciones individuales de cada grupo de clientes.

Además, la personalización también se extiende al contenido y al canal a través del cual se entrega. Por ejemplo, una empresa podría personalizar no solo la oferta en sí, sino también el medio a través del cual se comunica, como correos electrónicos, mensajes de texto, notificaciones push o anuncios en redes sociales. Esto asegura que el mensaje llegue al cliente en el momento y lugar en que es más probable que responda positivamente. Por ejemplo, un cliente que revisa habitualmente su correo electrónico por la mañana podría recibir ofertas personalizadas en ese momento del día, mientras que otro que pasa más tiempo en redes sociales podría ver las mismas ofertas en forma de anuncios personalizados en su feed.

Otro aspecto crucial de la personalización es la adaptación en tiempo real. Gracias a las tecnologías de Big Data y análisis predictivo, es posible ajustar las ofertas y las campañas en función de la interacción del cliente en tiempo real. Por ejemplo, si un cliente agrega productos al carrito de compras, pero no completa la compra, un sistema de personalización puede inmediatamente ofrecerle un descuento o una promoción especial para incentivar la finalización de la compra. Este tipo de personalización en tiempo real es especialmente efectivo en el comercio electrónico y en aplicaciones móviles, donde las decisiones de compra suelen ser rápidas y están influenciadas por factores inmediatos.

Además, la Inteligencia Artificial permite la creación de motores de recomendación altamente efectivos, que son una de las formas más visibles de personalización. Estos motores utilizan datos históricos del cliente y algoritmos de Machine Learning para sugerir productos o servicios que es probable que el cliente encuentre interesantes. Un ejemplo clásico de esto es el motor de recomendaciones de Amazon, que sugiere productos basados en compras anteriores, artículos vistos, y tendencias generales de compra entre usuarios con perfiles similares. Este tipo de personalización no solo mejora la experiencia del cliente, sino que también incrementa las ventas cruzadas y las ventas adicionales, aumentando el valor de vida del cliente para la empresa.

Es importante señalar que, aunque la personalización puede ofrecer grandes beneficios, también plantea desafíos significativos, especialmente en términos de privacidad y manejo de datos. Las empresas deben ser transparentes sobre cómo se recopilan y utilizan los datos de los clientes, y deben asegurarse de cumplir con todas las regulaciones pertinentes, como el GDPR en Europa o el CCPA en California.

En términos de implementación, la personalización de ofertas y campañas requiere una infraestructura de datos sólida, que pueda manejar grandes volúmenes de información y procesarla de manera eficiente. Las empresas deben invertir en tecnologías de Big Data, herramientas de análisis avanzado, y plataformas de marketing automatizado que permitan la personalización a escala. Además, se debe contar con un equipo de analistas de datos, científicos de datos, y profesionales de marketing que puedan interpretar los datos y diseñar estrategias de personalización efectivas.

18.2.3. Herramientas y plataformas de marketing

En el mundo del marketing moderno, las herramientas y plataformas de marketing juegan un papel fundamental para ayudar a las empresas a ejecutar, gestionar y analizar sus campañas de manera eficiente. Con el avance de la tecnología y la adopción generalizada de la Inteligencia Artificial y el Big Data, estas herramientas han evolucionado para ofrecer capacidades más sofisticadas, como la personalización masiva, la automatización de campañas, y el análisis predictivo. A continuación, se exploran algunas de las herramientas y plataformas de marketing más importantes y cómo contribuyen a la efectividad de las estrategias de marketing.

Uno de los tipos de herramientas más utilizadas en el marketing es la plataforma de automatización de marketing. Estas plataformas permiten a las empresas automatizar tareas repetitivas, como el envío de correos electrónicos, la publicación en redes sociales, y la segmentación de audiencias. Ejemplos de estas plataformas incluyen HubSpot, Marketo, y Pardot. Estas herramientas no solo ahorran tiempo, sino que también permiten una personalización más precisa y el análisis de resultados en tiempo real. Por ejemplo, HubSpot ofrece funcionalidades para crear flujos de trabajo automatizados que personalizan la experiencia del cliente basándose en su comportamiento anterior, como la interacción con correos electrónicos o visitas al sitio web.

Las plataformas de gestión de relaciones con el cliente (CRM) también son cruciales en el arsenal de herramientas de marketing. Un CRM como Salesforce, Microsoft Dynamics, o Zoho CRM permite a las empresas centralizar toda la información del cliente en una única base de datos accesible para todos los equipos. Esto asegura que cada interacción con el cliente sea coherente y esté basada en datos precisos. Además, muchos CRMs ofrecen integraciones con herramientas de automatización de marketing, lo que permite que las campañas sean más personalizadas y orientadas a las necesidades específicas de cada cliente. Por ejemplo, Salesforce puede integrarse con Pardot para automatizar la captación de leads y realizar un seguimiento de las interacciones del cliente a lo largo de todo el embudo de ventas.

En cuanto a la gestión de campañas publicitarias, las plataformas de gestión de anuncios, como Google Ads, Facebook Ads Manager, y LinkedIn Campaign Manager, son esenciales. Estas herramientas permiten a las empresas crear, gestionar y optimizar campañas publicitarias en línea de manera eficiente. Utilizan algoritmos avanzados para segmentar audiencias, optimizar presupuestos, y medir el retorno de la inversión (ROI) en tiempo real. Además, ofrecen capacidades de remarketing, lo que permite a las empresas volver a conectar con usuarios que han interactuado previamente con su sitio web o sus anuncios. Estas plataformas son fundamentales para cualquier estrategia de marketing digital, ya que permiten alcanzar a una audiencia amplia y segmentada con precisión.

Las herramientas de análisis de datos, como Google Analytics, Adobe Analytics, y Tableau, son igualmente cruciales. Estas plataformas permiten a las empresas monitorizar el comportamiento del usuario en sus sitios web y aplicaciones, entender qué contenido es más efectivo, y optimizar sus campañas en base a datos. Google Analytics, por ejemplo, ofrece una visión detallada del tráfico web, permitiendo a los marketers ver desde dónde provienen sus visitantes, qué páginas visitan más, y cuánto tiempo pasan en cada una de ellas. Por otro lado, Tableau facilita la visualización de datos complejos, lo que permite a las empresas tomar decisiones basadas en análisis detallados y presentar los resultados de manera comprensible a los stakeholders.

Además, las plataformas de gestión de contenido (CMS), como WordPress, Drupal, y Joomla, permiten a las empresas crear y gestionar su contenido en línea de manera eficiente. Un CMS facilita la publicación de contenido nuevo, la actualización de información y la gestión de múltiples canales digitales desde un único lugar. Estas herramientas son importantes para mantener una presencia en línea coherente y atractiva, lo que es fundamental para cualquier estrategia de marketing digital.

En el ámbito de la personalización, herramientas como Dynamic Yield, Optimizely, y Adobe Target permiten a las empresas personalizar la experiencia del usuario en tiempo real. Estas plataformas analizan el comportamiento del usuario y adaptan el contenido, las ofertas y los mensajes que se muestran en función de sus preferencias y acciones anteriores. Por ejemplo, Dynamic Yield puede modificar el contenido de una página web en tiempo real para mostrar productos recomendados en base a lo que el usuario ha navegado previamente. Esta capacidad de personalización no solo mejora la experiencia del usuario, sino que también aumenta las tasas de conversión y la satisfacción del cliente.

En el contexto de la gestión de redes sociales, herramientas como Hootsuite, Buffer, y Sprout Social son indispensables. Estas plataformas permiten a las empresas gestionar todas sus cuentas de redes sociales desde un único lugar, programar publicaciones, interactuar con su audiencia, y monitorizar menciones de su marca en tiempo real. Además, ofrecen análisis detallados del rendimiento de las campañas en redes sociales, lo que permite ajustar las estrategias según sea necesario para maximizar el alcance y el engagement. Hootsuite, por ejemplo, permite a los marketers programar publicaciones en múltiples plataformas sociales y analizar qué contenido está generando más interacción.

En cuanto a la optimización de motores de búsqueda (SEO), herramientas como SEMrush, Ahrefs, y Moz son vitales. Estas plataformas ofrecen análisis detallados de palabras clave, seguimiento de rankings, auditorías de sitios web, y análisis de la competencia. Esto permite a las empresas mejorar su visibilidad en los resultados de búsqueda, lo que es crucial para atraer tráfico orgánico de alta calidad. Por ejemplo, SEMrush permite a los usuarios realizar un seguimiento del rendimiento de sus palabras clave, descubrir nuevas oportunidades de SEO, y monitorizar la estrategia SEO de sus competidores.

En el ámbito del marketing por correo electrónico, plataformas como Mailchimp, SendGrid, y Campaign Monitor son fundamentales. Estas herramientas permiten crear campañas de correo electrónico atractivas, segmentar audiencias, y analizar el rendimiento de las campañas. Mailchimp, por ejemplo, ofrece funcionalidades avanzadas como la segmentación de listas, la automatización de campañas de correo electrónico basadas en el comportamiento del usuario, y la integración con otras herramientas de marketing para ofrecer una experiencia de cliente coherente y personalizada.

Estas herramientas no solo facilitan la ejecución de campañas complejas, sino que también proporcionan los datos y análisis necesarios para tomar decisiones informadas y ajustadas a las necesidades y comportamientos de los clientes en tiempo real. Al utilizar estas plataformas de manera integrada, las empresas pueden mejorar significativamente la eficiencia de sus operaciones de marketing, ofrecer experiencias más personalizadas a sus clientes y, en última instancia, lograr mejores resultados en sus campañas.

18.3. IA en finanzas: Análisis de riesgos y trading algorítmico

18.3.1. Modelos predictivos de riesgo crediticio

El desarrollo de modelos predictivos de riesgo crediticio es un área crucial dentro del ámbito financiero, ya que permite a las instituciones evaluar la probabilidad de incumplimiento de un prestatario antes de otorgar un crédito. Estos modelos se basan en técnicas de Machine Learning y estadísticas avanzadas, y su implementación adecuada puede reducir significativamente las pérdidas asociadas a créditos incobrables, mejorar la gestión de riesgos, y optimizar la asignación de capital.

Los modelos predictivos de riesgo crediticio suelen utilizar datos históricos del prestatario, así como otros factores económicos y de mercado, para predecir su comportamiento futuro. La información que se analiza generalmente incluye datos demográficos, historial de crédito, comportamiento de pago, ingresos, endeudamiento, y otros factores relevantes. Una de las metodologías más utilizadas es la regresión logística, que estima la probabilidad de un evento binario, como el incumplimiento de pago (es decir, si el prestatario cumplirá o no con sus obligaciones crediticias).

Por ejemplo, un modelo de regresión logística podría tomar como entrada variables como la edad del solicitante, el monto total de deuda, el historial de pagos atrasados, y el tipo de empleo. El modelo entrenado utilizaría estos datos para predecir la probabilidad de que el solicitante incumpla un nuevo préstamo. La salida del modelo, que es una probabilidad, puede ser utilizada para clasificar a los solicitantes en diferentes categorías de riesgo, desde bajo hasta alto riesgo.

Además de la regresión logística, otros métodos de Machine Learning como los árboles de decisión, bosques aleatorios, y las máquinas de soporte vectorial también son comúnmente utilizados en la predicción de riesgo crediticio. Los árboles de decisión son especialmente útiles por su interpretabilidad, ya que permiten visualizar cómo se toman las decisiones en cada paso basado en las características del solicitante. Los bosques aleatorios, una extensión de los árboles de decisión, combinan múltiples árboles para reducir el sobreajuste y mejorar la precisión del modelo.

Una técnica más avanzada en este campo es el uso de redes neuronales, que pueden capturar relaciones no lineales y patrones complejos en los datos. Aunque las redes neuronales suelen ser menos interpretables que los modelos más simples, su capacidad para manejar grandes cantidades de datos y detectar patrones sutiles puede ofrecer un rendimiento superior en algunas aplicaciones.

La precisión de un modelo de riesgo crediticio se mide generalmente mediante métricas como el AUC-ROC (Área Bajo la Curva de las Características Operativas del Receptor) y la exactitud. El AUC-ROC es particularmente útil porque mide la capacidad del modelo para discriminar entre prestatarios que cumplirán y aquellos que no cumplirán con sus pagos, independientemente de un umbral específico.

Un aspecto crítico de la implementación de modelos predictivos de riesgo crediticio es la validación y recalibración continua. Los datos financieros y el comportamiento de los prestatarios pueden cambiar con el tiempo debido a factores macroeconómicos, cambios en la legislación o políticas de crédito, y nuevas tendencias en el mercado. Por lo tanto, los modelos deben ser revisados y recalibrados periódicamente para mantener su efectividad. Esto implica retrainar el modelo con datos más recientes y ajustar los parámetros según sea necesario.

La equidad es otro tema crucial en el desarrollo de estos modelos. Es importante que los modelos de riesgo crediticio no introduzcan sesgos que puedan perjudicar a ciertos grupos de personas. Por ejemplo, si un modelo se basa en variables que están correlacionadas con características protegidas como raza, género, o religión, podría generar decisiones injustas. Para mitigar estos riesgos, es fundamental aplicar técnicas de fairness en Machine Learning, que buscan garantizar que los modelos tomen decisiones justas y equitativas para todos los solicitantes.

En términos de implementación técnica, los modelos predictivos de riesgo crediticio se integran generalmente en sistemas de decisión automatizados que pueden procesar solicitudes de crédito en tiempo real. Estos sistemas extraen la información relevante del solicitante, aplican el modelo predictivo, y devuelven una decisión junto con la probabilidad de riesgo calculada. Este proceso permite a las instituciones financieras tomar decisiones de crédito más informadas y reducir el riesgo de incumplimiento.

Veamos un ejemplo simplificado en Python que ilustra cómo se podría entrenar un modelo de regresión logística para predecir el riesgo crediticio:

```
import pandas as pd
from sklearn.model_selection import train_test_split
from sklearn.linear_model import LogisticRegression
from sklearn.metrics import roc_auc_score, accuracy_score

# Cargar datos desde un archivo CSV
# Asegúrate de que el archivo 'credit_data.csv' está en el mismo di-
rectorio o proporciona la ruta completa
data = pd.read_csv('credit_data.csv')

# Mostrar las primeras filas del DataFrame para verificar la co-
rrecta carga de los datos
print(data.head())

# Seleccionar características y variable objetivo
X = data[['age', 'total_debt', 'income', 'payment_history']]  # Ca-
racterísticas
y = data['default']  # Variable objetivo, 1 si hay incumplimiento, 0
si no

# Dividir datos en conjuntos de entrenamiento y prueba
X_train, X_test, y_train, y_test = train_test_split(X, y,
test_size=0.3, random_state=42)

# Crear y entrenar el modelo de regresión logística
model = LogisticRegression()
model.fit(X_train, y_train)

# Realizar predicciones
y_pred = model.predict(X_test)
y_pred_prob = model.predict_proba(X_test)[:, 1]

# Evaluar el modelo
auc = roc_auc_score(y_test, y_pred_prob)
accuracy = accuracy_score(y_test, y_pred)
```

```
print(f"AUC-ROC: {auc}")
print(f"Accuracy: {accuracy}")
```

En este código utiliza un modelo de regresión logística para predecir la probabilidad de incumplimiento en función de varias características del prestatario. Se evalúan métricas clave como el AUC-ROC y la exactitud para medir el rendimiento del modelo.

El desarrollo e implementación de modelos predictivos de riesgo crediticio es un proceso complejo que requiere una combinación de conocimientos en finanzas, Machine Learning, y gestión de riesgos. Sin embargo, cuando se realiza correctamente, ofrece un valor significativo a las instituciones financieras al mejorar la toma de decisiones y reducir el riesgo de crédito.

18.3.2. Algoritmos de trading

Los algoritmos de trading han revolucionado la forma en que se opera en los mercados financieros, permitiendo a los traders tomar decisiones automatizadas y basadas en datos en fracciones de segundo. Estos algoritmos son esenciales en el trading algorítmico, también conocido como trading automatizado, donde las órdenes de compra y venta son ejecutadas automáticamente por un programa de computadora en función de un conjunto de reglas predefinidas. Los algoritmos de trading pueden diseñarse para diferentes estrategias, desde la ejecución de operaciones a alta frecuencia hasta el trading basado en el análisis fundamental o técnico.

Uno de los tipos más conocidos de algoritmos de trading es el trading de alta frecuencia (HFT, por sus siglas en inglés). Estos algoritmos ejecutan un gran número de operaciones en milisegundos, aprovechando pequeñas ineficiencias en el mercado. La estrategia se basa en la velocidad, donde las ganancias se derivan de la acumulación de pequeños márgenes en un gran número de operaciones. Los algoritmos HFT suelen utilizar datos de mercado en tiempo real y operan en múltiples mercados simultáneamente para identificar y explotar oportunidades de arbitraje, lo que implica comprar y vender simultáneamente un activo en mercados diferentes para aprovechar diferencias de precios.

Otro enfoque es el trading basado en el momentum, donde los algoritmos están diseñados para identificar tendencias en los precios de los activos y operar en la misma dirección de la tendencia. Estos algoritmos analizan indicadores técnicos, como medias móviles, osciladores o el índice de fuerza relativa (RSI), para determinar el momento adecuado para entrar o salir de una posición. Por ejemplo, un algoritmo de momentum podría programarse para comprar un activo cuando su precio cruza por encima de su media móvil a 50 días, y venderlo cuando cruza por debajo.

El trading basado en el arbitraje estadístico es otro enfoque común. Este tipo de algoritmo busca identificar desviaciones en la relación de precios entre dos o más activos que históricamente han mostrado una correlación estable. Por ejemplo, si dos acciones suelen moverse en tándem, pero una se desvía temporalmente de su correlación histórica, el algoritmo podría ejecutar operaciones de compra en la acción subvalorada y venta en la sobrevalorada, esperando que los precios vuelvan a su relación histórica.

Además de estos enfoques, los algoritmos de trading basados en el análisis fundamental se centran en la evaluación de datos económicos y financieros para tomar decisiones de inversión. Estos algoritmos pueden analizar informes financieros, ratios de valoración, datos macroeconómicos, noticias y otros indicadores fundamentales para determinar el valor intrínseco de un activo. Basado en esta evaluación, el algoritmo puede ejecutar órdenes de compra o venta, aprovechando oportunidades de inversión a largo plazo.

La gestión de riesgo es una parte integral de los algoritmos de trading. Los algoritmos están diseñados para calcular el riesgo de cada operación y ajustar las posiciones en consecuencia. Esto incluye la utilización de stop-losses, que son órdenes de venta predeterminadas para limitar las pérdidas si el mercado se mueve en contra de la posición del trader, y take-profits, que son órdenes de venta para asegurar ganancias cuando el mercado se mueve a favor.

En cuanto a la implementación técnica, los algoritmos de trading se desarrollan utilizando lenguajes de programación como Python, C++, o R, entre otros. Las librerías, como NumPy, Pandas, y Scikit-learn, facilitan el análisis de datos y la implementación de modelos de Machine Learning para el trading. Veámoslo con un ejemplo simplificado en Python de un algoritmo básico de trading de medias móviles, una estrategia comúnmente utilizada para identificar tendencias:

```
import pandas as pd
import numpy as np

# Cargar datos de precios (supongamos que 'data' es un DataFrame con
columnas 'Date' y 'Close')
data = pd.read_csv('market_data.csv', parse_dates=['Date'], in-
dex_col='Date')
# Calcular medias móviles
data['SMA_50'] = data['Close'].rolling(window=50).mean()
data['SMA_200'] = data['Close'].rolling(window=200).mean()

# Generar señales de compra/venta
```

```
data['Signal'] = 0
data['Signal'][50:] = np.where(data['SMA_50'][50:] >
data['SMA_200'][50:], 1, 0)
data['Position'] = data['Signal'].diff()

# Imprimir señales de trading
print(data[['Close', 'SMA_50', 'SMA_200', 'Signal', 'Posi-
tion']].tail())
```

En este código, el algoritmo calcula dos medias móviles (a 50 y 200 días) y genera señales de compra cuando la media móvil de corto plazo (50 días) cruza por encima de la media móvil de largo plazo (200 días), y señales de venta cuando ocurre lo contrario. Este tipo de estrategia es sencilla pero efectiva para capturar tendencias en el mercado.

El uso de algoritmos de trading tiene múltiples beneficios, como la eliminación de emociones en la toma de decisiones, la capacidad para operar las 24 horas del día y la posibilidad de ejecutar estrategias complejas que serían imposibles para un humano. Sin embargo, también presenta riesgos, especialmente en mercados volátiles o durante eventos inesperados que pueden causar movimientos bruscos en los precios. Es crucial que los algoritmos estén bien diseñados y rigurosamente probados antes de ser implementados en un entorno de producción.

La regulación es un aspecto esencial a considerar en el desarrollo e implementación de algoritmos de trading. Diferentes jurisdicciones tienen regulaciones específicas para el trading algorítmico, destinadas a prevenir prácticas desleales y a garantizar la estabilidad de los mercados financieros. Los desarrolladores de estos algoritmos deben asegurarse de cumplir con todas las normativas aplicables para evitar sanciones y preservar la integridad del mercado.

18.3.3. Regulación y cumplimiento en finanzas

La regulación y el cumplimiento en el sector financiero son fundamentales para garantizar la integridad, transparencia y estabilidad de los mercados financieros. En un entorno donde las transacciones electrónicas, los algoritmos de trading y las tecnologías avanzadas, como la Inteligencia Artificial, juegan un papel crucial, la supervisión regulatoria se ha intensificado para mitigar riesgos sistémicos y proteger a los inversores y a la economía en general.
Una de las principales motivaciones para la regulación en finanzas es prevenir el riesgo sistémico, que se refiere a la posibilidad de que una perturbación en una institución financiera o en una clase de activos se extienda a todo el sistema financiero, causando crisis económicas graves. Los eventos

como la crisis financiera de 2008 demostraron cómo la falta de regulación adecuada y el incumplimiento de normativas podían tener efectos devastadores a nivel global. Desde entonces, los organismos reguladores han reforzado las normativas y han introducido nuevas leyes y directrices para evitar la repetición de tales crisis.

Un marco regulatorio esencial en el contexto financiero es el de Basilea III, establecido por el Comité de Supervisión Bancaria de Basilea. Este marco, que sigue a Basilea I y Basilea II, tiene como objetivo fortalecer la regulación, la supervisión y la gestión de riesgos del sector bancario. Basilea III introduce requisitos más estrictos en cuanto a la suficiencia de capital, el apalancamiento y la liquidez, obligando a los bancos a mantener reservas de capital más altas para absorber posibles pérdidas y reducir el riesgo de insolvencia.

Otro componente crítico de la regulación financiera es la Ley Dodd-Frank de Reforma de Wall Street y Protección al Consumidor en Estados Unidos, promulgada en 2010 como respuesta a la crisis financiera de 2008. Esta ley implementa una serie de reformas destinadas a mejorar la estabilidad financiera, proteger a los consumidores, acabar con el "too big to fail", y crear una mayor transparencia en los mercados financieros. La Dodd-Frank establece requisitos de capital y apalancamiento más estrictos para las instituciones financieras y regula los mercados de derivados, que estuvieron en el centro de la crisis de 2008.

En la Unión Europea, el Reglamento General de Protección de Datos (GDPR) y la Directiva de Mercados de Instrumentos Financieros (MiFID II) son regulaciones clave que afectan a las instituciones financieras. MiFID II, en particular, busca reforzar la protección del inversor y aumentar la transparencia en los mercados financieros, estableciendo nuevas normas para la operación de las empresas de inversión, la divulgación de información y la ejecución de órdenes.

La MiFID II también introduce regulaciones específicas para el trading algorítmico y de alta frecuencia, imponiendo requisitos para que las empresas que utilizan estos métodos tengan controles de riesgo adecuados, así como sistemas de supervisión y auditoría. Esto incluye la necesidad de asegurar que los algoritmos no causen desestabilización del mercado, evitar la manipulación del mercado y garantizar que las operaciones se realicen en beneficio de los clientes.

La ley Sarbanes-Oxley, también en Estados Unidos, es otro ejemplo de legislación diseñada para mejorar la transparencia y la rendición de cuentas en las finanzas. Promulgada en 2002 después de los escándalos contables de Enron y WorldCom, esta ley establece requisitos estrictos para la divulgación financiera y la responsabilidad corporativa, incluyendo la obligación de que los altos ejecutivos certifiquen personalmente la exactitud de los estados financieros de sus empresas.

En cuanto al cumplimiento, las instituciones financieras deben implementar marcos robustos de gestión de riesgos y cumplimiento normativo para garantizar que operan dentro de los límites de la ley. Esto incluye la creación de equipos de cumplimiento dedicados que monitoreen las operaciones, identifiquen riesgos potenciales y aseguren que se sigan todas las políticas y procedimientos internos y externos. La tecnología juega un papel importante en el cumplimiento, ya que las herramientas de análisis de Big Data y los sistemas automatizados de detección de fraudes permiten a las empresas supervisar grandes volúmenes de transacciones en tiempo real y detectar actividades sospechosas.

El cumplimiento normativo también implica una auditoría regular por parte de organismos reguladores, así como auditorías internas para revisar la efectividad de los sistemas de control y garantizar que todas las áreas de la organización cumplan con las normativas pertinentes. Las sanciones por incumplimiento pueden ser severas, incluyendo multas considerables, sanciones penales y daños a la reputación de la empresa.

Además, el cumplimiento de normativas no solo se trata de evitar sanciones legales, sino también de mantener la confianza de los inversores, clientes y otras partes interesadas. En un mercado donde la confianza es fundamental, las empresas que son percibidas como poco transparentes o que no cumplen con las normativas pueden sufrir una pérdida significativa de negocio.

En cuanto a la tecnología utilizada para el cumplimiento, las herramientas RegTech (tecnología regulatoria) han ganado protagonismo. Estas soluciones ayudan a las empresas financieras a automatizar los procesos de cumplimiento, gestionar grandes volúmenes de datos regulatorios y adaptarse rápidamente a los cambios en la normativa. RegTech abarca una amplia gama de aplicaciones, desde la gestión del riesgo y la identificación de clientes hasta la monitorización continua y la elaboración de informes regulatorios.

Es importante mencionar el papel de las agencias regulatorias internacionales, como la Organización Internacional de Comisiones de Valores (IOSCO) y el Consejo de Estabilidad Financiera (FSB), que coordinan la regulación y supervisión a nivel global. Estas organizaciones trabajan para establecer estándares internacionales y fomentar la cooperación entre diferentes jurisdicciones para abordar riesgos globales, mejorar la transparencia y la estabilidad del sistema financiero internacional.

La regulación y el cumplimiento en finanzas son dinámicos y evolucionan constantemente para hacer frente a nuevos desafíos y tecnologías emergentes. Las instituciones financieras deben estar en constante adaptación y mejorar sus prácticas de cumplimiento para mantenerse al día con el entorno regulatorio en constante cambio y evitar los riesgos asociados con el incumplimiento.

18.4. IA en la industria

La Inteligencia Artificial ha revolucionado el sector industrial con aplicaciones que van más allá de los casos típicos como el mantenimiento predictivo y la automatización de líneas de producción. Existen implementaciones menos conocidas, pero igualmente cruciales que están transformando diversas áreas de la industria.

Optimización del tejido en la industria textil
En la fabricación de prendas y textiles, la IA se utiliza para minimizar el desperdicio de tela mediante algoritmos de optimización de corte. Modelos de Machine Learning analizan patrones y formas de prendas, calculando la mejor manera de distribuir los cortes en la tela para reducir el material sobrante. Empresas de moda sostenible han implementado esta tecnología para mejorar la eficiencia y reducir su impacto ambiental.

IA para la detección de defectos en el mármol y la piedra natural
La industria de la construcción y decoración utiliza Inteligencia Artificial para inspeccionar bloques de mármol y granito en busca de grietas o imperfecciones internas que no son visibles a simple vista. Mediante redes neuronales entrenadas con imágenes de referencia, las empresas pueden clasificar y seleccionar las mejores piezas antes de su procesamiento, reduciendo desperdicios y mejorando la calidad del producto final.

Monitoreo de la fermentación en la producción de bebidas
Las fábricas de cerveza, vino y otros productos fermentados han comenzado a implementar sensores inteligentes y algoritmos de IA para monitorear en tiempo real el proceso de fermentación. Esto permite ajustar variables como temperatura, pH y concentración de azúcar, optimizando la calidad del producto final y reduciendo pérdidas por lotes defectuosos.

Predicción de fallos en herramientas de corte en la manufactura
En la industria metalmecánica, las herramientas de corte como brocas y fresas tienen una vida útil limitada, y su fallo inesperado puede detener la producción. Sistemas de IA analizan vibraciones, temperatura y patrones de desgaste para predecir cuándo una herramienta fallará, permitiendo su reemplazo antes de que ocurra un problema crítico.

Clasificación de residuos en procesos industriales
Empresas que producen grandes volúmenes de residuos han adoptado IA para mejorar la gestión de desechos. Sensores inteligentes y visión por computadora clasifican materiales reciclables de los no reciclables en tiempo real, aumentando la eficiencia del reciclaje y reduciendo costos operativos.

Generación de diseños optimizados para estructuras ligeras
En sectores como la aeronáutica y la automoción, la Inteligencia Artificial se utiliza para diseñar estructuras optimizadas en términos de peso y resistencia. Algoritmos de optimización generativa pueden crear diseños que utilizan menos material sin comprometer la seguridad, reduciendo costos y mejorando el rendimiento de los productos.

IA en la fabricación de perfumes y aromas
La creación de fragancias y aromas es un arte que ahora cuenta con el apoyo de la IA. Mediante modelos de aprendizaje profundo, las empresas pueden predecir combinaciones de ingredientes que darán como resultado aromas agradables y únicos. Estos algoritmos pueden incluso anticipar cómo cambiará la fragancia con el tiempo, mejorando la formulación de productos.

Simulación de condiciones extremas en la industria aeroespacial
Las agencias espaciales y empresas aeroespaciales utilizan IA para simular condiciones extremas a las que estarán expuestos los materiales y equipos en el espacio. Modelos avanzados pueden predecir cómo responderán distintos materiales a la radiación cósmica o a los cambios bruscos de temperatura, lo que permite desarrollar componentes más resistentes y duraderos.

18.5. IA en el transporte

La Inteligencia Artificial está transformando la industria del transporte de formas sorprendentes. Mientras que los vehículos autónomos y la optimización del tráfico son ejemplos ampliamente conocidos, existen aplicaciones menos evidentes, pero igual de revolucionarias, que demuestran el impacto de la IA en la movilidad.

IA en el mantenimiento predictivo de infraestructuras
Uno de los avances más significativos en el transporte es la implementación de IA en el mantenimiento predictivo de infraestructuras. Modelos de aprendizaje automático analizan grandes volúmenes de datos provenientes de sensores instalados en carreteras, puentes y túneles para detectar patrones de desgaste y predecir fallos estructurales antes de que ocurran. Este enfoque no solo mejora la seguridad, sino que también reduce costos de reparación y minimiza interrupciones en la movilidad.

Un caso destacado es el uso de drones equipados con visión artificial para inspeccionar vías férreas y carreteras. Estos dispositivos pueden identificar grietas microscópicas o corrosión en estructuras críticas, lo que permite realizar mantenimiento preventivo antes de que ocurran incidentes graves.

IA para la reducción del ruido en aeropuertos

Los aeropuertos han comenzado a aplicar IA para reducir la contaminación acústica generada por el tráfico aéreo. Algoritmos avanzados analizan los patrones de despegue y aterrizaje en tiempo real para ajustar las trayectorias de vuelo y minimizar el impacto sonoro en zonas urbanas.

Además, algunas aerolíneas han integrado IA en la gestión de motores para modificar dinámicamente los niveles de empuje y reducir la emisión de ruido sin comprometer la seguridad o eficiencia del vuelo.

IA en la gestión de flotas marítimas

El transporte marítimo es un sector donde la Inteligencia Artificial está aportando innovaciones inesperadas. Modelos de Machine Learning predicen las mejores rutas para los barcos con base en datos meteorológicos, tráfico marítimo y patrones históricos de navegación, lo que reduce tiempos de viaje y consumo de combustible.

Un caso llamativo es la implementación de IA en la optimización de carga y descarga en puertos. Sensores y algoritmos de visión artificial permiten organizar los contenedores en los barcos de manera óptima, mejorando la estabilidad y reduciendo los tiempos de espera.

IA en la predicción de atascos en túneles submarinos

Los túneles submarinos, debido a su naturaleza cerrada y alta densidad vehicular, son propensos a congestión severa. La IA se está utilizando para predecir y mitigar estos atascos mediante la combinación de datos en tiempo real de sensores de tráfico, condiciones climáticas y modelos de flujo vehicular.

Un ejemplo es el túnel del canal de la Mancha, donde sistemas de IA predicen la formación de embotellamientos con hasta una hora de antelación, permitiendo tomar medidas proactivas como ajustes en la velocidad recomendada y la apertura de carriles adicionales en los accesos.

IA en el transporte público personalizado

Algunas ciudades están experimentando con servicios de transporte público dinámico impulsados por IA. En lugar de rutas fijas, los autobuses y minibuses pueden ajustar su recorrido en función de la demanda en tiempo real.

Por ejemplo, en Helsinki, Finlandia, se han implementado sistemas de transporte bajo demanda que utilizan algoritmos de aprendizaje automático para agrupar pasajeros con trayectos similares, optimizando la eficiencia del servicio y reduciendo el número de vehículos en circulación.

18.6. IA en la alimentación

La Inteligencia Artificial ha revolucionado numerosos sectores, y la alimentación no es una excepción. Sin embargo, más allá de los casos típicos como la optimización de cadenas de suministro y la automatización en la industria alimentaria, existen aplicaciones menos conocidas, pero igualmente relevantes que están transformando el sector de maneras innovadoras.

Creación de nuevos sabores
Uno de los usos menos convencionales de la IA en la alimentación es la creación de nuevos sabores y combinaciones de ingredientes. Empresas especializadas han desarrollado modelos de IA que analizan la composición química de miles de ingredientes para identificar combinaciones inesperadas pero armoniosas. Estos sistemas utilizan redes neuronales para predecir sabores agradables y crear recetas completamente nuevas, ayudando a chefs y empresas de alimentos a innovar con productos únicos.

Detección de fraudes alimentarios
Otro ejemplo poco conocido es el uso de la IA en la detección de fraudes alimentarios. La adulteración de alimentos es un problema global, y la IA está ayudando a combatirlo mediante el análisis de datos espectroscópicos y químicos para detectar ingredientes falsificados o etiquetados incorrectamente. Gracias al aprendizaje profundo, estos sistemas pueden identificar pequeñas variaciones en la composición de los productos y alertar a los reguladores antes de que los productos lleguen al mercado.

Análisis del estado madurez de frutas y verduras
En la agricultura de precisión, un caso inusual pero altamente eficiente es el uso de IA para analizar el estado de madurez de frutas y verduras en tiempo real. Sensores avanzados acoplados a sistemas de IA pueden evaluar con precisión la calidad de los productos, permitiendo que se cosechen en el momento óptimo. Esta tecnología se ha implementado en cultivos como los aguacates y los plátanos, donde la madurez puede cambiar rápidamente y afectar el transporte y la comercialización. Hay empresas que en general usan esta tecnología para la recolección.

Uso de IA para la creación de alternativas a la carne
Otro caso innovador es la aplicación de la IA en la creación de alternativas a la carne. Modelos de aprendizaje automático analizan la textura, el sabor y la composición nutricional de diversas fuentes vegetales para desarrollar productos que imitan la carne con una similitud sorprendente. Empresas de

tecnología alimentaria están utilizando estas herramientas para desarrollar hamburguesas y otros productos cárnicos a base de plantas que sean más sostenibles y con un perfil de sabor convincente.

La IA en la reducción de desperdicios alimentarios
Un aspecto menos explorado, pero de gran impacto es el uso de IA en la reducción del desperdicio de alimentos. Restaurantes y supermercados utilizan sistemas de IA para predecir la demanda con mayor precisión, optimizar inventarios y minimizar el desperdicio. Algunos programas avanzados pueden incluso sugerir recetas y formas de reutilizar ingredientes que están por caducar, ayudando a reducir la cantidad de comida desechada.

La IA en la nutrición personalizada
La IA también está desempeñando un papel crucial en la nutrición personalizada. Plataformas impulsadas por IA pueden analizar datos de salud, hábitos alimenticios y necesidades nutricionales de los individuos para recomendar dietas personalizadas. Algunas aplicaciones incluso utilizan visión artificial para identificar alimentos en un plato y calcular su valor nutricional en tiempo real, facilitando una alimentación más saludable y equilibrada.

Como puedes ver, la IA en la alimentación va mucho más allá de la automatización de procesos y tiene un impacto profundo en la innovación culinaria, la seguridad alimentaria, la sostenibilidad y la salud.

18.7. IA en la física

La Inteligencia Artificial también ha revolucionado muchas áreas de la física, desde la investigación teórica hasta la experimentación en laboratorios de vanguardia. Aunque los ejemplos más conocidos incluyen la aceleración de simulaciones cuánticas o el análisis de datos de colisiones de partículas en el CERN, existen aplicaciones menos conocidas, pero igualmente impactantes.

La IA en el estudio de materiales exóticos
Uno de estos ejemplos es el uso de IA para el estudio de los materiales exóticos. Investigadores han utilizado redes neuronales para predecir las propiedades de materiales cuánticos topológicos, que podrían revolucionar la computación cuántica. Gracias al aprendizaje profundo, se pueden identificar patrones en los datos experimentales que permitirían encontrar materiales con características superconductoras a temperatura ambiente.

IA para la reconstrucción de imágenes astronómicas
Otra aplicación atípica de la IA en física es la reconstrucción de imágenes astronómicas. Un caso paradigmático fue el uso de algoritmos de

aprendizaje profundo para completar las observaciones de los telescopios de interferometría de base muy larga (VLBI) (Proyecto Event Horizon Telescope (EHT)). Estos sistemas permitieron obtener la histórica imagen del agujero negro en M87. La IA reconstruyó la información perdida entre las diferentes observaciones, mejorando la resolución y la calidad de los datos obtenidos.

Uso de la IA para estabilizar reactores nucleares
En el campo de la física de plasmas, la IA también ha demostrado ser una herramienta valiosa. Los sistemas de control basados en aprendizaje por refuerzo están ayudando a estabilizar los reactores de fusión nuclear. Un ejemplo particular es el control de la configuración magnética en tokamaks como el ITER. Las redes neuronales pueden predecir inestabilidades del plasma en tiempo real y ajustar los campos magnéticos para evitar perturbaciones que podrían comprometer la estabilidad del reactor.

Reconstrucción de teorías físicas
Otro caso interesante es el uso de la IA en la reconstrucción de teorías físicas a partir de datos experimentales. Algunos proyectos han empleado algoritmos de Machine Learning para deducir ecuaciones fundamentales de la física sin conocimiento previo de los sistemas estudiados. Por ejemplo, modelos de IA han sido capaces de derivar leyes del movimiento a partir de observaciones de partículas en movimiento, sin programar explícitamente las ecuaciones de Newton.

IA en el estudio de la materia oscura
En el ámbito de la cosmología, la IA está ayudando a resolver uno de los mayores misterios del universo: la materia oscura. Algoritmos de Machine Learning han sido entrenados para analizar la distribución de galaxias y estimar la presencia y distribución de esta materia invisible, permitiendo crear mapas tridimensionales de su influencia gravitacional con un grado de precisión sin precedentes.

La IA está demostrando no solo acelerar cálculos y mejorar la precisión en experimentos físicos, sino que también está permitiendo descubrir nuevos fenómenos y reformular teorías en direcciones antes impensables. A medida que la IA continúa evolucionando, su impacto en la física solo seguirá expandiéndose, abriendo nuevas fronteras en la comprensión del universo, más allá de lo que el ser humano puede ahora tan solo imaginar.

18.8. IA en la química

Otro campo que la Inteligencia Artificial también está revolucionando por completo es la química en sus diversas áreas, desde el diseño de nuevos materiales hasta la optimización de procesos industriales. Si bien muchos ejemplos clásicos incluyen el descubrimiento de fármacos o la modelización de reacciones, existen aplicaciones menos conocidas, pero igualmente importantes, que demuestran el impacto de la IA en este campo.

Descubrimiento de minerales sintéticos
Uno de los usos más sorprendentes de la IA en la química es la identificación de nuevas composiciones para minerales sintéticos. Algoritmos de aprendizaje profundo pueden analizar combinaciones de elementos y predecir estructuras cristalinas estables que no existen en la naturaleza. Esto tiene aplicaciones en la electrónica avanzada, permitiendo la creación de nuevos semiconductores o materiales superconductores.

Modelado de fragancias y sabores
Las redes neuronales se han utilizado para predecir la interacción de compuestos aromáticos y crear fragancias sintéticas que imitan olores naturales sin necesidad de recurrir a materiales de origen animal o recursos naturales escasos. Empresas del sector alimentario y de perfumería están adoptando estos modelos para diseñar nuevos sabores y aromas sin recurrir a pruebas tradicionales, reduciendo costos y tiempos de experimentación.

IA para la generación de catalizadores eficientes
Los catalizadores son fundamentales en la industria química, ya que aceleran reacciones sin consumirse en el proceso. La IA está ayudando a diseñar catalizadores más eficientes al predecir qué combinaciones de metales y estructuras moleculares optimizan las reacciones deseadas. Esto se está aplicando en la producción de combustibles sintéticos y en la reducción de contaminantes industriales.

Química cuántica y simulación molecular
Los algoritmos de IA están ayudando a resolver ecuaciones de la mecánica cuántica más rápidamente, permitiendo la simulación precisa de moléculas complejas. Esto es clave para entender la reactividad de nuevos compuestos antes de realizar costosos experimentos en laboratorio.

Reciclaje químico automatizado
El desarrollo de sistemas de IA para identificar y separar moléculas en residuos industriales está permitiendo procesos de reciclaje químico altamente eficientes. Estos modelos pueden analizar la composición de los desechos en tiempo real y sugerir procesos químicos óptimos para recuperar materiales valiosos sin generar contaminación adicional.

Fabricación de tintes y pigmentos sostenibles
La industria textil y de pinturas enfrenta el desafío de reducir el impacto ambiental de sus procesos. La IA se usa para encontrar compuestos

alternativos a los colorantes tóxicos tradicionales, formulando pigmentos que mantengan la calidad y durabilidad mientras reducen el consumo de agua y agentes contaminantes en su fabricación.

Predicción de corrosión en infraestructuras
Otro campo poco explorado es la aplicación de IA en la predicción de la corrosión en materiales de construcción e infraestructuras industriales. Modelos de aprendizaje automático analizan datos sobre la composición química de metales, condiciones climáticas y exposición a agentes químicos para prever fallos estructurales antes de que ocurran, permitiendo estrategias de mantenimiento proactivo.

La aplicación de IA en áreas menos exploradas, como la optimización de materiales, la creación de fragancias sintéticas, la predicción de corrosión y el reciclaje químico, demuestra su potencial para transformar la industria y mejorar la sostenibilidad.

18.9. IA en la preservación del medio ambiente y la vida animal

La Inteligencia Artificial está desempeñando un papel crucial en la preservación del medio ambiente y la protección de la vida animal. A través de algoritmos avanzados, redes neuronales y técnicas de Machine Learning, se está logrando identificar patrones ambientales, predecir cambios climáticos y mitigar el impacto humano en ecosistemas frágiles. Aunque muchas de las aplicaciones más conocidas incluyen la detección de la deforestación a través de imágenes satelitales o el monitoreo de la vida silvestre con drones, existen ejemplos menos convencionales, pero igualmente relevantes que demuestran el potencial de la IA en este ámbito.

Monitoreo del blanqueamiento de corales mediante sonido
El blanqueamiento de corales es un problema crítico causado por el aumento de la temperatura del agua, lo que provoca la expulsión de las algas simbiontes esenciales para la supervivencia de los corales. Investigadores han desarrollado algoritmos de IA capaces de analizar los sonidos del arrecife para detectar cambios en la biodiversidad y determinar la salud del ecosistema marino. En lugar de depender solo de imágenes satelitales, este enfoque auditivo permite un monitoreo continuo y menos invasivo, proporcionando datos en tiempo real sobre la salud de los arrecifes de coral.

Control de especies invasoras con robots autónomos
Las especies invasoras representan una grave amenaza para los ecosistemas autóctonos, desplazando especies nativas y alterando el equilibrio natural. La IA se ha integrado en robots submarinos y terrestres que pueden identificar y erradicar especies invasoras sin afectar a la biodiversidad

circundante. Por ejemplo, en Australia, se han desarrollado robots con aprendizaje profundo que identifican y eliminan estrellas de mar corona de espinas, responsables de la destrucción de los arrecifes de coral. Estos sistemas permiten una gestión más eficiente de las poblaciones invasoras sin dañar el ecosistema.

Análisis de la contaminación lumínica y su impacto en la vida silvestre
El exceso de iluminación artificial altera los patrones de comportamiento de muchas especies, afectando la migración de aves, la reproducción de tortugas marinas y la actividad de los insectos polinizadores. Algoritmos de IA pueden analizar imágenes nocturnas captadas por satélites para mapear las áreas más afectadas por la contaminación lumínica y sugerir estrategias para mitigar su impacto. Este tipo de información ha permitido la implementación de alumbrado adaptativo en ciudades y áreas costeras, reduciendo los efectos negativos sobre la fauna nocturna.

Optimización de cultivos con polinización asistida por IA
La disminución de las poblaciones de abejas ha generado preocupación mundial debido a su papel clave en la polinización de cultivos. Se han desarrollado drones autónomos equipados con algoritmos de IA que pueden identificar flores y realizar la polinización de manera artificial. Si bien estos dispositivos no pueden reemplazar completamente a los polinizadores naturales, representan una solución alternativa en entornos donde la polinización ha disminuido drásticamente. Además, la IA también se está utilizando para analizar datos sobre la salud de las colonias de abejas y predecir brotes de enfermedades, ayudando a los apicultores a tomar decisiones informadas.

Redes neuronales en la detección temprana de incendios forestales
Los incendios forestales son una de las principales amenazas para la biodiversidad y contribuyen significativamente a las emisiones de gases de efecto invernadero. Se han desarrollado modelos de IA que analizan datos de sensores térmicos y cámaras de vigilancia para detectar incendios en sus primeras etapas. A diferencia de los métodos tradicionales de monitoreo, que dependen de la observación humana o de satélites con tiempos de revisión limitados, estos sistemas pueden alertar sobre posibles focos de incendio con una rapidez sin precedentes, facilitando una respuesta inmediata y reduciendo la propagación del fuego.

Como tú mismo puedes comprobar, el uso de la Inteligencia Artificial en la preservación del medio ambiente y la vida animal está revolucionando la forma en que enfrentamos los retos ecológicos. Más allá de las aplicaciones convencionales, el uso de IA para el monitoreo de sonidos submarinos, la erradicación de especies invasoras, la reducción de la contaminación lumínica, la polinización artificial y la detección temprana de incendios forestales demuestran su versatilidad e importancia. Gracias a la combinación de

IA con estrategias de conservación esta podrá desempeñar un papel aún más significativo en la protección del planeta.

★★★★★

Espero de corazón que el libro te haya gustado. Si es así, si el libro te ha gustado, o tal vez que ha ayudado a comprender mejor la IA, si tal vez incluso ha despertado tu curiosidad por aprender Inteligencia Artificial, entonces te pido que escribas una reseña.

Sabías que según las estadísticas el 67% de los clientes escribe una reseña tras una experiencia positiva, mientras que el 40% lo hace después de una experiencia negativa. Esto y según mis propios estudios es totalmente erróneo, y es al revés. Los clientes satisfechos apenas escriben reseñas, mientras que los descontentos incluso la escriben prácticamente al momento. Igualmente, el 93% de los consumidores lee reseñas en línea antes de decidirse por una compra. Mientras que un estudio indica que el 55% de las opiniones en internet son falsas, algo que, según muchos reportajes de investigación, el porcentaje de reseñas falsas es mucho mayor. Sin embargo, el 94% de los consumidores evita un producto o una empresa debido a críticas negativas.

Tu reseña tiene mucho valor, y esto me puede ayudar enormemente a seguir escribiendo.

★★★★★

Agradecimientos

Estimado lector,

quiero aprovechar este momento para agradecerte sinceramente por haber llegado hasta aquí y haber invertido tu tiempo en leer este libro. Te aplaudo y me quito el sombrero. Tu dedicación y compromiso con el aprendizaje son un reflejo de tu deseo de estar a la vanguardia en un campo tan dinámico y en constante evolución como lo son la Inteligencia Artificial y el Big Data. Espero que los conocimientos compartidos te hayan sido útiles y te inspiren a continuar explorando las infinitas posibilidades que estas tecnologías ofrecen.

La Inteligencia Artificial no es solo una tecnología del presente, sino una que seguirá moldeando el futuro en formas que apenas podemos imaginar. Es crucial que sigas formándote, manteniéndote actualizado y desarrollando habilidades que te permitirán no solo adaptarte, sino también liderar en esta era de transformación digital. Cada paso que des en tu aprendizaje no solo incrementará tu conocimiento, sino que te acercará a nuevas oportunidades para impactar en tu entorno, tu trabajo y la sociedad.

Si te interesa seguir profundizando en la gestión de proyectos de Inteligencia Artificial, te invito a conocer mis libros "IA-Manager" e "IA el *Homo digitalis*". En ellos, te guiaré a través de las mejores prácticas, estrategias y herramientas necesarias para convertirte en un líder en lo que a IA se refiere. Estoy convencido de que estos serán complementos valiosos a los conocimientos que has adquirido aquí y te proporcionarán una perspectiva más amplia sobre la IA, tanto profesional como personal.

Una vez más, gracias por acompañarme en este viaje. Te animo a seguir aprendiendo, explorando y expandiendo tus horizontes en el fascinante mundo de la Inteligencia Artificial. ¡El futuro está en tus manos!

Con un sentido de gratitud inmensurable y los mejores deseos,

Juan García
CEO, Experto en IA, Manager de IA y IBM Advanced ML Specialist
SMART &PRO AI
DEEP ATHENA

Acerca del autor

Juan García es un apasionado experto en tecnología y un investigador incansable del potencial transformador de la Inteligencia Artificial. Nacido en Almería, España, y con una trayectoria profesional que lo ha llevado por varios países de Europa, ha dedicado más de 25 años a aprender, enseñar y compartir conocimientos en el sector industrial en áreas como la automatización y la optimización, y muy especialmente desde 2019 en áreas como IA, Machine Learning y Big Data.

Su enfoque no se limita a seguir tendencias tecnológicas, sino que nace de una reflexión profunda sobre cómo la inteligencia humana puede ampliarse a través de las máquinas. Considera la IA como una extensión de nuestra curiosidad innata por comprender el mundo y resolver problemas complejos, apoyándose en una visión que combina implicaciones técnicas, éticas y sociales.

Como KI-Manager, formador, consultor y fundador de SMART & PRO AI, con sede en Alemania, ha aplicado su experiencia en consultoría, automatización y optimización de procesos en hasta 11 sectores industriales distintos desde enero de 2022. Su reputación como socio estratégico se basa en combinar conocimientos especializados con un enfoque altamente práctico, adaptando soluciones de IA, Machine Learning y Big Data a los retos específicos de cada empresa.

Está certificado como Advanced Machine Learning Specialist por IBM y ha diseñado e impartido formaciones, talleres, conferencias y programas a medida para profesionales y directivos en Alemania, Suiza, España, Austria, Bélgica, Macedonia y Países Bajos. Gracias a su habilidad para explicar conceptos complejos de forma accesible, ha conseguido que empresas industriales adopten estas tecnologías con resultados tangibles en eficiencia y competitividad.

En 2025 fundó DEEP ATHENA, su propia editorial especializada en IA, Machine Learning y Big Data, con el propósito de apostar por un contenido didáctico, filosófico y práctico, y posicionarse como sello de referencia en ciencia y técnica, manteniendose lejos del Hype y del sensacionalismo que esto genera, ofreciendo contenido de calidad generado por las personas que desarrollan las máquinas y no el generado por las máquinas en sí.

Juan es autor de varios libros sobre IA, entre ellos "IA-Manager: El manual del gestor de proyectos de IA", "IA el libro" y "IA el *Homo digitalis*". Sus obras combinan experiencia técnica con una mirada crítica hacia los impactos sociales y culturales de la IA, y han sido bien recibidas y traducidas a varios idiomas.

"IA & Big Data" es el primer libro que publica bajo el sello DEEP ATHENA. En él, no solo explora los fundamentos técnicos de los sistemas inteligentes y el análisis masivo de datos, sino que invita a reflexionar sobre el papel que queremos darle a estas tecnologías en nuestras vidas y en el contexto empresarial industrial.

Además de su trabajo profesional, Juan destaca como un comunicador enamorado de la enseñanza, convencido de que la educación tiene el poder de transformar vidas. Él no solo escribe sobre Inteligencia Artificial, vive inmerso en ella con el objetivo de hacer de la tecnología un instrumento al servicio de la humanidad y enfatiza que lo verdaderamente importante no es lo que la IA puede hacer por nosotros, sino lo que nosotros decidimos hacer con ella.

Libros recomendados

- **IA-Manager**: Para profesionales que quieren introducirse en la IA de forma profesional, sin importar el camino que elijas.

- **IA el *Homo digitalis*:** Un libro que presenta la visión única de Juan García sobre la Inteligencia Artificial como catalizador evolutivo del ser humano hacia una nueva etapa: el *Homo digitalis*. Dirigido a lectores que desean comprender la IA no solo desde una perspectiva técnica o científica, sino como fenómeno cultural, filosófico y transformador que redefine lo que significa ser humano en la era digital.